普通高等教育“十一五”国家级规划教材

“十二五”江苏省高等学校重点教材（编号：2014-1-116）

工业工程专业新形态系列教材

基础工业工程

（第三版）

蔡啟明　张　庆　谢乃明　徐洪江　编著

科学出版社

北　京

内 容 简 介

本书被评为“十二五”江苏省高等学校重点教材。全书分为四大部分，一是导论部分，主要介绍工业工程的基本概念、发展史等；二是方法研究部分，主要介绍流程分析、程序分析、操作分析和动作分析的技术和方法；三是时间研究部分，主要介绍作业测定、工时定额有关的理论和方法；四是现场管理部分，主要介绍现场管理的基本概念、5S管理、定制管理、目视管理和班组管理等。

本书既可作为高等院校的工业工程专业本科生教材，亦可作为企业工业工程技术人员的参考书。

图书在版编目（CIP）数据

基础工业工程/蔡啟明等编著. —3版. —北京：科学出版社，2016.9
普通高等教育“十一五”国家级规划教材　工业工程专业新形态系列教材
ISBN 978-7-03-049258-6

Ⅰ. ①基…　Ⅱ. ①蔡…　Ⅲ. ①工业工程–高等学校–教材　Ⅳ. ①F402

中国版本图书馆CIP数据核字（2016）第149313号

责任编辑：郝　静 / 责任校对：杜子昂
责任印制：张　伟 / 封面设计：蓝正设计

科学出版社出版
北京东黄城根北街16号
邮政编码：100717
http://www.sciencep.com
北京盛通商印快线网络科技有限公司 印刷
科学出版社发行　各地新华书店经销
*
2005年10月第　一　版　开本：787×1092　1/16
2009年5月第　二　版　印张：17 3/4
2016年9月第　三　版　字数：420 000
2022年8月第十九次印刷
定价：45.00元
（如有印装质量问题，我社负责调换）

总　　序

我国是制造业大国，但还称不上制造业强国。实现从粗放式管理向以集成化、信息化、网络化为特征的精益管理转变，是提升我国制造业核心竞争力、迈向全球制造业强国的必由之路。工业工程作为一门帮助提升产品与服务质量、提升管理水平与效能、降低运营成本、实现绿色发展的交叉学科，在我国由制造业大国向制造业强国的转变中将扮演至关重要的角色。

根据教育部高等学校工业工程类专业教学指导委员会所制定的《工业工程类专业本科教学质量国家标准》中的定义，工业工程（industrial engineering，IE）是应用自然科学与社会科学知识，特别是工程科学中系统分析、规划、设计、控制和评价等手段，解决生产与服务系统的效率、质量、成本、标准化及环境友好等管理与工程综合性问题的理论和方法体系，具有交叉性、系统性、人本性与创新性等特征，适用于国民经济多种产业，在社会与经济发展中起着重要的积极推动作用，亦可称为产业工程。

我校工业工程专业办学历史较长，是全国工业工程专业发起高校之一。1985 年，在管理工程专业下设置了工业工程专业方向招收本科生。1995 年，经国务院学位委员会办公室批准设立了工业工程硕士点，这是江苏省高校中的唯一的工业工程硕士点。1998 年教育部调整本科专业目录后，便直接以工业工程专业名称面向全国招收本科生。1999 年经国务院学位委员会办公室批准获得了工业工程领域工程硕士专业学位授予权，是国内最早获得该专业学位授予权的高校之一。2000 年，工业工程成为管理科学与工程一级学科博士点的主要研究方向，至此，工业工程在我校形成了从本科至博士后完整的人才培养体系。

围绕工业工程专业人才的培养，我校建成了两个国家级人才培养模式创新实验区。2005 年，工业工程被评为江苏省工业工程领域首批唯一的品牌专业，2012 年，该专业被评为江苏省唯一以工业工程为核心专业的重点专业类，同年，被评为工业和信息化部工业工程领域唯一的重点专业。2015 年，列入江苏省高校品牌专业建设工程进行重点建设。2011～2015 年由中国统计出版社出版的《挑大学选专业——高考志愿填报指南》将我校工业工程专业与清华大学、上海交通大学同列前三甲。我校工业工程专业自成立以来，在成长中不断进步、逐渐成熟。经过多年探索，建成工业工程创新人才培养的“三链”（教学资源保障链、实习实践保障链、能力拓展保障链）体系，形成了“工—管—理”深度交叉的创新人才培养新模式，先后获得了两项江苏省高等学校教学成果一等奖和一项二等奖。建成了一个国家级教学团队、两个省级创新团队。我校还是江苏省机械工程学会工业工程专业委员会的主任委员单位，是全国工业工程专业教学指导委员会副主任委员单位，华东地区工业工程教学与专业发展学会发起单位之一。

加强教学资源建设是我院工业工程专业建设的重要抓手之一。我们提出以“教材”作为教学资源建设的切入点，以教材建设牵引教学团队能力提升。为此，我们积极打造特色化精品教材，2005 年与科学出版社共同策划，在全国范围最早推出了工业工程专业系列教材，并被众多高校选用，多数教材数次印刷，受到师生好评。2014 年，我们又与电子工业出版社合作出版了 12 本工业工程领域工程硕士学位系列教材，这是我国工业工程领域工程硕士的首套系列教材。“十一五”“十二五”期间，我们组织教师编写、出版教材 40 余种，其中，9 部教材入选普通高等教育“十一五”国家级规划教材，4 部教材入选“十二五”普通高等教育本科国家级规划教材，3 部教材入选工业和信息化部“十二五”规划教材，《应用统计学》被评为国家精品教材，6 部教材被评为江苏省精品教材和重点教材。一批优秀教材的出版为工业工程人才培养质量的不断提高奠定了坚实的基础。

随着教学改革的不断推进，特别是互联网与多媒体时代背景对高校教育教学改革提出了新的要求，慕课、翻转课堂相继出现，同时对教材的内容与形式也提出了新的挑战，这次对系列教材进行第二次整体修订，充分考虑了这种需求的变化，参照《工业工程类专业本科教学质量国家标准》对工业工程基础课程与专业课程要求，同时融入了作者近年来取得的教学改革成果，在修订过程中，一方面继续保持系列教材简明扼要、深入浅出、通俗易懂、易于自学的特点；另一方面我们力求通过数字化形式融入更加丰富的学习素材，并且大力邀请领域内有着丰富工作经验的相关企业人员参与教材的补充完善，以持续地提升教材质量，履行读者至上的承诺。

在教材的出版与使用过程中，同行们通过会议、邮件、电话、微信等多种方式给予我们许多支持与鼓励，也无私地给出了许多富有建设性的反馈意见，对此我们深表感谢！我们殷切希望广大读者在使用中继续帮助我们不断改进提升。

系列教材的再版得到了南京航空航天大学教材出版基金和江苏省高校品牌专业建设工程专项资金的资助，在此，特表深深的谢意！同时也特别感谢科学出版社的大力支持，他们不仅为教材出版辛勤地付出了许多，而且有着一种可贵的与时俱进精神。

周德群

教育部高等学校工业工程类专业教学指导委员会副主任委员

南京航空航天大学经济与管理学院院长、教授、博士生导师

2016 年 5 月

前　　言

课程教学大纲

工业工程是融工程技术和管理为一体的一门学科，其对提高企业运营系统的综合效率和效益，实现企业的可持续发展具有不可替代的重要作用。在“中国制造”向“中国创造”的转变中，工业工程师肩负着更为重要的任务，我国企业对工业工程人才的需求正在迅猛增加，工业工程师已经成为深受欢迎和尊重的职业。工业工程师在系统分析、系统优化、系统集成方面发挥着重要的作用。

基础工业工程是工业工程专业的主要专业基础课程之一，是学习工业工程专业其他专业课的先导课程，本书力争系统全面地向读者介绍工业工程的基本原理、方法研究、时间研究和现场管理的理论和方法体系，旨在使读者建立工业工程总体概念，认识工业工程学科特点和目标，树立工业工程意识，掌握基础工业工程知识、技术及其应用技能，学会运用基础工业工程的原理和方法解决生产实际问题。本书既适用于高等院校的本科生作教材，亦适用于企业工业工程技术人员作参考书。

本书第一版于 2005 年 10 月出版，2009 年 5 月完成了第一次修订，并被选为普通高等教育“十一五”国家规划教材，2015 年被选为“十二五”江苏省高等学校重点教材（编号：2014-1-116）。本次修订进一步完善了基础工业工程的理论和方法体系，在第 1 章中删除了 1.5 节生产率概述，在第 2 章中将 2.1 节流程管理与管理流程，修改为流程与流程管理，并将内容作了匹配性的调整。在第 5 章动作分析中，将原 5.1 节与 5.2 节合并，删除了对动素的详细描述，并进行了浓缩。在第 7 章工时定额中，将 7.4 节更改为工时定额制定的新发展，并根据提纲撰写了相应的内容。在第 8 章现场管理中，增加了 8.4 节目视管理一节内容。并将作者近年来为更多企业实施工业工程项目的实际案例补充到了书中，使每章的案例更具有可读性和应用参考性。

本书充分吸收国内外相关教材的优点，使本书无论是结构上还是内容上更趋于合理。本书共分为以下四大部分。

第一部分为导论，主要介绍工业工程的基本概念、发展史等。读者通过这一部分的学习，能够对工业工程及其意识有一个总的了解和认识。

第二部分为方法研究，主要介绍流程分析、程序分析、操作分析和动作分析的技术和方法。通过这部分的学习，读者能够对企业经营活动过程中基本运作流程及如何分析和提高人机系统整体效率有一个准确的识别和认识。

第三部分为时间研究，主要介绍作业测定、工时定额有关的理论和方法。通过这一部分的学习，读者能够全面了解与掌握时间研究的主要内容，为在企业工作中制定科学合理的工时定额打下良好的基础。

第四部分为现场管理，主要介绍现场管理的基本概念、5S 管理、定置管理、目视管理和班组管理等。这一部分的学习，可使读者详细了解企业的现场管理方法，能有效地提高读者企业现场管理的能力。

本书由南京航空航天大学经济与管理学院管理科学与工程系蔡啟明教授、张庆副教授、谢乃明教授、南京佑佐管理咨询有限公司副总经理徐洪江博士等共同编写。书稿的第1章由蔡啟明教授编写；第2章由蔡啟明教授和徐洪江博士共同编写；第3章由蔡啟明教授、谢乃明教授和徐洪江博士共同编写；第4章、第5章由蔡啟明教授和谢乃明教授共同编写；第6章、第7章由张庆副教授编写；第8章由庄品副教授编写。在本书的编写过程中南京佑佐信息资讯有限公司唐志宏副总经理、南京理工大学经济与管理学院段光博士、南京佑佐管理咨询有限公司何立兵咨询师、南京航空航天大学经济与管理学院研究生金帅、臧乐平、张旭、刘爽腾、詹梦诗、潘攀、施书生、赵建、赵磊洲、敖雪、梁浩、陈凡、蔡雨菲等做了大量的资料收集和整理工作，在此表示深深的感谢！

限于作者水平，书中不妥之处在所难免，恳请广大读者批评指教，本书作者愿和各位一起为工业工程技术在中国的发展作出贡献！

作　者

2016年5月

目　录

第 1 章　工业工程概述

1.1　工业工程的定义和职能

1.1.1　工业工程的定义

工业工程（industrial engineering，IE）是一门提高生产效率和效益的技术。工业工程是在人们致力于提高工作效率、降低成本、保证质量的实践中产生的一门技术，它把技术和管理有机结合起来，去研究如何使生产要素组成生产力更高和更有效运行的系统，从而实现提高生产率目标的工程科学，并且随着科学技术的发展和市场需求的变化，其内涵和外延还在不断丰富和发展。

工业工程是以规模化工业生产及工业经济系统为研究对象，以优化生产系统，提高劳动生产率和综合效益为追求目标，兼收并蓄运筹学、系统工程、工程心理学、管理科学、计算机科学、现代制造工程学等自然科学和社会科学的最新成果，发展成为包括多种现代科学知识的综合性、交叉性边缘学科。它伴随着工业生产的需求而诞生，随着技术的进步而发展，对提高企业发展水平和效益，促进国民经济发展起到了巨大的推动作用。工业工程在工业发达国家已经得到广泛推广和应用，并取得了明显成效，被公认为能杜绝各种浪费、挖掘内部潜力、有效地提高生产率和效益、增强企业竞争能力的实用技术。实践证明，在发展经济和工业生产各领域，科学技术和管理技术往往是推动生产力发展的关键性因素。工业工程正是在探索科学技术与管理相结合的背景下诞生的，并在其转化为现实生产力的过程中起到了相当重要的作用。工业工程的应用范围从最初的制造业扩大到其他领域，已涉及许多领域（如移动通信、互联网、物流、建筑业、交通运输、农场管理、医院、银行、超级市场、军事后勤、公共事业、政府部门），几乎涉及一切有组织的活动。

工业工程的发展迄今已有一个多世纪的历史。由于它涉及范围广泛，内容不断充实和深化，所以，在其形成和发展的过程中，不同时期、不同国家、不同组织和学者做过许多表达方式不尽相同的定义。

在日本，工业工程被称为经营工学，并被认为是一门管理技术。它以一门工程学专业为基础，如机械工程、电子工程、化学工程、建筑工程等，其中最重要的基础为机械工程，机械、电子和信息是工业工程师必须学习和掌握的基础知识。

日本工业工程协会（Japaness Institute of Industrial Engineers，JIIE）成立于 1959 年。当时对工业工程的定义是在美国工业工程师学会（American Institute of Industrial Engineers，AIIE）于 1955 年的定义的基础上略加修改而制定的。其定义如下："工业工程是将人、物料、设备视为一体，对发挥功能的管理系统进行设计、改革和设置，为了对这一系统的成果进行确定、预测和评价，在利用数学、自然科学、人文科学中特定知识的同时，采用工程技术的分析和综合的原理及方法。"

此后，根据美国工业工程师学会的修改和补充，日本工业工程协会对工业工程重新定义。其定义如下：“工业工程是这样一种活动，它以科学的方法，有效地利用人、财、物、信息、时间等经营资源，优质、廉价并及时地提供市场所需要的商品和服务，同时探求各种方法给从事这些工作的人们带来满足和幸福。”

这个定义简明、通俗、易懂，不仅清楚地说明了工业工程的性质、目的和方法，而且还特别把对人的关怀也写入了定义，体现了“以人为本”的思想。

在各种工业工程的定义中，最具权威性且今天仍被广泛采用的是美国工业工程师学会于 1955 年正式提出、后经修订的定义，其表达如下：“工业工程是对人员、物料、设备、能源和信息所组成的集成系统进行设计、改善和设置的一门学科，它综合运用数学、物理学和社会科学方面的专门知识和技术，以及工程分析和设计的原理与方法，对该系统所取得的成果进行确定、预测和评价。”

这个定义与 1955 年该协会最初提出的定义相比，有重要的补充，这就是将信息和能源补充到集成系统中去。不言而喻，这是具有时代意义的。该定义已被美国国家标准学会（American National Standards Institute，ANSI）采用为标准术语，收入美国国家标准 Z94，即工业工程术语标准。它被认为是工业工程的基本定义。该定义表明工业工程实际是一门方法学，它告诉人们，为把人员、物资、设备、能源和信息等组成有效的系统，需要哪些知识，采用什么方法研究问题以及如何解决问题。

《美国大百科全书》（1982 年版）解释为：“工业工程是对一个组织中人、物料和设备的使用及其费用作详细分析研究。这种工作由工业工程师完成，目的是使组织能够提高生产率、利润和效率。”

中国专业人士对工业工程的定义为：“综合运用各种专门知识和系统工程的原理和方法，为把生产要素（人员、物料、设备、能源和信息等）组成更富有生产力的系统所从事的规划、设计、评价和创新活动，同时为科学管理提供决策依据。”

以上工业工程的定义表明以下内容。

（1）工业工程是一门技术与管理相结合的边缘学科。学科体系属于工程学范畴，具有工程技术与管理技术的双重属性。一方面，工业工程是从技术的角度研究和解决生产组织、管理中的问题。例如，通过流程优化、工艺分析、作业研究和时间研究等技术手段，达到稳定和提高产品质量、提高劳动生产率和经济效益的目的。另一方面，工业工程也为管理职能的实施提供技术数据。

（2）工业工程研究的对象是由人员、物料、设备、能源和信息等要素组成的集成系统。

（3）工业工程所采用的研究方法是数学、物理学等自然科学、社会科学中的特定知识和工程技术常用的分析归纳方法。

（4）工业工程的研究任务是如何将人员、物料、设备、能源和信息等要素设计和建立成一个集成系统，并不断改善，从而实现更有效的运行。

（5）工业工程的目标是提高生产率和效益、降低成本、保证质量和安全，获取多方面的综合效益。

（6）工业工程的功能是对生产系统进行规划、设计、评价和创新。

1.1.2　工业工程与管理

1. 工业工程的基本职能

正如工业工程的定义所述，工业工程的基本职能是为把人员、物料、设备、能源和信息等组成更加有效和更富于生产力的综合系统所从事的规划、设计、评价和创新的活动。它也为管理提供科学依据。

（1）规划。规划是确定一个组织或系统在未来一定时期内从事生产或服务所应采取的特定行动的预备活动，包括总体目标、政策、战术和战略的制定，也包括使长期规划具体化的中短期计划。规划和计划都应确定出未来一定时期内的奋斗目标、实施步骤、主要措施和前景预测。

（2）设计。设计是一种为实现某一既定目标而创建具体实施系统的前期工作，包括技术准则、规范、标准的拟定，最优选择的确定以及蓝图绘制。设计时应特别注意建立系统的总体设计方案，以把各种资源组成一个综合的、有效的运行系统为目标。

（3）评价。评价是对现存的各种系统、各种规划和计划方案以及个人和组织的业绩，作出是否符合既定目标或准则的评审与评定的活动。工业工程评价是为高层管理者决策提供科学依据，避免决策失误的重要手段。

（4）创新。创新是对现存各种系统及其组成部分进行的改进和提出崭新的、富于创造性和建设性见解的活动。创新是系统维护和发展的重要途径。

2. 管理的基本职能

（1）决策。决策是要从多种可供选择的行动方案中选择其中最优的一种去达到预定的目的的行为。

（2）组织。组织是要把应做的工作分成若干可掌握和可操作的任务，并分配各种资源，特别是人力的分配，以达成预期效果的管理行为。

（3）领导。领导是掌舵的权力行为，把握工作导向目标。领导是一种管理权力，也需要讲究艺术。

（4）协调。协调是领导的一种特殊形式，要把多方面的力量，特别是在他们之间发生矛盾的情况下，导向一个既定的目标。管理者可将协调权力授予其所属的每一个职工，变成他们的职责，并要善于诱导他们去互相协调。

（5）控制。控制是从管理系统中不断采集信息，判断某些作业是否偏离既定的计划或准则，及时作出纠正的决策。

3. 工业工程和管理两者的关系

工业工程与管理无疑有着密切的关系。从其发展历程来说，工业工程的前身是泰勒的科学管理，与之一脉相承。但它并不等于管理。

工业工程与管理的目的是一致的，只是做法不同，可谓殊途同归。

工业工程与管理的职能有差异。工业工程研究如何发挥科学技术的力量，以提高工效；

管理则研究如何运用各种调控手段，以取得最大利益。

管理工作是周而复始的例行业务，不可一日中断；而工业工程的工作则常以工程项目的形式定期或不定期地进行。

管理者与被管理者之间总会产生这样或那样的对立；而工业工程人员是为双方服务的，必须持中立客观的立场。

工业工程是沟通管理与生产技术的桥梁，为管理提供决策的科学依据，赋予管理以科学的内涵，因而受到管理部门的支持。

管理和工业工程都是应社会、科学技术和经济的发展而产生、并随之而演进的，生产工业化以后，管理意识必然会得到增强，同时也需要有独立的工业工程学科和组织为之辅助。

1.2 工业工程的发展史

1.2.1 工业工程的起源

工业是国民经济中的一个庞大而复杂的社会、科技、经济的综合系统。它要从外部环境取得人力、能源、物资和信息等资源，通过工业的系统功能转换为社会需求的各种产品和服务。组成工业系统的要素，从组织结构来说，是它的各个行业及其所属的许多企业单位；从发挥系统功能来说，则是技术、工程和管理。

技术（technology）是工业生产必需的手段，是科学知识、劳动技能和劳动经验的总和。狭义的技术常指生产工艺方法、工具、机器及其他技术装备。工业中的技术种类繁多，组成用途不同的各种技术系统（如机械工业中的切削、切割、压力加工、铸、锻、焊等）。

工程（engineering）是人们根据某种生产目的，有判断地运用科学知识、设计开发能经济有效地利用各种技术和资源的某些系统，去达到该目的的专业活动。

管理（management）是人们运用行政、组织、人事、财政、金融、贸易等权力手段，来支持和保证生产、技术开发和各种工程活动得以顺利实现，从而保证工业系统功能得以充分发挥和顺利运行的职能。它不仅执行上述职能的日常管理工作，而且高层管理握有技术开发和工程活动的决策权。

工业中的工程活动有以下两类。

专业工程（specialized engineering），如机械工程、电气工程、化学工程、土木工程等，它们应用机械、电气、化学、建筑等专业科学知识，设计开发工业用的单项技术装备和产品。

工业工程（industrial engineering），是综合运用工业专门知识和系统的概念和方法，为把人员、物料、设备、能源和信息等组成更加有效和更富于生产力的综合系统，所从事的规划、设计、评价和创新活动。

工业工程是工业化的产物，最早起源于美国。19 世纪末 20 世纪初，美国工业急速发展。工厂由小家庭作坊向社会大规模生产转化。但当时仍存在效率低、浪费大等现象。人们逐步认识到小作坊凭经验和直觉进行的经营管理方式已不再适应大规模的工业化生产。以泰勒（Frederick W. Taylor）为代表的一大批科学管理先驱者为提高生产率、降低成本进行了卓有成效的工作，开创了科学管理，取代了凭经验和直觉的管理，为工业工程的产生奠定了基础。

泰勒是一位工程师和效率专家，是“科学管理”的创始人，并且也是一位发明家，一生中获得过一百多项专利。1874 年他考取哈佛大学法学院，由于视力不好，被迫失学，进费城水泵制造公司当模型工。1878 年到米德维尔钢铁公司工作，当过普通工人、技工、工长、总技师以及总工程师。这期间，他还上夜校攻读，并于 1883 年获得史蒂芬工学院机械工程学位。这一经历使他对当时生产管理和劳动组织中的问题比较清楚，他认为公司的管理没有采用科学方法，工人缺乏训练，没有正确的操作方法和程序，大大影响了生产效率。他相信通过对工作进行分析，总可以找到改进的方法，设计出效率更高的工作程序，并致力于研究。1881 年，被后人尊崇为"工业工程之父"的泰勒首创"时间研究"（time study）。

1898 年，泰勒工作于伯斯利恒（Bethlehem）钢铁厂，当时该厂雇有铲手工人 400～600 名，每日在一长约 2 英里（1 英里等于 1.609 344 千米），宽约 1/4 英里的广场上，铲动各种不同的物料。这些铲手，不用工场所准备的铲子，很多人自己从家中带来铲子，铲煤时，每铲重仅 3.5 磅（1 磅等于 0.454 千克），而铲矿砂时每铲竟重达 38 磅。此种自备铲子的情形与每铲重量之差额，颇引起泰勒的好奇。他想："铲子的形状、大小和铲物工作量有没有关系？""究竟以何种铲重为最经济最有效？""什么样子的铲子，工人拿了既舒服又铲得多，铲得快？"这些问题应加以研讨。于是泰勒选优良铲手两名，分在场内不同地点进行实验工作，同时用马表（stop watch）记录其时间，并分别用大小不同的铲子去铲密度不同的物料，最后分别记录所用铲子之大小及式样和每铲重量。经多次试验后，发现每铲重量约为 21.5 磅时，可得最经济、最有效的结果，也就是工作者每日每人可铲最多物料。铲重物时用小铲，铲轻物时用大铲，但每铲重量均约为 21.5 磅。泰勒得此结果后，设计出各种尺寸的铲具，训练工人，并拟定奖励办法，当工人完成规定的工作时，可得日薪 60%的奖金，否则派员授以正确工作方法，务使其亦可得同样奖金。经此改善后，原需 400～600 名工人才能完成的工作，140 名工人即可完成。因此每吨所需铲费减少达 50%，而工人工资则增加 60%，除去因研究所需各项开支，每年尚可节省 78 000 美元。这样不但使工厂的生产量大增，也使铲手工作效率提高，待遇增加，工作情绪也愉快多了。

泰勒提出了一系列科学管理原理和方法，主要著作有《计件工资》（1895 年）、《工场管理》（1903 年）以及《科学管理原理》（1911 年）。其中，《科学管理原理》是系统阐述他的研究成果和科学管理思想的代表作，对现代管理发展作出重大贡献，并被公认为工业工程的开端。所以，泰勒在美国管理史上被称为"科学管理之父"，也被称为"工业工程之父"。

吉尔布雷斯（Frank B. Gilbreth，1868—1924 年）是和泰勒差不多同一时期的另一位工业工程奠基人，他也是一名工程师，其夫人是心理学家，他们的主要贡献是创造了与时间研究密切相关的"动作研究"（motion study），就是对人在从事生产作业中的动作进行分解，确定基本的动作要素（称为"动素"），然后科学分析，建立起省工、省时、效率最高和最满意的操作顺序。

1885 年，吉尔布雷斯 17 岁时，受雇于一名营造商，发现工人造屋砌砖时，所用的工作方法及工作效率，互不相同。于是他开始研究采用何种方法砌砖是最经济、最有效的。他分析工人砌砖的动作，发现工人每砌一砖，先以左手俯身拾取，同时翻动砖块，选择其最佳一面，用于堆砌时放置外向。此动作完毕后，右手开始铲起泥灰，敷于堆砌处，左手放置砖块后，右手再以铲泥灰工具敲击数下，再固定住。这一周期性动作，经吉尔布雷斯细心研讨，并拍制成影片，详加分析，发现工人俯身拾砖，容易增加疲劳，左手取砖时，右手闲散，亦非有效方法，而再敲砖动作，亦属多余。于是经过多次试验，得出一个砌砖新法。其法于砖块运至工作场时，先令价廉工人，加以挑选，置于一木框内，每框盛砖90 块，其最好的一面或一端，置于一定方向，此木框悬挂于工人左方身边，当左手取砖时，右手同时取泥灰，同时改善泥灰的浓度，使砖置放其上时，无需敲击，即可到达定位，经此改善后，工人的工作量大增，其砌每一砖的动作由 18 次减至 5 次，工人经训练后，老法每小时只能砌 120 块，用新法则可砌 350 块，工作效率增加近 200%。经过吉尔布雷斯的动作分析，确定了最好的砌砖方法，由此发展成日后的动作研究。

1912 年吉尔布雷斯夫妇进一步改进动作研究方法，把工人操作时的动作拍成影片，创造了影片分析法，对动作进行更细微的研究。1921 年他们又创造了工序图，为分析和建立良好的作业顺序提供了工具。他们在技能研究、疲劳研究和时间研究等方面也有卓越的成就，尤其重视研究生产中人的价值、作用及其对工作环境的反应等。

泰勒的时间研究和吉尔布雷斯的动作研究二者关系密切，无法分割，于是合并称为“动作与时间研究”，构成了初期工业工程，也称为古典工业工程。随着科学技术的发展，工业工程也从古典向现代化迈进，发展成了一门独立的学科。

此外，还有许多科学家和工程师对科学管理和早期工业工程的发展作出了贡献，例如，1776 年英国经济学家亚当·斯密（Adam Smith）在其《原富》一书中提出劳动分工的概念；李嘉图（Richardo）的《政治经济学及赋税原理》；穆勒（Stuart Mill）的《政治经济学原理》等著作和思想，应该说都对工业工程先驱者产生过影响。

1.2.2 工业工程的发展历程

工业工程的概念是在各种技术经过工程实践、促进了生产工业化之后才逐渐形成的，其内容随着技术进步和工业化内涵的变迁而演变。工业工程形成和发展演变过程，实际上就是各种用于提高效率、降低成本的知识、原理和方法产生和应用的历史。工业工程的发展历程可分为如图 1-1 所示的年代阶段。

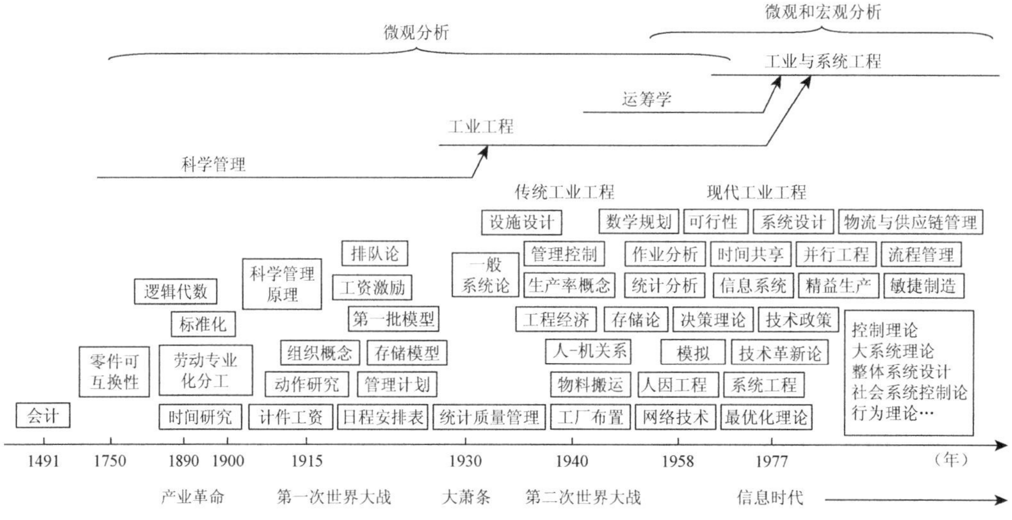

图 1-1 工业工程的发展历程

1. 科学管理年代

从18世纪初期蒸汽机开始促进机械化生产起至20世纪30年代中期的这一阶段，称为科学管理年代，是工业工程的前身。在这段时期中发生了两件大事：一是第一次产业革命；二是泰勒的科学管理运动。这一时期是工业工程萌芽和奠基的时期，这一时期的主要方法是劳动专业化分工、时间研究、动作研究、标准化等。在这一时期（1908年）美国宾夕法尼州立大学开设了第一个工业工程专业，并且在美国成立了第一个工业工程组织，即工业工程师协会（Society of Industrial Engineers，1917年）。

这个年代的特点如下。

（1）生产的机械化程度还不高，还存在着大量的手工劳动，因而提高工人的劳动效率就成为当时的最重要的研究课题，研究的主题就集中在人的问题上，而人的问题被看成管理。

（2）当时所谓的管理科学原理主要产生于经验总结，还缺少科学试验和定量分析，各项工作没有形成独立于管理的工程意识和实践。但是，这种总结毕竟把零散的先进的经验归纳起来，形成了比较有系统的科学体系，不仅对当时的工业界的管理产生过有益的效果，而且也对后来的工业工程的发展产生了深远的影响。

2. 工业工程年代

工业工程年代是开始于20世纪20年代后期直到现在还在延伸的年代。这个年代又分三个阶段：第一个阶段是从20世纪20年代后期至40年代中期，在这个阶段发展的工业工程内容称为传统的或经典的工业工程（traditional or classical IE）；第二个阶段是从20世纪40年代中期至70年代中期，是工业工程与运筹学（operation research，OR）结合的时期；第三个阶段是从20世纪70年代中后期直至现在，是工业工程与系统工程（system engineering，SE）结合并共同发展的年代，也称作工业与系统工程年代。在第二和第三个阶段内发展的工业工程内容称为现代工业工程。

1）传统的工业工程

它是泰勒科学管理原理的继承与发展，但有以下三个重大的变化。

（1）正式出现了工业工程的概念、名词、学系、研究机构、专业人员和学会。

（2）统计、概率等数理分析方法进入工业工程领域，不仅改造了从科学管理年代继承下来的各种方法的内容，使之具有定量分析的能力和更高的理论基础，而且还发展了一些新的方法，更适用于机械化、自动化的大量生产的需要。

（3）重视与工程技术相结合，使工业工程本身具有独立的专业工程性质。

以上三大变化，使工业工程不同于管理的概念和职能得到了确立，使之成为一种在技术与管理之间起着桥梁作用的新型工程技术。这一时期由于吸收了数学和统计质量控制、进度图、库存模型、人的激励、组织理论、工厂布置、物料搬运等方法，所以为IE提供了科学基础。这一时期美国成立了更多的工业工程专业或系，并且出现了专门从事工业工程的职业。

2）工业工程与运筹学结合

20世纪40年代中期，英、美两国发表了在第二次世界大战时期研究出来的运筹学成果的保密资料，立刻受到许多工业工程工作者的注意，试图把它应用到工业工程中来。运筹学是包括几种数学规划、优化理论、排队论、存储论、博奕论等理论和方法的总称，有比较系统的学科体系，可以用来描绘、分析和设计多种不同类型的运行系统。运筹学在工业工程中经过一段时期的改进研究和试用，取得了进展。人们普遍认为可以把运筹学作为工业工程的理论基础，不仅是因为可以用运筹学的原理来改进工业工程的传统方法，使之提高到一个新的水平，而且还因为运筹学的系统性可以把工业工程的各种方法综合起来用于解决较大系统问题。

20 世纪 50 年代的 10 年是工业工程和运筹学结合试验最活跃的年代，美国和其他国家的一些大学的工业工程学系把运筹学定为必修课程；有些原有的工业工程学系和研究单位改名为工业工程与运筹学系或研究所；美国工业工程师学会成立了美国运筹学学会（Operations Research Society of American，ORSA）的分会机构；工业工程的书籍增添了运筹学的篇章。

这一时期工业工程得到了重大发展，同时在这一时期成立了美国工业工程师学会，这一组织后来发展成为国际性的学术组织并称为 IIE，在这一时期由这一组织第一次给出了工业工程的正式定义（1955 年），从 20 世纪 50 年代起工业工程建立了较完整的学科体系，到 1975 年美国已经有 150 所大学提供工业工程教育。

3）工业工程与系统工程的结合

工业工程与运筹学的结合确实是一大进步。但运筹学的各种方法虽具有较强的系统性，但方法与方法之间，以及运筹学方法与工业工程传统方法之间仍然缺少自然的联系，因而常被局部地、孤立地应用，而难以取得综合的效果。

恰在 20 世纪五六十年代，系统科学（system science，SS）也有了长足的进展。一种承袭了系统科学的科学思想和包含自然科学社会科学知识的、并声称也以运筹学为理论基础但很注重工程应用的系统工程脱颖而出，受到人们广泛的重视。许多工业工程学者认为：系统工程重视系统哲学思想的培养和系统分析方法的训练，又包含有较丰富的自然科学和社会科学的知识，正是工业工程所需要的一种“统帅”学科，可以把系统工程的方法论、运筹学的数理分析、工业工程的传统技术与工业专门知识有机地结合起来，形成一个比较完备的学术体系。

20 世纪 70 年代以来，工业工程就是沿着这条思路不断发展着、完善着。现代工业工程学科体系可以比拟为图 1-2 所示的一条“连续光谱”。在这条光谱的中央部分排列着工业专业知识（相当于霍尔的系统工程三维结构中的专业知识维），既是工业工程解决实际问题所需用到的专门知识，也代表工业工程所要研究和处理的一些实际问题，其中有微观的也有宏观的。“光谱”的左端排列着系统工程的各种基本理论和方法，是工业工程的理论基础。“光谱”的右端排列着工业工程的基本的传统方法（经过改进了的），是工业工程的工艺学。

这一时期工业工程不但在美国得到了广泛的发展和应用，而且很快在其他工业化国家如英国、美国、法国、德国、日本、澳大利亚、苏联等得到了重大发展，同时在韩国、新加坡、印度以及中国香港、中国台湾等国家和地区也开始建立工业工程的教育和应用体制，目前工业工程已被列为世界高等教育的十大支柱之一，并且与工商管理硕士（MBA）齐名。1990 年，美国就有 150 所大学的工学院设有工业工程系，其中 92 所经美国工程技术资格评定委员会（Accreditation Board for Engineering and Technology，ABET）论证通过，可招收硕士生。1960 年以前，工业工程专业毕业的博士总共不到 100 人，可是到 1990 年，

图 1-2　现代工业工程的学科体系（"工业工程"光谱）

每年就有 175 名工业工程博士生毕业。在美国、日本等国的大中型企业，都设有工业工程部，并设有工业工程师的岗位。随着软科学在企业发展中的作用日益重要，工业工程师就业人数的比例也逐年增加。据美国劳动统计局的统计，1990 年，美国工业工程师就业人数占全部工程师就业人数的 8.9%，2000 年达到 19%。

美国国家研究院提出的 2020 年制造业的六大挑战和十项技术，有一半是与工业工程的研究领域有关，如并行工程、可重组制造、企业建模与仿真、人员的教育和培训等。

4）信息时代的工业工程发展

电子计算机的长足发展改变了人类的生活和生产活动的方方面面，对工业工程活动也不例外。计算机数控（computer numerical control，CNC）、计算机辅助设计（computer aided design，CAD）、计算机辅助作业计划（computer aided planning，CAP）、计算机辅助质量控制（computer aided quality，CAQ）、计算机辅助工程（computer aided engineering，CAE）以及计算机辅助作业在工业领域的广泛应用无不涉及工业工程。它们的发展和应用固然得助于计算机（硬件和软件）技术的发展和应用，但计算机技术在工业中的应用，以及它与其他生产技术和作业的恰当结合，没有现代工业工程的系统知识做基础是不可设想的。此外，这些计算机辅助技术在工业中的应用则要求工业工程的一些原理、原则和技术方法作相应的变革，推动了工业工程的发展。

1973 年美国工业工程学者哈里恩顿（J. Harrington）提出了 CIM（computer integrated manufacturing，计算机集成制造）的战略思想，设想把生产企业的全部生产作业（包括计划、控制、产品设计开发和生产技术装备）实现计算机辅助化，并作某种合理的综合集成，借助于中央数据库和网络控制，构成一个高度自动化和柔性（机动灵活性）的生产系统，以增强企业适应多变的市场竞争的需要。这一思想受到世界工业界的普遍重视，引发了广泛的、积极的研究，人们提出了许多设计方案和模型，并建造了若干条实体的 CIMS 系统（computer integrated manufacturing system）。

进入 21 世纪，随着市场经济的飞速发展，科学技术的进步和生产力水平的提高，制造业也从传统的制造技术、方法和系统向 21 世纪先进的制造技术和系统转移。现代工业工程已经成为一个基于现代科学技术，特别是信息、网络和计算机的综合技术。它跳出了传统的只是面向企业内部的圈子，成为面向供应链及其生存的"工业生态环境"的一门工程学科。而且，工业工程的研究对象不再局限于制造业，已经拓展到了服务业等非制造部门，推动了社会的发展。作为现代工业工程基础理论的系统科学的理论方法不断发展并融入工业工程研究中，形成了对制造过程物质流、能量流和信息流三个方面构成的制造系统更完整的认识，进一步推动了现代工业工程理论和技术方法的大发展。系统化、柔性化、智能化、集成化成为现代工业工程的特点，形成了柔性生产（flexible manufacturing）、智能制造（intellgent manufacturing）、人机一体化系统（humachine system）、并行工程（concurrent engineering）、虚拟现实制造（virtual reality manufacturing）、精益生产（lean production）、定制化生产经营模式（customization production management model）等理论和方法。

5）可持续发展需求下的工业工程发展

随着可持续理论的发展和被广泛接受，可持续发展思想融合到工业工程的理论和实践中，工业工程开始研究生产和环境、人之间的关系。如何协调自然环境、社会与生产系统的关系，实现企业的可持续发展已经成为目前工业工程理论的重要内容之一。工业生态学被引入到现代制造中。工业生态学通过对材料进行再循环和再利用，减少废物的产生和能源的消耗，这为实现和维持可持续发展提供了方法。工业生态学改变了人们对产品制造和使用的认识，现代工业工程开始系统地从产品本身及其制造过程和产品整个生命周期考虑产品的环境特性，推动传统制造向现代先进制造转变。对制造与环境的新认识使绿色化成为现代工业工程的一个新特点，并被应用到现代生产的各个环节，形成了绿色制造、绿色营销、绿色供应链等一系列以绿色化为核心的理论、方法、技术。随着工业工程在可持续领域研究的深入，现代工业工程必将为实现可持续发展提供更有力的支持。

1.2.3 我国工业工程的发展与应用

工业工程作为一门独立的学科体系在我国虽然形成较晚，但是许多知识和技术早已不同程度地得到应用。

我国工业工程应用和发展的历史可追溯到 20 世纪 50 年代初期，当时，新中国正处于恢复国民经济、开展大规模工业建设的时期。作为社会主义工业骨干的 156 项工程在苏联援助下兴建，工业布局和企业管理全面学习与采用苏联的模式，推行其生产组织与计划方法，其中实际上包含了某些传统工业工程的内容，如进行时间研究、制定劳动定额标准等。

1. 我国工业工程的发展历程

1）摇篮时期：1949～1965 年

在这期间，工业工程在我国处于萌芽状态，企业普遍采用苏联的管理模式。但是由于当时的政治环境与国际形势，我国曾在一定时期内认为西方的工业工程有资产阶级的属性而予以排斥。20 世纪五六十年代，在社会主义建设高潮中，广大工业战线职工响应国家号召，积极投入合理化建设、技术革新运动，改进生产工具、工艺过程、操作方法和技术标准，改善劳动条件，提高了工作效率，降低了消耗和成本，但以上工作都是在没有系统地了解和掌握工业工程理论与技术的条件下自发地应用的。1960 年贯彻《鞍钢宪法》，开展技术革命，大搞群众运动，开展社会主义劳动竞赛，组织青年突击队，推行“两参一改三结合”，进一步推动技术和科学管理发展，提高了效率，增加了生产。这一时期涌现出大批革新能手和先进高效的生产方法，如郝建秀工作法、苏长有砌砖法、王崇伦万能工具胎等。实际上，这些旨在提高效率的生产技术和管理方法都是对工业工程的创造和应用，但遗憾的是这些成功的工作方法未能上升到理论与专业的高度，以致不能持之以恒地推广应用。

2）停滞时期：1966～1976年

1966～1976 年正是我国的“文化大革命”时期，这期间，国民经济建设受到巨大破坏，发展生产被当成“唯生产力论”遭到批判，合理的企业管理制度和方法被视为“管、卡、压”而破除，很多企业质量检验和标准化工作被取消，劳动无定额，岗位无定员，生产秩序混乱，产品质量下降。工业工程的科学管理方法被当成资本主义的东西来批斗，其应用和发展几乎处于停滞状态。但是，在企业中，尤其在大中型企业中，仍有许多工程技术人员和工人大搞技术革新，为提高生产效率、减轻劳动强度、降低消耗做出了许多成绩。这个时期中国流行的优选法，其实就是工业工程的范畴。这一点恰恰证明了工业工程是人们在生产活动中为提高效率必然要采用的理论和技术方法。

3）启动时期：1977～1988年

1978 年开始，我国实行经济体制和对外开放政策，国民经济和科学技术进入一个新的发展时期，从单一的计划经济向市场经济过渡，给工业工程的发展创造了新的机会。市场竞争形成了企业生存、发展和改革的一个契机，因而，提高生产率和经济效益成为社会与企业的客观需求。人们从工业发达国家的经验中认识到科学管理与先进技术同样重要，它们是发展生产和经济的两个轮子。在这种环境下，工业工程再次受到重视，人们从无意识地应用工业工程逐渐转向有意识地应用工业工程。许多企业开始重视和加强管理，普遍设立企业管理和质量管理办公室。在大力引进国外先进技术的同时，也积极学习现代管理方法。20 世纪 80 年代初，国家经济贸易委员会在全国推广 18 种现代管理方法，它们大都属于现代工业工程范畴，例如，系统工程、全面质量管理（total quality management，TQC）、价值工程、网络计划技术、成组技术（group technology，GT）、线性规划、看板管理等。为适应这一发展趋势，从 1980 年前后开始，高等学校陆续设立管理工程系，虽然目标是培养管理人才，但有不少工业工程方面的课程，而且一些学校还有工业工程研究生方向。此后，工业工程技术逐渐受到我国科技界和企业界的注意和重视。在工业项目的规划、设计、咨询、评估等方面，不同程度地应用了工业工程技术。很多企业组织了“工作研究”，学习物流技术，开始有意识地应用工业工程的原理和方法来解决企业管理问题。

20 世纪 80 年代中期以来，工业工程应用开始了新局面。1985 年机械电子系统有关部门组织和指导一些企业进行应用“工作研究”试点，以及推行日本创造的“5S”等工业工程技术，取得显著成绩，证明工业工程对我国企业管理优化、提高效率和效益也是适用和有效的。

4）发展时期：1989年以后

为了推动我国工业工程进一步发展和应用，1989 年 8 月，中国机械工程学会首次组织召开“工业工程”座谈会，有几十名专家、学者与会，共同探讨了工业工程的研究和在我国应用的问题。1990 年 6 月在天津大学召开了“中国机械工程学会第一次工业工程学术会议”，成立了我国第一个全国性的工业工程学术组织——中国机械工程学会工业工程研究分会，1991 年 3 月成立了工作研究与效率专业委员会，中国第一个全国性工业工程学术团体就此诞生。工业工程研究会的成立为我国工业工程的研究和学术交流奠定了组织基础。它标志着我国工业工程进入了系统发展和应用研究的新时期。自此以后，许多工业部门、学术组织广泛开展工业工程宣传、培训和应用试点，出现了学习推广工业工程的热潮，越来越多的企业对应用工业工程产生了迫切的要求。目前，我国对工业工程的应用涉及航空、汽车、钢铁、机械制造、家电、建材、信息等十几个行业，包括沈阳飞机工业集团、成都飞机工业集团、上海飞机制造有限公司、第一汽车集团、一汽大众有限公司、广东科龙集团、广东美的集团、深圳华为公司，以及东南沿海的众多企业都已经应用工业工程作为提高企业管理水平的重要手段，并取得了显著效果。其特点是工业工程在商品经济发达地区应用的范围较广泛，效果也较显著。不过企业管理水平不同，应用工业工程的动机不同，对工业工程的理解与掌握也有所不同，因此，我国企业应用工业工程提高企业管理水平的过程一直是十分复杂和曲折的。

2. 我国工业工程的发展趋势

（1）工业工程技术将被广泛应用于非制造领域。在国外，工业工程不但被应用于制造领域，在服务业、非营利性组织等非制造领域也被广为应用。改革开放以来，我国经济蓬勃发展，各行各业均以强劲的势头发展，在发展中成本和效率问题成为焦点，因此，工业工程在我国非制造领域必定具有广阔的应用前景。近年来，服务业蓬勃发展，无论是就业人口数还是产值均大幅上升。面对服务业时代的来临，如何将工业工程在制造业中的经验及技术转换到服务业等非制造领域，成为目前工业工程应用的主要课题之一。可以预见，虽然目前制造现场和制造领域仍是我国工业工程技术应用的主体，但随着经济的发展，在流通、商贸、服务业等非制造领域工业工程技术也会得到广泛应用。

（2）新的工业工程思想与信息技术紧密融合。目前，制造业已从单一规格的大规模批量生产发展到根据不同用户的具体需求生产的柔性制造系统，是制造业或加工业发展的最高阶段。通过应用先进的信息通信技术，实现柔性制造，这也是我国工业工程发展的方向之一。随着信息通信技术的迅猛发展，互联网已经把个人和单位有机地组成一个小小的地球村，成为制造企业及时、准确获取需求信息的最佳手段。它为柔性制造系统提供了新的发展机会。用户可以通过网络迅速、准确地将自己的需求传递给柔性制造系统，企业迅速设计、研制出合格的个性化产品以满足用户的需求，使“个性化可制定”的策略充分实现。

（3）新的工业工程研究手段不断涌现。随着计算机技术的不断发展，人们可以使用个人计算机进行许多高级的数字仿真。数字仿真技术为实际系统的描述、分析和性能预测提供了一种定量化的手段。传统的数字仿真只能得到用数字表示的仿真结果以及相应的二维图像，其应用程度受到很大的限制。而最新的仿真技术可以将仿真与虚拟现实技术相结合，将设计者置于虚拟现实的环境中，使其能够“身临其境”地发现潜在的问题，从而降低制造成本，缩短实施时间，减少设计的反复。此外，其他学科领域发展起来的一些新方法，如模糊逻辑、遗传算法和神经网络等，也不断被引入到工业工程的研究之中。模糊逻辑可用于项目评价、机加工参数的智能化选择以及企业的决策支持等工作。遗传算法是近年来发展较为迅速的一种用于系统优化的人工智能方法，用于求解双目标运输问题、设施布局设计等。神经网络用于研究、开发计算机辅助工艺过程规划（computer aided process planning，CAPP）和并行工程等。

（4）工业工程在我国企业管理中的应用日趋复杂化。今天，越来越多的中国企业家认识到工业工程在企业管理中的重要性。他们开始应用工业工程技术解决企业生产经营中存在的诸多问题，并已在增效降耗、生产管理、质量保证、现场管理、项目开发和实施等方面发挥了积极作用。工业工程成为企业加强科学管理、实现经济增长方式转变的切入点。随着时间的推进，工业工程的应用必将产生更加显著的经济效益和社会效应。但是，应当清醒地认识到，我国企业在管理方面存在着许多亟待解决的问题，主要表现在管理层次过多、管理职责混乱、管理模式粗放、企业生产过程欠优化、企业生产系统集成功能不强等。这些问题的存在，使工业工程的应用变得十分复杂。对于工业工程应用的复杂性，我们决不能掉以轻心，只有采用“具体问题具体分析”的原则，才能推动工业工程在中国的深入推广与发展。

1.3　工业工程的特征和意识

1.3.1　工业工程的基本特征

工业工程是实践性很强的应用学科，国外工业工程应用与发展情况表明，各国都根据自己的国情形成富有自己特色的工业工程体系，甚至名称也不尽相同。例如，日本从美国引进工业工程，经过半个多世纪的发展，形成了富有日本特色的工业工程，即工业工程与管理实践紧密结合，强调现场管理优先，而美国则更强调工业工程的工程性。然而，无论哪个国家的工业工程，尽管特色不同，其本质是一致的。所以，弄清工业工程的本质，对于建立符合我国国情的工业工程学科体系具有重要意义。

从工业工程的定义到实际工程实践来看，工业工程具有如下基本特征。

1. 综合性

工业工程的定义和内容清楚地表明，工业工程是一个包括多种学科知识和技术的庞大体系，因此，人们很容易产生这样的疑惑，究竟什么是工业工程？这个问题恰好需要通过工业工程的综合性和整体性来回答。

学科范围大、领域宽是工业工程的一个明显特点，然而，这只是其外在特征，它的本质还在于综合地去运用这些知识和技术，而且特别体现在应用的整体上，这是由工业工程的目标——提高生产率所决定的。因为生产率不仅体现各生产要素的使用效果，尤其取决于各个要素之间、系统的各部分（如各部门、车间）之间的协调配合。

工业工程的综合性集中体现在技术和管理的结合上。通常，人们习惯于把技术称作硬件，把管理称作软件，由于两者的性质和功能不同，所以容易形成分离的局面。工业工程从提高生产率的目标出发，不仅要研究和发展硬件部分，即制造技术、工具和程序，而且要提高软件水平，即改善各种管理与控制，使人和其他各种要素（技术、机器、信息等）有机地协调，使硬件部分发挥出最佳效用。所以，简单地说，工业工程实际是把技术和管理有机地结合起来的学科。

一个企业要提高其经济效益，必须运用工业工程全面研究、解决生产和经营中的各种问题，既有技术问题又有管理问题；既有物的问题，又有人的问题。因而，必然要用到包括自然科学、工程技术、管理科学、社会科学和人文科学在内的各种知识。这些领域的知识和技术不应是孤立地运用，而要围绕所研究的整个系统（如一条生产线、一个车间、整个企业以及供应链等）的生产率提高，有选择地、综合地运用，这就是整体性。

工业工程发展史表明，在泰勒时代，主要研究各个作业和改进现场管理；传统工业工程主要研究生产过程，仍属于微观范畴；而现代工业工程则扩展到包括研究开发、设计和销售服务在内的广义生产系统，进而延伸到整个经营管理系统，已成为研究微观和宏观系统，追求系统整体优化和综合效益的工具。

2. 社会技术性

工业工程是一种“以人为中心”，有特定目标与活动的社会组织，有社会与技术两个子系统相互作用，是可以实现“系统大于部分之和”的相乘效果的。

生产系统的各组成要素之中，人是最活跃和不确定性的因素，工业工程为实现其目标，在进行系统设计、实施控制和改善的过程中，都必须充分考虑到人和其他要素之间的关系和相互作用，以人为中心进行设计。从操作方式、工作站设计、岗位和职务设计直到整个系统的组织设计，工业工程都十分重视研究人的因素，包括人机关系、环境对人的影响（生理和心理等方面）、人的工作主动性、积极性和创造性、激励方法等，寻求合理配置人的其他因素，建立适合人的生理和心理特点的机器和环境系统，使人能够充分发挥能动作用，达到在生产过程中提高效率、保障安全、维护健康、舒适地工作，并能最好地发挥各生产要素的作用。

3. 接口性

工业工程是以解决系统间、子系统间、人与人之间、部门与部门之间，以及组织与外部环境之间各种活动界面互联问题为中心的，其目的是消除接口间隙、重叠，克服脱节或摩擦，使系统整体协调整合，形成发挥系统性的集成。

4. 创新性

提高生产率和质量永远是工业工程追求的目标，随着生产技术、组织和环境的变化，现代工业工程针对采用现代制造技术而出现的新的生产组织和环境，把提高生产率、保证质量放在突出位置，研究生产率理论、测定方法及相关的问题。例如，现代制造系统的质量与可靠性保证；生产率与柔性制造；在物料需求计划（material requirement planning，MRP）和准时制（just in time，JIT）生产环境中的生产率问题等。目的是更好地应用先进生产技术，发展现代制造系统，不断提高生产率和质量。

创新性是工业工程学科产生与建立的基本特征，实质是科学化，是工业工程的社会价值与职业精神的核心。现代工业工程以创造组织潜力为主要特征。

5. 实践性

工业工程是一门实证科学，强调从需求出发，用于实践，通过实践不断改进或创新。工业工程所强调的优化是系统整体的优化，不单是某个生产要素（人、物料、设备等）或某个局部（工序、生产线、车间等）的优化，后者是以前者为前提的优化，并为前者服务，最终追求的是系统整体效益最佳（少投入、多产出）。所以，工业工程从提高系统总生产率的目标出发，对各种生产资源和环节作具体的研究、统筹分析、合理的配置；对各种方案作定量化的分析比较，寻求最佳的设计和改善的方案，这样才能充分发挥各要素和各子系统的功能，使之协调有效地运行。

系统的运行是一个动态过程，具有各种随机因素。社会的前进及市场竞争日趋激烈，对各种生产都提出了越来越高的要求，需要进一步提高生产率；而科学技术的高度发展也为工业工程提供了更多的知识和方法，去实现这个目标。所以，生产系统的优化不是一次性的，工业工程追求的也不是一时的优化，而是经常地研究系统的优化，对系统进行革新、改造和提高，使之不断在新的条件下实现优化，永远获得更高的综合效益。

6. 发展性

工业工程自诞生以来，经历了围绕提高作业效率为重要内容的传统工业工程阶段；与运筹学相结合进行更系统和精确设计的独立活动阶段；以系统工程为新的支柱，形成从微观到宏观，从局部到整体进行分析和设计的系统科学体系阶段；目前可以认为是工业工程应用各种新技术、新理论不断拓展应用领域和范围的新的发展阶段。从学科方面看，工业工程是一个动态的、发展的研究领域，具有鲜明的时代气息，许多现代科学技术知识都成为工业工程的相关学科，例如，早期的实验统计方法、运筹方法到现在的大系统理论及系统集成的理论和方法等，凡是有利于对系统进行分析、设计和评价以及提高效益的方法，都被及时纳入工业工程的研究和应用范畴。因此，工业工程被认为是发展最快的工程技术学科之一。从应用方面看，工业工程的应用领域范围也不断拓展。最初工业工程主要应用在制造业。当今社会，工业已成为社会各产业的集合，因此工业工程迅速从制造业发展到各产业领域，甚至包括服务业、现代农业乃至行政公共事业。工业工程本身的内涵也在不断变化，例如，过去谈到的人员，一般指工业生产中的劳动者，是一种生产资源，而现在更多地强调生产活动中人的积极性和创造性，强调合理的人员配置和使用。又如，物资和物料的概念，现在已不局限于生产过程的原材料、在制品，而是系统中运行的各种实体的总称，这些概念的扩展使工业工程的研究内容更加丰富多彩。

为适应上述发展变化的要求，现代工业工程必须研究生产要素之间的新规律，为创造新的工业工程技术寻求理论依据。其中最重要的是人和其他管理资源之间的关系，要解决在高效率设施条件下，人的适应性和提高生产率的问题。例如，其中一个重要课题是研究在复杂的多机器环境中人的心理和生理因素，需要测定各种数据，寻求相应的人-机关系原理，为设计高度自动化的系统提供依据。所以，工效学（ergonomics）的研究正在深入发展。据预测，工业工程的下一个主要发展领域可能是生物学和生命科学的应用。

在生产技术方面，除集成制造外，现代工业工程研究的另一个重点是采用同步工程（simultaneous engineering）或并行工程（concurrent engineering），它是一种新的管理思想和方法，即以用户需求为目标，使生产从研究开发到设计、制造（生产）、销售等各阶段协调配合，各类人员早期介入前期活动，同时进行有关工作（如在设计阶段即做生产准备），缩短研制时间，提高效率，降低成本。

工业工程以其工程性区别于管理科学或商学；以其社会技术性区别于其他工程学；以其实践性或实证性区别于自然科学；以其接口性和创新性而屹立于学科之林；并以其发展性而推动社会进步。

1.3.2 工业工程的意识

所谓工业工程意识就是工业工程实践的产物，是对工业工程应用有指导作用的思想方法。主要包括以下几个方面。

（1）成本和效率意识。工业工程追求最佳整体效益（即以提高总生产率为目标），必须树立成本和效率意识。工业工程师的一切工作都是从大处着眼、从总目标出发、从小处着手，力求节约、杜绝浪费，寻求以成本最低、效率更高的方式去完成。

（2）问题和改革意识。工业工程追求合理性，使各生产要素达到有效的结合，形成一个有机整体系统，它包括从操作方法、生产流程直至组织管理各项业务及各个系统的合理化。工业工程师有一个基本信念，即做任何工作都会找到更好的方法，改善永无止境。为使工作方法更趋合理，就要坚持改善、改善、再改善。因此，必须树立问题和改革意识，不断发现问题、分析问题、寻求解决问题的对策，勇于改革创新。无论一项作业、一条生产线或整个生产系统，都可以不断地进行研究分析并逐步得到改进。

（3）工作简化和标准化意识。工业工程追求高效与优质的统一。工业工程自形成以来，工业工程师一直在推行工作简化、专门化和标准化，即所谓“3S”，这一工作对降低成本、提高效率起到重要作用。尽管现代企业面对着复杂多变的市场需求，为了在激烈的市场竞争中立于不败之地，必须经常开发新产品、新工艺，更新技术，并为满足顾客的差异化需求而不得不以多品种、小批量为主要生产方式，但是，工作简化和标准化依然是保证高效率和优质生产的基本条件。工业工程师将每一次生产技术改进的成果以标准化形式确定下来并加以贯彻，并在不断改善的同时，更新标准，推动生产向更高水平发展。

（4）全局和整体意识。现代工业工程追求系统整体优化、生产要素的充分利用和子系统效率的提高，因此，必须从全局和整体的需要出发。针对研究对象的具体情况选择适当的工业工程方法，并注重应用的综合性和整体性，这样才能取得良好的效果。

（5）以人为中心的意识。人是生产经营活动中最重要的一个要素，其他要素都是通过人的参与才能发挥作用。现代企业强调以人为本，充分发挥人力资本的效用，工业工程的活动也必须坚持以人为中心来研究生产系统的设计、管理、革新和发展，使每个人都关心和参加改进工作，提高效率。

工业工程涉及的知识范围很广，方法很多，而且发展很快，新的方法在不断地被创造出来。因此，对于工业工程技术人员来说，掌握方法与技术是必要的，但更重要的是掌握工业工程的本质，树立工业工程意识，学会运用工业工程考察、分析和解决问题的思维方法，这样才能以不变（工业工程本质）应万变（各种具体事物），从研究对象的实际情况出发，选择适当的知识和技术处理问题，只有这样才能使工业工程的应用取得理想的效果，有效地实现工业工程目标。

1.4 工业工程的主要研究内容

1.4.1 工业工程的知识范畴与人才素质

1. 工业工程的知识范畴

工业工程是一个跨学科的广大领域，并且迅速发展，不断吸收新的科学技术，所以，要精确地说明它的知识范畴是不容易的。这里引用美国国家标准委员会制定的 ANSI—Z94 标准，这种分类方法较正规和有代表性，它从学科角度把工业工程的知识和技术分为以下 17 个方面。

（1）生物力学。

（2）成本工程。

（3）数据处理与系统设计。

（4）销售与市场。

（5）工程经济。

（6）设施规划（含工厂设计、维修保养、物料搬运等）。

（7）材料加工（含工具设计、工艺研究、自动化、塑料加工等）。

（8）应用数学（含运筹学、管理科学、统计质量控制、统计学和数学应用等）。

（9）组织规划理论。

（10）生产计划与控制（含库存管理、运输路线、调度、发货等）。

（11）实用心理学（含心理学、社会学、工作评价、工资激励、人事实务等）。

（12）作业测定及方法。

（13）人因工程。

（14）薪酬管理。

（15）人体测量学。

（16）安全工程。

（17）职业卫生和医学。

还有其他一些分类方法，例如，日本从应用的角度把工业工程技术分为 20 类 113 种，包括方法研究与作业测定、质量管理、标准化、工厂设计、能力开发等。

2. 工业工程技术人员的职责

从应用角度来看，工业工程是一种技术职业，从事这种专门职业的人员自然也相应地称为工业工程技术人员（如工业工程师）。那么，他们的职责如何呢？广义地说，工业工程师的作用就是把人员、机器、资源和信息等联系在一起，以求得有效的运行。他们主要从事生产系统的集成设计和改善（即再设计），工业工程技术人员要处理人与物、技术与管理、局部与整体的关系。所以，工业工程技术人员不仅要有广博的知识，而且要注意应用这些知识的综合性和整体性，才能达到工业工程的目标。

美国工业工程师学会对工业工程人员所做的定义如下：“工业工程技术人员是为达到

管理者的目标（目标的根本含义是使企业取得最大利润，且最小风险）而贡献出技术的人。工业工程技术人员协助上下各级管理人员，在业务经营的设想、规划、实施、控制方法等方面从事研究和发明，以期达到更有效地利用人力与各种经济资源的目标。”

从上述定义可以看出，工业工程技术人员涉及的业务范围很广，从基本的动作与时间研究到系统的规划、设计和实施控制等方面为各级经营管理提供方法，充当参谋。可以说一个企业的各方面、各层次的业务都需要工业工程人员发挥作用。因此，工业工程师必须具备广博的知识和技能；有很强的综合应用各种知识和技术的能力；有革新精神，不断探索和创造新的方法去进一步改进工作、改善生产系统的结构和运行机制，求得更佳的整体总效益。为此，一个称职的工业工程技术人员应有良好的技术素质和科学品德，例如，进取和创新精神、全局观点、善于团结协作，以及敏锐的观察、分析能力等。

我国工业工程技术人员目前主要从事如下 9 个方向的工作。

（1）研究与开发管理。

（2）生产系统设计与控制。

（3）效率工程。

（4）质量控制与质量保证。

（5）设施规划与设计。

（6）物流管理。

（7）供应链管理。

（8）工业卫生与安全。

（9）人力资源管理。

1.4.2 工业工程的应用范围和常用技术

1. 工业工程的应用范围

工业工程首先在制造业中产生和应用，以改进生产方法，建立良好的作业程序和标准，提高效率。第二次世界大战结束以后，随着工业工程逐渐发展成为一门学科，其所追求的目标从效率发展到效果质量，工业工程的研究领域大大扩展，从制造业逐步扩展到其他领域，如建筑业、交通运输、销售、农场管理、航空、金融、医院、公共卫生、军事后勤、政府部门（主要是行业管理与规划）以及其他各种服务行业，可以这么说，大凡有经营活动的地方，就存在有人—机器—活动这样的系统，工业工程师就有发挥才能的机会。

2. 工业工程的常用技术

美国 G. 萨尔文迪主编的《工业工程手册》根据哈里斯对英国 667 家公司应用工业工程的实际情况调查统计，工业工程常用的方法和技术为以下 32 种。

（1）方法研究。

（2）作业测定（直接劳动）。

（3）奖励。

（4）工厂布置。

（5）表格设计。
（6）物料搬运。
（7）信息系统开发。
（8）成本与利润分析。
（9）作业测定（间接劳动）。
（10）物料搬运设备运用。
（11）组织研究。
（12）职务评估。
（13）办公设备选择。
（14）管理的发展。
（15）系统分析。
（16）库存控制与分析。
（17）计算机编程。
（18）项目网络技术。
（19）计划网络技术。
（20）办公室工作测定。
（21）动作研究的经济成果。
（22）目标管理。
（23）价值分析。
（24）资源分配网络技术。
（25）工效学。
（26）成组技术。
（27）事故与可操作性分析。
（28）模拟技术。
（29）影片摄制。
（30）线性规划。
（31）排队论。
（32）投资风险分析。
注：以上内容是按应用的普及程度大小次序排列的。

1.4.3 制造业中的工业工程

尽管现代工业工程应用领域极其广泛，但制造业仍然是最主要和有代表性的一个领域。制造工业具有这样的特点，即其生产活动的全部内容包括技术和管理两个方面：①围绕材料加工技术（或通常说的制造技术）研究工艺与设备，这是制造的硬件部分；②关于制造系统，即由人、材料和设备等组成的集成系统的控制和管理，这是制造的软件部分。工业工程正是将两者有机地结合起来的原理和技术，根据这一特点和要求，制造业中常用的工业工程知识和技术如下。

（1）工作研究。它是工业工程体系中最重要的基础技术，以提高生产率和整体效益为目的，利用方法研究和作业测定（工作衡量）两大技术，分析影响工作效率的各种因素，帮助企业挖潜、革新，消除人力、物力、财力和时间方面的浪费，减轻劳动强度，合理安排作业，用新的工作方法来代替现行的方法，并制定该工作所需的标准时间，从而提高劳动生产率和经济效益的科学管理技术。

（2）设施规划与物流分析。它是对系统（如工厂、学校、医院、商店等）进行具体的规划和设计，包括厂址选择、工厂平面布置、物流分析和物料搬运方法与设备选择等，使各生产要素和各子系统（设计、生产、制造、供应、后勤服务、销售等部门）按照工业工程要求进行合理的配置，组成更富有生产力的集成系统。它是工业工程实现系统整体优化，提高整体效益的关键环节。因此，它还涉及系统工程、运筹学、工作研究、成组技术、管理信息系统、人因工程、工程经济学、计算机模拟等许多专业知识的综合应用，以解决系统优化设计的问题。

（3）生产计划与控制。它主要研究生产过程和资源的组织、计划、调度和控制，是保证整个生产系统有效运行的核心。内容包括生产过程的时间和空间组织、生产和作业计划、生产线平衡、库存控制等，分析研究生产作业和库存控制的理想方案，通过对人、财、物、信息的合理组织调度，加快物流、信息流和资金周转率，从而达到高效率和高效益的统一。

（4）工程经济。它是工业工程必须应用的经济知识，即投资效益分析与评价的原理和方法。其任务是通过对整个系统的经济性研究、多种技术方案的成本与利润计算、投资风险分析、评价与比较等，为选择技术先进、效益最高或费用最低的方案提供依据。内容主要包括：工程经济原理、资金的时间价值、工程项目的可行性研究、技术改造与设备更新的经济分析，以及常用的年费用法、现值法、投资收益法（return on investment，ROI）、内部收益率（internal rate of return，IRR）和回收期法等。

（5）质量管理与可靠性技术。质量管理是指管理和控制组织的与质量有关的相互协调的活动，通常包括确定质量方针、目标和职责，并在质量管理体系中通过如质量策划、质量控制（quality control，QC）、质量保证和质量改进等，使其得以实施的全部管理职能的所有活动。现代质量管理强调和推行一种基于组织全员参与和全面质量管理，以有效地实现质量方针和目标。可靠性技术是为维持系统有效运行的原理和方法，包括可靠性概念、故障及诊断分析、系统可靠性、可靠性设计与管理等。

（6）人因工程。亦称工效学或人机工程学等，是综合运用生理学、心理学、卫生学、人体测量学、社会学和工程技术等知识，研究生产系统中人、机器和环境之间的相互作用的一门边缘科学，是工业工程的重要专业基础知识。通过对作业中人体机能、能量消耗、疲劳测定、环境与效率的关系等研究，在系统设计中，科学地进行工作岗位设计、设施与工具设计、工作场地布置、确定合理的操作方法等，为作业人员创造安全、健康、舒适、可靠的作业环境，从而提高工作效率和效果。

（7）管理信息系统。它是为一个企业的经营、管理和决策提供信息支持的用户—计算机综合系统，包括应用计算机硬件和软件、操作程序、分析模型和数据库等。它是现代工业工程应用的重要基础和手段，工业工程师应该学习和掌握这门知识。主要内容有计算机基础、管理信息系统的组成、数据库技术、信息系统设计与开发等。

（8）现代制造系统。这也是现代工业工程的基础和组成部分。主要内容包括：数控技术、成组技术、计算机辅助设计与制造、计算机辅助工艺设计、柔性制造单元和系统以及计算机集成制造。

现代工业工程的主要特征之一是应用计算机和发展集成生产。因此，掌握和应用先进制造技术方面的知识是工业工程师在现代生产条件下获得市场竞争优势的重要途径。

复习思考题

1. 什么是工业工程？
2. 工业工程的目标是什么？
3. 简要说明工业工程的发展历程。
4. 工业工程的学科范畴包括哪些主要知识领域？列举工业工程主要的相关学科。
5. 工业工程学科性质如何，怎样理解这一性质？
6. 工业工程学科的主要特点是什么？如何理解工业工程的本质？
7. 什么是工业工程意识？为什么说“掌握工业工程方法和技术是必要的，而树立工业工程意识更重要”？
8. 工业工程的基本功能是什么？
9. 工业工程的常用技术有哪些？

第2章 流 程 分 析

2.1 流程与流程管理

2.1.1 流程的定义

对于21世纪的企业，流程将非常关键：优秀的流程能够使成功的企业与其他竞争者区分开来。新华字典上的定义是："流程是指工业品生产中从原料到制成成品工序安排的程序。"在牛津词典中解释为，"流程是为了完成一项特别的结果而开展的一系列事件"，其内容范围得到扩大。国际标准化组织在ISO9001：2000质量管理体系标准中给出的定义是："流程是一组将输入转化为输出的相互关联或相互作用的活动。"从以上基本定义来看，首先流程是活动、事件、程序。其次流程是一系列的活动集合，而非独立的单一性活动。在学术界中，国内外不同学者对流程的理解也存在一定的差异，表2-1是不同学者对流程的不同定义。

表2-1 流程的定义

流程的定义	学者
一系列结构化的可度量的活动的集合，并为特定客户或市场产生特定的输出	H.Davenport
把一个或多个输入转化为对顾客有价值的输出的活动	M. Hammer
流程是在特定时间产生特定输出的一系列顾客-供应商关系	A.L.Scherr
企业流程是把输入转化为输出的一系列相关活动的结合，它增加输入的价值并创造出对接受者更为有用的、更为有效的输出	H.J.Johansson
一系列相互关联的活动、决策、信息流和物流的集合	R.B. Kaplan
流程是为取得一定的业务目标而由相互交流、协作的角色组成	D.Miers
流程是"工作流转的过程"的缩写，这些工作需要多个部门、多个岗位的参与和配合，这些部门、岗位之间有工作的承接、流转，因此流程也是"跨部门、跨岗位工作流转的过程"	王玉荣

从以上学者对流程不同的定义来看，可以总结出流程具有的基本要素：输入、活动、活动作用（即活动的组织结构）、输出、顾客、目标（价值）。企业中的流程在具体运作和流转过程中，具有以下特点。

（1）目标性：流程具有明确的目标或任务，即流程的输出，也是流程存在的必要性。一般来说，流程各节点有独自的目标，而流程整体的目标是由各节点目标共同作用的结果，流程总目标对各节点目标有引导作用。

（2）内在性：是指流程包含于任何事物当中，流程通过将输入的资源经过一系列中间过程的转换，输出了相应价值的结果。

（3）整体性：企业的流程可以分类、分层划分为多种形式，每个流程之间只有建立比较统一的指导思想，才能高效地完成企业的目标。流程的整体性要求使流程的功能最大化。

（4）动态性：流程不是静态的过程，是一个按照一定关系进行的动态活动传递，随着流程目标的逐步实现，流程也是越来越优化和进步。

（5）结构性：流程由一系列活动按照一定的结构形式组成，流程中活动间结构形式的不同（如串联、并联、反馈等）往往对流程的输出效果产生很大的影响。

（6）层次性：组成流程的进程本身也可以再次分解，按照不同的管理级别以及流程的控制权限，流程可以细分为不同层次的子流程，逐步分解直至最后一层不能分解。

2.1.2 流程的分类

1. 横向流程体系

横向流程体系将企业流程分为三类：战略管理流程、核心经营流程和支持管理流程。

（1）战略管理流程。战略管理流程是企业流程管理中的最高级流程，承担着企业愿景、战略规划、计划目标、预算管理、科研开发、企业文化等全局性的工作内容，对经营流程和管理支持流程起着统领和指引的作用。

（2）核心经营流程。核心经营流程是涉及产品创造、为客户创造价值的经营活动，通常包括产品研发、采购、生产制造、储运、市场营销、客户服务等活动。核心经营流程是制造业企业直接创造产品附加价值的活动，是企业利润的源泉。

（3）支持管理流程。支持管理流程是企业为了保证核心经营流程能够顺利开展的活动，不创造直接附加价值，但却是不可缺少的部分，通常包括人力资源管理、信息资源与技术管理、财务管理、计划管理、外部关系管理、管理改进与变革等。它是对经营流程工作的补充和完善，也是保证经营流程正常运转的关键，并与经营流程一起同为战略管理流程的执行流程。

2. 纵向流程体系

从纵向上看，企业流程具有明显的层次性，将流程进行细化分级，即把流程从粗到细、从宏观到微观，可以分为五个级别，它们分别是流程元、流程节点、流程、流程群、流程族。纵向流程体系如图 2-1 所示。

1）流程元

“元”在词典中有“基本”的含义，如单元、元件、元素，意指不可分割的最小原子。将企业流程进行不断细分，最终可以找到最小的操作单元，这个最小单元可以是一个岗位上人员执行的一个动作，也可以是设备执行的一个操作。所以，把流程元定义为流程中的基本单元，是岗位或工序内，由人员或设备完成的不可分割的独立操作。流程元本身并不体现价值，只有多个流程元组合在一起时，才能完成特定目标，产生价值，多个流程元就组成了流程节点。例如，一道工序是多种动作的组合，每一种动作可以认为是一个流程元，流程元可能伴随着实物和信息的变化，也可能起到链接其他流程元的作用。

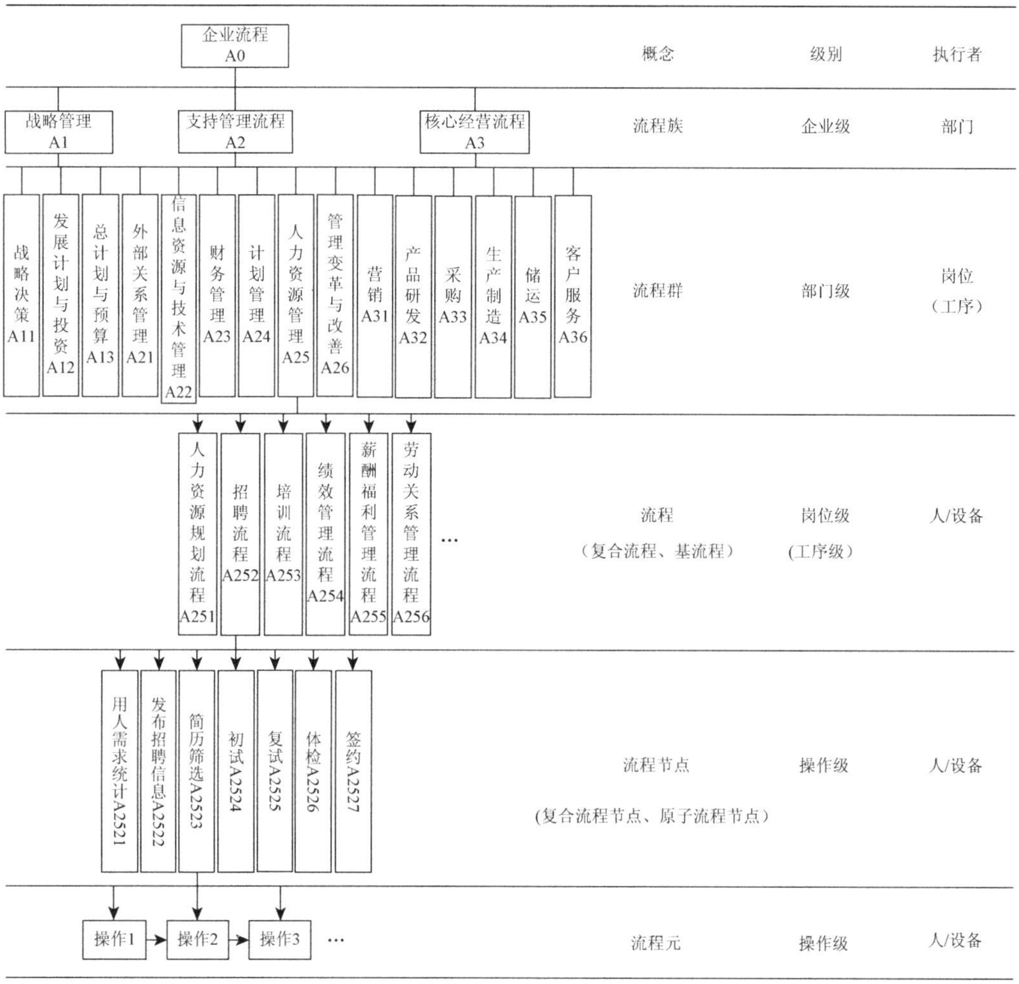

图 2-1 纵向流程体系

2）流程节点

流程节点是指一组能够将输入转化为对顾客或者后续工作有价值的输出的流程元的有序集合。流程节点又可划分为原子流程节点和复合流程节点。其中，原子流程节点是企业流程节点的最小组成单元，它是由数个流程元按照一定的结构顺序聚集而成的。原子流程节点是不可继续分割的，构成原子流程节点的流程元的组合只有一个明确的输出价值。划分原子流程节点的依据是“三个不变、一个连续”，即作业执行者不变、作业执行对象不变、作业执行地点不变，且作业工作时间是连续的。复合流程节点的构成元素也是流程元，但是与原子流程节点的不同之处是复合流程节点是可以继续拆分的，构成复合流程节点的流程元在组合的过程中可以产生两个或两个以上的输出结果，而这些阶段性输出结果的流程元的组合则表现为原子流程节点，众多原子流程节点组合又形成了复合流程节点，众多原子流程节点的输出结果的组合实现了复合流程节点特有的输出价值，如图 2-2 所示。

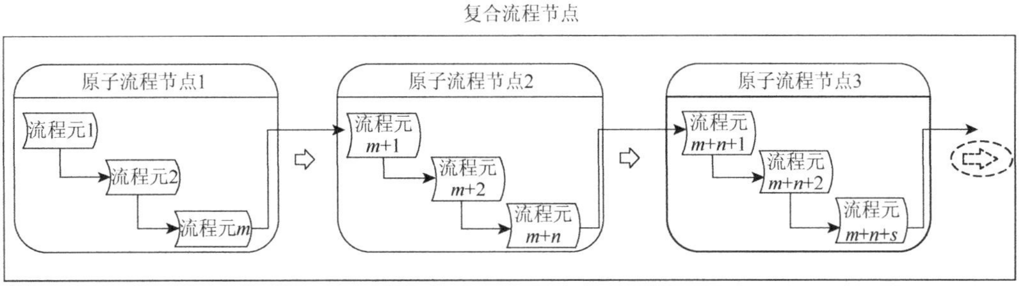

图 2-2 流程节点示意图

3）流程

流程就是为了完成一定目标，通过有效组织，将输入转化为对接受者有价值输出的流程节点的集合。本书将流程划分为两类：基流程和复合流程，两者的区别在于构成要素是否含有子流程。

（1）基流程。基流程是一组能够将输入转化为对顾客有价值的输出的相互关联的原子流程节点的集合。该定义明确了基流程的下一层次是原子流程节点而不包括子流程，如图 2-3 所示。

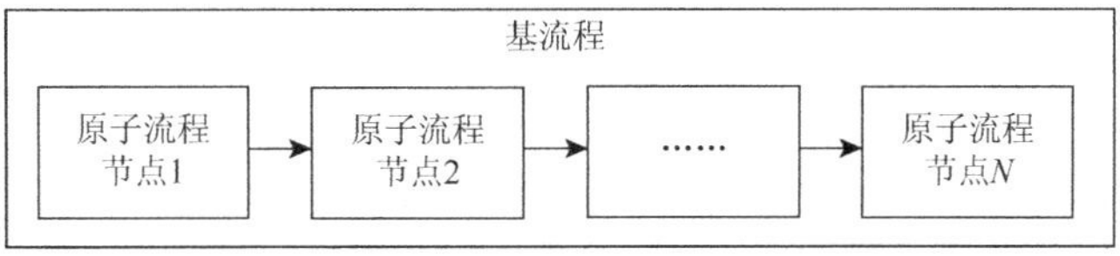

图 2-3 基流程

（2）复合流程。如果流程的构成要素中既包含原子流程节点又包含子流程（基流程或复合流程），则称该流程为复合流程。该定义明确了复合流程的下一层次由两类元素构成：原子流程节点和子流程，这里的子流程既可能是基流程也可能是另一复合流程，如图 2-4 所示。

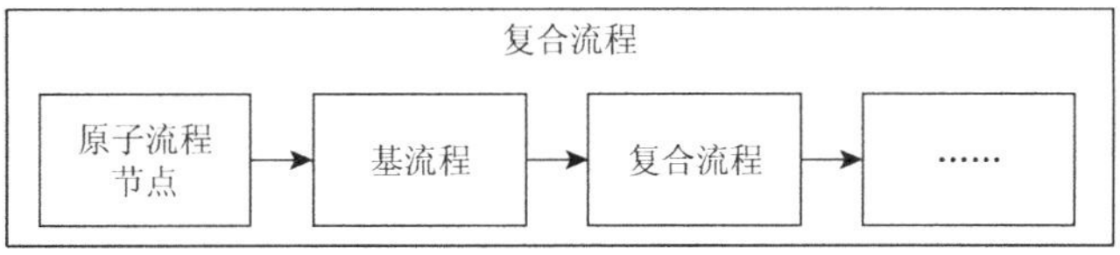

图 2-4 复合流程

4）流程群

群，按照字典解释为聚集在一起的人或物。流程群是由具有同类目标以及相似职能的流程组成的集聚体。基于这样的流程集聚体，企业构建相匹配的组织结构。

在对流程群进行划分时，必须根据组织目标确定支撑组织总目标的各分目标。根据确定的分目标，将类似目标（或职能）的流程集聚在一起形成流程群。组织在不同阶段的目标各不相同，因此，流程群的划分方式也有所不同，企业可以根据需要采取多种流程群划分方式，以达到不同情况下对流程体系的监控和维护。

5）流程族

族，按照字典解释为有共同属性的一大类事物。流程族是以实现企业价值为目标、具有同类目标及职能的流程群的集合。流程族的划分可以结合横向流程体系的流程分类，对流程群进行进一步归集，分为战略管理流程族、核心经营流程族和支持管理流程族。流程族是高于流程群的一个层次，对于流程族的划分，可使组织将目标和核心锁定于特定流程族，从宏观上把握组织运作的中心。

2.1.3 流程管理

1. 流程管理的概念

流程管理是与信息技术的应用相伴而生的。它是通过不断发展和完善业务流程，获得以成本、质量、服务和速度等指标来衡量的经营业绩的显著提升，从而全面增强企业的竞争优势，它强调各经营流程间的相互匹配和对所有流程的总体规划。随着企业信息化步伐的加快，流程管理已经逐渐成为企业的一项重要的基础性工作。

一般认为，流程管理是一种以构造规范化的端到端的卓越业务流程为中心，以持续提高组织业务绩效为目的的系统化方法。它是一个操作性的定位描述，指的是流程分析、流程定义与重定义、资源分配、时间安排、流程质量与效率测评、流程优化等。由于流程管理是为了客户需求而设计的，所以这种流程需要随着内外环境的变化而被优化。流程管理的核心是流程，流程是任何组织运作的基础，企业所有的业务都需要流程来驱动，就像人体的血脉，流程把相关的信息数据根据一定的条件从一个人（部门）输送到其他人员（部门），得到相应的结果后再返回到相关的人（或部门）。一个企业中不同的部门、不同的客户、不同的人员和不同的供应商都要靠流程来进行协同运作。

流程管理的基本思想是：①以业务流程为中心，摆脱传统组织分工理论的束缚，强调流程的整体性；②突破原有的思维定式，对业务流程进行优化设计并持续改进；③倡导顾客至上的经营理念，建立优质服务的竞争优势；④实行以人为本的管理，让员工成为复合型人才，并对员工授权；⑤要彻底改造、抛弃旧观念，建立新的企业观。

2. 流程管理的特点

传统的管理方式是一种职能式管理，也就是金字塔式的纵向管理，主要通过职能层级来传递信息。由于纵向层级多，信息传递速度慢，而且信息往往容易失真，同时职能部门之间信息阻隔，必须要通过更高的层级来达到信息沟通的目的。这种管理方式是计划经济时代的产物，在计划分配和市场变化不大时还可以基本适应，但对于当今市场瞬息万变、竞争异常激烈和快速反应的要求就很难适应了。同时，由于信息迟缓和失真，这种管理方式不仅对市场的反应能力差，还可能造成极大的浪费。

流程式管理则是一种先进的管理方式，它具有以下几个特点：①业务开展以流程为中心，而不是以职能部门为中心；②对各级管理人员评定薪酬的标准不再是行政级别，而是整个流程的执行结果；③以先进技术更新企业的信息平台，使每名员工通过网络即可得到与岗位业务相关的各种信息；④组织结构扁平化，消除“中层领导”，这不仅有利于降低管理成本，更有效提高组织的运转效率和对市场的反应速度。

流程管理与传统职能管理的比较如表 2-2 所示。

表 2-2 传统职能管理与流程管理的比较

项目	职能管理	流程管理
导向性超越	组织结构以职能为中心，以分工、部门为导向；企业目标以利润为导向，以制造为导向	组织结构以流程为中心，企业目标以顾客为导向，以服务为导向
效率性超越	从输入到输出时间较长	从输入到输出时间短，效率高
应变性超越	任务及组织调整较慢，应变性差	任务、结构变动快，快速适应市场变化
整体性超越	关注企业内部各部门职能与分工	全程管理，内部网络化管理，内部网与外部网的统一，强调被忽视的外部网
协作性超越	以职能分工为基础的协作，各部门内部协作较好，跨部门协作受到体制性约束	以流程为中心的协作，同时强调企业内部流程协作与外部流程协作，特别强调被忽视的外部流程协作

3. 流程管理的作用

（1）固化组织的流程。企业通过流程管理系统固化流程，把企业的关键流程导入系统，由系统定义流程的流转规则，并且可以由系统记录及控制工作时间，满足企业的管理需求及服务质量的要求，真正达到规范化管理的实质操作阶段。

（2）实现流程自动化。通过流程管理系统，利用现有的成熟技术、计算机的良好特性，很好地完成企业对这方面的需求，信息只有唯一录入口，系统按照企业需要定义流转规则，流程自动流转，成为一个能“不知疲倦”处理企业业务流程的帮手。

（3）实现团队合作。流程管理系统以流程处理为导向，利用先进的互联网技术实现各地域间的串联，达到业务流程良好完成的目的。在流程管理系统运行的过程中，促使企业形成协同工作的团队意识和独特的企业文化。

（4）实施流程优化。一套好的流程管理系统可以在流程运行的过程中不断完善自己，以数据、直观的图形报表反馈哪些流程制定得好，哪些流程需要改善，从而为决策者提供科学合理的决策依据，达到不断优化流程的目的，它应呈螺旋式上升的趋势。

（5）向知识型企业转变。流程管理系统通过固化流程，让那些随着流程流动的知识固化在企业里，并且可以随着流程的不断执行和优化，完善企业自身的知识库，随着知识库越来越全面和深入，让企业向知识型和学习型企业转变。可以预见，这五方面的变化，对于企业不仅限于效率的提升，更有战略意义。

2.2 流程的描述方法

2.2.1 流程图简介

流程图法（flow chart）是最常见的流程描述方法，该方法遵循 ANSI 标准，优点在于可理解性好，但同时存在不确定性太大、无法清楚界定流程界限等缺点，特别是在流程图中的输入、输出不能模型化，所以可能失去关于流程的细节信息。

为了使流程图法能够满足企业中跨部门职能描述的需求，传统的流程图法被进一步拓展为跨职能流程图法。它主要用于表达企业业务流程与执行该流程的功能单元或组织单元之间的关系，其组成要素包括：企业业务流程、执行相应流程的功能单元或组织单元。在形式上有横向功能描述和纵向功能描述两种。

跨职能流程图是以二维的方式来反映工作流程，是一种图形的实现方式。横向的维度是职能带，表示工作（进程）的发出或承担者；纵向维度是序号，反映了工作（进程）之间的逻辑关系。纵向和横向维度一起确定了工作（进程）的坐标，把流程的责任者和流程的逻辑关系固化下来，形成清晰的流程图形化描述。跨职能流程图中还增加了表单列，即描述了信息的产生与传递，可理解性强。跨职能流程图具有清晰易懂、简单、概括的特点。

通过跨职能流程图，企业能够明确完成业务流程所需的步骤，明确流转中的关键决策点，明确与流程相关的文档记录，明确相关任务的负责人，实现流程可视化，并将复杂流程分解为简单步骤，便于根据情况变化对现有流程进行改造。跨职能流程图能够让流程的操作者一目了然，迅速了解工作流，并能够在短时间内适应流程。同时，跨职能流程图也为定岗定编建立了坚实的基础，使岗位分析不再是一种文字上的“游戏”，而确实是有据可循。

2.2.2 跨职能流程图符号说明

表示“开始”状态。在每个流程的开始都需要有此图标。

表示连接流程中各个节点的线条。

表示“一个活动”、“一个进程”或者“一个操作”。进程图标中的文字表示此进程的名称。

表示“选择”或者“判断”，即表示在流程中出现分支的情况。一般情况下，判断图标都会有两条分支，分支的具体情况在分支的线条上会用简洁的文字加以说明。

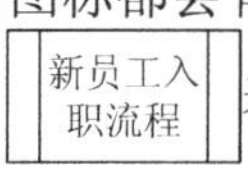

表示“具体的流程”，即表示在流程中还嵌套了其他一些流程。

表示“结束”状态。在每个流程的结束都需要有此图标。

2.2.3 跨职能流程图举例

图 2-5 为某公司高级岗位内部招聘流程图。该流程涉及应聘人员、人力资源部招聘主管、人力资源部经理、人力资源总监、总经理、董事会等多个岗位。

跨职能流程图给出了各活动节点的名称及其相互关系，由于框图中字数有限，为使流程更为清晰必须对节点进行补充说明，表 2-3 给出了图 2-5 中流程节点的活动说明。

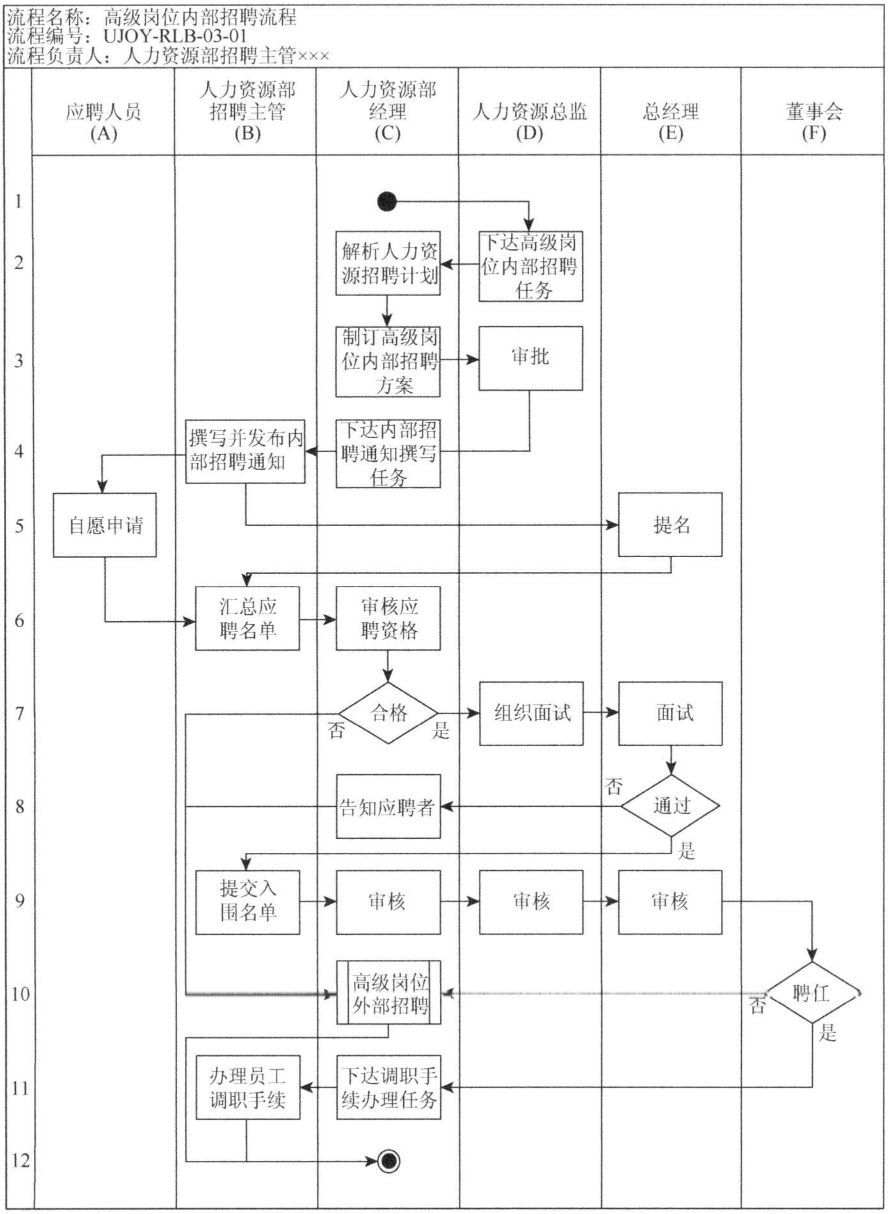

图 2-5 高级岗位内部招聘流程图

表 2-3 高级岗位内部招聘流程节点说明表

节点	流程节点名称	流程节点说明
C1	开始	流程开始条件：企业内部实际岗位需求、启动高级岗位招聘流程
D2	下达高级岗位内部招聘任务	人力资源总监依据人力资源年度招聘计划下达高级岗位招聘任务
C2	解析人力资源招聘计划	人力资源部经理依据人力资源年度招聘计划中有关高级岗位内部招聘方面的要求，解析人力资源招聘计划
C3	制订高级岗位内部招聘方案	人力资源部经理依据人力资源招聘计划中对高级岗位内部招聘的相关要求，制订本次内部招聘方案

续表

节点	流程节点名称	流程节点说明
D3	审批	人力资源总监审批人力资源部经理提交的招聘方案
C4	下达内部招聘通知撰写任务	人力资源部经理依据人力资源最终审批的招聘方案，下达撰写高级岗位员工内部招聘通知
B4	撰写并发布内部招聘通知	人力资源部招聘主管将确认无误的高级岗位员工内部招聘通知在公司内部发布
A5	自愿申请	企业员工自愿提出应聘申请要求
E5	提名	总经理根据岗位任职条件和员工的实际表现，提名员工参加应聘
B6	汇总应聘名单	人力资源部招聘主管依据汇总的各类应聘人员，绘制成表格上报人力资源部经理
C6	审核应聘资格	人力资源部经理依据岗位的任职条件和应聘者的履历审核应聘资格
C7	合格	人力资源部经理审核应聘资格，确定初试名单
D7	组织面试	人力资源总监依据内部员工招聘方案，做好面试前的各项准备工作
E7	面试	总经理根据内部招聘方案的要求，对审核通过的人员进行面试
E8	通过	总经理确定通过面试人员名单
C8	告知应聘者	人力资源部经理告知应聘者是否通过面试
B9	提交入围名单	人力资源部招聘主管根据应聘者面试成绩提交入围名单
C9	审核	人力资源部经理审核招聘主管提交的入围名单和相关表单
D9	审核	人力资源总监审核人力资源部经理提交的送审名单和相关表单
E9	审核	总经理对提交名单和相关表单做最终审核，确定最终录用名单
F10	聘任	董事会对总经理审核通过的员工是否聘任做最终决定
C10	高级岗位外部招聘	若审核应聘资格不通过或者董事会不予以聘任，则进入高级岗位员工外部招聘流程
C11	下达调职手续办理任务	人力资源部经理下达调职手续办理任务
B11	办理员工调职手续	人力资源部经理帮助应聘成功人员办理员工调职手续
C12	结束	人力资源部经理关闭本流程

2.2.4 流程节点描述

流程节点是跨职能流程图中的主要元素，流程节点的选取标准会影响流程中节点的多少，进而影响流程的可读性，并且会影响流程节点具体所附带的有效信息量。同时企业的运作是依据整个系统流程的，所以对流程的节点，必须有一个界定的标准。

1. 流程节点的选取标准

流程运作中，流程的执行者或者通过相互间的协作共同处理信息，或者通过信息的传递与处理来完成流程的职能，所以，在流程节点的定义时，一般将流程中的信息处理环节或者岗位间的协作处理定义为最基本的流程节点单元。

从信息处理角度看，文件的拟定、审批、修改、存档都被定义为最基本的流程节点；从岗位协作角度看，多个岗位同时处理一个信息，则各个处理环节都被视为最基本的流程节点。

2. 流程节点描述表

通过流程节点的联系描述出的直观的流程图仅仅能够告诉流程的操作者迅速了解工

作流，但不能了解流程中各节点的具体操作方法和注意事项。对此，可采用流程节点描述表，对流程中的各个节点的作业内容进行具体的说明，让流程的操作者和管理者明确流程的关键，突出工作重点，使流程在执行中，流程的负责人以及相关作业负责人不断加深对工作的认识，并最终推动流程目标的实现。同时，流程节点描述表提供了流程节点所附带的各类信息，是进行流程分析和优化设计的基础。流程节点描述表如表 2-4 所示。

表 2-4　流程节点描述表

<table>
<tr><td colspan="2" rowspan="2">流程名称</td><td rowspan="2"></td><td>责任岗位</td><td colspan="2"></td></tr>
<tr><td>流程编号</td><td colspan="2"></td></tr>
<tr><td colspan="2">节点名称</td><td></td><td>节点编号</td><td colspan="2"></td></tr>
<tr><td>基本说明</td><td colspan="5"></td></tr>
<tr><td rowspan="4">基本要素</td><td>前节点</td><td></td><td>后节点</td><td colspan="2"></td></tr>
<tr><td>时间约束</td><td></td><td>是否增值</td><td>□增值</td><td>□不增值</td></tr>
<tr><td>输入内容</td><td></td><td>输出内容</td><td colspan="2"></td></tr>
<tr><td>输入规则</td><td></td><td>输出规则</td><td colspan="2"></td></tr>
<tr><td rowspan="4">作业规范</td><td>1</td><td colspan="4"></td></tr>
<tr><td>2</td><td colspan="4"></td></tr>
<tr><td>3</td><td colspan="4"></td></tr>
<tr><td>4</td><td colspan="4"></td></tr>
<tr><td rowspan="4">效果要求</td><td>1</td><td colspan="4"></td></tr>
<tr><td>2</td><td colspan="4"></td></tr>
<tr><td>3</td><td colspan="4"></td></tr>
<tr><td>4</td><td colspan="4"></td></tr>
<tr><td rowspan="5">存在问题</td><td>时间</td><td colspan="4"></td></tr>
<tr><td>质量</td><td colspan="4"></td></tr>
<tr><td>成本</td><td colspan="4"></td></tr>
<tr><td>风险</td><td colspan="4"></td></tr>
<tr><td>沟通</td><td colspan="4"></td></tr>
<tr><td>排除异常</td><td colspan="5"></td></tr>
<tr><td>备注说明</td><td colspan="5"></td></tr>
</table>

3. 流程节点的运行管理方法

在流程图设计出来后，还需要对整个流程的运行进行阐述。下面以图 2-5 高级岗位内部招聘流程图、表 2-3 节点说明为基础，就该流程中的节点给出其对应的运行管理方法，供读者参考。

1）C1 开始

为了适应公司人力资源发展战略和满足各部门对员工实际需求，人力资源部经理根据公司年度招聘计划和上级领导指示，分析公司岗位需求状况，组织公司员工参加高级岗位内部招聘工作。

2）D2 下达高级岗位内部招聘任务

人力资源总监根据人力资源年度招聘计划，下达高级岗位招聘任务。在任务下达时需要明确任务内容、时间期限、任务完成人等。下达任务方式有电话、面授、E-mail、文件等。

3）C2 解析人力资源招聘计划

人力资源部经理依据人力资源部年度招聘计划的要求，解析人力资源发展战略对高级人才的需求，得出此次高级员工内部招聘的岗位、人数、完成时间、成本预算等。

4）C3 制订高级岗位内部招聘方案

人力资源部经理依据人力资源年度招聘计划解析结果及所确定的招聘岗位需求信息，确定岗位内部招聘类别、拟定招聘人数。基于岗位需求分析结果，制订本次公司内部招聘方案，并将编制好的内部招聘方案交由人力资源总监审核。内部招聘方案应明确的内容有：招聘岗位和数量、招聘时间、招聘地点、成本预算、人才甄选方法、竞聘组织、选拔流程等。

5）D3 审批

人力资源总监依据如下条件对内部招聘方案进行审核。

（1）审核通过的条件。若高级岗位内部招聘方案符合公司发展经营计划以及人事管理相关规定，则审核通过。

（2）审核不通过的条件。若高级岗位内部招聘方案不符合公司发展经营计划以及人事管理相关规定，则审核不通过，并在内部招聘方案上注明修改意见和建议，交由人力资源部经理修改或重新制订直至审核通过。

6）C4 下达内部招聘通知撰写任务

人力资源部经理依据人力资源总监审批通过的内部招聘方案给人力资源部招聘主管下达编写内部招聘通知撰写任务。

7）B4 撰写并发布内部招聘通知

人力资源部招聘主管撰写内部招聘通知，内部通知中需要明确的内容有：招聘岗位、人数、岗位要求、报名时间和截止时间。对内部招聘通知在错别字、标点符号等细节做最终检查，形成定稿。及时通过公司内各种信息渠道向全体员工发布本次内部招聘通知并发放优秀员工提名表、内部招聘申请表。发布内部招聘通知的渠道主要有：公司公告栏、公司内部网络信息交流平台、公司全体职工大会、向各部门负责人传达内部招聘通知。

8）A5 自愿申请

员工在得知内部招聘信息之后在报名截止日前，根据内部招聘通知上所列岗位需求，结合自身的职业发展规划，提出应聘申请，领取、填写并提交内部招聘申请表给招聘主管。

9）E5 提名

总经理在报名截止日前，根据岗位任职条件结合员工以往的表现，初步拟定提名应聘员工名单，并就参加本岗位内部招聘事宜与之沟通：如果同意参加，则将其列入确认提名名单，进入下一个工作环节；如果不同意参加，在劝说无果的情况下，放弃对该员工的提名。

在获得员工本人同意参加本岗位内部招聘的情况下，确定最终提名人员名单。

10）B6 汇总应聘名单

人力资源部招聘主管在报名截止日之前督促各部门经理提交自部门的内部招聘申请表和优秀员工提名表。在报名截止日后一个工作日内，将收集到的各类应聘表按应聘岗位的不同进行分类汇总，汇总得出最终参与应聘人员名单，将其连同各类应聘表上报给人力资源部经理审核。

11）C6 审核应聘资格

人力资源部经理在收到招聘专员上报的应聘汇总名单后，以招聘岗位任职条件为依据，根据应聘人员的工作履历对应聘者的资格进行审核。

12）C7 合格

若应聘者的履历、经验、技能符合岗位的任职需求，则人力资源部经理审核通过并同意其参加面试，最终形成初试名单，通过电话或短信的方式及时告知每个审核通过人员做好面试准备。若应聘者的履历、经验、技能不符合岗位的任职需求，则审核不通过，并通知其应聘失败，向他们对本次内部招聘的支持表示感谢，若内部无合格人选则转入高级岗位员工外部招聘流程。

13）D7 组织面试

人力资源总监对内部招聘方案中关于面试的部分进行解析，需要明确的内容有：面试方法、组织面试的时间段、面试流程、面试的成本预算。

人力资源总监组织面试工作，组织面试需要做的工作有以下方面。

（1）根据不同的岗位选择具体的面试方法。

（2）确定面试的时间、地点并通知面试者和面试官。

（3）面试的相关材料准备。

（4）成本预算。

14）E7 面试

面试官根据拟聘岗位的性质、应聘者履历，按照内部招聘方案中规定的面试方法对应聘者的自身素质、专业知识、领导能力等做出评判。面试过程中面试官根据应聘者的临场表现填写面试记录表，面试结束后填写面试评价表及意见审批表，交由人力资源部招聘主管。

15）E8 通过

若应聘者的履历、经验、技能符合岗位的任职需求，则面试官同意其通过面试。

16）C8 告知应聘者

人力资源部经理告知未通过面试的应聘者，解释未通过的原因，感谢他参与本次应聘。

17）B9 提交入围名单

在面试结束后，根据面试记录表以及面试评价表，按照评审细则的要求计算出应聘者的最终成绩，根据录用人数按照从高到低的原则筛选出最终入围的名单。

18）C9 审核

人力资源部经理依据以下条件对入围人选进行审核。

（1）审核通过的条件。若此次面试能真实反映应聘者的能力且整个招聘过程都做到了公平、公正，所得出的结果真实有效，则审核通过。

（2）审核不通过的条件。若此次面试不能真实反映应聘者的能力或整个招聘过程没有做到公平、公正，所得出的结果有效性差，则审核不通过并在意见审批表上说明审核不通过的原因，并要求进行整改。

19）D9 审核

人力资源总监依据以下条件对入围人选进行审核。

（1）审核通过的条件。若此次招聘的整个过程和人力资源部经理复审后提交的名单符合公司的相关规定，则审批通过。

（2）审核不通过的条件。若此次招聘的整个过程和人力资源部经理复审后提交的名单不符合公司的相关规定，则审批不通过，并要求进行整改。

20）E9 审核

总经理依据以下条件对入围人选进行审核。

（1）审核通过的条件。若此次招聘的整个过程和人力资源总监复审后提交的名单符合公司的相关规定，则审批通过。

（2）审核不通过的条件。若此次招聘的整个过程和人力资源总监复审后提交的名单不符合公司的相关规定，则审批不通过，并要求进行整改。

21）F10 聘任

若拟聘任的岗位属于董事会聘任的对象，则在董事会依据公司的发展战略对总经理审核后的最终名单上的应聘人员进行综合考虑，做出是否聘任的决定。如果聘任，则给应聘者颁发聘书；如果不聘任，则由人力资源部经理通知应聘者并向其对此次内部招聘的支持表示感谢。

22）C11 下达调职手续办理任务

人力资源部经理向人力资源部招聘主管下达调职手续办理任务，并明确具体的任务要求。

23）B11 办理员工调职手续

人力资源部招聘主管协助应聘成功人员办理调职手续，并按照规定将有关文档存档。

24）C12 结束

高级岗位内部招聘结束后由人力资源部经理关闭本流程。在关闭本流程之前应分析本流程的实施效果，本流程主要考量招聘方案的合理性、招聘过程的公正性及其工作效率。

2.3 流程分析与优化

2.3.1 流程分析与优化的指导思想和作用

1. 流程分析与优化的指导思想

所有的管理体系都从不同的角度、不同的层面对管理进行切入，有各自关注焦点，各以一套体系为结果，有着自己的方法、技术和工具。和其他管理体系一样，流程优化的根本目的在于完善企业的管理。因此，流程分析和优化的指导思想体现在以下三个方面。

1）以节点信息为基石的流程优化

在流程优化的过程中不仅要注重流程系统的优化，更关注流程实施的基础流程节点的落实，所以，既要关注流程所体现的职能，也要关注流程中附带的信息。一般用跨职能管理流程图来表示流程的基本形式，以体现流程的职能。同时通过流程节点描述表（表2-4）来描述流程节点附带的相关信息，对流程中的各个节点的作业内容进行具体的说明，明确流程的关键，突出工作重点。使流程在执行中的负责人以及相关作业负责人不断加深对工作的认识，并最终推动流程目标的实现。同时，流程节点描述表提供了流程节点所附带的各类信息，是进行流程分析和优化设计的基础，也是进行岗位分析、成本分析、质量分析、风险分析和效率分析的依据。

2）以流程为载体的知识管理

针对企业运作过程中存在的“企业知识个人化”，随着员工的岗位变动、离职、生病、退休、死亡……组织就会患“失忆症”，因此，应在业务流程分析和优化、固化中，建立基于流程节点的知识管理机制，帮助企业实现“个人知识企业化”的思想。

流程运行较长时间后企业因为日积月累的改变，企业流程发生了变化。如果没有流程的知识管理，流程会落后于企业的发展，从推动企业发展的力量变为阻碍企业发展的力量。流程节点的知识管理给流程优化提供了源源不断的动力，通过及时地调整流程适应企业的发展。

3）以“人”为中心的流程实施

在流程分析和优化中必须体现“以人为本”的管理思想，因此，合理的流程包含事物的操作程序和岗位上人的因素。操作程序容易确定出是否最优，但因为有了岗位上“人”的可变因素，所以流程谈不上标准和最优，只有适合与否；完成一个流程，程序可能是确定的，但完成这个程序的岗位（人）却可能是变化的。

2. 流程分析与优化的作用

1）有效转变员工思想

（1）视角从局部扩展到全局。流程思想是全局性的，有思想的员工通过对流程的接触，管理视角会从本岗位、本部门扩展到企业全局。通过流程的强制实施，会改变很多员工的思想，为以后的改革打下良好基础。

（2）完成任务到工作创新。流程优化体系是开放式体系，并且流程中对绩效的要求，使工作创新有了更多的交流和实施的途径。

2）岗位分析将更为科学

（1）企业流程决定组织结构。企业在确定组织结构的过程中，往往脱离不了人的因素。因人设岗，职责交叉的情况在企业中很普遍。如果在岗位分析之前，先进行流程优化。流程作为岗位分析的先导，流程优化后所有的流程节点均嵌入到岗位上，岗位职责将非常清晰，可有效避免盲目设岗，使企业组织结构更加合理。

（2）明确岗位要求。流程优化后各流程节点都有相应的描述，可以明确各流程节点应当如何具体操作，并界定了流程节点承担人员所应当具备的素质要求。

（3）有利于岗位评价。企业在进行流程优化后，流程节点有相应的主要负责人和次要负责人。进行岗位评价时，可以根据重要节点流进岗位的次数作为岗位重要度的参考依据。

3）绩效考核将更有成效

通过对节点的工作内容进行明确的界定，并辅以相应的衡量标准，能够制定出科学合理的岗位绩效考核指标和考核标准，使考核更加具有针对性，同时通过有效的考核，也能有效促进员工不断提高和改进工作，使工作流程更加完善。

4）有效防止企业资源个人化

在没有流程制度的企业中，工作方法、客户资源等都由个人掌握。一方面造成了企业部门之间的隔离；另一方面造成了企业对员工的依赖。当员工离职后，员工在岗位的工作创新会被带走，新进人员又重新开始摸索。

进行流程优化后，企业的管理方法和工作内容都固化到流程中。一方面解决了部门隔离的问题，通过流程可以了解其他部门的具体工作；另一方面员工对工作方法的改善体现在流程上，新员工可以通过流程的学习来掌握工作方法。企业运作时间越长，积累的经验越丰富，越有利于企业的长远发展。

2.3.2 流程优化步骤

流程分析与优化通常分为五个阶段，即调研诊断、流程描述、流程优化、差异论证、辅助实施。流程分析与优化的实施内容及预期成果如表 2-5 所示。

表 2-5 流程分析与优化的实施内容及预期成果

阶段	工作内容	目的	主要成果
第一阶段 调研诊断	（1）资料研究 （2）流程优化培训 （3）内部员工访谈 （4）外部调研 （5）问卷调查 （6）流程问题研讨 （7）诊断报告	（1）全面了解企业现状 （2）重点收集流程信息 （3）了解企业组织构架 （4）发现流程存在的问题 （5）了解其他企业流程状况	（1）流程诊断报告 （2）现有流程改善目标
第二阶段 流程描述	（1）流程图绘制培训 （2）确定流程框架 （3）绘制流程图 （4）收集节点信息 （5）汇总现有流程	（1）深入了解流程信息 （2）准确描述现有流程 （3）帮助员工提高对流程的认识 （4）提供流程优化的依据	（1）现有流程图 （2）流程节点信息 （3）现有流程关系梳理
第三阶段 流程优化	（1）流程系统化分析 （2）流程系统化及优化 （3）完善流程节点信息 （4）编写流程优化报告 （5）编写组织结构调整方案	（1）针对问题优化现有流程 （2）完善流程信息，提供人力资源管理依据 （3）调整组织结构使之满足流程需要	（1）优化后流程图 （2）流程节点信息 （3）流程优化报告 （4）组织结构调整方案
第四阶段 差异论证	（1）流程对比分析 （2）确定流程实施重点 （3）编写流程实施规划	（1）分析对比流程 （2）提出实施重点	流程实施规划
第五阶段 辅助实施	（1）制订流程实施计划 （2）辅助流程实施 （3）节点知识集成	（1）流程顺利实施 （2）员工对流程有清晰的认识 （3）管理人员能够对流程进行优化 （4）员工撰写流程节点运行知识	（1）流程实施计划 （2）流程节点知识集成

企业在开展流程分析与优化工作时应成立专门的项目组，项目组成员可以由内部专家和外部专家共同组成，项目可按图 2-6 所示的步骤开展工作。

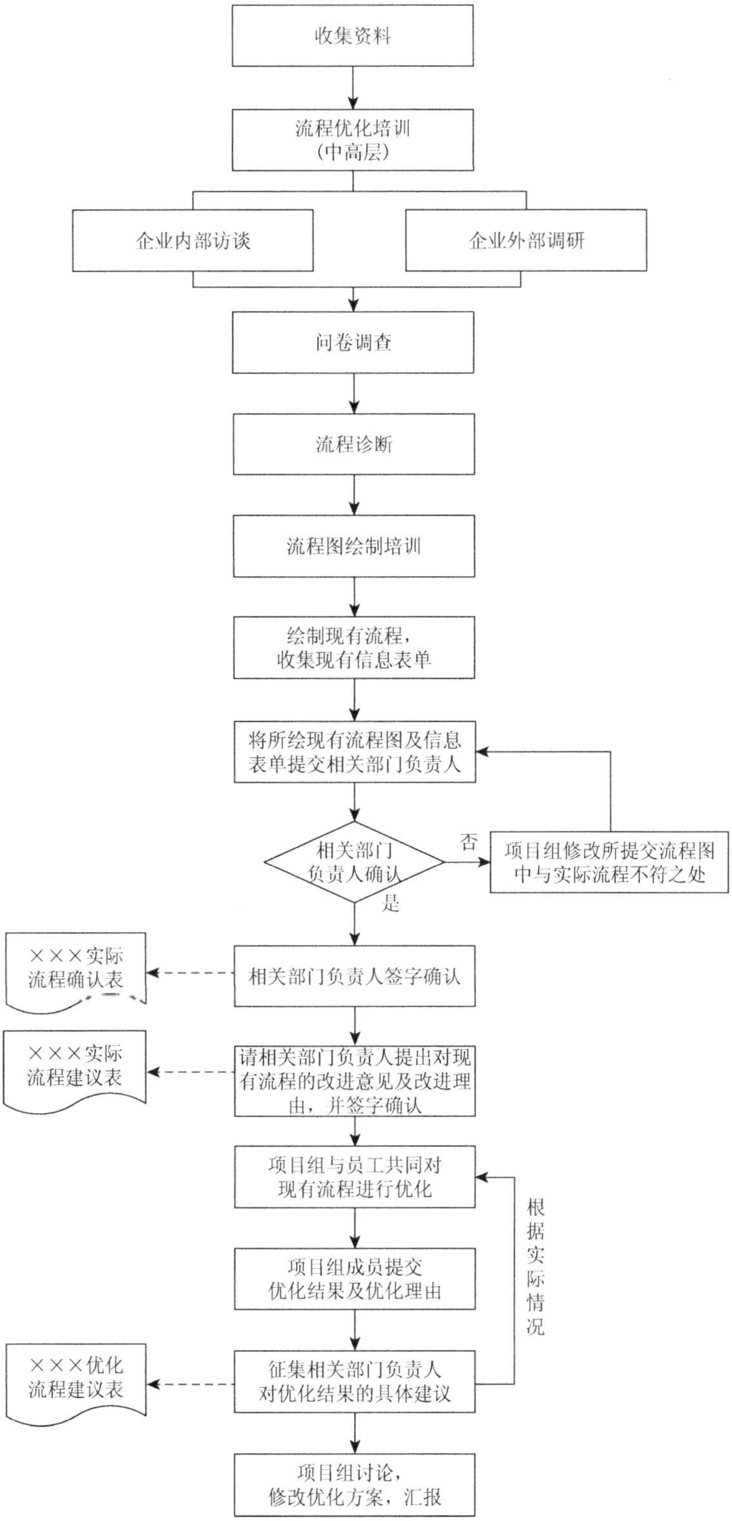

图 2-6　流程优化实施步骤

2.3.3 流程诊断

流程诊断是流程项目中必不可少的一个步骤。通过流程诊断，企业能够发现自身的问题并达成共识，形成流程优化的主要方向和主要目标。

流程诊断是问题汇总和寻找标杆的过程。问题汇总是从宏观和微观两种视角，通过访谈、问卷、调研、培训等方式，客观公正地做出现状的剖析。寻找标杆是通过学习行业典范的流程和管理，找出企业自身存在的差距，并制定追赶目标。

问题汇总分宏观流程问题和微观流程问题，宏观流程问题指部门级别的流程问题，微观流程问题指岗位级问题。

1. 宏观流程诊断

企业宏观流程是和企业战略相关的，对宏观流程进行诊断，应该关注以下几个方面的问题。

（1）体制问题。例如，国企或有国企背景的企业存在上级部门监管问题，同时也存在吃大锅饭的问题。

（2）组织结构问题。企业内部管理流程混乱，部门职责不易划清，进而激励制度难以奏效。

（3）观念性问题。大企业中员工由于定向思维，不能跳出部门和岗位的圈子，不能从整体流程的角度考虑问题，往往因为局部的利益损害整体利益。

（4）经营性问题。产品质量不稳定、采购成本高、生产成本高、反应速度慢等是企业常见的经营问题。

2. 微观流程诊断

企业微观流程诊断注意的问题是操作层面的，微观流程注意以下几个方面的问题。

（1）延迟性问题。表明流程的操作与执行不能在第一时间得到解决，总要受到主观或者客观因素的拖延，造成了流程效率的低下。

（2）阻塞性问题。表明流程在某一个节点总会因为特定的因素而受到阻碍，从而影响了流程的效率。

（3）繁冗性问题。表明流程的环节过多，有些环节其实可以省略，在整个流程中不起到任何作用，造成了流程的繁冗拖沓。

（4）监督性问题。表明流程中的某些关键环节缺乏监督，可能会影响流程的实际操作效果，同时，也会造成很多不确定的后果。

对现有流程的梳理过程中，要注意把流程可能存在的问题逐一列出，为接下来的流程分析和优化做好准备。

2.3.4 流程复现

现有流程的复现是整个流程优化的基础，只有清楚地了解现有流程节点的状况，才能有针对性地进行流程优化，优化的流程才有比较基准。流程项目开始后，流程项目组应通过问卷、访谈等方式，了解企业实际流程状况，了解企业组织结构和岗位职责，按照现有职能体系进行流程复现。

流程复现阶段主要根据所收集的流程信息，通过将流程的关键要素加以简单整合，复现出企业现有的流程，大致描述流程的工作过程，同时还应将流程的输入条件和输出结果、流程的时间和成本等参数进行记录，如图 2-7 所示。

2.3.5 流程优化

1. 确定流程优化目标

流程诊断指出了企业流程中的问题，为解决问题实现流程优化，应当根据现状，明确流程优化的效果和目标，流程优化才能有的放矢，实现最大增值。流程优化目标包括宏观流程优化目标和微观流程优化目标。

1）宏观流程优化目标

宏观流程优化是为实现企业的战略目标服务的，在宏观流程诊断基础上提出的，为了解决问题或者达到预期的战略。企业的终极目标一般是为社会生产有价值产品的过程中，谋求企业的自身发展，并为员工提供激励和发展机会。从战略层面来讲，业务模式、企业资源配置、企业职能结构是宏观流程优化的主要目标。宏观流程优化在一定程度上是为企业或者企业中的组织进行了一次战略的调整。

2）微观流程优化目标

微观流程优化是在宏观流程优化的基础上进行的。微观流程优化目标最终是要实现宏观流程优化目标，但是这两者之间不是简单的对应关系，并不能简单的加和。在宏观流程优化中确定了各个流程应该达到的目标，各流程的目标才是微观流程优化应该达到的目标。我们在分析微观流程诊断问题时遇到最多的就是延迟、阻塞、繁冗、监督性问题，这些问题都是表象，通过效率、质量、成本、风险分析，我们就能找到问题的根源。流程目标有很多种，在具体优化的时候，侧重点会有较大的不同。

流程优化的目标并不是针对每个细节流程去设定定量化的目标，因此，流程优化结果很难预计。设立流程优化目标更多的是统一企业流程优化的思想，为流程优化指明方向，并提出较高的期望。

2. 优化层次

1）流程框架体系的优化

流程框架体系优化和流程复现中的流程框架梳理是相对应的。做流程框架体系就是优化企业的框架、业务，框架体系优化的第一步结果就是流程清单。流程清单看起来就是一级、二级、三级、四级的一些流程的名字，但关键在于如何运用和理解这些流程清单的含义。流程框架体系会从整个企业的框架落到某一个业务的框架，最后落到流程清单。而所有这些背后的优化都要我们去分析企业的业务，业务形成这样的结构是有含义的。例如，一些缺失的职责，就是在分类分级建立流程清单以后发现企业现有的业务中缺少这样一个职能，因此，就需要补充进去；或者是有这个职能，但是这个职能被分解到别的几个流程里面，却使别的流程效率低下。通过流程清单可以看出该要的职能和不该要的职能，原有

×××流程现状描述表

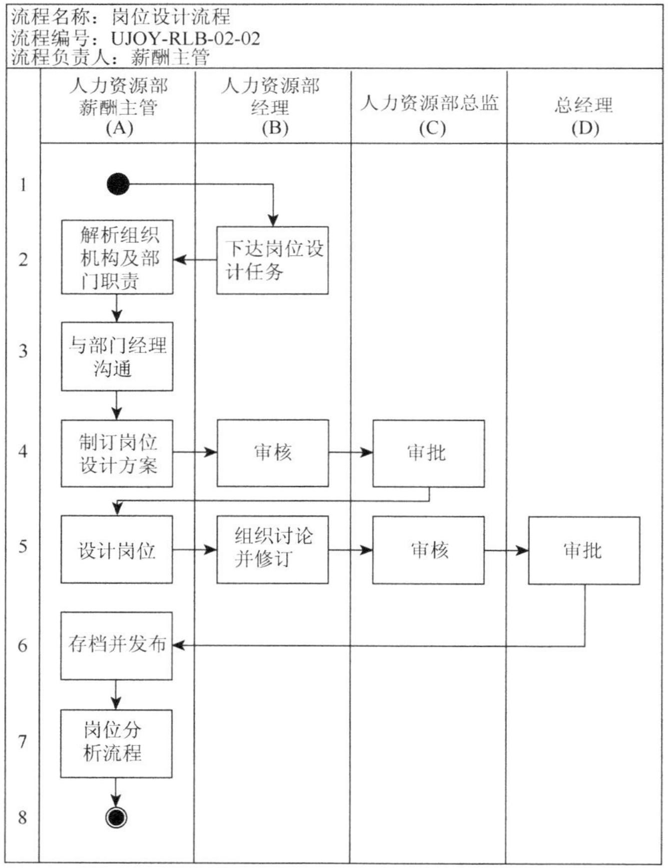

流程编号	P-XX-YYY		责任岗位	XXX
流程功能描述				
流程属性				
流程归类	□主要流程	□辅助流程	发生频率	□≥1次/月
	□非事务流程	□事务流程		□<1次/月
流程输入及条件		流程输出结果		
资源约束			调用流程	
运行时间		成本总额		
流程控制				
关键节点				
流程衡量指标				
流程存在问题				

图 2-7 流程现状描述图示

组织里面职能协调的好坏，协调沟通顺畅与否，以及岗位职责设计是否合理。流程框架优化的第二步就是将流程清单按照价值链的方法，形成企业的框架流程图，这点可以参考流程复现中的流程框架梳理。

框架体系优化的核心是对业务模式的分析及形成流程清单。其作用在于落地到企业组织。根据流程清单和业务模式来调整组织的模式，调整企业的职能分配、岗位职责和部门职责，这就是流程框架体系优化的落地，即用流程来优化组织。

2）流程的优化

流程的优化是流程框架体系优化的分解。通过流程复现和流程诊断，可以确立流程优化的目标，流程优化就是去解决诊断中提出来的问题，实现为流程设定的目标。

流程优化的难点在流程优化的组织实施和消除阻力上。流程优化的理论方法很多，如果流程实施人员经验丰富，给予足够的时间和激励，理论上来说流程优化应该很完善。但是由于市场瞬息万变，业务在不断变化着，留给流程优化设计人员的时间非常有限，因此，要想让流程优化达到足够的效用，就需要进行严密而有效的组织安排。

首先是在部门级别建立流程运作小组，公司级别建立流程领导小组。通过权力委任和激励，调动积极性。给流程框架优化得到的每个流程都找到相应的负责人，流程优化要真正达到效果需要花费负责人大量的精力。很多企业在进行流程优化的过程中，调子很高，但是投入不足，最后得出一套虚设的流程。

其次是制订流程优化的详细计划并落实。在项目开展后项目组成员应根据实施情况与流程负责人做细致的工作计划，每周对计划进行调整，保证计划目标的完成。

再次是项目阻力的协调。流程项目组在整个流程优化的过程中，应充分发挥专家的作用，对各种情况进行沟通协调，消除不必要的误会和影响。流程领导小组的主要作用就是通过做人的工作来消除项目阻力，化解企业内部的矛盾。

最后是流程优化方法的选择。企业有各种不同性质的流程，每种流程的优化方法不尽相同，例如，生产流程主要采用清除、简化、整合、自动化（eliminate，simply，integrate，automate，ESIA）的方式，而有些管理流程主要通过项目阻力分析、相关者利益分析来达成目标，有的流程需要头脑风暴法，或者多种方法的综合。采用适合的方法是很重要的环节。

3）流程节点优化

流程优化还要从流程节点入手，集成从输入到输出的一系列活动，构成企业的作业链，并检查每一个流程节点，识别不具有价值增值的节点，将其剔除，并将所有具有价值增值的节点重新组织，以达到优化流程的目的。在优化的过程中，打破旧有的管理规范，重组新的管理程序，展开功能分析，将企业所要达到的职能，逐一列出，再经过综合评价和统筹考虑筛选出最基本的、关键的职能并将其优化组织形成企业新的流程。

3. 信息分析

1）时间分析

流程的时间分析是所有流程分析中最多的，所用的方法也最多。时间分析中采用较多的是 ESIA 方法。通过对流程节点的具体分析，结合 ESIA，可以对流程进行时间分析，如表 2-6 所示。

表 2-6 流程节点 ESIA 方法

清除	简化	整合	自动化
过量产出	表格	活动	乏味工作
等待时间	程序	团队	数据采集
冗余运输	沟通	顾客	数据传递
重复加工	技术	供应商	数据分析
多余库存	物流		
缺陷失误	流程间组织		
重组重复	问题区域		
转换格式			
反复检验			
部门协调			

对流程节点的清除、简化、整合、自动化有多种表现形式和处理方式，具体如下。

（1）E：清除。在分析设计流程时，对于流程的每一个环节或者要素，都需要考虑："这个流程环节为什么要存在?""这个环节所产出的结果是我们整个流程完成的必要条件吗?"如果答案是否定的，那么，就需要着手清除。

①过量产出。任何时候超过需要的产出对于流程而言都是一种浪费，因为它无效地占用了流程本身就很有限的资源。在很大意义上，它所带来的问题就是增加库存和掩盖问题。

②等待时间。物料、文件或人员的等待都会导致成本的上升。这里不仅是流程结束时的成品库存到实现顾客需求之间的等待。如果等待时间长到下一件事物已经到达，问题就更加严重。这时，不是工人一直在等待的事物被打断，就是新到事物被放在地上或是文件夹中，等待当前事物被处理完毕，从而造成待处理文件和库存物品增加，通行时间加长，追踪和监测变得更加复杂，但却几乎没有增加顾客的价值。

③冗余运输。任何人员、物料和文件的移动都要花钱。而且，浪费了相应员工的时间，这时间原本是可以用来从事顾客价值增加的活动的。在生产实际中，我们经常可以看到，原本只值几分钱的小零件从一个地方运到另一个地方，一个文件从办公大楼的这一层往返地传到另一层，但是，很少有人在乎其中的成本，尤其是相对于所增加的顾客价值所支付的成本。

④重复加工。在公司运营流程的实际动作中，时常会发现一个问题，就是有很多产品或文件会被处理很多遍。有时这种反复的处理并不是有道理的，这个时候，就需要反思，这些处理增值吗？如果不增值，为什么还在做？可否不做？即使是增值的，是否存在由于产品设计不佳或是流程不完善而使效率低下的现象？

⑤多余库存。这里的库存不仅是指因为过量产出所导致的一些过量产品库存，同时也包括在流程运营的过程中大量文件和信息的淤积。在面对这些堆积如山的文件和产品的时候，不妨问一问，这些文件和库存我们需要吗？是确保顾客满意所一定必需的吗？

⑥缺陷失误。目标应该设定在所有的事都一次做好完成，避免排解遗留问题的人工成本、物料成本、时间耽搁以及机会成本。这对于生产制造流程是一个很好理解的概念，人们总在为了一些其实并非毫无办法的往返修整、调试而无端地耗费时间。如果将这些调试修整去除，流程的效率将会有一个明显的提升。对于那些需要直接与顾客发生关系的流程而言，这个问

题恐怕更为重要，因为在那些流程中，往往存在现有流程的负荷能力大大低于需要达到的水平。在这种条件下，为顾客提供的服务水平很容易下滑，而且随着问题的发生，多米诺骨牌效应会使形势变得更加恶化。所以，如果发现企业的流程存在这种问题，首先应当考虑什么是故障的问题所在，导致故障的原因往往在于流程的结构而非人员的问题。

⑦重组重复。每项活动的执行都应该通过某种方式增加价值。如果一项任务是重复的，那么它就不增加价值而只增加成本。增加文件和向计算机输入的数据往往是在重新组织的别处工作。该种工作重复的现象还应该跨越组织边界从整个价值链的角度考虑。在企业的流程运营实践中，经常会发现这样一种重组，即一个活动流在流程的一个阶段是按照一种方式组合安排的，然而在该流程跨越组织边界或是仅仅经过不同环节时，活动流的组合方式就会被另外一种所代替，而其中的原因只是为了适应环节或该职能部门的习惯或要求。无形中，流程的资源被白白浪费，而且这种活动的重组实际对增加顾客价值毫无用处，亦当在清除之列。

⑧转换格式。流程中有很多输入输出的交互界面，流程效率低下的一个主要原因就是节点之间的信息传递低效或出错，究其原因是信息传递的标准化程度不够，且有很多的信息可能是无意义的。往往是输出节点的信息格式和输入节点可以快速认读的信息格式不一致。因此，流程优化中应对输入输出界面的格式进行调整，去除那些无效的信息传递。

⑨反复检验。检验、监测和控制在企业中是一个重要的功能性活动。有些检验、监测和控制是有道理的，但也有很多实际是历史的原因，甚至检验本身很多时候成了设置管理层次和管理岗位的理由。在企业中，通常习惯在跨越部门边界的地方需要监督和控制。毫无疑问，企业必须遵守国家法规政策的要求，这样做的理由非常充分，例如，健康和安全的检查。企业对于顾客监督机构也许能有一定的影响力，但是重新设计余地最大的还是企业自身的控制机制。企业必须对每项关于质量保证、生产率和财务状况的控制的必要性有清楚的认识。这种清楚认识并非要企业事无巨细均要完全检验，而是除非这种控制对于企业具有决定性的影响，否则应当将其充分授权给流程的工作团队，使之实现自我的检验与控制体系，以替代公司内反复繁杂的检验和控制体系。

⑩部门协调。在原有的职能式的企业组织结构中，在企业内做任何一项跨越部门的工作时，需要各级管理层的协调，并带来种种人事上的冲突与矛盾。在很大程度上，这种协调已经成为官僚主义的一个代名词，从确保事物匹配来看，这些协调是难以避免的，这时就需要跳出部门的框架，把流程作为一个整体的目标来分析这件事情。

（2）S：简化。在尽可能清除非必要的非增值性环节以后，对于剩下的活动仍然应该进行简化。因为，从流程设计的角度而言，原有流程基于历史原因而增加的环节必须予以清除，基于原有流程要素的环节也应当根据现有因素的变化而予以适当简化。

①表格。表格作为曾经被标榜为科学管理的一种标志性的事物而得到管理层的大力支持与推广。但是，企业内有多少表格是不科学甚至是不必要的呢？应该说，通过重新设计表格系统，一定可以取得显著的改善，从而避免日常工作中寻找填表人，请他们澄清问题或提供进一步的解释的现象。

②程序。从一开始分析流程起，就可以发现很多流程安排是如此复杂，以至于在某些情况下，很难要求员工理解和完全执行流程最初所要求的程序。既然大家并不愿意执行这些程序，为什么不把它改进成大家都愿意执行的程序呢？这不仅对提高流程的结构效率大有裨益，

而且对于提高流程的过程效率也有明显效果，同时，还有助于消除流程内的官僚习气。

③沟通。在企业内部，与协调同样让人倍感麻烦的是流程内部的沟通。

④技术。在现在的企业中，技术变成一个越来越难以处理的问题。通过日益强大的开发工具，发展出日益复杂的产品和工艺系统，并且以越来越复杂的方式向流程内外的相关人群去解释这些技术本身。对于流程而言，只要保证技术适合于所执行的任务就可以了，事实上，很多时候，高技术所带来的复杂性往往是导致错误和时间延滞的根本原因。过分复杂的技术带来的另一个问题就是在技术的传输与指导过程中的有效性。虽然说现在的员工较之以前，在素质上有了较大的提高，然而一种过分复杂的技术仍然会使他们在使用和理解上出现问题，从而导致错误和时间延滞。需要说明的一点是，对过分复杂的技术进行简化，并非排斥高技术，而是指在技术传递和使用上，如何选择一种简单明了的方式，这是需要研究的一个问题。

⑤物流。物流管理作为科学管理的一个重要方面，一直以来得到了管理层的格外重视，然而是否它就不会存在问题呢？并非如此。虽然大部分物流的初始设计都是自然流畅、有序的，但是，在使用过程中不断为了局部改进而进行的零敲碎打式的变动，在很大程度上，已经近乎于低效运行，这也是我们总能从物流改善中获得收益的根本原因。所以，在调整物流时，一个很重要的问题就是重新设计一个具有自我适应性的物流结构。

⑥流程间组织。在企业的流程体系中，并非只有几个简单的关键性流程。事实上，有很多小的流程存在于这些大的关键性流程之间，起到协调、支持和提供中间变量的作用。

⑦问题区域。通过向员工、顾客以及供应商请教，了解他们所看到的问题。一般而言，存在问题就意味着有些事物过分复杂或者难以理解，因此，存在进一步简化的机会。

（3）I：整合。在对流程的任务体系经过充分的简化以后，还需要对这些被分解的流程进行整合，以使流程顺畅、连贯，更好地满足顾客需求，完成任务。

①活动。在流程中，有时把几项工作合而为一是可能的。赋权一个人完成一系列简单任务，而不是将这些任务分别交给几个人，可以大大加快组织中的物流和信息流的速度。每当一项工作从一个人转交给另一个人时，都是一次发生错误的机会，因此需要一定的辅助转交设施或机制。

②团队。团队可以完成单个成员无法承担的系列活动。

③顾客。顾客整合可以从两个主要的层次上考虑，即单个顾客的整合和顾客组织的整合。

④供应商。通过消除企业和供应商之间一些不必要的官僚手续，可以极大地提高效率。

（4）A：自动化。对于流程任务的自动化而言，并不是简单地计算机化。事实上，对于很多流程，计算机的应用反而使流程更加复杂和烦琐。因此，应该在完成对流程任务的消除、简化和整合的基础上应用自动化。

①乏味工作。流程中有很多的工作是重复且枯燥的，对于这类工作应尽可能采用机器设备来完成，实现自动化。

②数据采集、数据传递。数据的采集在流程中是一个相当费时的事情，虽然技术的发展一直以来都在试图提高其效率。因此，如何通过信息技术减少这种反复的采集并降低单次采集的时间，成为自动化的一个重要方面。数据的传递存在同样的问题。

③数据分析。在流程中运用信息系统的一个很重要的方面就是数据的分析和这种分析结果的共享。

2）质量分析

质量是流程节点分析的重要步骤。质量是针对实体的，在流程质量分析中，实体可能是由多个节点构成的。所以，必须找出其中的关键点，才能对质量进行准确分析。通过对流程节点的具体分析，找出影响流程质量的关键因素，进行详细分析，如图 2-8 所示为质量分析的方法。

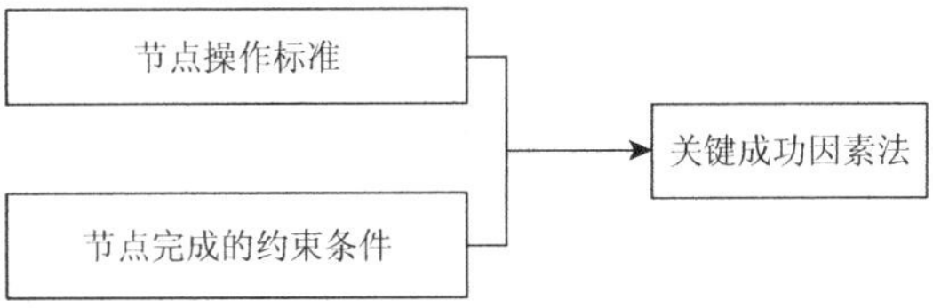

图 2-8　流程节点与质量分析

关键成功因素指那些能够影响企业绩效的主要因素。行业不同、产品不同，企业的关键因素也不相同。相同行业和产品的企业的经营管理者所掌握的资源和具备的能力不同，关键成功因素也不同。同样，流程不同、流程节点的操作标准不同，关键成功因素也不同。通过识别出关键成功因素，完善流程节点的操作标准，以有效帮助企业不断完善流程质量。

3）成本分析

流程节点的成本属性分为三种（表 2-7），即占用型成本、消耗型成本、交易型成本。

表 2-7　流程节点成本属性

	成本属性	成本要素
节点成本	占用型成本	工具、设备、厂房、仓库
	消耗型成本	原材料、人工投入时间、辅助材料
	交易型成本	采购、人工工资、贷款利率

（1）占用型成本，是指该类成本暂时被本节点占用，在占用此节点一段时间之后释放，且释放后的节点可以被其余节点占用或者被原节点重新占用，如工具、设备、厂房、仓库等。占用型成本可以被多个节点同时占用或者被一个节点多次重复占用。

（2）消耗型成本，是指该成本流入此节点后，被节点耗用，从而不能被其他节点使用，如原材料、人工投入时间、辅助材料等。

（3）交易型成本，是指节点输入该类成本后会有相应的等价物输出，此类成本用于交易以获取所需等价物。

实际分析时，可以采用价值链分析法和作业成本分析法，如图 2-9 所示。

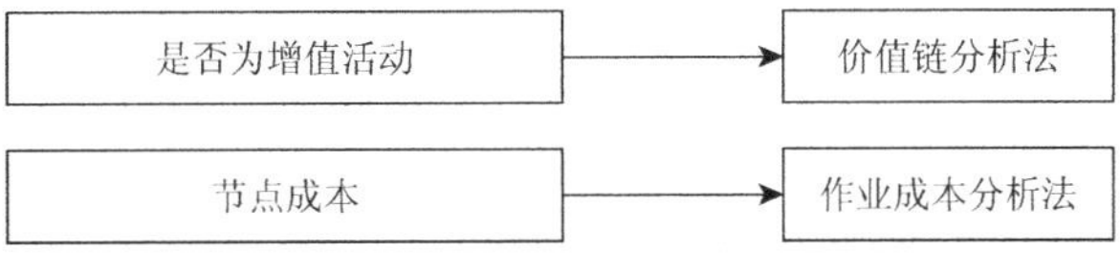

图 2-9　流程节点与成本分析

（1）价值链分析法。根据价值链分析法，可以将流程的节点分为两类：①为企业增加价值的流程节点，包括原材料储运、生产制造、产成品储运、市场销售与售后服务等；②支持目前和未来的基本增值活动的流程节点，包括采购、技术开发、人力资源管理和基础设施等。在进行流程节点分析时，通过判定节点能否带来增值，而将节点细分，删除那些与客户增值无关的流程节点。取消这些流程节点不仅可以降低流程运作的成本，同时能够为客户提供更快的服务，提高企业流程运行质量。

（2）作业成本分析法。根据作业成本分析法，对流程节点的识别与计量，资源费用的归集与确认，产出消耗作业的确认与计量，产出成本费用的归集等步骤方法，分析各流程节点的有效性和增值性，以提高作业效率，减少资源消耗，增加产出价值。在节点成本中，要求输入每个流程节点的各项成本以进行详细分析，分析方法如图 2-10 所示。

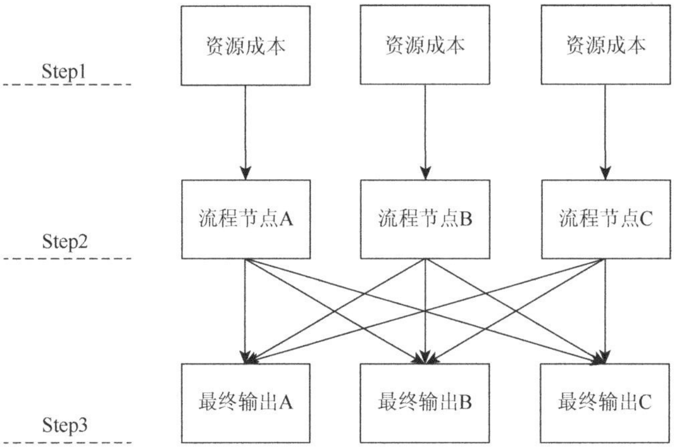

图 2-10　作业成本分析法

Step1：确认流程所需资源。确定为完成流程的运作所消耗的全部资源。

Step2：将各项资源分配到流程节点。将流程的整体资源或成本分配到各个流程节点，该步骤要确认每个流程节点的资源耗用量。

Step3：将各个流程节点的成本分配到最终输出上。

按照作业成本计算的基本前提是流程节点作业量决定着资源的耗用量，资源耗用量的高低与最终产品没有直接关系。这种资源消耗量与流程节点间的关系称为资源动因。资源动因联系着资源和流程节点，资源动因作为一种分配基础，它反映了流程节点对资源的耗费情况，是将资源成本分配到流程节点的标准。

基于作业成本法的分析，可以使资源更加有效地进行分配。

4）风险分析

通过对流程节点的具体分析，结合岗位分析，对比岗位素质要求、岗位定员与目前企业现状，分析流程执行中存在的风险。

流程存在风险的原因有很多，主要原因有员工个人素质问题、工作监督不足、制度不完善、外部风险、随机因素等。更重要的是流程风险往往是分散在节点中，通过关键节点和关键原因的控制，就能大大降低风险。

5）岗位分析

通过对流程节点的具体分析，可以为岗位分析奠定基础，如图 2-11 所示。

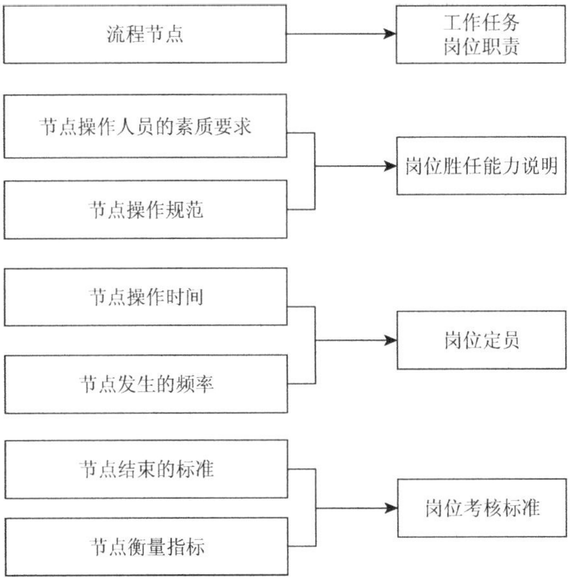

图 2-11 流程节点与岗位分析

（1）工作任务岗位职责。流程的表现形式为跨职能流程图，流程中的各个节点最终都要落实到企业内部具体的岗位上，如果对企业的全流程进行梳理，通过流程节点的界定，则可以明确岗位所有的基本职责。

（2）岗位胜任能力说明。通过流程节点描述表的节点操作规范以及节点操作人员的素质要求，可以明确各流程节点应当如何具体操作，并界定了流程节点承担人员所应当具备的素质要求，这就为岗位胜任能力提供了最基本的依据。

（3）岗位定员。通过对流程中各节点的操作时间和操作频率进行统计和分析，可以确定各岗位实际的有效工作时间，进而为岗位定员提供数据支持。同时，对于涉及的流程节点较少、工作任务较少的岗位，要考虑将岗位任务向合适的岗位兼并，对于岗位定员数大于实际定员数的岗位，需要增加岗位人员或适当减轻岗位工作量，以优化岗位设置，确保有效配置合理的人员以保证流程的执行。

（4）岗位考核标准。通过对节点的完成进行明确的界定，并辅以相应的衡量标准，能够制定出各岗位的绩效考核指标和考核标准，使考核更加具有针对性，同时通过有效的考核，也能有效促进员工不断提高和改进工作，使工作流程更加完善。

2.3.6 差异论证

1. 投入产出分析

差异论证是对流程复现的内容和流程优化的内容进行比较，找出前后的差别。需要对一些参数进行预估，了解流程实施的难度。

1）投入

为了实施新流程，必须对旧流程做一下改变，这些改变会增加投入。一般来说，在如下环节会增加企业的投入。

（1）监督过程。有的监督和检查需要专职人员，有的只需要兼职人员，增加监督过程意味着要多投入人员、设备和管理。

（2）自动化。流程的自动化运作往往会带来软件和硬件上的投入，并且带来工作方式上的变革，需要培训，甚至岗位变更。

（3）整合工作。整合分横向和纵向整合。横向整合意味着跨部门的工作变化，需要交接协调工作。

（4）流程优化过程投入。流程优化过程本身的投入是巨大的。

（5）制度变化。为了更好地完成流程中增加的工作，促进新流程的运行，必须针对有较大变动的岗位进行新的激励和考核。

2）产出

用来衡量产出的标准有很多，其中质量、成本、效率和风险是流程优化的目标也是流程产出的评判标准。如果产出不能用货币来衡量，则按照顺序排列，最终和投入对比。

2. 流程可实施性

通过复现流程和优化流程比较，找出差异和解决方法，并评估实现难度，为流程实施提供准确指导。可实施性的表格（表 2-8）需要流程执行者、上级领导、流程相关岗位进行表格的填写、确认，提出解决方法。

表 2-8　流程实施比较表

复现流程	优化流程	差异	解决方法
人员			
设备			
能力			
时间			
质量			
效率			
风险			

2.3.7　流程实施

1. 项目阻力分析

任何一种变革都会遇到或多或少的、形形色色的阻力。变革的成败在很大程度上取决于能否在与这些来自各方面的阻力的斗争中取得胜利。流程优化作为一种企业变革，不仅改变了企业的方方面面，也使企业中每一个人的工作方式、生存境况都发生了深刻的变革。

所以，与以往任何企业变革相比，它所遇到的阻力和困境都要多得多，也强大得多。究竟在流程优化过程中会遇到来自哪些方面的、什么样的阻力？流程优化有可能陷入什么样的困境?如何克服这些阻力？怎样走出困境？这是流程项目中很重要的问题。

通过人和企业两种角度来考虑项目中的阻力。表2-9给出了来自人员的阻力，表2-10则为对应的解决办法，表2-11描述了来自于企业的阻力及应对方法。

表2-9 阻力来源表

反对者	原因
企业高层	担心地位下降 担心失去控制 不愿意冒风险 思想僵化
企业中层	担心失去部门利益 担心失去晋升机会 担心失去职位
一般员工	无法适应新流程需要 担心收入下降
表现形式	消极对待、散布谣言、拖延、不断请示、辞职

表2-10 人员阻力解决方法

方法	采取策略
激励	使人们成为变革的一部分
信息	使变革成为大势所趋
介入	面对面的联系
宣传	消除不确定性和恐惧感
参与	积极的和消极的

表2-11 来自企业的阻力及应对方法

项目阻力	原因	影响	对策
系统阻力	旧企业制度	有些国有企业，其根本的弊端在于很难辞退员工，企业变革对员工的约束力很小，对员工利益一旦有较大冲击，会导致极大的抵触情绪	营造强有力的态势，让各部门自己去均势
	旧企业习惯	通常基层员工习惯了各自岗位的细节工作，对总体工作认识少，扁平化的流程优化会让大多数人不适应	寻找项目标杆，让反对者意见变少
	既得利益	企业的不同层级人员，不同部门人员在流程优化过程中会有不同程度的丢失权力、增加工作量、适应新工作任务的难题，会有很大的抵触情绪	团结一部分，解决带头的
执行阻力	理解	在很多企业中，大部分员工关心的是自己是否涨薪，不涨薪的变革是很难进行的。这样的项目只能靠高层的决心和专家组的耐力	辅以合适的考核方式，或者薪酬变动方式
	技能	流程优化过程，员工要掌握一些流程优化的专用工具，也需要掌握流程优化的管理思想。技能好的员工抵触情绪小，技能差的员工会在流程优化执行时采用软抵触方式	细致周密的培训，耐心的指导，过程监督
	适应时间	流程优化是一项长期性的工作，从长远看来，企业员工习惯了也就没有抵触情绪了。在短期内如何对员工进行培训，在和员工接触过程中采用什么姿态决定了项目执行进展	发挥专家组成员的优势，多接触沟通，让员工没有借口

2. 利益相关者分析

利益相关者分析是流程实施的必要步骤，特别是在老企业，人的因素错综复杂，成为项目实施前必须关注的重点。

利益相关者是组织环境中的任何有关方面，如政府机构、雇员、顾客、供应商、所在社区以及公众利益集团。所以利益相关者是环境中受组织决策和政策影响的任何相关者。

利益相关者分析首先需要认真地识别出与组织息息相关的各相关群体，并对他们各自的兴趣和关注的利益进行透彻的分析。它包括各相关群体的期望与需要、现状分析以及未来变化趋势。

3. 流程切换

新旧流程在很多情况下是不可能统一切换的，必须逐步进行。

（1）切换前的基础资料备份和转换。流程变更后流程信息表单，流程信息的记录方式会发生变化。在流程实施前必须对信息进行备份，如果有必要还要对以前的信息进行转换。

（2）新流程的培训。有的流程改变了工作分工，有的流程改变了工作方法，有的流程增加了新的工作职责，这些都需要事前对员工进行培训。

（3）配置工作环境。流程优化后，需要购买相应的设备、软件，满足新流程的需要。

（4）流程试点运行。先选典型的流程，在正式实施前做试点，为其他流程切换积累经验。

4. 流程整合

流程切换后，需要对流程切换中出现的问题进行汇总，根据实际运行问题对流程进行调整。流程切换完成后，隔一段时间就要对新流程进行问题汇总和整合，使流程始终能切合企业实际。流程整合的方法和流程优化的方法相似。

2.3.8 流程分析与优化分析实例

【案例】某电子元器件公司中层管理岗位外部招聘流程优化设计。

1. 中层管理岗位外部招聘流程现状描述

1）跨职能流程图的描述

图 2-12 为某电子元器件公司中层管理岗位外部招聘流程（优化前），该流程由人力资源部主管发布招聘信息，在收到应聘者简历后由人力资源部招聘主管进行第一轮面试，面试通过者由人力资源部经理进行第二轮面试，第二轮面试通过者由公司分管副总进行终面，并确定录用人选。

2）中层管理岗位外部招聘流程节点说明

图 2-12 跨职能流程图中的各流程节点的工作内容如表 2-12 所示。

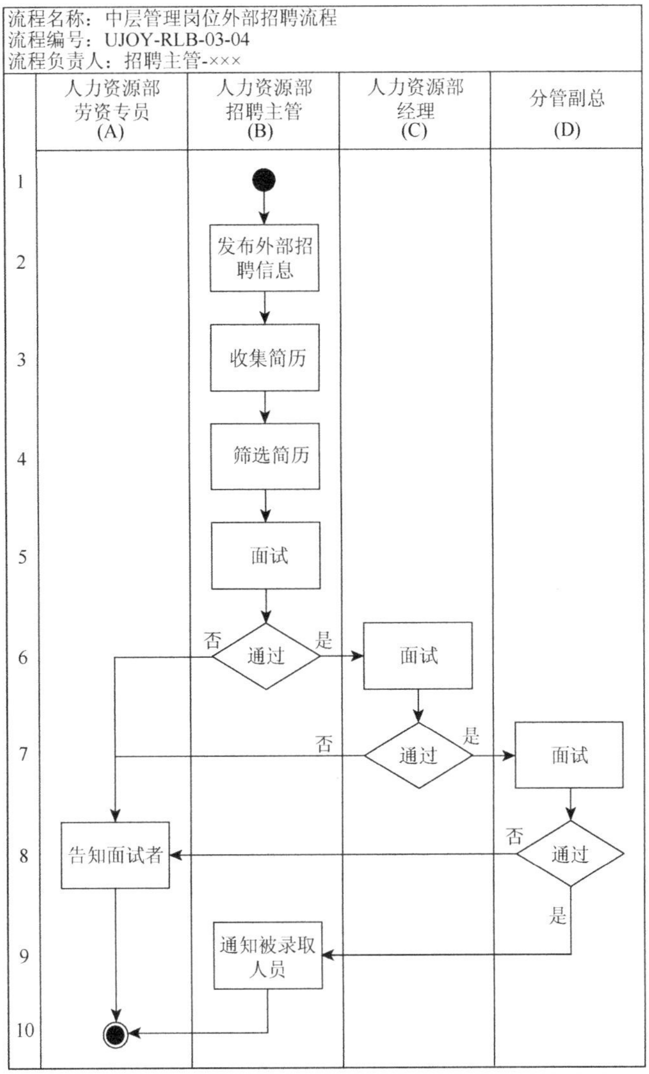

图 2-12　某电子元器件公司中层管理岗位外部招聘流程（优化前）

表 2-12　某电子元器件公司中层管理岗位外部招聘流程（优化前）节点描述表

节点	流程节点名称	流程节点描述
B1	开始	流程开始条件：企业实际岗位有人才需求而内部没有合适的人选时启动本流程
B2	发布外部招聘信息	人力资源部招聘主管发布外部招聘信息
B3	收集简历	人力资源部招聘主管对各个渠道获得的简历收集汇总
B4	筛选简历	人力资源部招聘主管筛选简历
B5	面试	人力资源部招聘主管对应聘者进行初试
B6	通过	人力资源部主管根据面试情况判断是否进入下一轮面试
C6	面试	人力资源部经理对初试通过者进行面试
C7	通过	人力资源部经理根据面试情况判断是否进入下一轮面试
D7	面试	分管副总进行面试

续表

节点	流程节点名称	流程节点描述
D8	通过	分管副总根据面试结果判断是否可以录取
A8	告知面试者	人力资源部劳资专员告知应聘者未能录取
B9	通知被录取人员	人力资源部招聘主管通知被录取人员
A10	结束	人力资源部招聘专员关闭本流程

2. 中层管理岗位外部招聘流程诊断与分析

经分析外部招聘流程存在以下几个方面的问题。

（1）招聘信息发布的时点依据未能有效说明。企业应该制订年度招聘计划，人力资源部应该按照计划执行。当然企业也会有紧急招聘任务，但也要在流程中明确任务下达者。

（2）中层管理人员的招聘仅靠企业自身发布招聘信息不一定有效，有时候也需要通过猎头公司来进行猎聘，现有流程中缺少这一途径。

（3）在进行招聘之前应制订有效的招聘方案，但现有流程中没有体现。

（4）招聘中层管理人员，由人力资源主管先进行面试不太合适，人力资源主管的级别相对较低，会给应聘者产生不尊重的感觉。

（5）流程中缺少任前调查的工作内容，对于中层管理以上的人员一般情况下应进行任前调查。

（6）虽然流程图中说明人力资源主管为流程负责人，但流程图中起点在人力资源主管职位上，终点在人力资源专员职位上，不符合流程图的画图规则要求。

（7）未给出后续工作指示。一般有紧密的后续工作要开展的，应在现有流程图中标出。

（8）该流程在制订时公司没有人力资源总监，但现在公司有人力资源总监，招聘中层管理人员不通过人力资源总监是不合适的。

3. 中层管理岗位外部招聘流程优化

1）中层管理岗位外部招聘流程优化思路

中层管理岗位外部招聘流程的优化主要从以下几点思考。

（1）设定人力资源部招聘主管为流程负责人，并将起始节点和终止节点均画在人力资源部招聘主管的职能带上。

（2）增加制订招聘方案的环节，招聘方案由人力资源主管拟定，并由人力资源部经理审核，人力资源总监审批。

（3）中层管理岗位的招聘任务由人力资源总监根据企业招聘计划或临时需要下达任务。

（4）增加通过猎头公司招聘的途径设置。

（5）将人力资源部招聘主管面试改为由人力资源部招聘主管组织面试。

（5）增加任前调查环节。

（6）增加入职流程节点（确认的新员工将进入到入职流程中）。

2）优化后的流程描述

优化后的中层管理岗位外部招聘流程如图 2-13 所示，其节点的描述如表 2-13 所示。

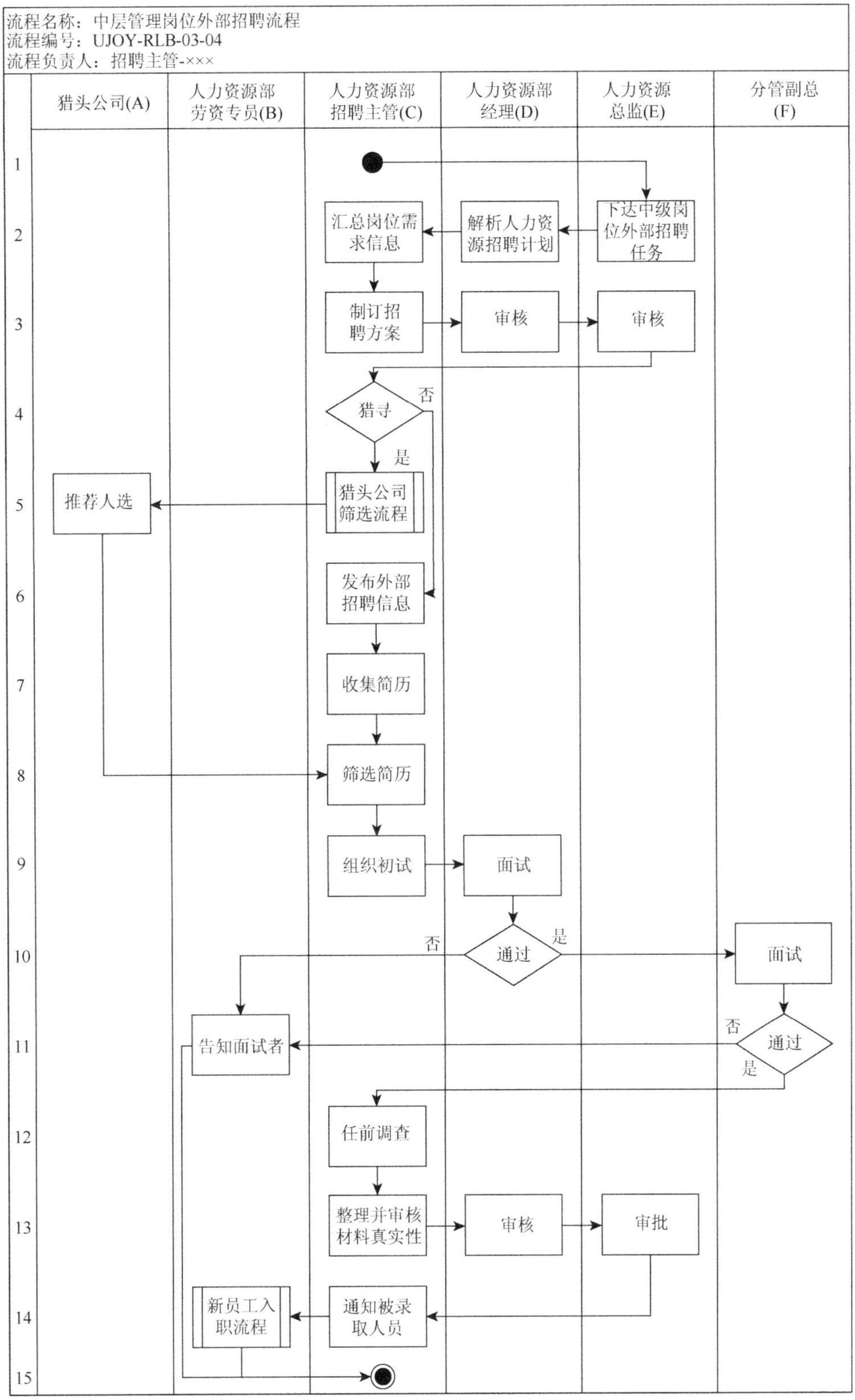

图 2-13 优化后的中层管理岗位外部招聘流程

表 2-13 中层管理岗位外部招聘流程（优化后）节点描述表

节点	流程节点名称	流程节点描述
C1	开始	流程开始条件：企业实际岗位有人才需求而内部没有合适的人选时启动本流程
E2	下达中级岗位外部招聘任务	人力资源总监依据人力资源年度招聘计划，下达中层管理岗位外部招聘任务
D2	解析人力资源招聘计划	人力资源部经理依据人力资源年度招聘计划中外部招聘方面的要求，解析人力资源招聘计划
C2	汇总岗位需求信息	人力资源部招聘主管依据各部门对中层管理岗位员工的实际需求，汇总岗位需求信息
C3	制订招聘方案	人力资源部招聘主管根据汇总的岗位需求信息，制订中层管理岗位外部招聘方案
D3	审核	人力资源部经理审核中层管理岗位外部招聘方案
E3	审批	人力资源总监审批中层管理岗位外部招聘方案
C4	猎寻	人力资源部招聘主管根据人力资源总监审批的方案判断是否采用猎寻方式
C5	猎头公司筛选流程	如果需要猎寻，启动猎头公司筛选流程
A5	推荐人选	猎头公司推荐人选
C6	发布外部招聘信息	人力资源部招聘主管发布外部招聘信息
C7	收集简历	人力资源部招聘主管对各个渠道获得的简历收集汇总
C8	筛选简历	人力资源部招聘主管筛选简历
C9	组织初试	人力资源部招聘主管组织有关人员对通过简历筛选的应聘者进行初试
D9	面试	人力资源部经理对初试通过者组织第一轮面试
D10	通过	人力资源部经理根据成绩判断是否进入第二轮面试
F10	面试	分管副总组织第二轮面试
F11	通过	分管副总根据第二轮面试结果判断是否可以录取
B11	告知面试者	人力资源部劳资专员告知应聘者未能录取
C12	任前调查	人力资源部招聘主管对面试通知者进行任前调查
C13	整理并审核材料真实性	人力资源部招聘主管整理并审核材料的真实性
D13	审核	人力资源部经理审核人力资源部招聘主管提交的材料
E13	审批	人力资源总监审批人力资源部经理提交的材料
C14	通知被录取人员	人力资源部招聘主管根据审批结果通知被录取人员
B14	新员工入职流程	人力资源部劳资专员启动新员工入职流程
C15	结束	人力资源部招聘主管关闭本流程

复习思考题

1. 流程管理的基本思想是什么？
2. 流程管理的特点是什么？
3. 简述流程优化的实施步骤。
4. 流程优化与分析的作用是什么？
5. 如何构建基于流程节点的知识管理体系？

6. 试绘制高校制订教学计划的跨职能流程图。

7. 试绘制企业招聘大学生的跨职能流程图。

8. 某食品生产公司的销售流程为：车间计划员根据生产情况，做出可供销售的产品计划单；车间主任对该计划单进行审核并签字；生产部对该计划单进行审核并签字；销售供应部根据可供销售的产品计划单制订销售计划；分管副总审核销售计划并签字；销售人员联系客户进行销售；生产部负责产品的验收工作；销售人员催收账款。销售流程如图2-14所示。

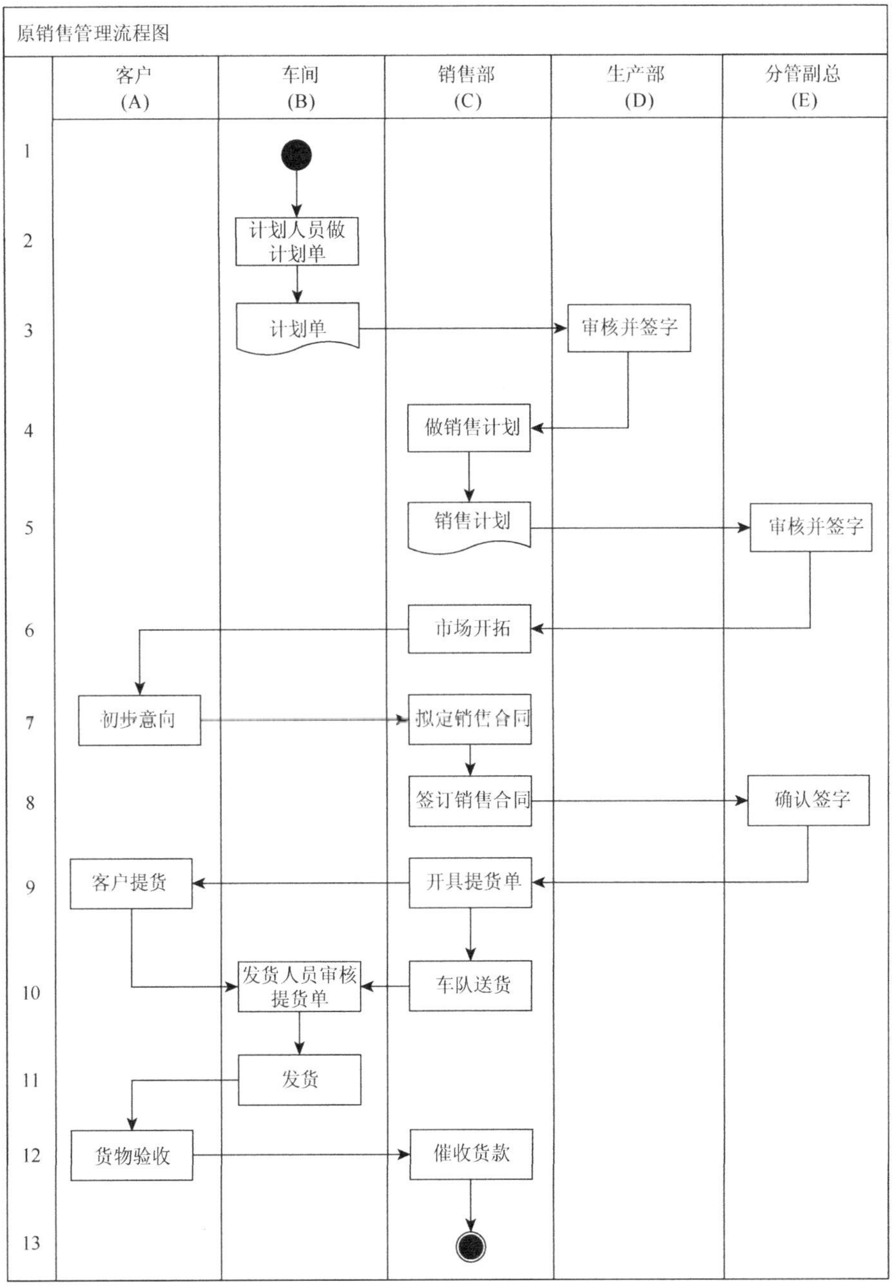

图2-14 销售流程

通过对该食品公司销售实际情况的调查分析，发现其销售管理流程主要存在以下几个问题。

（1）在该食品公司的销售计划制订过程中，可以看到：该食品公司的生产计划制订是从车间计划员制订生产计划开始的，车间计划员根据以往的生产数据决定产品的种类数量，由于食品行业的特殊性，过时的“以产定销”往往会忽视消费者的需求，导致产品的适销不对路，长此以往会使企业发展滞后。

（2）审批环节是属于非增值活动，所以过多的审批环节会造成流程运行的累赘，但是必要的审批控制是不可缺少的，应当结合实际，对每个审批环节的必要性进行思考。

（3）与供应商管理一样，需要考虑各类客户的情况，尤其是部分信用问题严重的客户，需要加强这方面应收账款的控制以免产生坏账，而对有稳定合作关系的客户需要稳固与其的关系，目前的客户管理并未对此加以区分。

（4）在以前的产品定价过程中，该食品公司都是采用成本加成定价法等依照本身的固定成本与可变成本加上固定的利润率制定产品的价格，这使企业在一定程度上忽视了市场的价值规律，忽视了竞争对手价格的变化，缺少灵活性。由此应该对定价的方式做进一步的研究。

（5）在目前的销售合同订立过程中，合同的条款是由销售部进行订立，然后经分管副总审批，而其中部分的合同条款的履行能力并未得到严格的分析，财务部也没有对履行合同会给企业带来的效益做预测分析，由此往往会产生对合同内容异议的现象。

（6）在目前的销售管理流程中还牵涉到一个发货流程，在发货流程中涉及销售管理部与车间仓库的配合问题，但是这些部门的协作往往会发生脱节，各个部门各自为政，由此现象需要强调用全流程的绩效表现取代个别部门或个别活动的绩效，打破职能部门本位主义的思考方式。

（7）每个企业都会困扰与应收账款所导致的呆账死账问题，该食品公司也是如此。

请根据以上分析情况给出该流程的优化建议并绘制优化后的流程图。

流程优化方案

1. 生产管理流程优化方案

2. 质管工作流程优化方案

3. 技术设计流程优化方案

4. 物流工作流程优化方案

第3章 程序分析

3.1 程序分析概述

3.1.1 程序分析的定义、对象和目的

1. 程序分析的定义

在了解程序分析的含义之前，我们首先要明确什么是程序，什么是工作程序。

程序是指完成某项工作的各步骤的顺序，如工艺程序，或某项工作所经历的一道道手续，如处理公文。任何工作，都要循序渐进。一批产品，从原材料投产到产品入库之间所有的加工工序、检验、运输、储存和等待都属于程序。

程序分析是指从宏观角度对整个工作（作业）过程进行研究和分析，寻求最佳的各步骤的内容和顺序，以获得最佳效果。具体来说，就是依照工作程序，从第一个工作地到最后一个工作地进行全面研究，分析有无多余或重复的作业，程序是否合理，搬运是否太多，迟延与等待是否太长等，通过分析求得改善工作程序的方法，达到提高效率的目的。

基础工业工程的主要研究内容包括两个方面：一是方法研究；二是时间研究。程序分析是方法研究的先导和前提，是对整个工作过程的宏观分析，只有在工作程序合理或基本合理的基础上进行操作分析和动作分析才有意义。因为作业程序不合理将浪费大量的作业时间和作业能量。对一个工业企业来说，工作方法的改进是一个持续不断的过程，如果因循守旧，企业就会停滞不前，那就丧失了生命力。特别是在有竞争的商品经济市场中，停滞就意味着倒退和失败，只有前进才能生存。

2. 程序分析的对象

1）零件的制造过程

（1）基本制造过程。这是指直接改变产品零件的物理（形状、尺寸位置）和化学（硬度、成分）性质的生产过程。

（2）辅助生产过程。这是指为保证基本生产过程的实现而进行的辅助性生产过程，如检验、工装制造、设备维修、动力供应等。

2）生产服务过程

这是指为零件制造过程服务的各工作过程，如储存和保管、运输、供销等工作过程。

3）生产管理过程

生产管理过程指为达到预期目标对生产过程进行计划、组织、协调、设计、指挥和控制的各项管理工作过程，如生产管理、技术管理、劳动管理、质量管理、财务管理、设备管理等。

程序分析对以上各过程的步骤内容和顺序进行分析，以求得最佳作业程序。

3. 程序分析的目的

任何一项工作，都可以有若干个不同的工作程序，程序分析的目的就是要根据生产实际，通过研究分析，探求一个最佳的工作程序。按这个程序进行工作，能以最低的消耗（劳动力、成本、时间、物质等）获得最佳的效益（效率、质量、利润、生产周期等）。因此，最低的消耗和最高的效益，始终是程序分析的目标。

3.1.2 程序分析符号

按照工作研究的基本程序，一个十分重要的步骤是记录现行方法的全部事实。整个改进能否成功，取决于所记录实施的准确性，因为这是严格考察、分析与开发改进方法的基础。

为了能清楚地表示任何工作的程序，美国机械工程师学会（American Society of Mechanical，ASME）将吉尔布雷斯夫妇设计出的 40 种符号加以综合制定出 5 种符号，1979 年由美国制定为国家标准（ANSly15.3M—1979），以统一的标准格式记录详细信息。

○表示操作。操作是工艺过程、方法或工作程序中的主要步骤，如搅拌、机加工、打字等。操作是使产品接近完成的一切活动之一，因为无论是机加工、化学处理或装配，总是把物料、零件或服务向着完成推进一步。

⇨表示搬运、运输。搬运是指工人、物料或设备从一处向另一处的移动。搬运在生产过程中，只增加空间效用，对物体本身并不增加价值。

□表示检验。检验是指对物体的品质或数量及某种操作执行情况的检查。业务管理中的文件审核，数据校对，也属于这一类活动。

D 表示暂存或等待。暂存或等待是指事情进行中的等待，例如，前后两道工序间处于等待的工作、等电梯、公文等候批示、等待开箱的货箱。迟延非属必要，是一种时间上的浪费，应设法避免。

▽表示受控制的储存。储存是指物料在某种方式的授权下存入仓库或从仓库发放，或为了控制而保存货品。

3.1.3 程序分析技巧

掌握了记录符号和记录技术（用符号作图表，将在后面介绍）后，就要应用分析技术对记录的全部事实进行分析。分析技巧包括以下几点。

1. 分析时的六大提问（提问技术）

为了使分析能得到最多的意见，而不致有任何遗漏，最好按提问技术依次进行提问（表 3-1）。

表3-1 提问技术

提问	理由	改进的可能
完成了什么？	为什么要做这，是否必要？	有无其他更好的成就？
何处做？	为什么要在此处做？	有无其他更合适的地方？
何时做？	为什么要此时做？	有无其他更合适的时间？
由谁做？	为什么要此人做？	有无其他更合适的人？
如何做？	为什么要这样做？	有无其他更合适的方法？

提问技术在国外又称为6W技术，或5W1H技术，这是因为相应的每一提问都有一个W字母，例如，What——完成了什么？Where——何处做？When——何时做？Who——由谁做？Why——为什么要这样做？How——如何做？

当进行程序分析时，以上问题必须有系统的逐一询问，这种有系统的提问技巧是程序分析成功的基础，因此，不应有任何疏忽，表3-1中提问的前两列目的在于了解现行的情况，以便对第三列的问题提出建设性的新意见。

2. 分析时的“ECRS”四大原则

对现行的方案（工作）进行严格考核与分析的目的是建立新方法，在建立新方法时，要灵活运用下列四项原则。

（1）取消（eliminate）。在经过“完成了什么？”“是否必要”及“为什么”等问题的提问，而不能有满意答复者皆非必要，应予取消。取消为改善的最佳效果，例如，取消不必要的工序、操作、动作，这是不需投资的一种改进，是改进的最高原则。

（2）合并（combine）。对于无法取消而又必要者，看是否能合并，以达到省时简化的目的。例如，合并一些工序或动作，或将由多人于不同地点从事的不同操作，改为由一个人或一台设备完成。

（3）重排（rearrange）。经过取消、合并后，可再根据“何人、何处、何时”三提问进行重排，使其能有最佳的顺序，除去重复，办事有序。

（4）简化（simple）。经过取消、合并、重排后保留的必要工作，就可考虑能否采用最简单的方法及设备，以节省人力、时间及费用。即通过提问技术，首先，考虑取消不必要的工作（工序、动作、操作）；其次，是将某些工序（动作）合并，以减少处理的手续；再次，是将工作台、机器以及储运处的布置重新调整，以减少搬运的距离；最后，可以用最简单的设备、工具代替复杂的设备、工具，或用较简单、省力、省时的工作代替繁重的工作。

3. 分析时的五个方面

从何处着手对现状进行分析，往往是初学者感到棘手的问题。因为记录是从以下五个方面进行的，所以分析也可从这五个方面着手。

（1）操作分析。这是最重要的分析，它涉及产品的设计。例如，产品设计做某些微小变动，很可能改变整个制造过程；或通过操作分析省去某些工序；减少某些搬运；或合并某一工序，使原需在两处进行的工作，合并在一处完成等。

（2）搬运分析。搬运问题需考虑搬运重量、距离及消耗时间。而运输方法和工具的改进，可减少搬运人员的劳动强度和时间的消耗；调整厂区、车间或设备的布置与排列可缩短运送的距离和时间等。

（3）检验分析。检验的目的是剔除不合格的产品，应根据产品的功能和精度要求，选择合理适宜的检验方法及决定是否需设计更好的工夹量具等。

（4）储存分析。储存分析应着重对仓库管理、物资供应计划和作业进度等进行检查分析。以保证材料及零件的及时供应，避免不必要的物料的积压。

（5）等待分析。等待应减至最低限度，要分析引起等待的原因，例如，由设备造成的，则可从改进设备着手。

实际分析时，应对以上五个方面按照提问技术逐一进行分析，然后采用取消、合并、重排、简化四大要点进行处理，以寻求到最经济合理的方法。

4. 程序分析的六大步骤

在进行工作研究时，最初碰到的问题往往是程序分析，其步骤如下。

（1）选择。选择所需研究的工作。

（2）记录。用程序分析的有关图表对现行的方法全面记录。

（3）分析。用“5W1H”提问技术，对记录的事实进行逐项提问；并根据“ECRS”四大原则，对有关程序进行取消、合并、重排、简化。

（4）建立。在以上基础上，建立最实用、最经济合理的新方法。

（5）实施。采取措施使此新方法得以实现。

（6）维持。坚持规范及经常性的检查，维持该标准方法不变。

3.1.4 程序分析时的相应图表

进行程序分析时，应根据研究对象的不同而采用不同图表进行记录，如图 3-1 所示。

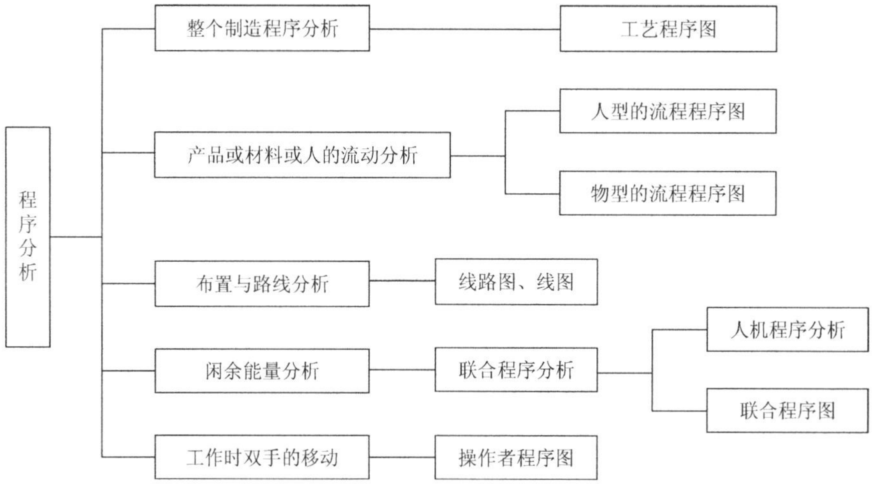

图 3-1 程序分析的图表分类

3.1.5 程序分析的改善对象

程序分析的改善对象有很多，主要可以从以下五个方面进行考虑。

1. 基本原则

（1）尽可能取消不必要的工序。
（2）合并工序，减少搬运。
（3）安排最佳的顺序。
（4）使各工序尽可能经济化。
（5）找出最经济的移动方法。
（6）尽可能地减少在制品的储存。

2. 考虑下列因素有无工序、操作可取消、合并、重排、简化

（1）不需要的工序或操作。
（2）改变工作顺序。
（3）改变设备或利用新设备。
（4）改变工厂布置或重新编排设备。
（5）改变操作或储存的位置。
（6）改变订购材料的规格。
（7）发挥每个工人的技术专长。

3. 考虑下列因素，哪些搬运可以取消、合并、重排、简化

（1）取消某些操作。
（2）改变物品存放的场所或位置。
（3）改变工厂布置。
（4）改变搬运方法。
（5）改变工艺过程或工作顺序。
（6）改变产品设计。
（7）改变原材料或零部件的规格。

4. 考虑下列因素，有无等待可以取消或缩短时间

（1）改变工作顺序。
（2）改变工厂的布置。
（3）改造设备或用新设备。

5. 考虑下列因素，有无检验工作能取消、合并、简化

（1）它们是否真的必需？有何效果？

（2）有无重复？
（3）由别人做是否更方便？
（4）能否用抽样或数理统计检验？

3.2 工艺程序分析

工艺程序分析是对现场的宏观分析，把整个生产系统作为分析对象，分析的目的是改善整个生产过程中不合理的工艺内容、工艺方法、工艺程序和作业现场的空间配置，通过严格的考查与分析，设计出最经济合理、最优化的工艺方法、工艺程序、空间配置。进行工艺程序分析时采用工艺程序图和流程程序图，工艺程序图仅作程序中的“操作”，以及保证操作效果的“检验”两种主要动作，避免了图形的冗长和复杂，可以很方便地研究整个程序的先后次序。

3.2.1 工艺程序图的内容

（1）工艺程序图含有工艺程序的全面概况及各工序之间的相互关系，并根据工艺顺序编制，且标明所需时间。
（2）工艺程序图能清晰地表明各种材料及零件的投入，因此，可作为制订采购计划的依据（可知材料及外购件需何时购入，才能满足需要）。
（3）工艺程序图还包含各生产过程的机器设备、工作范围、所需时间及顺序。
因此，工艺程序图在进行程序分析时，可提供以下内容。
（1）各项操作及检验的内容及生产线上工位的设置。
（2）原材料的规格和零件的加工要求。
（3）制造程序及工艺布置的大概轮廓。
（4）所需工具和设备的规格、型号和数量，因而也提供了生产所需的投资数额及产品的生产成本。
通过工艺程序图能清楚地了解到流程中的关键问题，以及它在整个制造程序中的地位，以便发现问题，并进行改进。

3.2.2 工艺程序图的构成及绘制方法

在工艺程序图绘制之前，必须先掌握充分的资料，例如，产品的工艺过程（加工工艺、装配工艺），原材料（或零件）的品种、规格、型号及每一工序的时间等。

在工艺程序图中，其工艺程序的顺序用垂线表示，以主要零件作为工艺程序图的主要垂直线，而以水平线代表材料（或零、部件）的引入，无论是自制件还是外购件，均以水平线导引入垂直线，引入线上应填写材料或零件规格、型号，各种操作（检验）符号之间用垂直短线连接，一般约 6 毫米，垂直线与水平线不允许交叉，若非交叉不可，应在相交处用符号表示避开；在操作（符号用“○”）或检验（符号用“◇”或“□”）符号的右边填写操作或检验的内容，通常还要注明使用的工具或设备，例如，“铣八个槽”最好写成“用 X8126 铣床铣 8 槽”，或“用自动床车外圈”等。在符号的左边记录操作时间，操作时间可用秒表测定，或用“预定时间标准法”制定。

按实际加工、装配的先后顺序，将操作与检验的符号分别编号，由 1 编起，从上向下，自右至左，遇有水平线即转入下一个零件连续编号（编号写在符号内）。

绘制工艺程序图时，从右边开始，从上往下垂直地表示装配件中主要元件或零部件所进行的操作和检查，以秒计的单件时间标明在操作的左边；操作、检验的内容表示在符号的右边。

图 3-2 为结合器总成的装配工艺程序图。

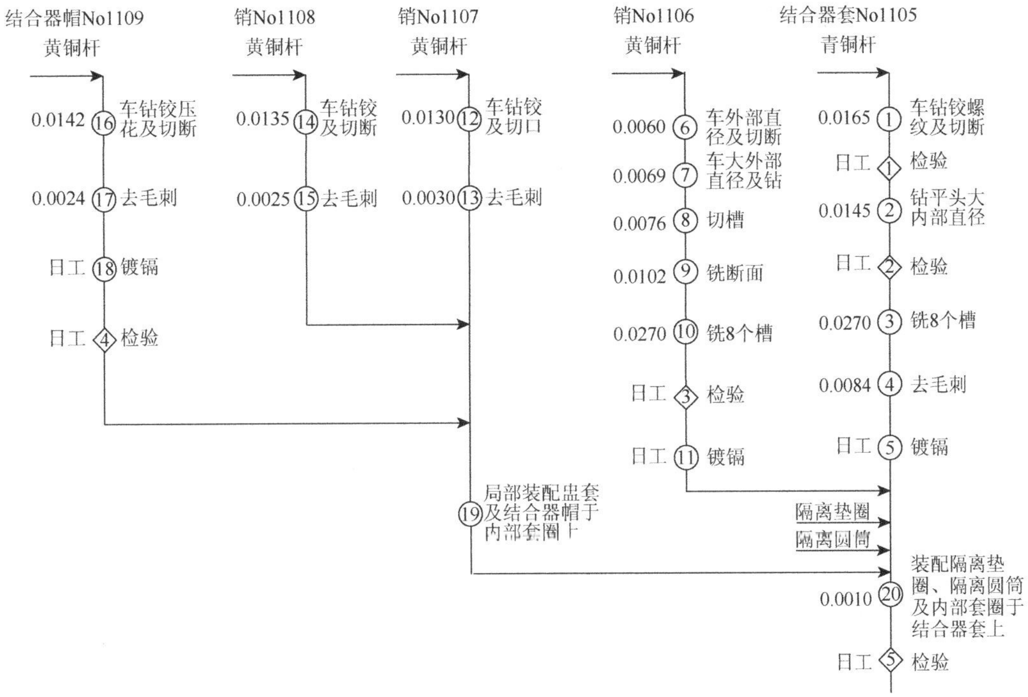

图 3-2 结合器总成的装配工艺程序图

3.2.3 工艺程序图的用途

由于工艺程序图的构成项目仅有“操作”与“检验”两项，不能作为整个生产过程的完整而详细的工程分析。其用途如下。

（1）工艺程序图一般只用于设计新产品生产线。

（2）工艺程序图可为改进企业管理提供以下资料：①各项操作及检验的内容，质量检验的重点及生产线上工位的设置；②原材料的规格和零件加工要求；③制造程序及工艺布置的大概轮廓；④所需工具和设备的规格、型号和数量，新产品的预算，生产所需的投资金额，以及产品的生产成本；⑤设计新的工艺流程，研究和改进原有的工艺程序。

3.2.4 工艺程序图的分析

工艺程序图的分析要点如下。

（1）各道工序的安排是否经济合理？有无更好方案？

（2）产品质量管理的重点应放于哪一步？

（3）所用的原材料规格是否合适，加工余量是否过大？

（4）采用的设备、工具的性能和规格是否符合零件要求？

3.2.5 工艺程序图分析实例

【案例】某环保设备公司除尘设备部件差压器支架（LCM-2040-12-00-9）由差压器支架横栏、差压器支架竖栏、支架底板和支架撑板四个零件组成，其原来的加工及装配过程如下。

（1）差压器支架竖栏：钢管 Q235-A/ϕ1.5″ ⟶ 用锯床下料（18 分）⟶ 用氧-乙炔焰气割（27 分）。

（2）支架底板：钢板（Q235-Aδ5）⟶ 用剪板机下料（26 分）。

（3）支架撑板：钢板（Q235-Aδ5）⟶ 用剪板机下料（28 分）。

（4）差压器支架横栏：钢管 Q235-A/ϕ1.5″ ⟶ 用锯床下料（20 分）⟶ 用氧-乙炔焰气割（32 分）⟶ 将差压器支架竖栏和差压器支架横栏用交流弧焊机定位预焊（20 分）⟶ 将差压器支架竖栏、差压器支架横栏和支架底板用交流弧焊机定位预焊（20 分）⟶ 将差压器支架竖栏、差压器支架横栏、支架底板和支架撑板用交流弧焊机定位预焊（20 分）⟶ 用交流弧焊机焊接（60 分）⟶ 用角磨机打磨（40 分）⟶ 用抛丸机抛光（50 分）⟶ 喷漆（20 分）⟶ 检验（5 分）⟶ 差压器支架至客户现场安装。

根据其加工过程，绘制出差压器支架加工及装配工艺流程图，如图 3-3 所示。在原生产中，由于零件加工中缺少检验环节，所以差压器装配好以后进行检验时经常发现产品不合格，而差压器是由几个零件焊接在一起的，当终检发现产品不合格时只能报废，这样导致的损失较大。为此对加工及装配过程进行调整，在各零件加工好以后加入检验环节，虽然加工周期变长，但确保了产品的合格率，减少了损失。调整后的加工及装配过程如下：

（1）差压器支架竖栏：钢管 Q235-A/ϕ1.5″ ⟶ 用锯床下料（18 分）⟶ 用氧-乙炔焰气割（27 分）⟶ 检验（4 分）。

（2）支架底板：钢板（Q235-Aδ5）⟶ 用剪板机下料（26 分）⟶ 检验（5 分）。

（3）支架撑板：钢板（Q235-Aδ5）⟶ 用剪板机下料（28 分）⟶ 检验（5 分）。

（4）差压器支架横栏：钢管 Q235-A/ϕ1.5″ ⟶ 用锯床下料（20 分）⟶ 用氧-乙

炔焰气割（32 分）⟶检验（5 分）⟶将差压器支架竖栏和差压器支架横栏用交流弧焊机定位预焊（20 分）⟶将差压器支架竖栏、差压器支架横栏和支架底板用交流弧焊机定位预焊（20 分）⟶将差压器支架竖栏、差压器支架横栏、支架底板和支架撑板用交流弧焊机定位预焊（20 分）⟶用交流弧焊机焊接（60 分）⟶用角磨机打磨（40 分）⟶用抛丸机抛光（50 分）⟶喷漆（20 分）⟶检验（5 分）⟶差压器支架至客户现场安装。

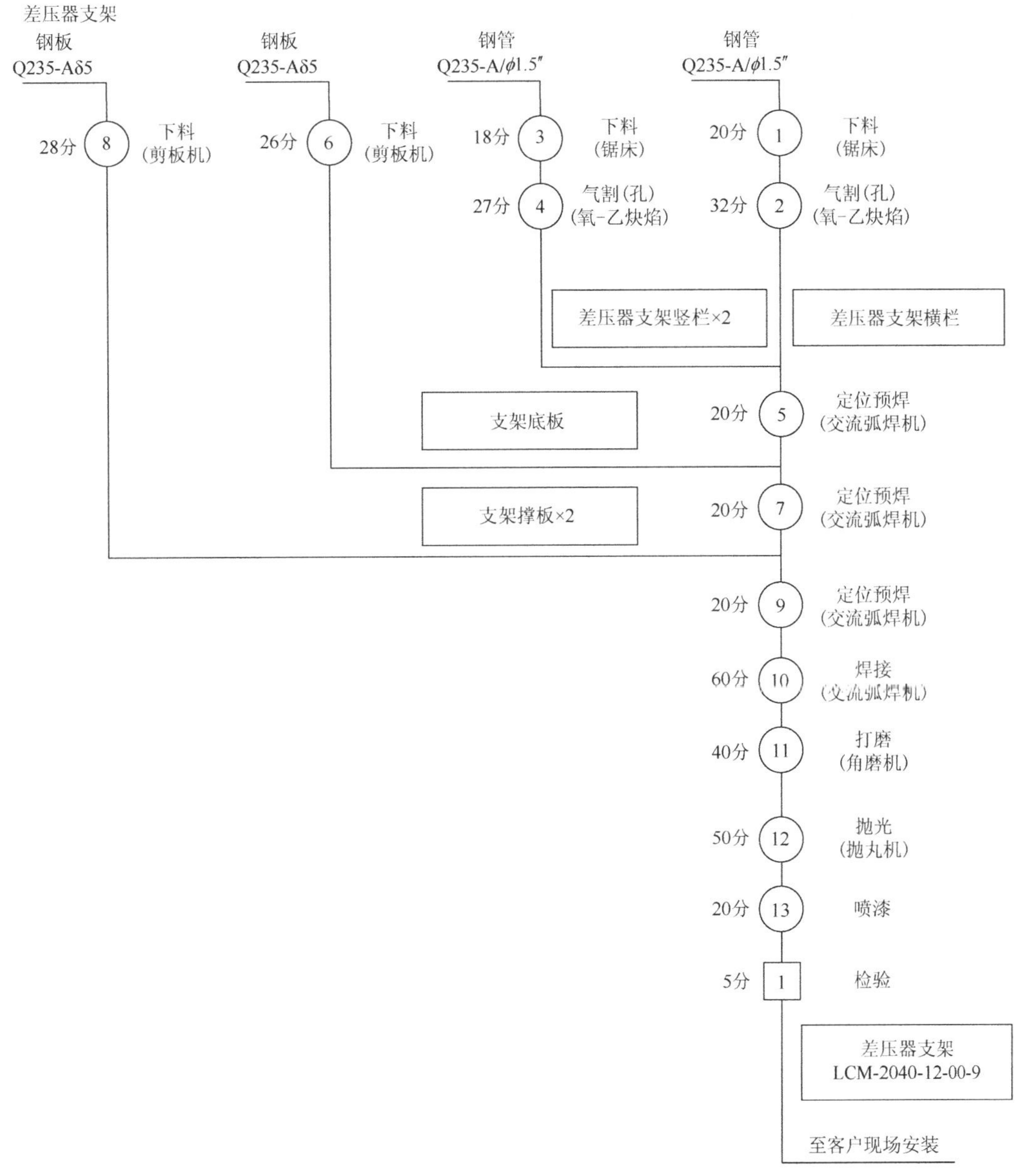

图 3-3　差压器支架加工及装配工艺流程图（改进前）

改进后的差压器支架加工及装配工艺流程图，如图 3-4 所示。

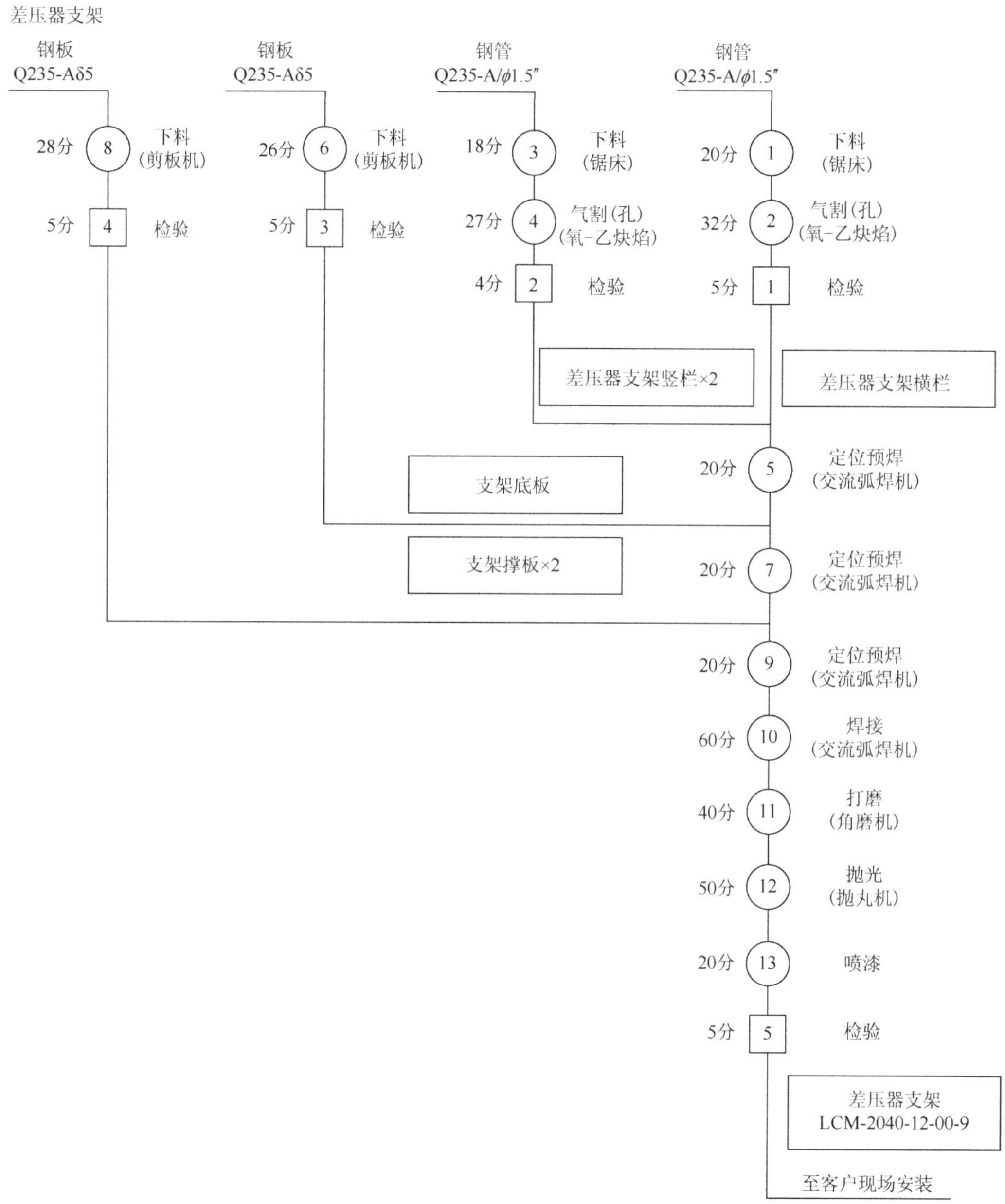

图 3-4　差压器支架加工及装配工艺流程图（改进后）

3.3　流程程序分析

3.3.1　流程程序图的意义与内容

生产流程分析就是对制造某一产品（零件）或完成工作的系统中所有事态进行观察、记录和分析。例如，制造的数量、搬运安排、机器能力、工作方法、材料和工具，以及所需的人力资源和作业时间等。其目的是制定出费用最低、效率最高、可以产出符合质量要求的产品的最佳生产流程。

生产流程分析的工具是流程程序图。所谓流程程序图，就是用一定的符号，以简明而紧凑的方式记录生产现场的某一制造流程的图表，用来表示产品生产流程中发生的事件或信息。

了解工作的概貌需要工艺程序图，而流程程序图则进一步对生产现场的整个制造程序作详细的记录，以便于对整个程序中的“操作”“检验”“搬运”“储存”“迟延”作详细的研究与分析，特别是用于分析其搬运距离，迟延、储存等“隐藏成本”的浪费。

流程程序图由操作、检验、搬运、迟延、储存等五种符号构成。流程程序图比工艺程序图详尽而复杂，因而常对每一主要零件（或产品）单独作图，均可对其搬运、储存、检验、迟延、操作进行独立研究。流程程序图依其研究的对象可分为以下两类。

（1）材料或产品流程程序图（物料型）。说明生产或搬运过程中，材料或零件被处理的步骤。

（2）人员流程程序图（人型）。记载操作人员在生产过程中一连串的活动。

3.3.2 流程程序图的构成

流程程序图与工艺程序图极为相似，其区别仅为加入了“搬运”“储存”“迟延”三种符号，而在时间之外，再加上搬运的距离。

1. 物料流程程序图的构成

物料流程程序图由以下三部分组成。

1）表头部分

记录研究对象的基本情况及研究分析人员的情况，例如，名称、图号，分析开始和结束时间、批量、分析方法、生产单位（部门）以及研究人员和审阅人姓名等。

2）表身部分

这是流程程序图的核心部分，共由四栏组成。

（1）说明栏。简要说明各作业活动的内容。

（2）距离栏。表示研究对象（物料）搬运（移动）的距离，单位为米（m）。

（3）时间栏。表示各作业活动的时间消耗，单位为分（min）。

（4）符号栏。印有操作、检验、搬运、储存、迟延五种符号，以表示各作业活动的类型。

3）表尾部分

对研究对象所经历的五种作业活动的次数、时间、距离进行统计和汇总。

2. 流程程序图的绘制

（1）将研究对象的基本情况填入流程程序图表头各项。

（2）根据现场生产实际情况，按各作业顺序从上到下记录在表身各栏。距离和时间按实测结果填入。作业类型按图表中所列符号分别填入相应的格子内。绘制时应注意以下几点：①图表上记述的内容必须根据直接观测和实测取得，不能凭记忆记录；②必须保证图面清洁，字迹工整；③记录的内容要进行复查和校对，以保证其正确性和客观性。

（3）根据表身所记录的内容进行统计汇总填入表尾各项。

流程程序图的样式如图3-5所示。

流程程序图

表格编号：__________

工作物名称：__________ 开始时间：__________

工作物图号：__________ 结束时间：__________

工作部门：__________ 方　法：(现行)或(改进)

研究者：__________ 批　量：__________

审阅者：__________ 件　号：__________

工作说明	距离(米)	时间(分)	符号				
			○	□	→	D	▽

合　计

作业内容	次数	时间(分)	距离(米)	备注
操作				
检验				
搬运				
储存				
迟延				

图 3-5　流程程序图样式

【案例】某零件的加工过程如下。

从材料仓库将原材料搬至成形车间（80 米）⟶切断及成形（2 分）⟶运往钻床边（20 米）⟶钻孔（0.3 分）⟶搬至电镀车间（50 米）⟶电镀（1 分）⟶搬至成品库（100 米）⟶等待（30 分）⟶检验（5 分）⟶入库。

试绘制该零件的流程程序图。

该零件的流程程序图如图 3-6 所示（表头及表尾部分略）。

3.3.3　流程程序图的作业分析

由于流程程序图记录了操作、检验、搬运、储存、迟延五项作业状态，应对这五个方面进行分析。

工作说明	距离(米)	时间(分)	符号				
			○	□	→	D	▽
材料在仓库							●
搬至成形车间	80				●		
切断及成形		2	●				
运往下一工序	20				●		
钻孔		0.3	●				
搬至电镀车间	50				●		
电镀		1	●				
搬至成品库	100				●		
等待		30				●	
检验		5		●			
入库							●

图 3-6 某零件的流程程序图

1. 操作的分析

操作的分析涉及面较广，也较复杂。主要可以从以下几方面进行分析。

1）产品设计的分析

这是操作分析首先应考虑的问题。工作研究人员虽然不是产品（零件）的设计者，但应该明确产品（零件）的设计不是不能改变的。通常设计人员在设计时，在产品的技术性能、精度、外形上考虑较多（这也是应该考虑的），但常常忽视产品（零件）的工艺性。例如，在不影响产品性能和外观的情况下，形状结构过分复杂、精度和光洁度要求过高，选用加工性不好的材料等。这样使加工复杂，工时消耗及加工成本提高。有关产品设计方面的问题，工业工程师可以提出建议与产品设计人员商讨，以便改进。在分析产品设计时可以从以下几个方面考虑。

（1）形状结构是否合理和必要？在保证产品性能和美观的情况下，形状结构应尽量简单。

（2）零件的精度和光洁度要求是否合理？在保证产品性能情况下，精度和光洁度不应要求太高。

（3）零件材料选择是否适合？在保证产品性能情况下，所选材料应保证价格便宜和加工性好。

（4）各组成零件的设计基准是否一致？设计基准不一致会使加工复杂化。

（5）是否可采用标准件、通用件代替非标准件？这样可以减少零件加工量。

2）工艺分析

制造同一种零件的生产工艺很多，由于同行业各厂的生产条件、设备等不同，常常采用不同的工艺方法。对任何一个产品来说，制造工艺都不是一成不变的，经常去研究、分析，就能得到改进。工艺分析可以从以下几方面考虑。

（1）所选择的加工方法和设备是否先进合理？先进合理的加工方法（或技术）和设备不仅能保证产品质量，而且可大大提高生产效率。

（2）工艺路线（加工顺序）是否最佳化？不合理的工艺路线使生产效率降低，成本提高。

（3）毛坯制造方法是否合理？先进合理的毛坯制造方法不仅可以减少原材料消耗，减少加工余量，还可以使加工简单，提高工效，降低成本。

（4）工装（夹具、刀具、量具等）的选用是否合适？工装不好不仅使工效降低，同时还增加了工人的劳动强度。

（5）切削用量（或工艺参数）的选择是否合理？在设备和工装性能允许的条件下，应选择最大的切削用量以提高工效。

（6）是否能用机械化自动化来代替人工操作。操作的机械化和自动化不仅能减轻工人劳动量，提高工效，还可保证加工产品质量的一致性。

(7)流水生产中各工序的加工时间能否满足生产节拍的要求？非流水生产能否保证产品交货期要求？

3）操作目的分析

操作分析中，研究操作本身的目的非常重要，分析的基本原则是设法取消或合并它。根据美国不同工厂的统计，约有25%的操作可以取消。操作目的分析可以从以下几个方面来考虑。

（1）本项操作能否达到预期目的？

（2）若能改进相邻的操作，本项操作是否可以取消或者简化？

（3）本项操作能否由供应单位来做？是否经济？

（4）能否用简单的设备、工具改进来取消或者简化本项操作？

4）工作环境分析

工作环境包括工作地布置是否整齐、清洁、安全和工作场所的照明、温度、湿度、噪声、空气清新度、色彩是否适宜。舒适的工作环境能使操作者心情舒畅，工作效率提高。

2. 检验的分析

检验是生产过程中必不可少的作业活动。检验不仅为了保证产品质量的需要，而且还可防止报废品继续加工而浪费加工时间和费用。

1）检验的种类

（1）工序检验。对一些关键工序和精度要求高的工序进行检验以保证工序加工质量。一般工序应由工人自检，检验员抽检以保证其质量。但成批加工零件的首件要实行“三检”制（工人、班组长、检验员同时检验）。

（2）中间检验。当零件的一个加工阶段结束后要进行下一阶段加工时所设置的检验。为防止不合格品进入下一阶段继续加工而造成浪费。

（3）最终检验。零件（或产品）加工全部结束所设置的检验工序。为保证零件（或产品）的最终质量，这是保证零件（产品）质量的最后一关，也是非常关键的环节。

2）对检验的分析

（1）分析检验工序设置的必要性。检验工作是需要人力和时间的，检验工序越多，则需要的检验人员就越多，时间消耗也越多，这不仅使生产周期延长，而且生产成本也提高。因此，在保证质量的前提下，检验工序越少越好。对于可检可不检的环节就不一定要设置检验工序，能由工人自检的就不必设置专职检验。

（2）分析检验工序内项目。检验工序所需检查的项目应越少越好（在保证质量的前提下），因检查项目多，工作量大。

（3）分析检验方法。检验本身也是一项操作，其方法是否先进合理，对检验效率和质量都有较大影响。所以，要考虑是否有先进的检验方法和工具可以采用，以提高工效。

3. 搬运的分析

搬运是生产过程中不可缺少的作业活动。搬运一般不能使产品增值（因产品的物理化学性质不会改变），但要消耗生产成本。所以希望生产过程中的搬运次数、距离、重量越少越好，以减少生产成本。

1）搬运的种类

（1）车间之间的搬运。这是指加工对象在工厂内各生产车间和仓库之间的搬运。例如，零件（部件）从加工车间搬运至装配车间进行装配；装配好产品送往成品库储存等活动。

（2）班组之间的搬运。这是指加工对象在车间内各生产班组之间的搬运。例如，工件从车工组运送到铣工组，加工完的零件送往车间零件库储存等活动。

（3）工序之间的搬运。这是指工件从上一工序向下一工序转送。如果工件在同一个工序内移动则不属此类。

2）影响搬运的因素

（1）距离。这是指搬运所经过的路程长度，距离越长，搬运所消耗的时间和成本越大。

（2）重量。这是指每次搬运载重量，重量越大，搬运消耗越大。

（3）次数。这是指整个生产过程中所发生的搬运次数。搬运次数与重量有时呈反比例关系，即次数增加，重量可减少，反之亦然。

（4）方法。这是指搬运所采用的方法。例如，人工搬运、机械搬运（非机动车、机动车）、自动化搬运。人工搬运，体力消耗最大而效率低，自动化搬运体力消耗小，效率高。

3）减少搬运消耗的途径

（1）尽量减少搬运的距离。选择采用单向直线路线，尽量避免往复迂回路线。

（2）尽量减少搬运力。使用省力、高效、简单的搬运工具和方法。

（3）尽量减少手工搬运。长距离搬运必须用机动车代替人工搬运，短距离搬运也可用手推车搬运，因手工搬运不仅效率低，而且也不安全。在有些情况下，为了减少消耗，提高搬运效率，需改变工厂的布局和车间内设备的布置。

4. 储存的分析

生产过程中的储存主要起着调节生产节律的作用，因为一个产品都是由若干个零件组成的，而每个零件的生产周期也不可能相同，为了保持生产的均衡性必须要设置一些缓冲调节环节，这些环节就是储存。

1）储存的类型

（1）原材料储存：（材料库）指加工前原材料、毛坯的储存。

（2）半成品储存：（半成品库）指加工过程中的半成品、零件、外购件的储存。

（3）成品储存：（成品库）指加工结束后的成品（产品）的储存。

2）储存的分析

不论是原材料、半成品或成品，储存时间长，数量多，均会造成资金的积压，储存费用的提高，以致影响企业的经济效益。但储存过少，又会出现生产过程中的供不应求，停工待料，造成时间浪费。所以，合理的储存是生产经营者必须要考虑的问题。如何实现合理储存，需从以下几方面分析。

（1）科学合理地制订物料供应计划与生产作业计划，保证生产的均衡性，避免停工待料。

（2）尽量缩短物料的储存时间，改进仓库管理。储存时间长，影响资金的周转，同时使交货期延长。

（3）尽量减少物料的储存数量。储存数量大，占有资金多，同时仓库面积也大。

（4）删除不必要的中间储存环节。因多一个储存环节就增加储存面积，同时使搬运工作量也增大。

5. 迟延的分析

“迟延”的发生是时间的浪费。生产过程中不希望有“迟延”现象，但是，由于生产管理的不善，有时会出现“迟延”现象。

1）迟延产生的原因

（1）生产作业计划和物料供应计划不完善，造成生产流水不畅和停工待料。

（2）生产能力和生产任务不协调，使生产效率高的工序产生停工待料或工件积压过多。

（3）设备故障。设备突发性事故造成停工。

（4）动力供应中断。例如，停电、停水、停气造成停工。

（5）停止工作，包括由于操作者本身的原因（如不遵守劳动纪律）造成的停工和由于管理上的原因（如使工人在工作时间做非本职工作）而造成的停工。

2）迟延的分析

要减少或避免“迟延”的产生需从以下几方面分析。

（1）周密仔细地制订生产作业计划和物料供应计划，保证生产的均衡性，制订计划要密切地与生产能力相适应，这就要求做好生产管理的基础工作。

（2）很好地协调各工序的生产能力，对生产效率低的工序进行方法研究和时间研究或采用先进的生产设备和方法，提高工作效率。

（3）加强设备的维护和保养，减少设备故障。

（4）加强对操作者思想和业务培训，增强他们的纪律性、责任感和技术水平。

（5）尽量保证动力供应正常。

3.3.4 流程图分析实例

1. 材料或产品流程程序图（物料型）

某塑件企业，生产一塑件产品，其现行工序流程调查状况，如图 3-7 所示。绘制现行工序流程图后，紧接着对其进行分析、改善，最后将改进方案绘制成改进（或建议）流程图，如图 3-8 所示。

流程图

表格编号：________

工作物名称：原料　　开始时间：________

工作物图号：________　　结束时间：________

工作部门：塑件车间　　方　法：现行

研究者：________　　批　量：________

审阅者：________　　件　号：________

工作说明	距离(米)	时间(分)	符号				
			○	□	→	D	▽
储存在仓库的原料							●
将原料搬起运送至仓库门口	10				●		
将原料放至运输车上			●				
再送至车间原料暂放区	50				●		
将原料放进烘烤箱烘烤			●				
取出原料			●				
送至注塑机	15				●		
向注塑机中添加原料			●				
成形			●				
取出成形产品（在制品）			●				
自检				●			
放入在制品箱内			●				
将在制品搬上运输车			●				
送至在制品暂放区	10				●		
等待						●	
将在制品搬至二次加工区	5				●		
开箱取出在制品			●				
对在制品进行二次加工（修边）			●				
定时将修好的在制品送至检验处检验	5				●		
检验				●			
返回二次加工区	5				●		
产成品装箱			●				
搬送至入库检验区	10				●		
等待入库检验						●	
检验				●			
包装箱封合			●				
搬上运输车			●				
送入仓库	10				●		
储存							●

合　计

作业内容	次数	时间(分)	距离(米)	备注
操作	13			
检验	3			
搬运	9		120	
储存	2			
迟延	2			

图 3-7　塑件生产流程图（现行）

流程图

表格编号：______

工作物名称：原料　　开始时间：______

工作物图号：______　　结束时间：______

工作部门：塑件车间　　方　法：建议改进

研究者：______　　批　量：______

审阅者：______　　件　号：______

工作说明	距离(米)	时间(分)	符号 ○	□	→	D	▽
储存在仓库的原料							●
将原料搬上手推车			●				
运送至车间原料暂放区	60				●		
将原料放进烘烤箱烘烤			●				
取出原料			●				
送至注塑机	15				●		
向注塑机中添入原料			●				
成形			●				
取出成形产品（在制品）			●				
自检				●			
将在制品放入在制品箱内			●				
将在制品箱搬运输车			●				
运送至在制品暂放区	10				●		
等待二次加工						●	
将在制品搬送至二次加工区	5				●		
开箱取出在制品			●				
对在制品进行二次加工（修边）			●				
巡检				●			
产成品装入箱内			●				
搬送至入库检验区	10				●		
等待检验						●	
检验				●			
包装箱封合			●				
搬上手推车			●				
送入仓库	10				●		

合　计

作业内容	次数	时间(分)	距离(米)	备注
操作	13			
检验	3			
搬运	6		110	
储存	1			
迟延	2			

图 3-8　塑件生产流程图（建议改进）

根据流程分析的五个方面以及取消、合并、重排、简化四种方法对上面的流程图进行分析。经过分析研究，我们可以采取措施对以上流程进行简化。

（1）由于原料在仓库堆放时留下的过道太狭窄，手推运输车不能通过，所以运输车只能停放在仓库门口，先用人力将原料搬运出来，加重了人的劳动强度和时间消耗，降低了劳动效率。可以通过堆放原料时预留更大的过道空间，运输车就能直接进入仓库，减少不必要的劳力和时间消耗。

（2）二次加工工人定时将修好的在制品送去检验，增加了移动距离，减少了有效工作时间。可以改为巡检人员定时去二次加工区巡检。

通过以上改进可以减少操作 1 次，减少不必要的移动 3 次，缩短移动距离 10 米。

2. 人员流程程序图（人型）

某航空企业操作员的工作是加工回转驱动机械零件。该零件毛坯为精密铸锻件，加工时操作员先用车床制作夹具的基础面，用钻床钻 T/H 基准孔，再用铣床铣键槽和外圆边，最后是成品保管。具体操作如图 3-9 所示。发生的事项有操作 6 项，检验 4 项，搬运 7 项，加工该零件，其行走总距离长达 110 米，总耗时 437 分。

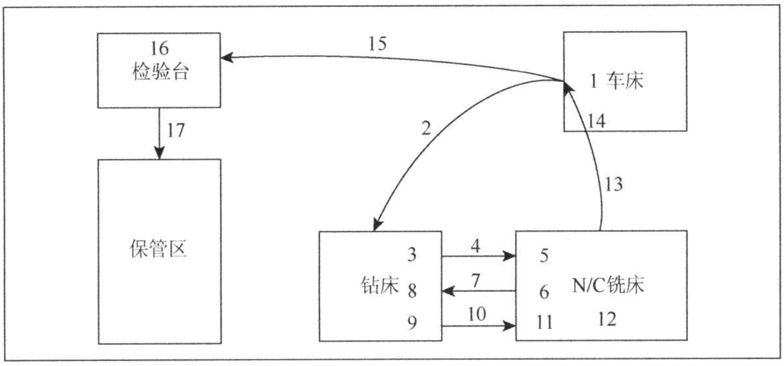

说明	符号	距离（米）	时间（分）	附注
1. 车削底盘	○		2	○ 6
2. 搬往下一工序	→	15	1	□ 4
3. 钻T/H基准孔	○		20	→ 7
4. 搬往下一工序	→	10	1	
5. 铣键槽和外圆边	○		180	
6. 检查尺寸	□		5	
7. 搬往下一工序	→	10	1	
8. 修正基准孔T/H	○		15	
9. 检查	□		1	
10. 搬往下一工序	→	10	1	
11. 加工外圆边	○		150	
12. 检查尺寸	□		5	
13. 搬往下一工序	→	5	4	
14. 加工底盘	○		30	
15. 搬往检验台	→	50	5	
16. 检查尺寸	□		15	
17. 搬往保管区	→	10	1	
合计		110	437	

图 3-9 回转驱动机械零件加工流程图（改进前）

通过研究，发现钻床和 N/C 铣床之间往返作业过多，搬运次数过多，改善的重点放在这两道工序上。通过分析，发现由于工艺安排不合理，从而造成钻床和 N/C 铣床之间往返次数多，因此，需要对其进行改进，通过合并加工工序，达到减少搬运次数、缩短搬运距离的目的。

改进后，操作事项由 6 项减至 4 项，检验事项由 4 项减至 3 项，搬运事项由 7 项减至 5 项，距离由 110 米缩短到了 90 米，耗时由 437 分缩减到了 382 分，如图 3-10 所示。

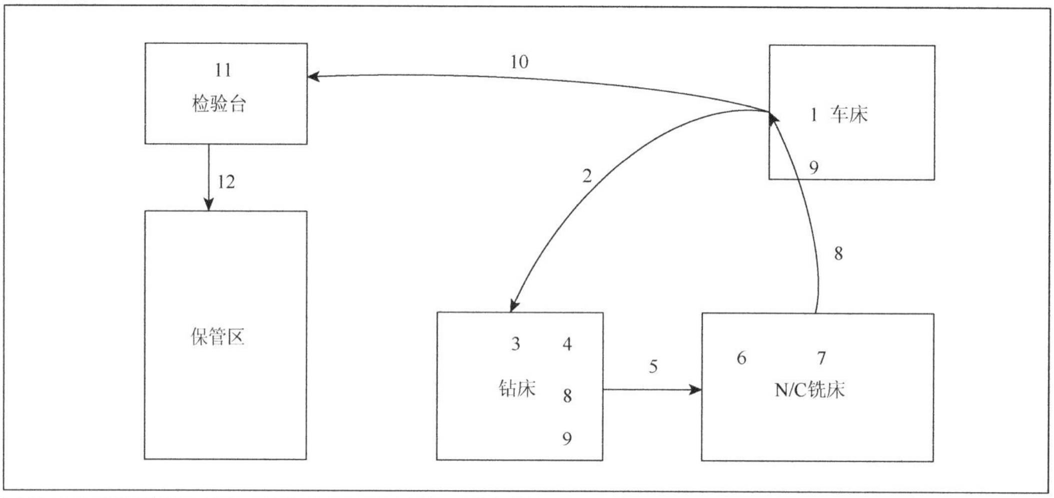

说明	符号	距离（米）	时间（分）	附注
1. 车削底盘	○		2	○ 4
2. 搬往下一工序	→	15	1	□ 3
3. 钻T/H基准孔	○		20	→ 5
4. 检查	□		1	
5. 搬往下一工序	→	10	1	
6. 铣键槽和外圆边	○		300	
7. 检查尺寸	□		5	
8. 搬往下一工序	→	5	1	
9. 加工底盘	○		30	
10. 搬往检验台	→	50	5	
11. 检查尺寸	□		15	
12. 搬往保管区	→	10	1	
合计		90	382	

图 3-10 回转驱动机械零件加工流程图（改进后）

3.4 线路分析

3.4.1 线路图的意义与内容

线路图是以作业现场为对象，对现场布置及物料（包括零件、产品、设备）和作业者的实际流通路线进行分析，常与流程程序图配合使用，以达到改进现场布置和移动路线，缩短搬运距离的目的。

线路图依比例缩尺绘制工厂的简图或车间平面布置，将机器、工作台等相互位置一一绘制于图上，并将流程程序图上所有的动作，以线条或符号表示。特别是材料与人员的流通路线，要按照流程程序记录的次序和方向用直线表示，各项动作发生的位置则用符号或数字表示。

流通的方向一般以箭头表示。线路图主要用于“搬运”或“移动”路线的分析。

3.4.2 线路图的种类

1. 平面布置式

平面布置线路图是将生产（工作）现场、设备及工作地布置及物料流动路线的具体情况表现在一个平面上。由于它的绘制简单方便，所以这种线路图最常用。图 3-11 为平面布置线路图。

2. 三度空间线路图

三度空间线路图是表示物料在三度空间流动路线的线路图。例如，物料在一楼现场加工后又要送往二楼、三楼继续加工时就需要三度空间线路图表示（图 3-12）。

3. 立体模型线路图

将生产（工作）现场和设备按同一比例缩小制成立体模型布置在一定空间内，再将物料流动路线展示出来，形成立体模型线路图。这种图表更为直观，便于分析，但制作麻烦，一般情况下不宜采用。

3.4.3 线路图的绘制要求

（1）在同一图面表示加工、装配等程序时，所有在制品的流程均应画出。例如，在制品种类甚多，可分别采用实线、虚线、点划线以及不同颜色表示，而其移动方向，则以短箭头重叠在各线上。

（2）许多流程由同一路径通过时，将流程数及其重量表示在线上，并可用带箭头的不同颜色的细线表示不同的流程。

（3）表示搬运的方法亦可用各类不同的线及不同颜色表示。

（4）线与线的交叉处，应以半圆形线表示避开。

（5）流程遇有立体移动时，则宜用三度空间线路图表示。

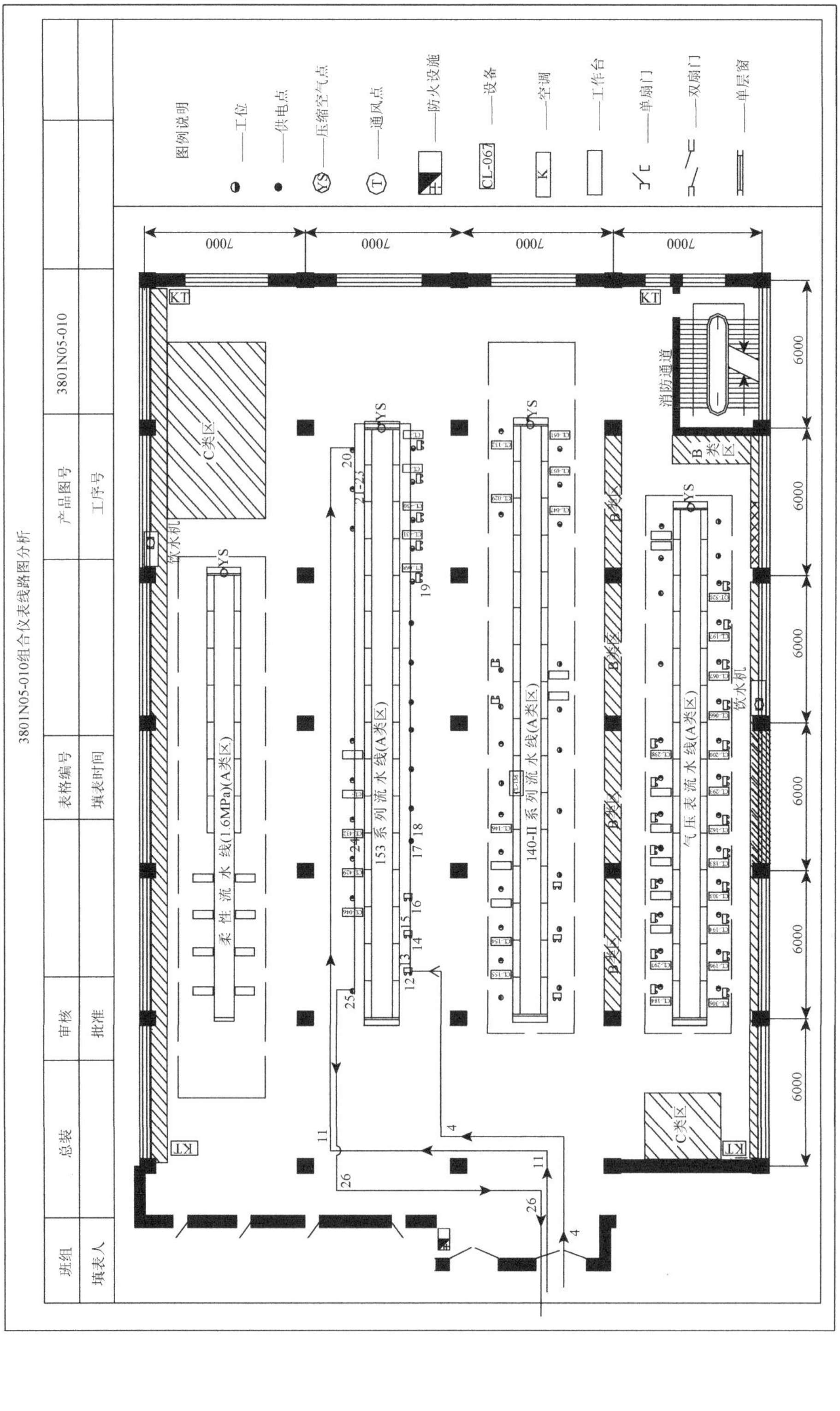

图 3-11　平面布置线路图

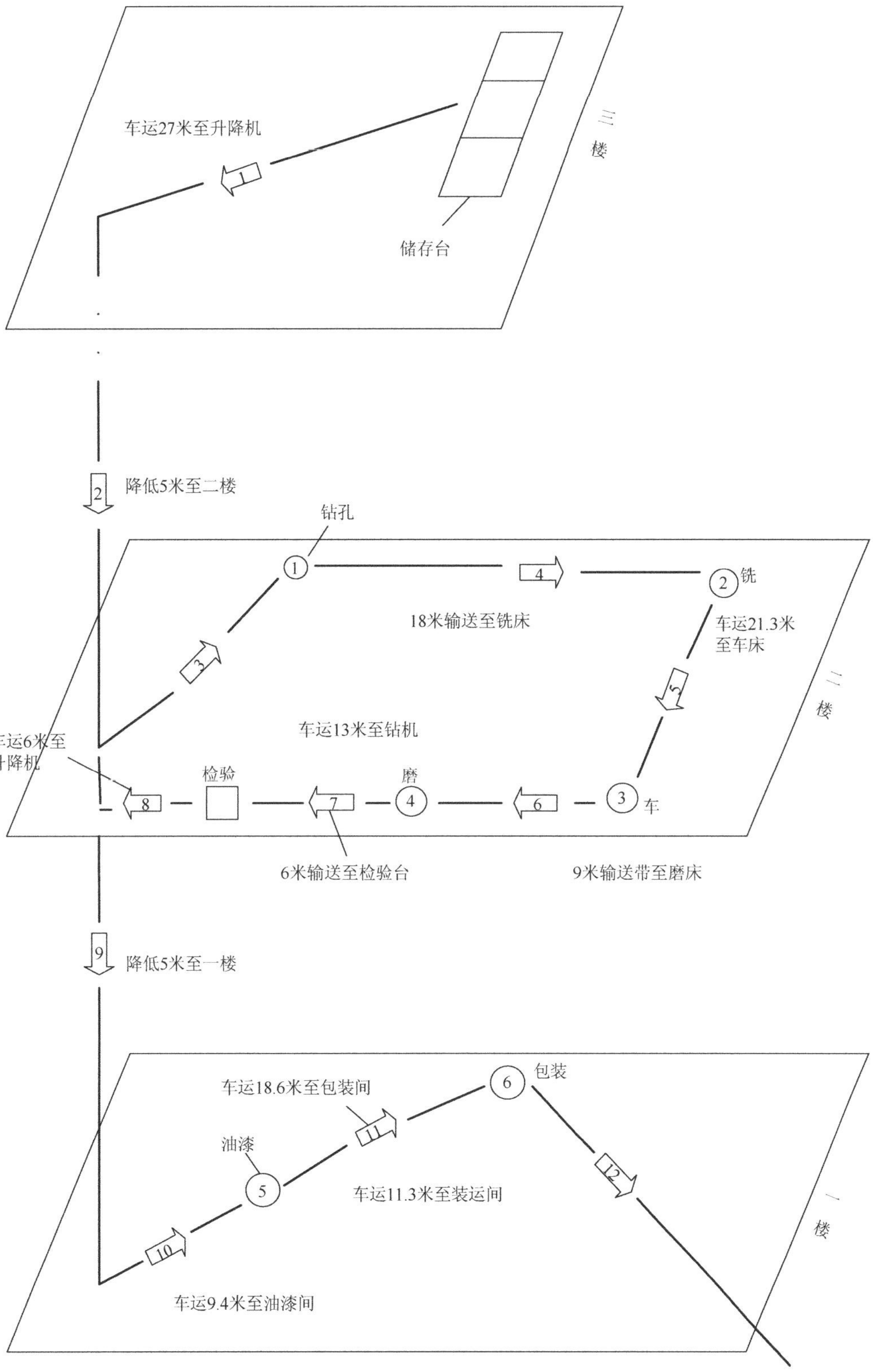

图3-12 三度空间线路图

3.4.4 线路图的分析

运用平面和三度空间线路图进行分析时，其重点是分析“搬运”（或移动）的路线，因此，从图上根据各活动点连接起来的线路，就能清楚地看出往返或不必要的搬运（或移动），以及流程安排不合理的环节，为改进工厂或车间工作场所的平面布置提供分析资料。

运用立体模型线图时，考虑改进方案较方便，只需要将图样按不同的方案反复摆置，就能从中选出最理想的方案。改进后的工作方法一定要缩短搬运（或移动）的距离，并且尽可能避免交叉和来回搬运的现象。

3.4.5 线路图分析实例

A 公司新厂区工艺布局方案

【案例】AD 印刷公司的工艺程序从整体上分为印前、印刷、制壳三大部分，进一步细分，其工艺分为平印、折页、轮卷印刷、配页、锁线、胶印、三面刀、精加工、三粘等，如图 3-13 所示。

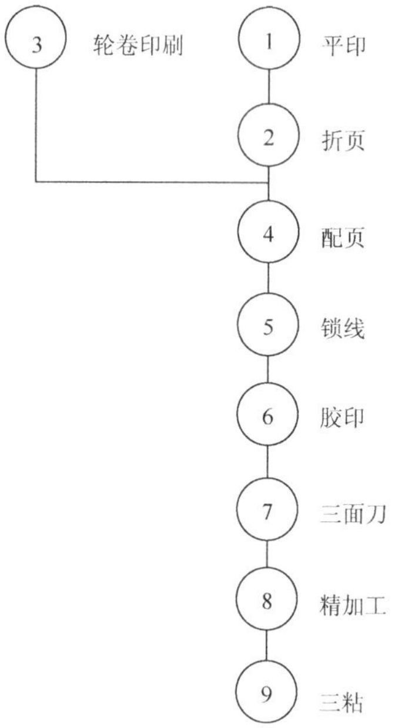

图 3-13 AD 公司印刷总体工艺程序图

该公司原厂区的总体布局如图 3-14 所示。

1）原厂区分析

（1）从图 3-14 可以看出，该公司印刷车间的右上方是储纸库，分为平版纸和轮卷纸，平版印刷车间和轮卷印刷车间都在储纸库的左边。这样虽然方便原纸材料从纸库运输到印刷车间，但却存在问题：由于印刷工艺的不同，运到平版印刷车间和轮卷印刷车间的原纸

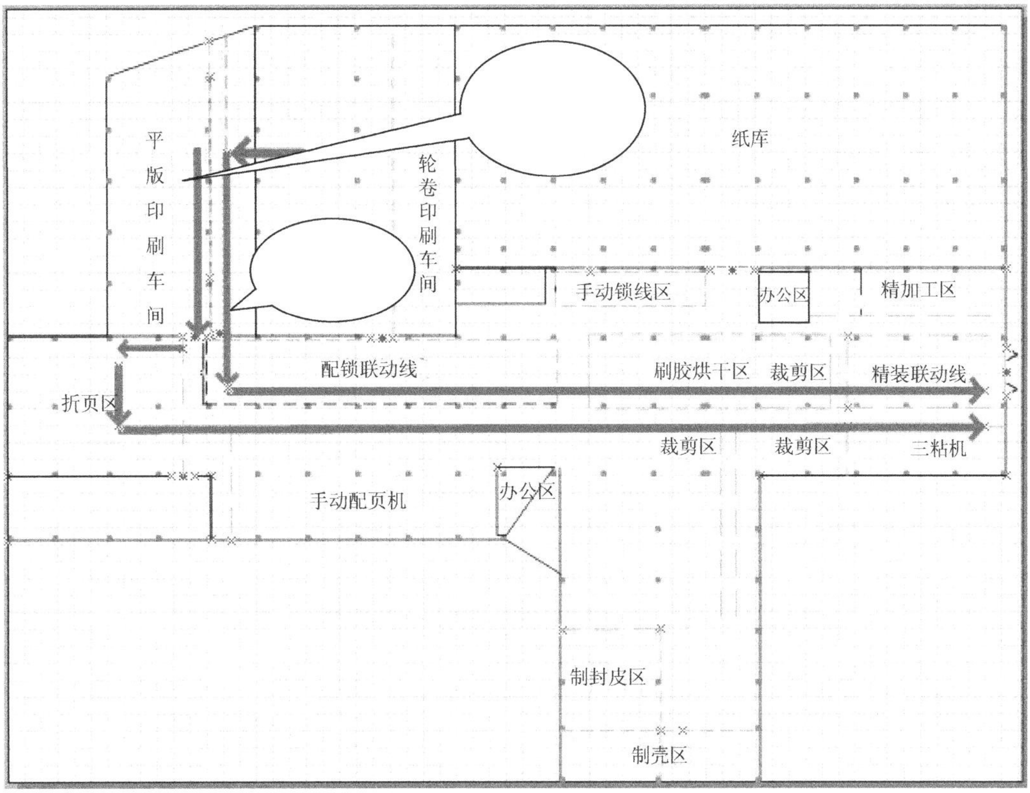

图 3-14 AD公司旧厂区总体布局图

材料分为平版纸和卷纸，因此，一个纸库就要分别存储两种原纸材料，运到平版印刷车间的距离大于运到轮卷印刷车间，而且运输到印刷车间时还要分别用不同的运输方法来运输两种原纸材料，这不利于纸库的存储和保管。

（2）原纸材料经过印刷后从印刷车间出来之后，平版印刷的半成品与轮卷印刷相比要多一道折页的工序，因此，平版印刷的流通路线和轮卷印刷的流通路线在旧厂区有所不同，如图 3-14 所示。

（3）对于平版印刷和轮卷印刷，都要经过配页和锁线。该公司目前配（页）锁（线）联动线只有一台，有两台 T32 轮卷印刷机。这两台 T32 轮卷印刷机每班印刷 20 万贴，三台平版印刷机（秋山、罗兰、北人）每班印刷 13 万贴，而一台配锁联动线每班完成 26 万贴，一台配锁联动线要完成经过两台 T32 轮卷印刷机和三台平版印刷机印刷的半成品，这明显是不够的，而且，目前这台配锁联动线经常出故障，车间经常不能连续生产，这也是生产中的瓶颈工序。所以，在目前条件下，工厂增加了一台手动配页机和数台手动锁线机，实现半自动的配页和锁线。因此，在新厂区应增加一台配锁联动线。

2）新厂区布局设计

从工艺程序上看，该公司是线性生产，印前、印刷、平装、精装是线性关系，整个工艺布局按照工艺路线设计。

按照该公司工艺路线安排总体布局，在分析该公司工艺路线的基础上，将该公司印刷的程序分为三大部分，分别为印刷、平装、精装，另外再加上成品入库，将新厂区分为印刷区、平装区、精装区、成品库四部分。该企业新厂区外围轮廓为“四横一纵”，因此，确定第一横为印刷区、第二横为平装区、第三横为精装区、第四横为成品库的整体格局，如图 3-15 所示。

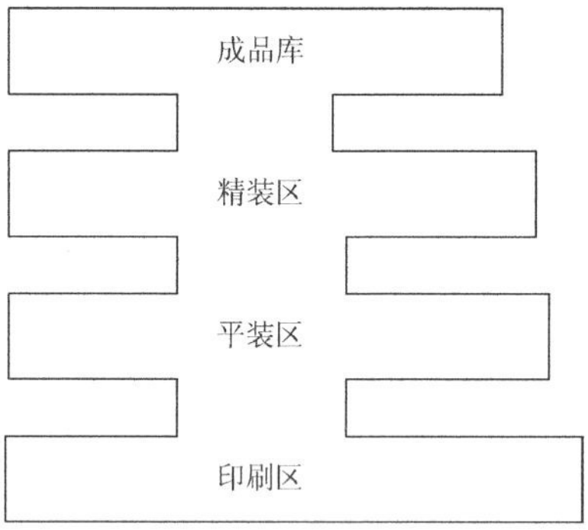

图 3-15 AD 公司新厂区总体格局示意图

在新厂区整体格局下，形成三条物流通路：①平版纸库 ⟶ 平版印刷 ⟶ 折页 ⟶ 配锁胶 ⟶ 刷刀粘 ⟶ 成品书处理 ⟶ 成品库次要物流通路；②卷筒纸库 ⟶ 轮转印刷 ⟶ 配锁胶 ⟶ 刷刀粘 ⟶ 成品书处理 ⟶ 成品库的主力物流通路；③平版纸库 ⟶ 平版印刷 ⟶ 套帖 ⟶ 配页 ⟶ 锁线 ⟶ 成品库的辅助物流通路。将这三条物流通路按照产品原则布置的示意图布置，具体如图 3-16 所示。

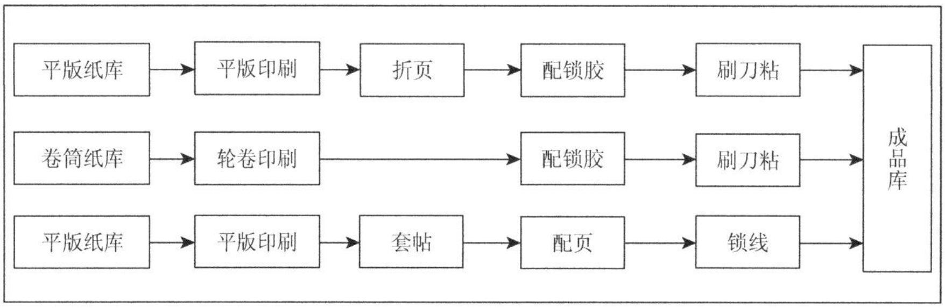

图 3-16 AD 公司物流通道示意图

对于新厂区“四横一纵”的总体格局形状，从横向角度看，安排每个横的设备为：第一横厂区为印刷区，以纸库、轮转、平版印刷设备、书帖存放为主（含有手工拼版、晒版房、盲文车间、调度室、样书组、粘页和折环衬）；第二横是平装区，以折页、配页、锁线、胶装、彩印平装为主，并设置备件库和存放机动区；第三横是精装区，以刷胶烘干、三面刀、三粘、特装、制壳和成品书处理为主；第四横是成品库。从纵向角度看，从书帖到成品书，主力工艺都在纵向厂区位置，形成了直线式的物流通路，横向区域除了第一横放印刷主力设备，第二横放折页设备，其他区域为辅助工艺。

另外，彩印手工区、特装车间、制壳区、复膜区、盲文车间、样书组作为相对独立的生产单元放置于主物流通路两侧，形成小物流循环；辅助设施的总体布局应采用集中与分散相结合的方式，公共服务设施的建设应分阶段逐步完善，维修组、备件库、辅材库作为生产辅助，放置于物流通路左侧；调度室位于厂房和办公区之间，利于联系；手工拼版、晒版房从印前置于厂房，利于联系轮卷印刷和平版印刷。由此，设计的该企业新厂区的总体布置平面图如图 3-17 所示。经测定，该企业新厂区的物流效率是老厂区的 130%。

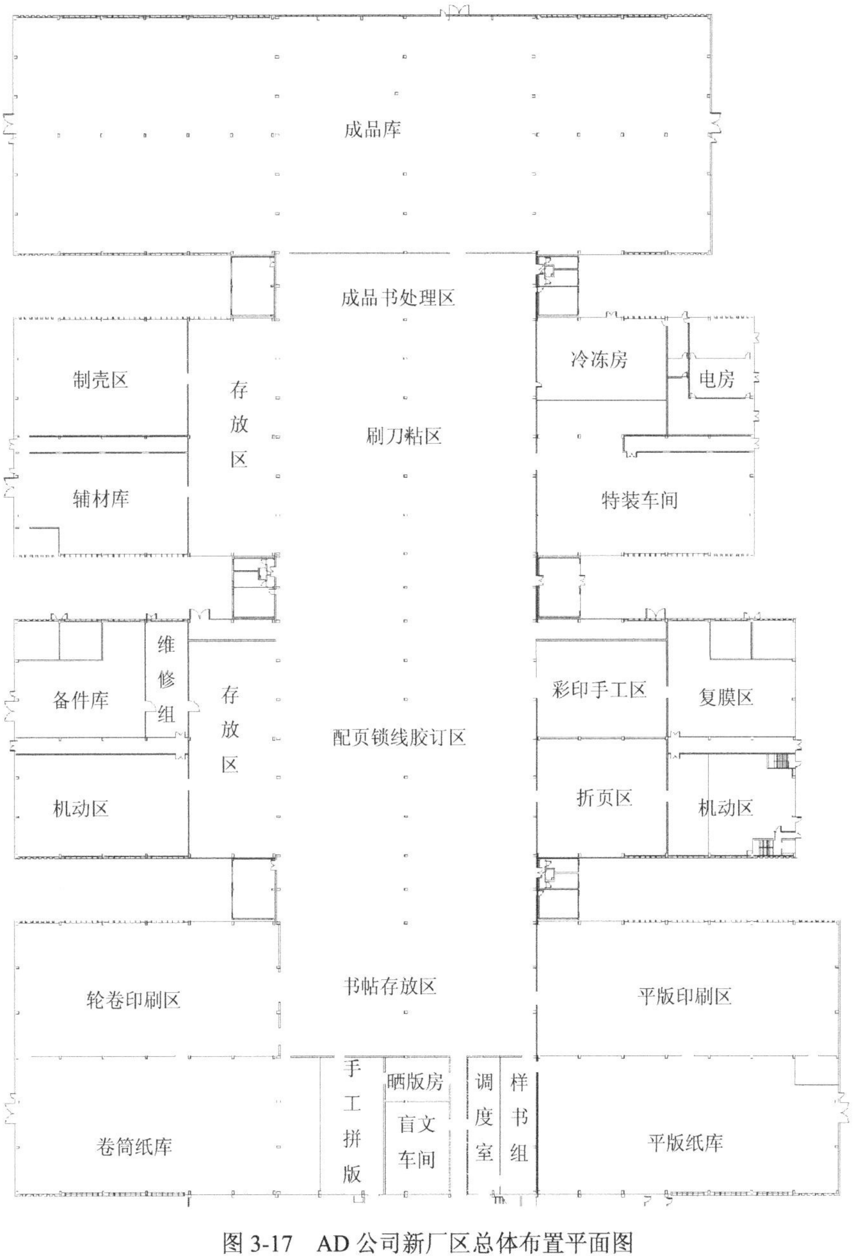

图 3-17 AD 公司新厂区总体布置平面图

复习思考题

1. 什么叫做程序分析？简述程序分析的六大步骤。

2. 程序分析的常用图表有哪些？

3. 应用工艺程序图进行程序分析时，可提供哪些信息？

4. 应用流程程序图进行分析时应从哪几个方面入手？

5. 一学生在应试前准备文具的工作程序如下。

（1）打开文具盒。

（2）检查计算器⟶打开计算器电池盖⟶取出旧电池⟶装入新电池⟶关上计算器电池盒⟶检查计算器功能⟶装入文具盒。

（3）检查钢笔⟶钢笔上墨水⟶检查⟶装入文具盒。

（4）装入铅笔、橡皮擦、直尺等。

（5）关上文具盒盖。

试绘制该工作的工艺程序图（工作程序图）。

6. 零件入库检查和点数的流程为：从货车上卸下，置于斜板上（1.2 米，1 分）⟶在斜板上滑下（6 米，5 分）⟶置于手推车上（1 米，1 分）⟶推至启箱处（6 米，5 分）⟶移开箱盖（5 分）⟶推向收货台（9 米，5 分）⟶等待卸车（5 分）⟶从箱中取出纸盒，打开，并将 T 形块放在工作台上进行点数、检查（20 分）⟶重新装箱（10 分）⟶等待搬运工（5 分）⟶运至分配点（9 米，5 分）⟶存放库房（2 分）。试绘制流程程序图。

7. 转子由轴、模压塑料体和停档三个零件组成，其加工及装配过程如下。

（1）轴，材料为直径 10 毫米的 45 号钢。车端面、肩面并切断（0.25 分）⟶车另一端面（0.10 分）⟶检查尺寸与表面粗糙度（0.30 分）⟶铣端部 4 个平面（2.00 分）⟶去毛刺（0.20 分）⟶机加工最终检验（0.20 分）⟶去除油污（0.15 分）⟶镀镉（10.00 分）⟶最终检验（0.30 分）。

（2）模压塑料体，模压毛坯。车两边、镗、铰孔（0.80 分）⟶钻横孔、去毛刺（0.22 分）⟶最终检查尺寸及表面粗糙度（0.90 分）⟶将模压体装入轴的小端（0.20 分）。

（3）停档，材料为直径 5 毫米的 30 号钢。车柄部、倒角、切断（0.25 分）⟶去尖头（0.10 分）⟶检查尺寸与表面粗糙度（0.30 分）⟶去除油污（0.15 分）⟶镀镉（10.00 分）⟶最终检验（0.30 分）⟶将停档装入模压体（0.45 分）⟶最终检验（0.30 分）。

试绘制工艺流程图。

8. 某工人制造积木，其工作程序如下。

（1）走到木板堆旁，搬运木板（200 厘米×100 厘米×15 厘米）到工作台处，放在工作台上。

(2) 走到仓库，在仓库选取样板（许多样板混合在一起），签收后带回工作台。

(3) 放样板于木板上绘上图样。

(4) 拿下样板。

(5) 拿起木板搬至锯台。

(6) 锯切成形。

试绘制：①物料型（木板）的流程程序图；②人型（工人）的流程程序图。

9. 试依照你的实际情况，画出下列事情的流程程序图和线路图。

(1) 用洗衣机（全自动或半自动）洗衣服并晾在竹竿上。

(2) 写一封信拿到附近邮筒投递。

(3) 早晨起床后，穿衣、洗漱、吃早餐、出门。

第4章 操作分析

4.1 概 述

4.1.1 操作分析的基本概念

操作分析（operation analysis）是研究如何使工人的操作以及工人和机器的配合达到最经济和最有效的程度。这种分析是研究一道工序、一个工作地的工人（一人或者多人）使用机器或不使用机器的各个操作活动。它与程序分析的区别是：程序分析是研究整个制造的运动过程，分析到工序为止；操作分析是研究一道工序的运动过程，分析到操作为止。

1. 操作的定义和分类

1）操作的定义

操作是指为实现一定目的而进行的独立完整的劳动活动，是加工工序或作业的再分解，同时操作也可以进一步分解为若干个动作。

2）操作的分类

根据操作的结果将操作分为以下两类。

（1）基本操作。这是指使劳动对象的物理化学性质发生变化的操作。即改变了劳动对象的形状、大小、成分、位置或者表面状况，如切削加工、产品装配、喷漆等。

（2）辅助操作。这是指保证基本操作顺利实现而进行的操作。例如，安装零件、找正、卸下零件、开车、停车、进刀、退刀等。

2. 操作分析的含义及目的

1）操作分析的含义

通过对以人为主的工序的详细研究，使操作者、操作对象、操作工具三者科学地组合、合理地布置和安排，达到工序结构合理，减轻劳动强度，减少作业的工时消耗，以提高产品的质量和产量为目的而作的分析，称为操作分析。

2）操作分析的目的

操作分析的总目的是提高工作效率，减轻操作疲劳，使操作者能高效、舒适地工作，其具体有以下几点。

（1）使作业内结构合理，删除多余无效的操作，使操作最有效，总数最少。

（2）使人和机器能很好地协调配合工作，充分发挥人和机器的效能。

（3）改进操作方法和工作地布置，减轻操作者的疲劳。

3. 操作分析的方法

（1）在使用机器的作业中，一般使用“人-机程序图”进行分析。研究人和机器在作业过程中时间上的协调配合关系，尽量减少人和机器的空闲时间，使人和机器的效能得到充分发挥。

（2）在以手工作业为主的作业中，则用操作程序图（双手操作图）进行分析。寻求作业结构的合理性和组成操作的各动作的合理性、有效性。运用取消、合并、重排、简化的方法消除多余操作和动作，改善不合理的操作方法，使操作简单、有效。

（3）在有多个操作者共同完成的作业中，则用工组操作程序图（多人操作程序图）进行分析。研究集体作业中人与人、人与机器之间的协调配合关系，以提高工作效率，减少消耗。

操作分析一般采取分解工序的办法进行研究，将工序分解成工步、操作或者综合操作，并采用“ECRS”四大原则进行分析和评价。

4.1.2 影响操作的因素

进行操作分析需要抓住各种影响因素，而影响操作的因素有很多，主要有以下几种。

1. 与劳动对象有关的因素

（1）劳动对象的复杂程度。例如，在零件加工作业中，零件的形状、结构越复杂，则操作也越复杂，操作的劳动消耗量也越大。因此，零部件的设计在满足功能的条件下，力求简单轻便，并努力使之标准化、成组化。

（2）被加工材料的加工性。例如，在金属切削加工中，耐热合金钢就比一般碳素钢（45号钢）难加工，其操作也复杂。而45号钢经热处理后硬度提高，则加工也困难了，操作方法也改变了。

（3）毛坯的形状和余量。毛坯的形状影响装夹方法，加工余量影响操作的次数，所以，在机械加工作业中，要求毛坯形状尽量简单，余量尽量小。

2. 与劳动工具（机器设备）有关的因素

此种因素包括机器设备的功率、转速、最大限度负荷量以及可以决定零件最大最小加工尺寸的各部分尺寸等。

（1）劳动工具（机器设备）的工作性能。劳动工具的工作性能包含工作能力（功率）、适用范围（如能加工的极限尺寸）和能达到的精度等。

（2）劳动工具（机器设备）的使用性能。劳动工具的使用性能指使用（或操纵）是否方便、简单和省力。

3. 与工作地状况有关的因素

工作地的状况分为设备的布局以及材料和零件、工具的存放两个方面。

（1）工作地设备的布置状况。工作地的设备布置要使操作者在作业时走动距离少，特别是在一人操作多台设备时。

（2）毛料、成品、工具的摆放位置。毛料、成品、工具的摆放位置要尽量靠近操作者（在不影响工作的情况下）的地方，并且摆放整齐，拿取和存放都很方便，使操作简单。

4. 与工作环境有关的因素

工作环境通常包含温度、湿度、照明、噪声、空气清新度和色彩六个环境指标，这些指标对操作者的工作效率、工作质量和安全都有不同程度的影响。因此，在作业时要尽量保持良好的环境。

5. 与劳动者素质有关的因素

（1）劳动者的技术素质。这是指劳动者的技术水平和熟练程度。对于技术素质较差的操作者要进行业务培训。

（2）劳动者的思想素质。这是指劳动者的工作态度（包含工作积极性和责任性）。对于思想素质较差的操作者要进行思想教育，同时也要制定有关政策鼓励他们的工作积极性和责任性。

4.1.3 操作分析的基本要求

操作分析的基本要求主要有以下几个方面。

（1）将操作总数减至最低数，该删减的删减，该合并的合并，该简化的简化。

（2）排列最佳的工作次序。

（3）使每一个操作简单易行。

（4）发挥两手作用，平衡两手负荷，避免一手过忙，一手过闲。

（5）避免用手握持物件，尽量利用夹具。

（6）工作地应有足够的空间，使操作者有充分回旋余地。

（7）合理利用肌肉群，防止某些肌肉群由于动作过于频繁而发生疲劳。

（8）采用较佳的控制器和显示器。

（9）大量生产应设计自动上料落件装置，改进零件箱或零件放置方法。

（10）采用经济的切削用量。

（11）要求机器设备完成更多的工作，例如，自动进刀、退刀、停车，自动检测，自动换刀等，以解放人力。

（12）减少作业循环和频率。

（13）消除不合理的闲余时间。

（14）消减物料的运输和移动次数，缩短距离或使运输和移动变得容易方便。

（15）改进设备、工具、材料规格或工艺性。

（16）能否实现人机同步工作，以便将某些准备工作、布置工作地工作、辅助工作放在机动时间进行。

总之，操作分析的结果要使作业的结构合理，尽可能减轻操作者的劳动强度，减少作业的时间消耗。

4.2 人机程序图

C公司人机分析方法

4.2.1 人机程序图的基本概念

1. 程序图的定义、功用和种类

（1）定义。人机程序图（man-machine process chart）是记录和表示人与机器在一个工作周期内在时间上的协调与配合关系的图表。它可以把机器工作周期与工人工作周期在时间上的相互配合关系清楚地表示在图上。研究人员可根据现场记录资料重新安排或调整，使若干空闲或无效时间得以减少，以提高效率。

（2）功用。人机程序图在有的书上也称联合程序图，如图4-1所示。在图中记录和表示了人的各项操作时间和机器的运转时间，从而可看出人和机器的工作在时间上是否协调，人和机器是否有不必要的闲置时间，这些闲置时间能否加以利用。在现代企业中大量采用自动化程度比较高的设备，在生产过程中机器的机动运转时间比例增大。在人机作业的工作周期中，操作者和机器总有一部分空闲时间，因此，我们经常看到当工人忙碌的时候，机器却停着，或者机器工作的时候，工人只在旁边起着“监督”作用。若能将这部分时间很好地加以利用，就有可能成倍地提高劳动生产率。这种可能性是存在的，例如，利用闲余时间整理工作地，将毛料或者原材料放到拿取方便的地方，测量零件的尺寸、磨刀、打毛刺等。如果机动时间很长，工人有较多空闲，还可以考虑一人多机操作的可能性。

制品名称：__________ 工作编号：__________
机　　器：__________ 机器编号：__________
操　　作：__________ 操作编号：__________
操 作 者：__________ 工　　号：__________
研 究 者：__________ 日　　期：__________

<table>
<tr><th colspan="3">人</th><th colspan="3">机A</th><th colspan="3">机B</th><th colspan="3">机C</th></tr>
<tr><td>A装夹</td><td></td><td>1.5</td><td>装夹</td><td></td><td>1.5</td><td>加工</td><td></td><td>1.5</td><td rowspan="3">加工</td><td rowspan="3"></td><td rowspan="3">3.5</td></tr>
<tr><td>B卸工件</td><td></td><td>0.5</td><td rowspan="5">加工</td><td rowspan="5"></td><td rowspan="5">8</td><td>卸工件</td><td></td><td>0.5</td></tr>
<tr><td>B装夹</td><td></td><td>1.5</td><td>装夹</td><td></td><td>1.5</td></tr>
<tr><td>C卸工件</td><td></td><td>0.5</td><td rowspan="4">加工</td><td rowspan="4"></td><td rowspan="4">6.5</td><td>卸工件</td><td></td><td>0.5</td></tr>
<tr><td>C装夹</td><td></td><td>1.5</td><td>装夹</td><td></td><td>1.5</td></tr>
<tr><td>空闲</td><td></td><td>4</td><td rowspan="2">加工</td><td rowspan="2"></td><td rowspan="2">4.5</td></tr>
<tr><td>A卸工件</td><td></td><td>0.5</td><td>卸工件</td><td></td><td>0.5</td></tr>
</table>

图4-1 工人操作三台机床的人机程序图

（3）种类。①单人单机程序图：一人操纵一台机器设备进行作业的人机程序图；②单人多机程序图：一人操纵多台机器设备进行作业的人机程序图。

2. 人机程序图的构成

人机程序图由表头、表身、表尾构成。

1）表头部分

表头部分表示研究对象的基本情况，有以下各项。

（1）劳动对象的情况。如零件名称、图号、工序名称和内容等。

（2）劳动工具的情况。如设备的名称和型号、选用的工艺参数（如切削用量）等。

（3）操作者的情况。如姓名、年龄、技术等级等。

（4）研究者姓名、研究日期。

（5）工作周期时间、人的操作时间和闲置时间、机器的操作时间和闲置时间，包括现行时间、建议时间、节省时间。

（6）时间利用率。

以上表头内容并不是固定的，可以根据需要增加或减少一部分内容。

2）表身部分

表身部分主要记录操作者的各项操作活动、机器的运转状况及两者的时间，分为左、中、右三部分。①左边记录人的各项操作内容和顺序。②右边记录机器的运转情况。③中间为时间标尺，分别记录人和机器的工作和运转时间。

3）表尾部分

记录改进建议事项（对新设计的人机程序图可不写）。

3. 人机程序图的绘制

（1）填写表头各项。

（2）绘制时间标尺。在人机程序图中操作者的操作时间和机器的运转时间均用同一时间标尺。时间标尺的分档粗细根据工作周期的长短划分。对工作周期长的作业，时间分档要粗些，即每一格所代表的时间值要大些（如工作周期为 30 分，则每一格的时间值为 1～2 分），对工作周期短的作业，时标分档要细些，即每一格所代表的时间值要小些（如工作周期为 5 分，则每一格的时间值为 0.1～0.2 分）。

（3）按作业中各操作顺序分别记录人的操作内容和机器的运转情况并标注时间。

（4）按规定的符号（记号）在时间标尺的格内标出人和机器的操作（或运转）时间和闲置时间。

（5）统计人和机器的操作（或运转）时间和闲置时间并计算时间利用率。

（6）经过分析，提出改进建议并填写在表尾栏内。

应该指出，人机程序图仅记录一个工作周期内人和机器的工作情况。但绘制人机程序图时要反复观察数个工作周期才能绘制成。

【案例】某工人操作三台同样的机床（A、B、C）加工同一种工件，若工人装夹工件的时间为 1.5 分，卸下工件的时间为 0.5 分，机床自动加工时间为 8 分，工人在机床间移动的时间忽略不计。假设以工人在机床 A 上装夹工件为开始动作，试绘制出该操作的人机程序图，并分别统计人、机床在一个周程内的工作和空闲时间，计算人、机利用率。

本例中工人操作三台机床的人机程序图如图 4-1 所示。

人机的时间利用率如下。

（1）工人完成一个操作的周期为 10 分。

（2）工人在一个周期内的操作时间为6分。

（3）机床A的工作时间为8分，机床A的空闲时间为2分。

（4）机床B的工作时间为8分，机床B的空闲时间为2分。

（5）机床C的工作时间为8分，机床C的空闲时间为2分。

（6）工人时间利用率为6/10，即60%。

（7）机床时间利用率为8/10，即80%。

4.2.2 人机程序的分析

1. 寻求改进目标

根据操作分析的基本要求，寻求改进目标。特别是运用ECRS法，使人与机器操作合理化。

2. 人和机器活动的分析

在作业中人和机器的活动（工作）按其相互关系可分为以下几种类型。

（1）人的独立工作。这是指与机器无关的一些操作。即这些操作既不去控制机器，也不受机器活动的影响。例如，车工刃磨车刀，测量已加工完的零件，清理工具和布置工作地等。

（2）机器的独立工作。这是指机器的自动工作过程，在此过程中不需要人进行控制。例如，机床的自动切削过程，设备的自动加工过程等。

（3）人机的联合工作。这是指人与机器有密切关系的操作。即这些操作必须要求机器处于某种状态方能进行。例如，停车装夹和拆卸零件、停车变速等操作，以及人操作机器的操作，如开车、停车操作等。

对于以上三种活动（工作）分析时，力求使第（1）和第（2）种活动同时进行，以缩短工作时间。对第（3）种活动要尽量缩短本身的操作时间。

3. 闲置时间的分析

在作业过程中，人和机器都可能有一定闲置时间。有些闲置时间是作业过程中不可避免的，而有些则是可以避免的。闲置时间有以下几类。

1）机器的闲置时间

（1）作业内的闲置时间。①停机操作所造成的机器闲置。例如，机加工作业中，装卸零件时必须要求机器停止运转而造成的机器闲置。此类闲置一般是不可避免的。②非停机操作（即不需要机器停止运转也能进行的操作）所造成的机器闲置。例如，清理工具，对已加工完的零件打毛刺等。此类闲置一般是可以避免的。

（2）作业需要的闲置。这种闲置虽然与作业没有直接关系，但是，为使机器能正常工作（作业）所需要的机器闲置，例如，停机维修、清理设备、设备的试运转、工人的合理休息而停机等，这种闲置一般是不可避免的。

（3）与作业无关的闲置。这种闲置是作业不需要的，而且是突发性和无规律的。例如，动力供应中断使机器停机、停工待料、等待处理问题、工人擅离岗位停机等。这类闲置一般是可以避免的。

以上各种机器闲置中，利用人机程序图只能对第（1）类闲置进行分析，使停机操作的闲置时间尽量缩短，并避免非停机操作的闲置的出现。

设备的闲置时间及其对策如图 4-2 所示，研究设备闲置时间的目的是充分利用设备。

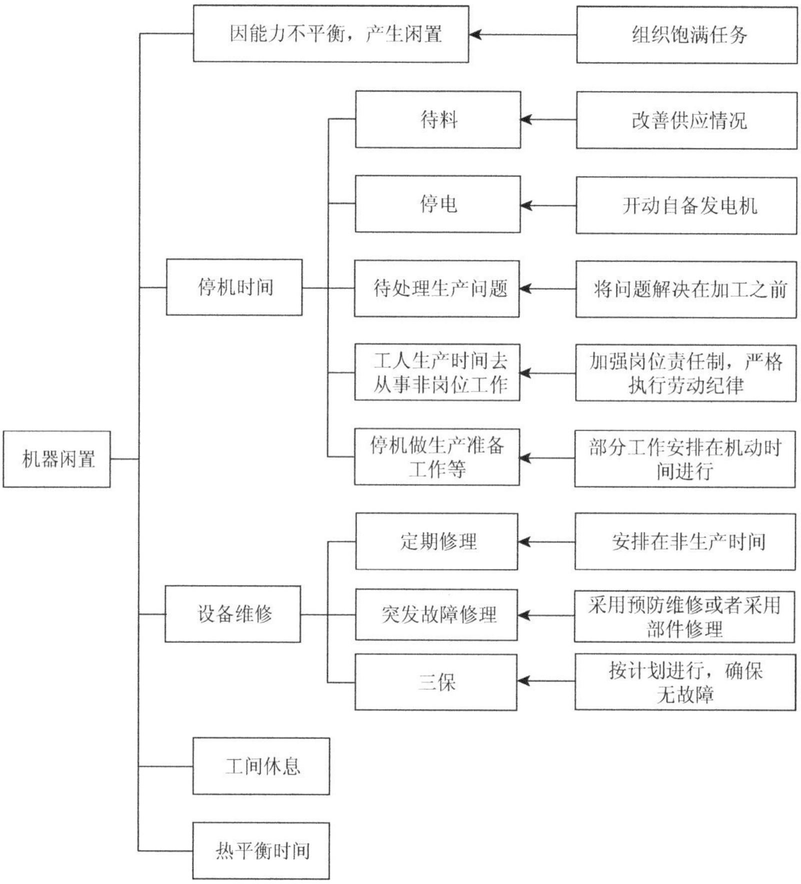

图 4-2　设备的闲置时间及其对策

2）人的闲置时间

（1）作业中的闲置。作业中当机器自动工作时，可能使工人闲置。这类闲置可以利用人机程序图进行分析，尽可能使人在这个闲置时间内进行一些操作，使整个工作周期时间缩短，或进行一人多机操作。

（2）作业外的闲置。因动力供应中断使机器停机、停工待料、停工维修机器、工人擅离岗位停机等所造成的闲置。这类闲置可加强生产管理，进行劳动纪律教育等方法改进。利用人机程序图则无能为力。

4. 分析单人多机操作的可能性

在单人单机操作的工作周期中，如果机器自动工作时间远大于人的操作时间，则有可能考虑一人操作多台机器。

（1）单人多机操作的必要条件。在一个工作周期中，当满足以下条件时则有可能考虑

单人多机操作，即

人的操作时间+人在机器间步行的时间+必要的照管机器时间<机器自动工作时间

（2）确定能操作机器的台数。当满足单人多机操作的必要条件后，那么一人能操作几台机器呢？则由下式确定：

$$N \leqslant \frac{T_m}{T_s + T_c + t}$$

式中，N 为能操作机器的台数；T_m 为机器连续自动工作的时间；t 为工人在机器之间步行的时间；T_c 为工人必要的照看和休息时间；T_s 为工人在一台机器上总的操作时间。当 $N<2$ 时，一人仅能操作 1 台机器。当 $2 \leqslant N<3$ 时，一人可能操作 2 台机器。当 $3 \leqslant N<4$ 时，一人可能操作 3 台机器。当 $n \leqslant N<n+1$ 时，一人可能操作 n 台机器。

在考虑一人多机操作时还应考虑以下几点。

（1）必须保证人身和设备的安全。在机器设备上应装有限位装置和自动停车装置，以防止人来不及按时操作时发生事故。

（2）操作者必须有一定的休息时间，以防止劳动强度过大和过分紧张产生过度疲劳。

4.2.3 人机程序图分析实例

【案例】在立式铣床上精铣铸铁件的平面。

我们先围绕人机操作的改进进行具体的分析，分为人机作业时间和闲置时间的分析以及改进这三大部分，然后讨论此例中单人多机操作的可能性。

现有铣削零件平面工序人机程序图，如图 4-3 所示。分析如下。

表号	X-09				项 目		改进前	改进后	节 省
零件	名称	平板	图号	B139	人	工作周期	2	1.4	0.6
工序	名称	铣平板	编号	15		操作时间	1.2	1.2	—
设备	名称	立式铣床	型号	X52K		闲置时间	0.8	0.2	0.6
工艺参数					机	工作周期	2	1.4	0.6
操作者	姓名	赵××	技术等级			运转周期	0.8	0.8	—
						闲置时间	1.2	0.6	0.6
绘图者					时间利用率	人	60%	85.70%	25.70%
分析者						机	40%	57.10%	17.10%

人		时标（分）	机	
①上一工件放入箱内，取下一工件	▒	0.20		
②用压缩空气吹净夹具	▒	0.40		
③将工件装入夹具内并开车走刀	▒	0.60		
		0.80	▒	自 动 走 刀
		1.00	▒	
		1.20	▒	
		1.40	▒	
④停车、松开夹具、用压缩空气吹净	▒	1.60		
⑤用样板量深度	▒	1.80		
⑥锉锐边、用压缩空气吹净	▒	2.00		

图 4-3 平板加工作业人机程序图（改进前）

1. 人机作业活动分析

1）人的作业活动

本例中工人要完成 6 项操作（在一个工作周期中）。

（1）移开铣成件以压缩空气清洗零件。

（2）量面板深度。

（3）锉锐边，压缩空气清洗零件。

（4）放入箱内，取新铸件。

（5）压缩空气清洗机器。

（6）将铸件夹上夹头开机床进刀。

在立式铣床上精铣铸铁件时人-机操作图中可见，工作中铣床有 3/5 的时间没有工作，工人有 2/5 时间没有工作。这是由于当工人操作时，机床停止工作；机床自动切削时，工人则没事做。

2）机器的工作

本例中机器在一个工作周期内仅有一次自动走刀，时间为 0.8 分。

2. 人机闲置时间的分析

本例中工作周期是 2 分，人的闲置时间为 0.8 分，机器的闲置是 1.2 分。

人的时间利用率为

$$人的操作时间/工作周期时间=1.2/2\times100\%=60\%$$

机器的时间利用率为

$$机器的工作时间/工作周期时间=0.8/2\times100\%=40\%$$

3. 改进途径

（1）工人将工件夹紧在机床台面上和加工完后松开夹具、取下零件是必须在机床停止时才能进行的，属于机床必须的占用时间。但用压缩空气清洁零件，用样板检验工件的深度等是可以在机床开动中同时进行的。

（2）要缩短在立式铣床上精铣铸铁件的周程时间，应尽量利用机器工作的时间进行手工操作。例如，检查工作物、去除加工面的毛刺，将加工完的工件放进成品盒，取出铸件做好加工前的准备，在放回工件的同时取出待加工件，用压缩空气吹洗已加工的铸件等。

改进后的人机程序图，如图 4-4 所示。

人		时标（分）	机	
①停车、移开铣成件		0.2		
②用压缩工具吹净夹具装毛坯		0.4		
③开动铣削		0.6		
④锉去毛刺，吹净		0.8		
⑤在铣床台上用样板量深度		1.0		
⑥成品入箱，取毛坯至台面		1.2		
		1.4		

图 4-4 精铣第二面人机程序图

（3）改进后的效果。经过以上改进，重新安排工作后，不需要增加设备和工具，让工人在机器加工的时候完成去除成品毛刺、量面板深度、成品装箱和取毛坯操作，仅在 2 分内就节省了工时 0.64 分，可以提高工效 32%。

4. 单人多机操作的可能性

作业名称：在零件上铣沟槽。开始动作：装夹零件待铣。动作结束：卸下加工件。操作者：每周期空闲时间 0 秒，操作时间 48.24 秒，每周期工时数 48.24 秒。1＃机器：每周期空闲时间 13.68 秒，生产时间 34.56 秒，周期时间 48.24 秒。2＃机器：每周期空闲时间 13.68 秒，生产时间 34.56 秒，周期时间 48.24 秒。如图 4-5 所示为在零件上铣沟槽的人机操作程序图。

<table>
<tr><td colspan="7">表头部分（略）</td></tr>
<tr><td colspan="2" rowspan="2">人</td><td rowspan="2">时标（秒）</td><td colspan="2">1＃机器</td><td colspan="2">2＃机器</td></tr>
<tr><td colspan="2"></td><td colspan="2"></td></tr>
<tr><td>按停 1＃机器</td><td></td><td>1.44</td><td rowspan="3">8.64</td><td rowspan="3">停机</td><td rowspan="4">14.4</td><td rowspan="4">铣沟槽</td></tr>
<tr><td>将 1＃机器台面空退 12 厘米</td><td></td><td>3.6</td></tr>
<tr><td>松夹具，卸下零件放在一边</td><td></td><td>3.6</td></tr>
<tr><td>捡起零件放 1＃机器台面上夹紧</td><td></td><td>6.48</td><td rowspan="3">11.52</td><td rowspan="3">被操作</td></tr>
<tr><td>开动 1＃机器</td><td></td><td>1.44</td><td rowspan="3">13.68</td><td rowspan="3">空闲</td></tr>
<tr><td>铣床空进，调整进给</td><td></td><td>3.6</td></tr>
<tr><td>走到 2＃机器</td><td></td><td>3.96</td><td rowspan="4">14.4</td><td rowspan="4">铣沟槽</td></tr>
<tr><td>按停 2＃机器</td><td></td><td>1.44</td><td rowspan="3">8.64</td><td rowspan="3">停机</td></tr>
<tr><td>将 2＃机器台面空退 12 厘米</td><td></td><td>3.6</td></tr>
<tr><td>松夹具，卸下零件放在一边</td><td></td><td>3.6</td></tr>
<tr><td>将零件捡起放 2＃机器台面上夹紧</td><td></td><td>6.48</td><td rowspan="4">13.68</td><td rowspan="4">空闲</td><td rowspan="4">11.52</td><td rowspan="4">被操作</td></tr>
<tr><td>开动 2＃机器</td><td></td><td>1.44</td></tr>
<tr><td>铣床空进，调整进给</td><td></td><td>3.6</td></tr>
<tr><td>走到 1＃机器</td><td></td><td>3.96</td></tr>
</table>

图 4-5　在零件上铣沟槽的人机操作程序图

【案例】用清单色塑料注射成形机生产线圈保护盖。

本例先围绕人机操作的改进进行具体的分析，分为人机作业活动分析、人机闲置时间的分析以及改进途径这三大部分，然后讨论此例中单人多机操作的可能性。

现有成形线圈保护盖的人机程序图，如图 4-6 所示。分析如下。

<table>
<tr><td>表号</td><td colspan="3"></td><td>日期</td><td colspan="2"></td><td>改进前</td><td>改进后</td><td>节省</td></tr>
<tr><td>操作者</td><td></td><td>绘图者</td><td></td><td>分析者</td><td></td><td>周期</td><td>42 秒</td><td>36 秒</td><td>6 秒</td></tr>
<tr><td>产品名称</td><td colspan="3">线圈保护盖</td><td colspan="2" rowspan="2">人</td><td>操作时间</td><td>18 秒</td><td>18 秒</td><td></td></tr>
<tr><td>产品编号</td><td colspan="3">01PR1254—02</td><td>闲置时间</td><td>24 秒</td><td>18 秒</td><td>6 秒</td></tr>
<tr><td>工序名称</td><td colspan="3">成形</td><td colspan="2">机器</td><td>运转时间</td><td>24 秒</td><td>24 秒</td><td></td></tr>
<tr><td>工序编号</td><td colspan="3">10</td><td colspan="2">机器</td><td>闲置时间</td><td>18 秒</td><td>12 秒</td><td>6 秒</td></tr>
<tr><td>设备名称</td><td colspan="3">塑料成形机（HTSZ250）</td><td colspan="2">时间利用率</td><td>人</td><td>42.86%</td><td>50.00%</td><td>7.14%</td></tr>
<tr><td>设备编号</td><td colspan="3">1#机器</td><td colspan="2">时间利用率</td><td>机</td><td>57.14%</td><td>66.67%</td><td>9.53%</td></tr>
<tr><td colspan="4">人</td><td>时间（秒）</td><td colspan="5">机</td></tr>
<tr><td colspan="3">①开门</td><td></td><td>2</td><td></td><td colspan="4" rowspan="5">机器停机等待</td></tr>
<tr><td colspan="3">②取废料</td><td></td><td>6</td><td></td></tr>
<tr><td colspan="3">③取成品</td><td></td><td>10</td><td></td></tr>
<tr><td colspan="3">④对成品目视自检</td><td></td><td>16</td><td></td></tr>
<tr><td colspan="3">⑤关门</td><td></td><td>18</td><td></td></tr>
<tr><td colspan="3"></td><td></td><td>42</td><td></td><td colspan="4">机器自动成形</td></tr>
</table>

图 4-6　成形线圈保护盖人机程序图（改进前）

1. 人机作业活动分析

（1）人的作业活动。本例中成形操作工人要完成 5 项操作（在一个工作周期中）：①开门；②取废料；③取成品；④对成品目视自检；⑤关门。操作工人进行以上 5 项操作，共需时间为 18 秒。

以上 5 项操作中第①②③⑤项是停机操作，即必须要求机器停止工作时才能进行，属人机的联合工作，不能在机器自动工作时间内进行。第④项操作是非停机操作，可以不受机器状态的影响，属人的独立工作（即操作），这些操作可以在机器自动工作时间内进行。

（2）机器的工作。本例中注射成形机器在一个工作周期内仅自动成形一次，时间为 24 秒。

2. 人机闲置时间的分析

本例中工作周期是 42 秒，人的闲置时间为 24 秒，机器闲置时间为 18 秒。

人的时间利用率为

$$人的操作时间/工作周期时间=18/42\times 100\%=42.86\%$$

机器的时间利用率为

$$机器的工作时间/工作周期时间=24/42\times 100\%=57.14\%$$

3. 改进途径

（1）将人的操作④项安排在机器自动成形的时间内进行。该项操作共需时间 6 秒，而机器成形时间为 24 秒，因此，能够容纳该项操作。改进后的人机程序图如图 4-7 所示。

人	时间（秒）	机
①开门	2	机器停机等待
②取废料	6	
③取成品	10	
④关门	12	
⑤对成品目视自检	18	机器自动成形
	36	

图 4-7 成形线圈保护盖人机程序图（改进后）

（2）改进后的效果。经过以上改进，总的操作时间和机器的工作时间虽然没有改变，但是有一部分时间重叠了，因此，取得以下效果：①工作周期时间缩短 6 秒，而从原来的 42 秒减至为 36 秒，减少率为 14.29%；②人的时间利用率从 42.86%提高到 50%；③机器的时间利用率从 57.14%提高到 66.67%。

4. 单人多机操作的可能性

在本例中，人的操作时间 18 秒小于机器的自动成形时间 24 秒，因此，可以进行单人多机操作。可以实现一人操作两台机器，其单人多机操作程序图如图 4-8 所示。（图中人的步行时间为 3 秒。）

<table>
<tr><td>表号</td><td colspan="3"></td><td>日期</td><td colspan="2"></td><td>改进前</td><td>改进后</td><td>节省</td></tr>
<tr><td>操作者</td><td></td><td>绘图者</td><td></td><td>分析者</td><td></td><td>周期</td><td>36 秒</td><td>42 秒</td><td></td></tr>
<tr><td>产品名称</td><td colspan="3">线圈保护盖</td><td colspan="2" rowspan="2">人</td><td>操作时间</td><td>18 秒</td><td>42 秒</td><td></td></tr>
<tr><td>产品编号</td><td colspan="3">01PR1254—02</td><td>闲置时间</td><td>18 秒</td><td>0 秒</td><td>18 秒</td></tr>
<tr><td>工序名称</td><td colspan="3">成形</td><td colspan="2" rowspan="2">机器</td><td>运转时间</td><td>24 秒</td><td>24 秒</td><td></td></tr>
<tr><td>工序编号</td><td colspan="3">10</td><td>闲置时间</td><td>12 秒</td><td>18 秒</td><td></td></tr>
<tr><td>设备名称</td><td colspan="3">塑料成形机（HTSZ250）</td><td colspan="2" rowspan="2">时间利用率</td><td>人</td><td>50.00%</td><td>100%</td><td>50%</td></tr>
<tr><td>设备编号</td><td colspan="3">1#机器、2#机器</td><td>机</td><td>66.67%</td><td>57.14%*2</td><td></td></tr>
</table>

人	时间（秒）	1#机器 塑料成形机（HTSZ250）	2#机器 塑料成形机（HTSZ250）
开 1#机门	2	停机等待	机器自动成形
取出废料	6		
取出成品	10		
关 1#机门	12		
对成品目视自检	15	机器自动成形	
	18		停机等待
步行到 2#机	21		
开 2#机门	23		
取出废料	27		
取出成品	31		
关 2#机门	33		
对成品目视自检	36		机器自动成形
	39	停机等待	
步行到 1#机	42		

图 4-8 成形线圈保护盖单人多机程序图

4.3 操作程序图

4.3.1 操作程序图的基本概念

生产现场的具体操作，主要是靠工人的双手完成。调查、了解如何用双手进行实际操作则称为双手操作分析，分析时常采用操作程序图。

1. 操作程序图的定义

操作程序图（operation process chart）又称双手操作图，是将操作者在工作地上进行操作时，双手的动作按其发生的先后顺序加以记录的图表，它是研究和拟定工人操作规程的有效工具。

操作程序图是一种特殊的工作程序图。它分别将工人在操作过程中（在一个工作周期内）左右手的所有动作与空闲都进行记录，反映了左右手的动作顺序和时间上的相互关系。因此，操作程序图是对操作的详细记录，并可用以分析和改进各项操作。

照理，人的两只手的劳动能力是相同的，但是在长期劳动的习惯中，许多日常工作，往往都由右手完成，左手处于闲置状态，因此，右手做的活要比左手多一些。心理学家研究手的感觉时发现，右手动觉敏感，而左手触觉敏感，当然，这种差异极其微小，而且与后天的训练有很大关系。人的手脚能做哪些工作，后天的训练是主要的，左手完全拥有右手同样的功能，关键的问题是去开发。研究操作，就要考虑双手如何同时动作。

2. 操作程序图的作用

（1）对人的操作进行科学分析，取消不必要和不合理的动作，以提高工作效率。

（2）平衡左右手的负荷，减少人的作业疲劳。

3. 操作程序图与人机程序图的特征比较

（1）从表示的内容比较。①操作程序图主要记录和表示在作业过程中人进行操作时双手动作的情况；②人机程序图主要记录和表示在作业过程中人与机器在工作时间上协调配合的情况。

（2）从达到的目的比较。①操作程序图分析要达到的目的，主要是使人的操作经济有效，左右手的负荷平衡；②人机程序图分析要达到的目的，主要是使人和机器能很好地协调配合，机器自动工作时间能得到充分利用。

（3）从适用的范围比较。①操作程序图一般用于大量生产流水作业中对人的手工作业进行分析；②人机程序图一般用于人机联合作业中对人和机器的工作进行分析。

另外，操作程序图和人机程序图在图表形式、表示符号上都不同。

4. 操作程序图的构成

操作程序图由表头、表身、表尾三部分构成。

（1）表头部分。左边：表号、零件名称及型号、作业内容、操作者情况、绘图者与审定者等。右边：工作地简图。

（2）表身部分。左边：左手操作内容及符号。右边：右手操作内容及符号。中间：时间记录。

（3）表尾部分。左右手各项动作的归纳和汇总，改进前后的情况比较。

这种图一般要绘制两份，一份是实地记录图，即原来的操作程序和工作地布置情况，另一份是经过分析后，做了某些改进，专门设计的操作程序图。

5. 操作程序图的绘制

（1）填写表头各栏内容，并绘制工作地简图。

（2）记录双手操作情况。

①记录符号。操作程序图表示双手动作情况使用以下四种符号。

○表示“操作”（或称“加工”）。它是指操作者有意地改变劳动对象的物理及化学性质（包括使用工具和不使用工具）的活动，如抓取物体、安装、拆卸等。

⇨表示“移动”（或称“搬运”）。它是指操作者空手或持物从一处移向另一处。例如，伸手去拿零件，将零件移向另一处等。

H 表示“握持”（或称“夹持”“持住”）。它是指操作者手握物体不动的状态。

D 表示“停顿”（或称“等待”“迟延”）。它是指操作者单手或双手停止操作活动的状态。

以上四种符号通常用于操作粗略简单的分析，若要进行详细分析则要使用动作分析的动素符号。

②记录的顺序和次数。记录操作者的双手动作一般需要进行四次才能完成。第一次：记录右手各动作的内容、时间及符号。第二次：记录左手各动作的内容、时间及符号。第三次：核对双手动作的时间协调配合情况。第四次：总校核观察。

③记录的起始点。由于操作者的操作活动是连续不断、周而复始地进行的，所以记录起始点一般选择前一个零件操作完成放下，后一个零件开始操作的第一个动作。

（3）归纳汇总双手各项动作的次数和时间（包括改进前后的比较）。

4.3.2 操作程序图的分析

在对操作程序图进行分析时，应首先熟悉和运用动作经济原则，然后再进行以下分析。

（1）检查和分析左右手各动作中是否有不合理和多余动作？如果有，则可运用“提炼法”对不合理和多余动作进行取消、合并、简化、改善、重排。

（2）平衡双手的负荷，充分利用双手。这包括：①使空闲的手投入工作。在操作过程中手的空闲是人力的浪费，要使人的手能充分利用，就要分析操作程序图中停顿状态能否消除，若不能消除则应设法缩短其时间。②尽量使手的握持工作物改变为夹具夹持。在操作过程中手仅简单地握持工作物，就没有发挥手的作用。应设法用夹具来代替手的握持，使手空出来进行其他操作。另外，从安全角度来看，用夹具夹持工作物更牢靠和安全。但是，如果改用夹具夹持后增加了附加操作和时间，而用手握持很方便，则另当别论。③尽量使手移动物体动作改为滑道装置运送。手持物体移动（特别是较重物体）所消耗的体力是很大的，如果改用滑道装置运送，则不仅可减少体力消耗和时间消耗，而且还可使手空出来做其他工作。

（3）尽可能实现双手同时操作。双手同时操作可以缩短操作时间，但应注意以下几点：①双手的动作要基本相同、对称、左右方向相反，前后方向相同；②双手的动作要简单并有一定规律。

（4）改进工作地布置，使其适合人的操作。这包括：①工具物料的摆放应尽量靠近人的操作位置，使人能方便地取物和放物；②使人取放物体时尽量减少走动、站立和坐下、弯腰、下蹬动作；③工具和物料的摆放应整齐且有规律；④工作台和座椅高度适当，使操作者保持正确舒适的作业姿势。

（5）尽量减少重复劳动。

4.3.3 操作程序图分析实例

【案例】转向器上盖装配的双手作业分析，图 4-9 为现行方法，图 4-10 为改良方法。

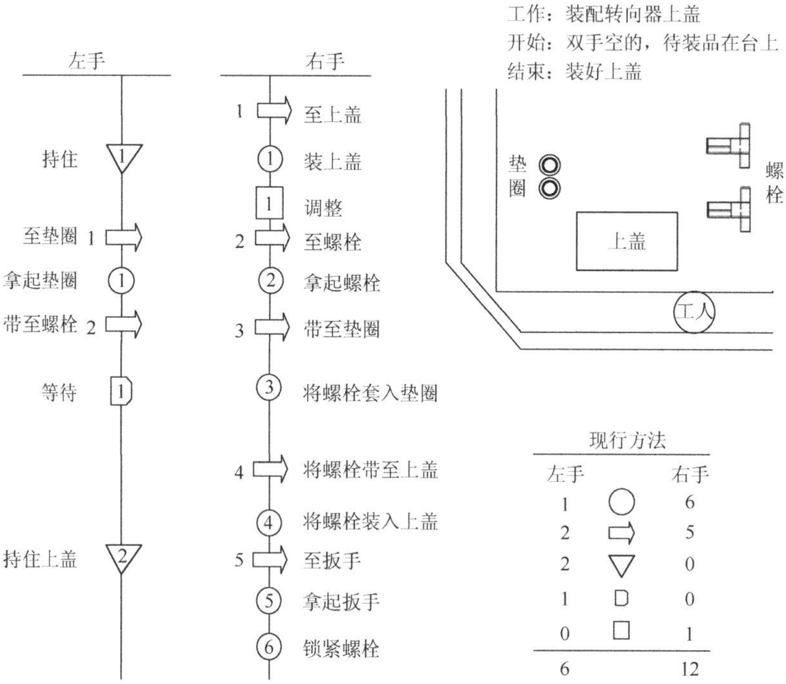

图 4-9 转向器上盖装配操作程序图（改进前）

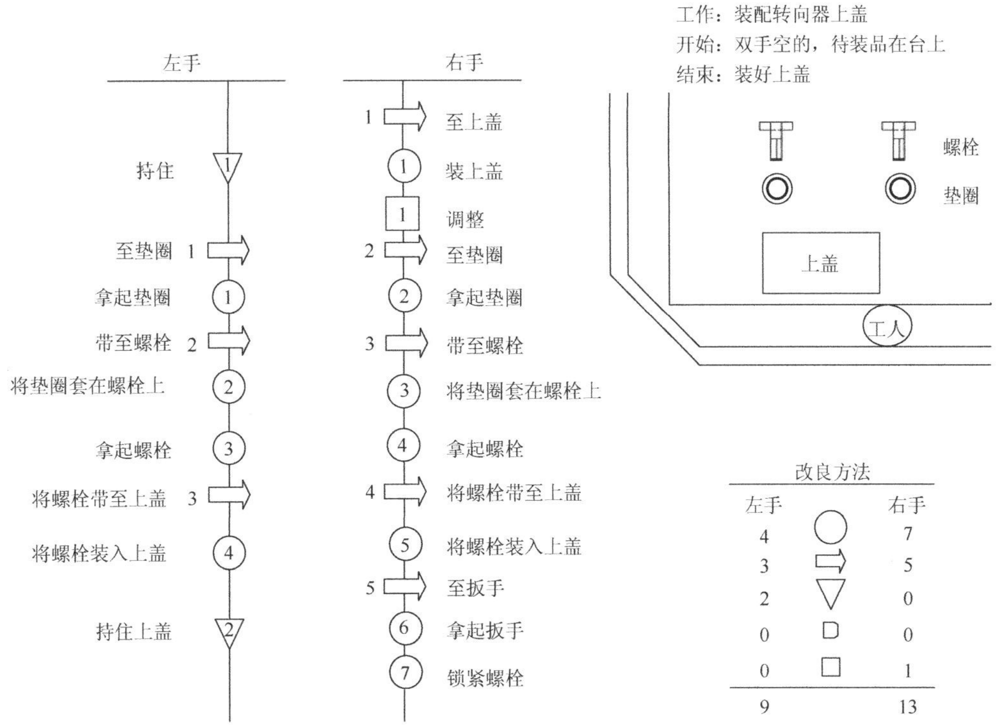

图 4-10 转向器上盖装配操作程序图（改进后）

对现行方法进行“5W1H”提问及“ECRS”四大原则改善，此改善方法基本上达到双手同时对称的动作原则。从现行方法的双手作业分析图可以发现，现行方法的主要问题是：双手动作不对称，一手持物，另一只手往复动作，完成上盖安装需多次重复拿起放下螺栓，重复将螺栓套入垫圈。

改良方法取消了一手持物，另一手的往复动作，且改为双手同时拿起垫圈套入螺栓，改善了双手的对称性，减少了等待时间和持住的现象，效率显著提高。也可以考虑在工作台上弄个紧固装置，这样可以解放一只手做其他事。

【案例】将玻璃管切成定长。

1）记录

原方法是将玻璃管压到夹具末端的停档上，用锉刀做标记，然后松回一些，开切口。接着从夹具中取出，双手把它折断。图 4-11 为这一方法的双手作业图。

2）分析

用“5W1H”提问技术考察原方法的细节，立即就会发现一些问题：为何玻璃管放在夹具中必须用手握住？为何不在管子选择时开切口，而免得右手闲着？为何要从夹具中取出玻璃管来折断？为何在每次工作循环的结束拿起和放下锉刀？不能一直把它拿在手里吗？

对记录图进行研究之后，问题的答案就清楚了，具体如下。

（1）因为夹具夹住的长度与管子总长度相比是很短的，所以需要始终拿住管子。

（2）没有理由说明管子为什么不能边转边切口。

作业	将玻璃管切成定长			工作地布置简图
方法	现行			
研究者				
日期				
绘图者		审定者		

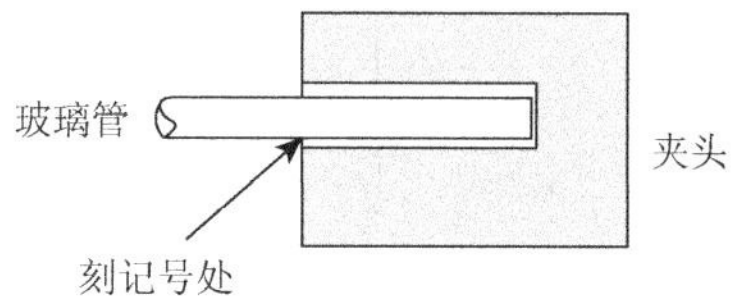

左手	时间	符号 ○	符号 ⇨	符号 D	符号 H	符号 H	符号 D	符号 ⇨	符号 ○	时间	右手
握住玻璃管					●				●		拿起锉刀
到卡具			●			●					握住锉刀
插入卡具		●						●			将锉刀移向玻璃管
压向后端		●				●					握住锉刀
握持玻璃管					●				●		将锉刀在管子上刻值
稍稍推出玻璃管		●				●					握住锉刀
将玻璃管旋转120°～180°						●					握住锉刀
压向后端		●						●			将锉刀移向玻璃管
握持管子					●				●		刻玻璃管
退出管子		●						●			将锉刀放在桌子上
将管子移给右手			●					●			移向管子
把管子折断		●							●		弯管子
握持管子					●				●		放开切下的一段
在管子上重抓一把		●						●			锉

统计内容	符号	改进前 左手	改进前 右手	改进后 左手	改进后 右手	比较 左手	比较 右手
次数	○	8	5				
	⇨	2	5				
	D	0	0				

图 4-11　将玻璃管切成定长的现行方法

（3）必须将玻璃管取出才折断，这是因为，如果将管子靠在夹具断面弯曲而折断，则断下的短头必须取出，如果没有多少伸出在外面，这就是一种很难做的操作。如果把夹具设计成能使短头在折断时自动掉出，就不必取出管子了。

（4）用旧方法需要两手折断管子。如果能设计一种新夹具，就可能不必要了。

3）建立新方法

通过以上分析，重新设计一种夹具，支承件可以在夹具底座上移动，根据切成定长进行调整，然后夹紧，将切口放在支承件的右边。因此，轻轻一敲，短头就断下来，没有必要再取出管子，用双手折断它。改进后的双手作业图如图 4-12 所示。

作业	将玻璃管切成定长			工作地布置简图
方法	改良			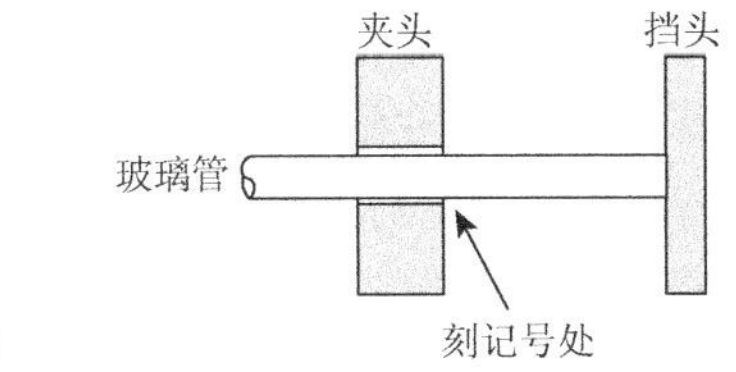
研究者				
日期				
绘图者		审定者		

左手	时间	符号 ○	⇨	D	H	符号 H	D	⇨	○	时间	右手
将管子推向停档		●				●					握住锉刀
旋转管子		●							●		用锉刀刻槽
握住管子					●				●		将锉刀轻击管子
											管端落入箱内

统计内容	符号	改进前(次) 左手	改进前(次) 右手	改进后(次) 左手	改进后(次) 右手	比较(次) 左手	比较(次) 右手
次数	○	8	5	2	2	6	3
	⇨	2	5	0	0	2	5
	D	0	0	0	0	0	0
	H	4	4	1	1	3	3
合计		14	14	3	3	11	11
		28（完成一件）		6（完成一件）		22	

图 4-12　将玻璃管切成定长的改善方法

4）实施

检查采用新方法后，操作次数和动作次数由 28 次减为 6 次，生产率提高了 133%，由于消除了“将玻璃管在夹具中定位”这一费事的操作后，所以现在的工作使工人满意多了。新的方法不需要密切注视工件，因此，工人的培训比较容易，工人的疲劳也减轻了。

4.3.4　操作标准化

通过对生产过程中每个作业进行操作分析，研究改进以后，形成了一个最优的操作程序和方法，为使这种最优操作程序和方法能够得到贯彻执行，必须予以标准化，使其成为标准工作法。对于新上岗的操作者，必须先进行标准工作法的培训，合格后才允许上岗操作。同时根据标准操作方法进行时间研究，确定作业标准时间和劳动定额时间。

4.4 工组操作程序图

人机程序图和操作程序图都是以单个操作者的作业活动为对象进行记录和分析的。在以数人组成的工组作业活动中（如锻造、铸造等），为了提高工组的劳动效率，必须按作业活动顺序，从时间上对工组内每个操作者的分工与协作及机器设备的工作情况进行详尽的观察记录和分析研究，以达到协调工组内部的分工合理和作业负荷的平衡。这就需要使用工组操作程序图。工组操作程序图也称多人操作程序图。

4.4.1 工组操作程序图的基本概念

1. 工组操作程序图的定义、作用和应用范围

1）工组操作程序图的定义

工组操作程序图，是记录和表示以数人组成的工组集体作业活动中，人与人之间，人与机器之间协调配合和分工情况的图表。

2）工组操作程序图的作用

（1）寻求工组集体作业中，操作者之间，操作者与机器之间最有效地协调配合以提高工组作业的整体效率。

（2）平衡工组中各操作者的工作负荷，进行合理分工。

（3）确定工组集体作业的经济组合人数。

（4）设计合理的集体作业操作程序，使其标准化。

（5）找出工作集体作业中的薄弱环节，以便于改进。

3）工组操作程序图的应用范围

工组操作程序图仅应用于对工组集体作业的分析，一般是需要 2 人以上（含 2 人）共同操作才能完成的作业，如锻造、铸造、大件的焊接、大件装配等。

2. 工组操作程序图的构成

工组操作程序图由表头、表身、表尾三部分组成。

1）表头部分

左边：有工组名称、人数、所用设备、作业内容、工作周期时间、绘图者和审定者。

右边：工作地布置简图（包括设备、工人的位置）。

2）表身部分

（1）时间标尺：将工作周期时间分成若干格，每格表示一定时间，其时间的大小根据工作周期时间大小确定。工作周期时间长，则每格的时间值就大。反之则时间值就小。

（2）各操作者操作内容及符号栏，依次记录和表示各操作者的操作内容及相应的符号。有几个操作者则有几栏。

（3）设备工作情况栏，表示设备的工作情况。

3）表尾部分

统计汇总操作者和机器设备的工作时间及闲置时间，以及改进前后的比较。

3. 工组操作程序图的绘制

（1）填写表头各栏，并绘制工作地简图。

（2）根据工作周期时间大小，绘制时间标尺。

（3）选择工组作业中主要操作者（即操作量最多的或起主要作用的），按顺序记录其各项操作活动，列在第一个操作者栏内并标出相应符号。

（4）依次记录工组内其他操作者的操作内容，并标出相应符号。记录时应与主要操作者在时间上要对应协调。

（5）记录设备工作情况，用相应符号标出其运转时间。

（6）统计汇总操作者和设备的工作时间、闲置时间和时间利用率以及改进前后的情况比较。

4.4.2 工组操作程序图的分析

（1）分析检查工组各成员的各项操作活动，采用“提炼法”对多余的、无效的、不合理的操作进行改进。

（2）分析工组内各成员的闲置时间是否可以利用。

（3）平衡工组内各成员的工作负荷，尽可能使其均衡。对于负荷少但其工作其他成员又不能替代的，可以考虑分担一些别人的工作。如果其工作其他成员可以替代，则可视为多余人员可以精简。

（4）改进工作地布置，尽量缩短操作者的移动距离，方便操作。

（5）尽量用机械代替人工操作。

（6）尽量利用人体其他部位的动作来代替手的动作。

（7）合理安排工组集体作业程序，形成最佳的作业程序和作业方法。

4.4.3 工组操作程序图分析实例

【案例】用清双色塑料注射成形机生产修眉刀柄。

本例先围绕工组操作的改进进行具体的分析，分为人机作业时间分析、人机闲置时间分析以及改进途径这三大部分，然后讨论此例中多人多机操作的可能性。

1. 人机作业时间分析

现有成形粉红修眉刀柄的工组程序图，如图4-13所示。分析如下。

（1）人的作业活动。本例中因机器生产操作的需要，要两人来完成机器的操作，工人A负责前门操作，工人B负责后门操作。工人A负责前门操作，要完成5项操作（在一

表号		日期			改进前（秒）	改进后（秒）	节省（秒）
操作者	绘图者	分析者		周期	52	46	6
产品名称	粉红修眉刀柄	工人 A		操作时间	18	18	
产品编号	PRETTY-1			闲置时间	34	28	6
		工人 B		操作时间	16	16	
工序名称	成形			闲置时间	36	30	6
工序编号	10	机器		运转时间	30	30	
				闲置时间	22	16	6
设备名称	双色塑料注射成形机（HTSP160）	时间利用率		工人 A	34.62%	39.13%	4.51%
				工人 B	30.77%	34.78%	4.01%
设备编号	3#机器	时间利用率		机器	57.69%	65.22%	7.53%

工人 A		工人 B		时间（秒）		机器 双色塑料注射成形机（HTSP160）
机器前门		机器后门				
开前门		开后门		2		机器停机等待
取废料		取废料		6		
		喷脱模剂		10		
取成品		按键		14		
目视自检成品				20		
关前门		关后门		22		
				52		机器自动成形

图 4-13　成形粉红修眉刀柄多人单机程序图

个工作周期中)：①开前门；②取废料；③取成品；④目视自检成品；⑤关前门。前门操作工人（工人 A）进行以上 5 项操作，共需时间为 18 秒。

以上 5 项操作中，第①②③⑤项是停机操作，即必须要求机器停止工作时才能进行，属人机的联合工作，不能在机器自动工作时间内进行。第④项是非停机操作，可以不受机器状态的影响，属人的独立工作（即操作），这些操作可以在机器自动成形时间内进行。

工人 B 负责后门操作，要完成 5 项操作（在一个工作周期中）：①开后门；②取废料；③喷脱模剂；④按键；⑤关后门。后门操作工人（工人 B）进行以上 5 项操作，共需时间为 16 秒。

以上 5 项操作均是停机操作，即必须要求机器停止工作时才能进行，属人机的联合工作，不能在机器自动成形时间内进行。

（2）机器的工作。本例中机器在一个工作周期内自动成形一次，自动成形时间为 30 秒。

2. 人机闲置时间分析

本例中，工作周期是 52 秒，前门工人的闲置时间为 34 秒，后门工人的闲置时间为 36 秒，机器的闲置时间为 22 秒。

前门操作工人（工人 A）的时间利用率为

前门操作工人的操作时间/工作周期时间=18/52×100%=34.62%

后门操作工人（工人 B）的时间利用率为

后门操作工人的操作时间/工作周期时间=16/52×100%=30.77%

机器的时间利用率为

机器的工作时间/工作周期时间=30/52×100%=57.69%

3. 改进途径

（1）将前门工人的操作④安排在机器自动成形的时间内进行操作。该项操作需时间 6 秒，而自动成形时间为 30 秒，因此，能够容纳该项操作。改进后的人机程序图如图 4-14 所示。

工人A		工人B		时间（秒）	机器（HTSP160）	
机器前门		机器后门				
开前门		开后门		2		机器停机等待
取废料		取废料		6		
		喷脱模剂		10		
取成品		按键		14		
关前门		关后门		16		
目视自检成品				22		机器自动成形
				46		

图 4-14 成形粉红修眉刀柄多人单机程序图（改进后）

（2）改进后的效果。经过以上改进，总的操作时间和机器的工作时间虽然没有改变，但是有一部分时间重叠了，因此，取得以下效果：①工作周期时间缩短 6 秒，而从原来的 52 秒减至为 46 秒。减少率为 11.54%。②前门工人的时间利用率从 34.62%提高到 39.13%；后门工人的时间利用率从 30.77%提高到 34.78%。③机器的时间利用率从 57.69%提高到 65.22%。

4. 多人多机操作的可能性

在本例中，前门工人和后门工人最大的周期操作时间为 22 秒，小于机器的自动成形时间 30 秒，因此，可以考虑进行多人多机的操作，实现两人操作两台机器，其多人多机操作程序图如图 4-15 所示。图中前门工人（工人 A）和后门工人（工人 B）的步行时间均为 4 秒。

表号		日期		改进前（秒）	改进后（秒）	节省（秒）
操作工人	绘图者	分析者	周期	46	52	
		工人 A	操作时间	18	44	
			闲置时间	28	8	20
产品名称	粉红修眉刀柄	工人 B	操作时间	16	40	
产品编号	PRETTY-1		闲置时间	30	12	18
		3#机器	运转时间	30	30	
			闲置时间	16	22	
工序名称	成形	4#机器	运转时间		30	
工序编号	10		闲置时间		22	
		时间利用率	工人 A	39.13%	84.61%	45.48%
设备名称	双色塑料注射成形机（HTSP160）		工人 B	34.78%	76.92%	42.14%
			3#机器	65.22%	57.69%	—
设备编号	3#机器、4#机器		4#机器	—	57.69%	—

工人 A	工人 B	时间（秒）	3#机器	4#机器
机器前门	机器后门		HTSP160	HTSP160
开 3#机器前门	开 3#机器后门	2	3#机器停机等待	4#机器自动成形
取废料	取废料	6		
	喷脱模剂	10		
取 3#机器成品	按键	14		
关 3#机器前门	关 3#机器后门	16		
目视自检 3#机器成品		20	3#机器自动成形	
		22		4#机器停机等待
步行至 4#机器前门	步行至 4#机器后门	26		
开 4#机器前门	开 4#机器后门	28		
取废料	取废料	32		
	喷脱模剂	36		
取 4#机器成品	按键	40		
关 4#机器前门	关 4#机器后门	42		
目视自检 4#机器成品		46		
		48	3#机器停机等待	4#机器自动成形
步行至 3#机器前门	步行至 3#机器后门	52		

图 4-15 成形粉红修眉刀柄多人多机程序图

复习思考题

1. 人机操作分析的目的是什么？

2. 双手操作分析有什么作用？

3. 某工人同时操作两台铣床进行加工，其操作流程如下：停机，松开夹具，取出工件（0.2分）；打毛刺并测量工件尺寸（0.2分）；将工件放入箱内，取下一个工件（0.2分）；清洁夹具，将工具装入夹具内，夹紧（0.2 分）；开机，进刀，拨动自动走刀，观察（0.2分）；步行到另一台机床（0.2 分），操作另一台机床。机器自动运行时间为 1.6 分。试画出该工人操作两台铣床的单人多机程序图。

4. 试以双手操作程序图记录用开瓶器开启瓶盖的双手基本动作。其基本动作为：双手同时伸出，左手伸至桌面取瓶，右手伸至桌面取开瓶器。双手各将所取之物移至身前，左手持瓶，右手移至瓶顶，打开瓶盖。

5. 应用本章所学知识，解析引导案例，制订科学合理的解决方案。

第5章 动 作 分 析

5.1 动作分析概述

5.1.1 动作分析的基本概念

1. 动作的含义

动作是操作的进一步细分，是为了实现一定目的，人体的活动部位（如手、脚等）进行的一次作业活动。例如，“将螺钉放入三爪卡盘内”的操作可细分为以下两个动作：①从工作台上拿起螺钉；②将螺钉放入卡盘内。

2. 动素的含义

动作还可进一步细分为动素（动作的基本要素），也称动作单元。动素是人体活动部位的一次活动。例如，“从工作台上拿起螺钉”动作可进一步细分为以下三个动素：①伸手到螺钉处；②握取螺钉；③将螺钉拿到卡盘处。

3. 动素的分类

1912 年吉尔布雷斯夫妇通过对操作者手部动作的研究，发现所有的操作都是由一些基本动作要素（即动素）所组成的。吉氏提出的动素共有 17 种。后来美国机械工程师学会把人体动作划分为 18 种动素，如表 5-1 所示。

表 5-1 动素符号及定义

类别	序号	动素名称	代号	符号	色别	定义
工作动素	1	伸手	TE	◡	橄榄绿	空手接近或离开目的物的动素
	2	握取	G	⌒	湖红	控制目的物的动素
	3	移物	TL	◡o	草绿	目的物由某位置移至另一位置的动素
	4	放物	RL	⌒∩	洋红	放下目的物的动素
	5	装配	A	#	深紫	组合两个以上目的物的动素
	6	拆卸	DA	++	淡紫	将组合物分解为两个以上目的物的动素
	7	应用	U	∪	紫	用机具改变目的物状态的动素
	8	检验	I	0	焦赭	将目的物与规定的标准相比较的动素
预备动素	9	寻找	SH	◁⊙	黑	为确定目的物位置的动素
	10	发现	F	◎	深灰	已见到目的物位置的动素
	11	选择	ST	→	淡灰	为选定要抓取目的物的动素

续表

类别	序号	动素名称	代号	符号	色别	定义
预备动素	12	计划	Pn		褐色	为决定下一步骤所作的思维活动的动素
	13	定位	P		蓝	将目的物对准位置的动素
	14	预对	PP		天蓝	将目的物在定位之前预先放在规定方位的动素
无效动素	15	持住	H		金赭	将目的物持住的状态
	16	休息	R		橘色	为消除疲劳而停止工作的状态
	17	迟延	UD		黄赭	因操作者无法控制的原因使工作中断的状态
	18	故延	AD		柠檬黄	因操作者本身的原因使工作中断的状态

18 种动素共分为三类，其分类方法如下。

1）按动素的作用分类

（1）工作动素。这类动素是构成动作的实体，是完成有效工作的动素。有以下 8 种：伸手、握取、移物、放物、装配、拆卸、应用、检验。

（2）预备动素。这类动素一般伴随工作动素而出现的预备活动，有以下 6 种：寻找、发现、选择、计划、定位、预对。

（3）无效动素。这类动素对工作无益而要消耗时间，它实质上是工作过程中的一种状态，在动作分析时要尽量消除，共有 4 种，即持住、休息、迟延、故延。

2）按动素所涉及人的因素分类

（1）生理性动素。这类动素主要与人的生理因素有关，即 8 种工作动素。

（2）心理性动素。这类动素主要与人的心理因素有关，即 6 种预备动素。

（3）迟延性动素。这类动素是时间的迟延，即 4 种无效动素。

我国台湾的周道将 17 种动素（发现要素未列入）用 4 个同心圆表示（图 5-1）：第一圈为中心圈，是核心动素；第二圈为常用动素，是改善的对象；第三圈为辅助性动素，操作中越少越好；第四圈（最外圈）为消耗性动素，应尽可能予以取消。

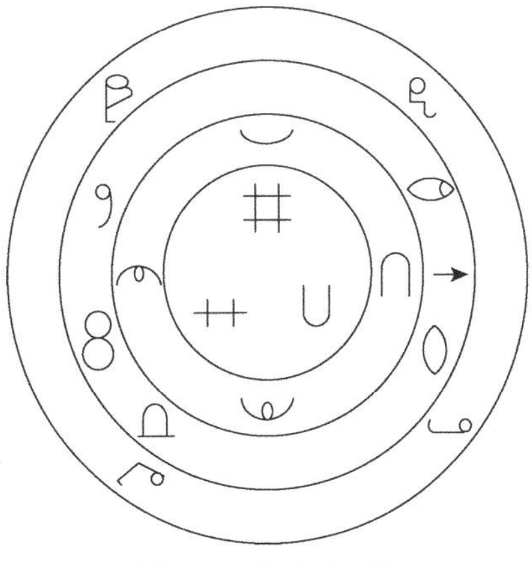

图 5-1　动素同心圆

4. 动作分析的含义

动作分析是以操作或动作为对象，通过对动作内容进行详细的观察和记录，并将动作进一步分解为动素，研究动作的最佳组合，确定最合理有效的动作和操作，降低劳动强度，提高工作效率的技术（或方法）。

动作分析是在最佳作业程序和操作程序确定之后，从微观角度对人的细微动作进行分析研究，减少细微动作的浪费（细微动作的浪费，如果成万次、成百万次地累计起来，则结果也是惊人的）寻求最经济有效的工作方法。所谓经济有效包含省力、省时、有效、安全的含义。

动作分析是美国吉尔布雷斯夫妇于 1911 年首先提出并应用的。他们对工人的“砌砖动作”进行研究分析，将原来的砌砖工的动作从 18 个减少到 5 个，并对相应的砌砖工具进行改进，使砌砖效率从 120 块/（时 • 人）提高到 350 块/（时 • 人）。

5. 动作分析的时间单位

动作分析的时间单位因预定时间标准的类别不同而不同。例如，工作因素动作时间标准采用 0.006 秒作为时间单位；时间衡量方法标准采用 0.036 秒作为时间单位；模特排时法采用 0.129 秒作为时间单位。

5.1.2 动作分析的目的意义和作用

1. 动作分析的目的意义

动作分析是利用动作经济原则，对操作者的动作进行细微分析，消除不合理的和多余的动作，以找出轻松、快速、准确的操作动作，从而提高工作效率的一种研究方法。

工序分析是从大处着眼，用各种程序图记录生产作业过程，发现其中的不合理因素，合理安排工序以求提高工作效率的一种方法；作业分析是针对一个工作岗位或一个工作地所进行的分析；而动作分析是在上述分析的基础上，对人体的细微动作进行研究，以寻求省力、省时、安全和最经济的动作。

动作分析的目的是发现操作人员的无效动作或浪费现象，简化操作方法，减少工作疲劳，降低劳动强度。在此基础上制定出标准的操作方法，为制定动作时间标准作技术准备。

2. 动作分析的作用

动作分析一般用于重复性的、工作周期较短的手工作业。其主要作用有以下几方面。

（1）找出操作者在动作方面的无效动作或动作的浪费，简化操作方法，减轻工人疲劳，提高工作效率。

（2）准确地确定操作时间，为制定劳动定额提供科学依据。通过动作分析制定预定动作时间标准。根据预定动作时间标准中的各动素时间综合成动作时间、操作时间和工序时间，进而形成工序工时定额时间，这种时间也称标准时间。

（3）通过动作分析，改进不合理操作，使操作最佳化，为确定标准化操作方法提供科学依据。

5.1.3 动作分析的方法

按精确程度不同，动作分析有以下几种方法。

1. 目视动作分析

通过研究人员的直接观察，并采用动素符号将操作者的动作记录下来，然后根据记录资料进行分析和改进操作和动作的方法。例如，详细观测各个操作单元，以双手程序分析方法及动作经济原则为分析工具，对各操作单元进行分析和改进。

目视动作分析是以眼睛观察记录为依据对动作进行分析，具有以下特点：①简单、易行、方便；②分析比较粗略，有些细微动素不易被观察到而被遗漏，因此，精确度不高。

2. 动素分析

动素分析是直接对操作者的动作进行观察记录，并将动作分析为动素，再按动素标准的时间值来分析比较动作的有效性和合理性的方法。

人完成的操作虽然千变万化，但人完成工作的动作可由17个基本动作（伸手、握取、移物、装配、使用、拆卸、放手、检查、寻找、选择、计划、定位、预定位、持住、休息、迟延、故延，以后又增加了发现）构成；这17个基本动作又称为17个动素，由吉尔布雷斯夫妇首创。把操作动作细分为动素，对各种动素逐项分析，以求改进。

动素分析法是在目视动作分析的基础上，以动素标准为依据对动作进行更加详细的观察、记录和分析。该方法具有以下特点：①分析比较简单、易行；②分析精度较高；③需要有一套动素时间标准。

3. 影片分析

用摄影机或录像机将各种操作进行摄像或录像。因拍摄速度不同，又分为细微动作分析和慢速控时动作分析。通过再现进行分析，以求改进。由于影像分析成本高，一般只适用于产品周期短，复杂性高，而且动作复杂，时间划分极短促的关键件手工操作分析。目前国内多采用摄像机，将生产线上各个动作拍摄下来，然后放映加以分析。

该方法具有以下特点：①对操作者的操作活动可进行完整细微的记录和分析。因摄像机可将操作者的全部操作过程一个不漏地拍摄下来，进行详细分析研究；②可随时提供操作活动的真实情况以便于分析，因为有了影片可以随时放像进行分析；③分析精度高，因根据影片可以反复细致地观察分析，精确度高；④对多人集体作业的分析比较方便；⑤比人工记录更客观，比较容易记录操作者的真实操作情况；⑥需要有一套摄像、放像设备，因而成本较高。

5.1.4 影响动作时间的变量（因素）

动作分析的主要研究对象是动素。除了动素，在进行动作分析时，还要考虑一些影响时间消耗的因素，简称影响因素或变量。这些因素随着目的物的情况和动作需要而定。

1. 执行动作的身体部位

由于人体活动部位的构造和功能不同，所以不同部位的动作时间（速度）也不同。例如，对人体活动部位的最大频率进行了测定试验，其结果如表 5-2 所示。

表 5-2 人体活动部位的动作速度及测定基准点

人体活动部位	测定基准点	最大频率（次/分）
手指	手指尖	204～406
手	手指尖	360～431
前臂	掌关节	190～392
上臂	肘关节	99～344
躯干（弯曲）	肩关节	37～88
脚	脚尖	300～378
腿	足踝	330～406

2. 动作的距离

动作距离不同，动作时间也不同。动作距离（轨迹长度）越长，则所消耗的时间越多。动作距离的测定，以基准点的轨迹为依据。表 5-2 所示为身体各部位动作基准点。

3. 动作时的重力和阻力

动作时人体的动作部位所承受的重力和阻力越大，则所消耗的时间越多。例如，在地面上移动物体时，需要克服摩擦力；扭弯钢丝需要克服钢丝的强度；提携物品时必须克服物体本身自重等。

4. 动作过程中所需的人为控制因素

人为控制因素（简称人控因素或官能因素）是指在动作过程中需要操作者附加特别注意力使动作速度减慢的因素。一般有以下四种。

（1）停顿因素（D）。它是指在动作过程中因需要而造成动作停顿或趋向停顿的因素。例如，当伸手去取一个细小物体时或在堆放杂乱的一堆物体中去取一件指定物体时手就需要停顿一下后再握取物体。

（2）引导因素（S）。它是指动作过程中需要穿过或进入极小空间时所产生的因素。例如，将线穿入针孔中的动作就需要引导因素（此时还有停顿因素）。

（3）谨慎因素（P）。它是指在动作过程中需要操作者特别谨慎小心以防止人、物的损伤所产生的因素。例如，在危险区域动作或拿取易损坏、易溢出的物体时就需要考虑谨慎因素。

（4）改变方向因素（U）。它是指在动作过程中其运动轨迹需要绕过障碍物时所产生的因素。例如，运动轨迹如图 5-2 所示情况需考虑改变方向因素。

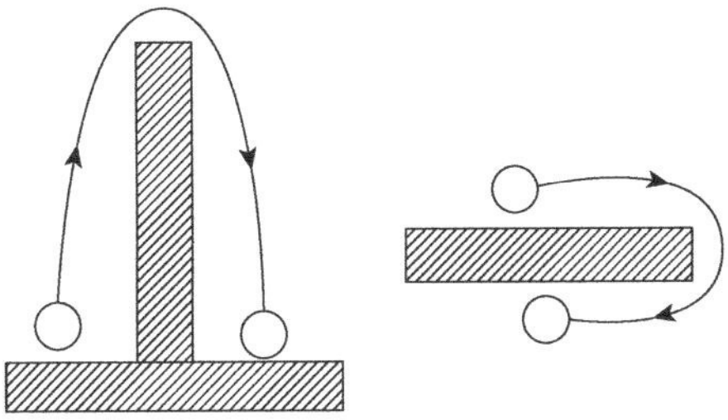

图 5-2　需要改变方向因素的动作图

在动作过程中如果有以上四种人为控制因素则需增加时间消耗，其具体时间值可在相应的动素标准中查到。

5.1.5　动作分析式

为了便于进行动作分析和确定动作时间，通常把动作写成动作分析式。动作分析式中包含人体执行动作部位的符号、动作距离和人为控制因素。

1. 人体执行动作部位的符号

人体执行动作部位分别用以下符号表示。

手指：F；　　腿：L
手：H；　　脚：FT
手臂：A；　　头：HT
躯干：T

2. 动作分析式的结构

动作分析式由以下内容构成。其顺序为：人体动作部位、动作距离、人控因素。例如，手握电插头，向插座移动 25 厘米插入插座的动作分析式为：A25DS。应该指出：不同的动素标准有各自标准规定的动作分析式结构。

5.2　动作程序图

5.2.1　动作程序图的定义和作用

1. 定义

动作程序图是为进行动作分析，以动素来描述和记录操作者各动作情况的图表。动作程序图常用于对手工作业、细微动作的分析研究。

2. 作用

动作程序图是进行动作分析的工具，其主要有以下作用。

（1）记录操作者的动作组成，以便于进行分析和改进，使动作更加有效合理。

（2）为设计操作者的有效合理动作提供有用工具。

（3）为确定动作时间提供依据。

3. 类型

（1）单手动作程序图。描述和记录操作者单手动作情况的动作程序图（常用于简单操作的分析）。

（2）双手动作程序图。描述和记录操作者双手动作情况的动作程序图（常用于复杂操作的分析）。

5.2.2 动作程序图的构成与绘制

1. 动作程序图的构成

（1）表头部分。包含零件名称及图号、作业内容和工序（工位）号、作业地点、分析（记录）员姓名及分析时间。

（2）表身部分。动作程序图表身部分主要有以下内容构成。①动素叙述：动素内容说明；②动素符号：表明各动素的符号，包括主要（工作）动素和辅助动素及无效动素的符号；③动素分析式：按规定的形式写出分析式；④动素时间：从相应的预定动作时间标准中查出相应的时间值填入，不同预定动作时间标准所用的时间单位（TMU）也不同。

工作因素动作时间标准。时间单位为 TMU=0.0001 分=0.006 秒。

方法时间测定预定动作时间标准。时间单位为 TMU=0.0006 分=0.036 秒。

模特排时法预定动作时间标准。时间单位为 TMU=0.129 秒。

2. 动作程序图的绘制

（1）填写表头各栏内容。

（2）填写表身各栏内容。

首先要了解并弄清实际操作情况并将操作分解为动作，再将动作分解为动素，按动素记录和描述各动作内容。记录的起始点应从操作周期的第一个动作开始记录，而到最后一个动作结束。动作分析式和动作符号应按预定动作时间标准的规定填写。动作程序图可根据目视动作观察记录，也可根据动作录像资料记录。

5.2.3 动作程序图分析实例

【案例】“取物”动作程序图（单手动作程序图）。

用左手取 25 厘米处的螺栓后拿到作业位置并放下，其动作程序图如图 5-3 所示。

零件名称及图号	螺栓	作业内容		取物	工序号	
序号	动素叙述	符号		分析式	时间(MTM)	附注
1	寻找螺栓并伸手			A25D	9	
2	抓起一螺栓			F2.5	3	
3	移至作业位置			A25D	9	
4	放下螺栓			F2.5S	4	
工作地		分析者			分析时间	

图 5-3 取物动作程序图

该动作程序图的动素时间按工作因素动作时间标准确定其时间单位为 TMU=0.0001 分

【案例】电容检查（容值测试）的动作程序图（双手动作程序图）。

图 5-4 为电容检查（容值测试）的动作程序图。

零件名称及图号				作业内容				工序号		
序号	左手动作					右手动作				
	动素叙述	符号		分析式	时间（分）	时间（分）	分析式	符号		动素叙述
1	伸手到待测试区				0.4	0.4				等待
2	取一个卷盘				0.2	0.2				等待
3	将卷盘拿到规定处				0.4	0.4				等待
4	手持卷盘				1.3	1.3				拿起扫码器
5	手持卷盘				2.0	2.0				扫条形码
6	手持卷盘				1.0	1.0				看屏幕判断扫码結果
7	手持卷盘				1.2	1.2				放回扫码器
8	用双手侧立卷盘				1.5	1.5				用双手侧立卷盘
9	手扶侧立的卷盘				1.5	1.5				拿起测试探针
10	手扶侧立的卷盘				2.5	2.5				测试
10	双手保持不动				1.0	1.0				双手保持不动
11	手扶侧立的卷盘				1.5	1.5				放回测试探针
12	卷盘从左手交到右手				0.9	0.9				右手取左手送来的卷盘
13	放下				0.2	0.2				持住
14	手回自然位置				0.4	0.4				放回卷盘
工作地			分析者				时间			

图 5-4 电容检查（容值测试）的动作程序图

5.3 动作经济原则

动作经济原则为吉尔布雷斯首创，后经多位学者研究改进，美国巴恩斯将其分为 3 大类 22 条。

1. 关于人体的运用

（1）双手应同时开始并同时完成其动作。
（2）除规定的休息时间，双手不应同时空闲。
（3）双臂动作应该对称、反向并同时进行。
（4）手的动作应用最低的等级而能得到满意的结果。
（5）物体的动量应尽可能地利用，但是如果需要极力制止，则应将其减至最小程度。
（6）连续的曲线运动比方向突变的直线运动更佳。
（7）弹道式的运动较受限制或受控制的运动更轻快。
（8）动作应尽可能地运用轻快的自然节奏，因节奏能使动作流畅自然。

2. 关于工作地布置

（9）工具物料应放置在固定的地方。
（10）工具物料及装置应布置在工作者前面近处。
（11）零件物料的供给，应利用其重量坠送至工作者的手边。
（12）坠落应尽量利用重力实现。
（13）工具物料应依最佳的工作顺序排列。
（14）应有适当的照明，使视觉舒适。
（15）工作台及座椅的高度，应保证工作者坐立适宜。
（16）工作椅式样及高度，应能使工作者保持良好姿势。

3. 关于工具设备

（17）尽量解除手的工作，而以夹具或脚踏工具代替。
（18）可能时，应将两种工具合并使用。
（19）工具物料应尽可能预放在工作位置上。
（20）手指分别工作时，各指负荷应按照其本能予以分配。
（21）设计手柄时，应尽可能增大与手的接触面。
（22）机器上的杠杆、十字杆及手轮的位置，应能使工作者极少变动姿势，且能最大地利用机械力。

任何工作中的动作，凡合乎以上原则的，皆为经济有效的动作。否则，就应改进。动作经济原则有两大功用，即帮助发掘问题和提供建立新方法的方向。

下面将以上原则归纳为十条，并进行分析。

第一条原则 在关于人体的运用的 8 条原则中的第（1）条、第（2）条及第（3）条互相关联，均为双手的动作，可以把它合并为双手的动作应同时而对称。

另外，有人曾经做过一个试验，即一只手持两磅半重的物体，在254毫米的两点间来回移动，到200次，手发酸。休息后，再双手各持两磅半重的物体，也来回于254毫米两点间移动，结果到400次时，仍未感觉疲劳。所以，双手同时对称的动作能适合人体，使动作得以相互平衡，不易疲劳。如果只有一只手运动，则身体肌肉必须一方面维持静态，而另一方面保持动态，肌肉无法休息，故易疲劳。所以不能不作分析地认为双手操作就比单手操作劳动强度大。

要使两只手同时参加操作，工人需受一定时间的训练，才能把习惯改过来。但是，习惯也不是那么容易改的，故有一定难度。表5-3所示就是表明两只手同时操作的难易程度。

表5-3 两只手同时操作时的难易程度

程度		右手							
		伸手	运物	转动	握取	装配	拆卸	放物	加压
左手	伸手	可	可	可	难	难	难	可	难
	运物	可	可	可	难	难	难	可	难
	转动	可	可	可	难	难	难	可	难
	握取	难	难	难	难	不能	不能	可	不能
	装配	难	难	难	不能	难	不能	可	不能
	拆卸	难	难	难	不能	不能	可	可	可
	放物	可	可	可	可	可	可	可	可
	加压	难	难	难	不能	不能	可	可	可

【案例】装订书籍的操作。

现假设装订一本60页的书，共装订250本。原来的方法是将书按页码依次排列在长桌上，操作者围绕长桌，每次由右手取一页交左手持住、重复到60页取完为止（图5-5）。此种方法单手工作，占地面积大，人极易疲劳。

图5-6为改良方法。操作者坐于椅上，将书的前10页按图示排列。双手同时各取第1页及第2页。重叠放置于前方，第1页（反面）在下，第2页（反面）在上。如此重复到10页叠放完后，再排另10页。以此类推。

图5-5 装书的原来方法

图5-6 装书的改良方法

如果还要提高效率，双手同时各取 2 页，则需增加一个长三角形，如图 5-7 和图 5-8 所示。

图 5-7 长三角形（木材或硬纸制成）

图 5-8 书页放于长三角形两旁

图 5-9 中，操作者左右手前各放一长三角形，三角形前后各放一摞书页，双手操作一次可重叠 4 页。

图 5-9 双手操作示意图

第二条原则 关于人体的运用的第（4）条，即人体的动作应尽量应用最低等级而能得到满意结果，可以作为第二条原则。

工作时人体的动作可分为 5 级（表 5-4）。

表 5-4 人体的动作等级

级别	动作枢纽	人体动作部位
1	指节	手指
2	手腕	手指及手腕
3	肘	手指、手腕及小臂
4	臂	手指、手腕、小臂及大臂
5	身体	手指、手腕、小臂、大臂及身体

第 1 级——手指动作：这是级次最低、速度最快的动作。例如，将螺母拧入螺栓，或用手指按下打字机键盘，或抓取一个小零件等。各个手指的动作速度亦有差别，食指一般比其他手指快。因此，设计工具时应考虑这一点。但手指动作的力量最弱，故需力量较大

时，就必须考虑使用高级次的动作。

第 2 级——手指、手腕动作：大臂及小臂均保持不动，仅手指和手腕动。例如，取两个正待装配的小零件对准，或取某零件在夹具上对准。在极短距离内，动素中的伸手及移物应为第 2 级动作。

第 3 级——手指、手腕及小臂动作：动作限制在肘部以下，肘以上不动。这一级动作通常被当成不致引起疲劳的有效动作。动素中的伸手及移物，属此动作。

第 4 级——手指、手腕、小臂及大臂动作：零件、材料、工具离应用地点较远，非第 3 级动作所能达到的，必须有伸臂的动作。其动作所需的时间随动作距离及所克服的阻力而定。

第 5 级——手指、手腕、小臂、大臂及身体动作：最耗体力，也是最缓慢的动作。身体的动作包括足、踝、膝、大腿、躯干动作，所以这一动作已使动作位置变更。

将以上 5 级动作进行比较，动作级次越低，所需时间越短，所耗体力越小。应用证明，第 5 级动作是最不经济的动作。但应注意，第 1 级（手指）动作也不是在任何操作中最省力、最有效的动作。在许多情况下，第 3 级动作被认为是最有效的动作。

总体来说，要使动作迅速而轻易，只有从缩短动作的距离以及减少动作所消耗的体力着手。为此，就必须选择级次最低的动作。使工作距离缩短，材料、工具、零件尽可能靠近工作地。

有人试验用两种不同的方法搬运重五磅（约 2.27 千克）的砖块，体力消耗情况如图 5-10 所示。由图可见，B 方法比 A 方法省力，体能的消耗及心跳次数均比 A 方法低。

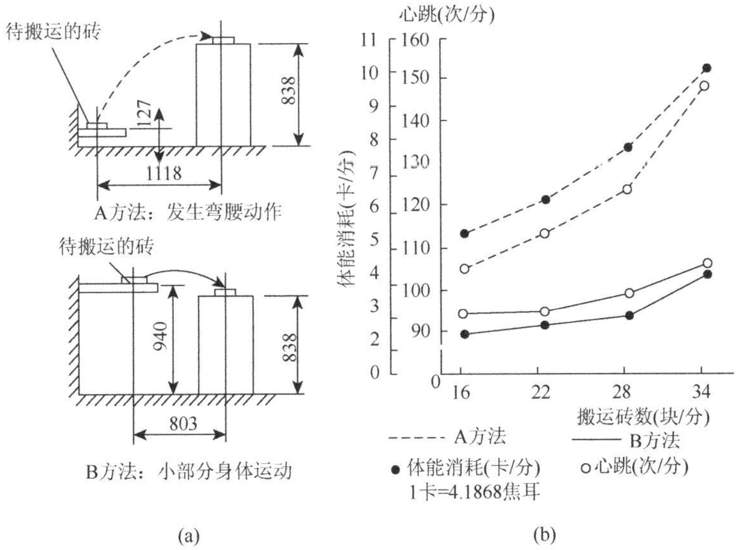

图 5-10　搬运砖块的体力消耗试验（1 卡=4.1868 焦耳）

因此，工作地的布置应依工序排成连续不断的线。所谓连续不断的线，就是第一人完成的工件放置处（成品处），即第二人伸手取物处（原料处）。这样，所有工作都不需要操作者起立走动、搬运材料及零件。

【案例】电灯开关。

旧式开关操作时需上下拨动，为第 2 级动作（图 5-11（a））；新式开关操作时只需用手指压下，属第 1 级动作（图 5-11（b））。

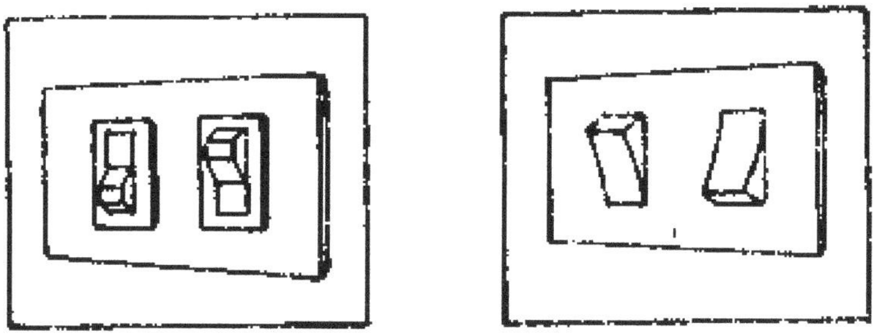

(a)旧式开关　　(b)新式开关

图 5-11　电灯开关

【案例】办公桌的设计。

图 5-12（a）～（d）表示办公桌的设计及其使用分析。

图 5-12（a）所示办公桌：如果使用最下层抽屉，必须弯腰，为 5 级动作。

图 5-12（b）所示办公桌：将最下端的浅抽屉改为资料柜，伸手可达，为 4 级动作。

图 5-12（c）所示办公桌：常为高层主管办公桌，桌面宽而长，桌面外侧（涂黑部分）因较远，取物时必须倾身或半站姿势，为 5 级动作，较为费力。

图 5-12（d）所示办公桌：将办公桌的外侧（涂黑部分）移至左侧或右侧，此时所有桌面全在伸手可达范围，4 级动作即可达到。

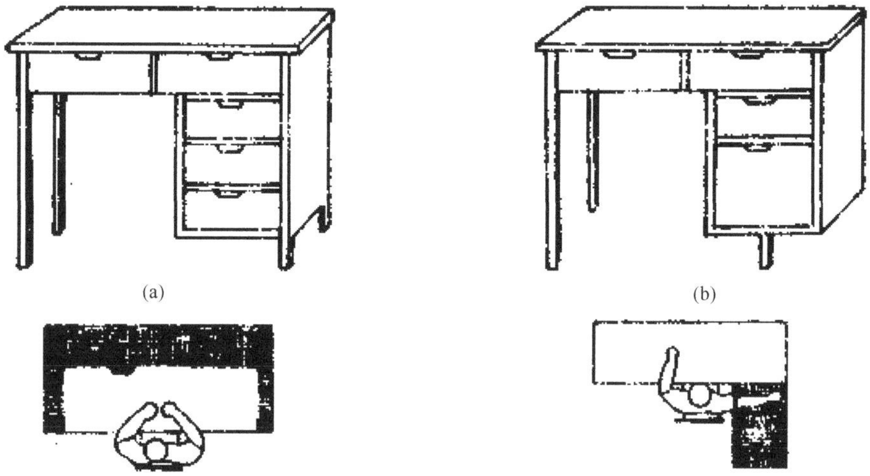

(a)　(b)　(c)　(d)

图 5-12　办公桌的设计

第三条原则　关于人体的运用的第（5）条、第（6）条、第（7）条及第（8）条均互相关联，可合并为第三条原则，即尽可能利用物体的动能；曲线运动较方向突变的直线运动为佳，弹道式运动较控制的运动轻快；动作尽可能有轻松的节奏。

（1）工作物运动时，具有动能。此动能是质量与其速度平方乘积的 1/2，应尽量运用这种动能来改进工作。例如，挥动大铁锤，有两种方法，其结果差异很大：①上下型挥动大铁锤，其最佳效果的效率为 9.4%，因铁锤向上移动时所产生的动能未能被利用，还要以肌肉紧张来制止（图 5-13）；②圆弧形挥动时，即后面挥上，前面打下，因由后面挥上时所产生动能有助于自前面打下，故肌肉不易疲劳，其效率可达 20.2%（图 5-14）。

图 5-13 上下型挥动

图 5-14 圆弧形挥动（后面上、前面下）

（2）连续曲线运动较直线方向突变的运动为佳。如图 5-15 所示，直线方向突变的运动，由 A 点起需肌肉用力前推，产生加速度前进，到 B 点因要改变方向，故在到达 B 点前应减速。由 B 点到 C 点时，又需再使肌肉用力前推，产生加速度前进。即每到方向突变点时，必须用肌肉发出的力量来使速度为零；转向新方向时又必须用力前推，以产生加速度而前进。由于不断产生加速与减速，肌肉用力一推一拉，容易疲劳。同时，因必须使运动停止才能转变方向，时间亦产生迟延。

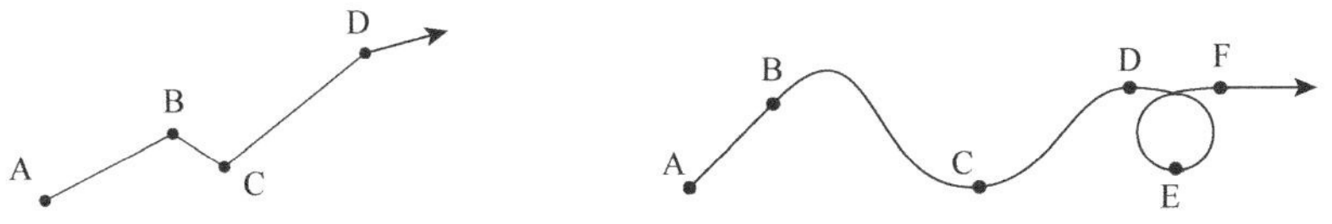

(a) 直线方向突变运动　　(b) 连续曲线运动

图 5-15 直线与曲线运动

连续曲线运动，除开始时 A 点产生加速度，其他各点均不必使速度减为零而停止，所以运动圆滑快速，省力而不易疲劳。

有人曾经做过一个试验，画 254 毫米一直线来回，即由 A 至 B，再由 B 至 A（图 5-16），测其时间。开始时的加速时间仅为一个来回总时间的 38%，中间连续等速时间占 18%，将至终点的减速时间占 27%，到达终点后回程改变方向的停止时间占 17%，即运行时间占 83%，终点停止时间占 17%。如果画线越短，则终点所需的停止时间所占比例越高。

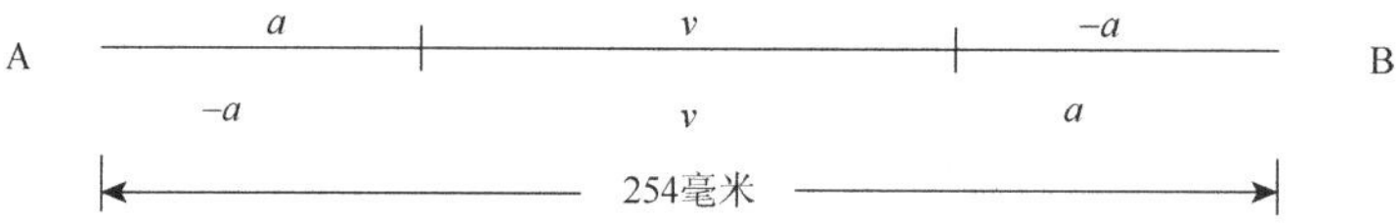

画线的长度(毫米)	172	254	381
实际运行时间	75%	83%	85%
终点方向突变停止时间	25%	17%	15%

图 5-16 画直线来回运动

（3）弹道式运动较受限制的运动轻快。据生理学的研究，人手（手与身体）的运动是由两组肌肉控制的，一组是推向前，另一组是拉向后。此两组肌肉互相协调，推前与拉后的力量相等时，即达到平衡，手就停止不动。所谓弹道式的运动，也就是在前推（或后拉）之后，不再后拉（或前推），而利用其产生的动能来工作。例如，工厂中锻工使用手锤时，有经验的老工人常常仅当锤举起或刚下落时用力，锤行至半途即放松肌肉，使其自然下落（依靠自然产生的势能）以求省力。

（4）有节奏的运动。自然节奏是人类的习惯与天性，节奏能使动作流利自发。大多数从事重复性操作的人，都喜欢把操作安排得能流畅、轻松地从一个动作过渡到另一个动作，并且按节拍进行，因为这样会得到提高效率、减少疲劳的效果。

第四条原则 关于工作地布置的第（9）条、第（10）条、第（13）条均属工具和物料的放置的原则，可合并为第四条原则，即工具、物料应置于固定处所及工作者前面近处，并依最佳的工作顺序排列。

（1）工具、物料应置于固定处所。在 17 个动素中，寻找是属于非生产性的浪费动素，应设法予以消除或减少。在操作中，如果工具及材料都没有固定的位置，则操作者势必在每一操作周期中都要浪费部分时间去寻找，且耗费精力。工具和物料若有明确而又固定的存放地点，则可以促使人养成习惯和迅速的反应。在一般情况下，当要用手去拿物料（或工具）之前，总是用眼睛指引手伸向目标。如果工具和物料有明确而固定的地点，则不需用眼睛注视，手就会自动地找到正确的位置。

例如，汽车驾驶员在公路上驾驶汽车，转方向盘、换挡、刹车时，眼睛始终不离开前方，就是因为不需要眼睛注视就可以正确地操作。这样，眼睛就可以作其他的用途。

（2）工具物料依照最佳的工作顺序排列。工具及材料依一定的次序放置，可使操作者养成按照最佳顺序工作的习惯。操作者可以不经考虑、思索，就能顺利地进行工作，以较小的精力达到工作目的。

例如，在装配工作中，各种零件按装配顺序排列；在机械加工中，材料、毛坯和半成品，都按工作顺序整齐排列；工具和机器设备附件都各有特制的箱、盒整齐摆放；量具和刀具分开放置，常用工具离操作者最近等。这些都有利于减少工作疲劳、提高工作效率。对于工具物料的排列，还应尽可能使前道工作完毕之处，即次道工作开始之处。这样，就会自然地节省双手移动的距离。

（3）工具物料及装置应布置在工作者的前面近处。根据“人体之动作应以最低的等级而能得到满意的结果”的原则，工具及物料应布置在使人能运用第3级动作的范围，最大也只能在第4级动作的范围。

人体第3级动作的范围，是以左右手自然下垂和以肘为中心、小臂为半径所能达到的空间范围，称为正常工作范围。人体第4级动作范围，是以肩为中心、整个手臂为半径所能达到的空间范围，称为最大工作范围（图5-17）。

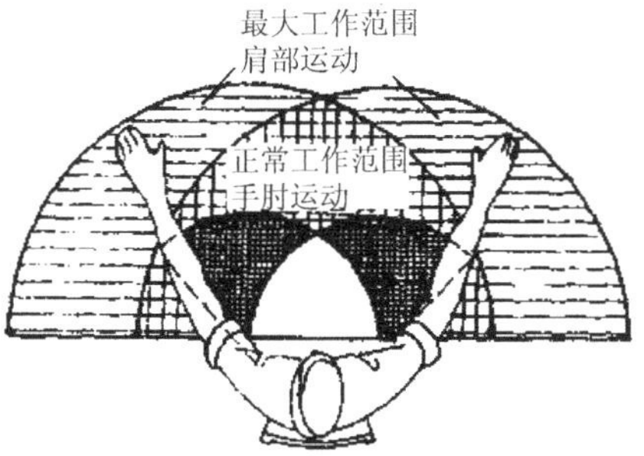

图5-17 水平面上正常与最大工作范围

如图5-18所示，常将零件（或零件箱）成一字排列，并且放置在最大工作范围之外，远离夹具及操作者。这样每次拿起零件时，操作者均需俯身，增加操作者的疲劳。

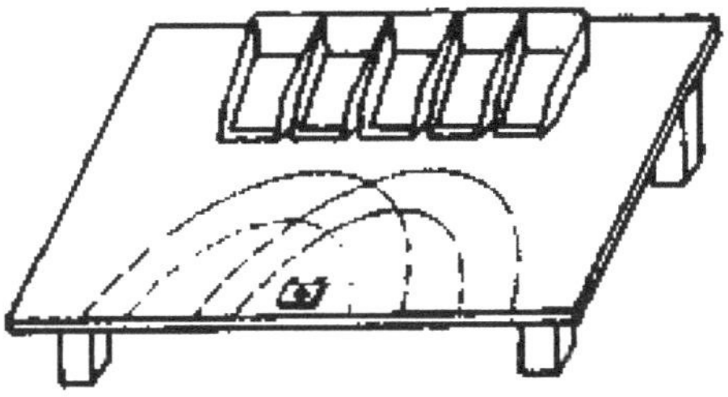

图5-18 工作台布置（一）

如图5-19～图5-22所示的四种工作台布置中，显然以图5-22为最佳。

图5-20中，成品箱位于正常视角内，但两材料箱则置于正常视角以外。当人以手取物时，必须先用眼注视该物，然后手才按眼的引导方位而伸手取该物，双手取物难以同时完成。

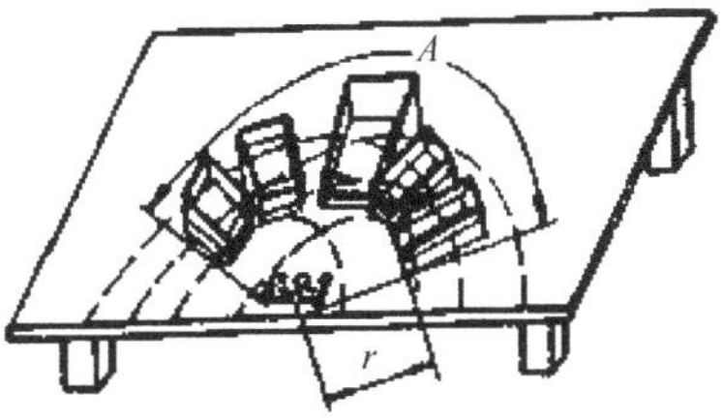

图5-19 工作台布置（二）

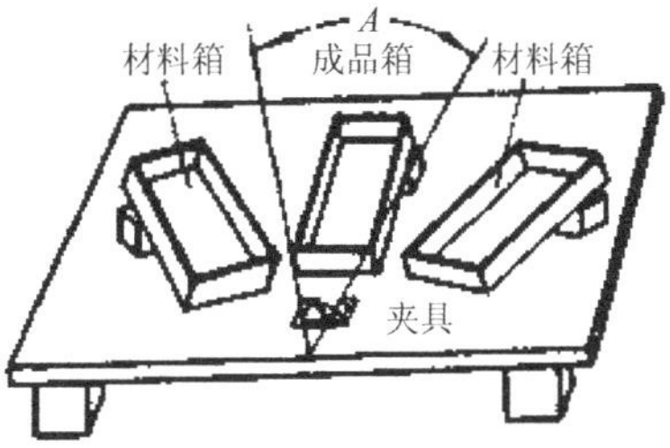

图5-20 工作台布置（三）

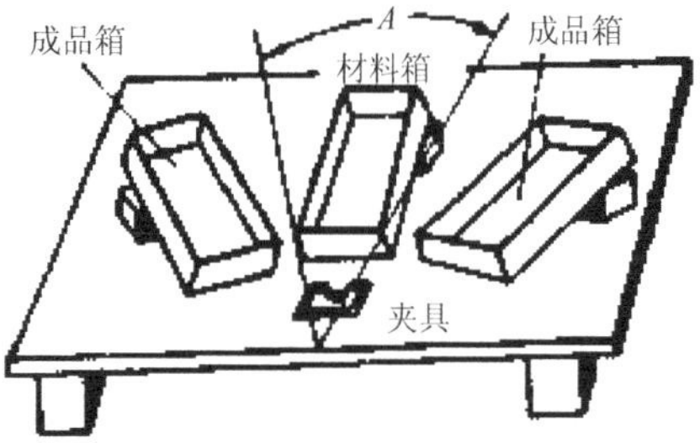

图 5-21 工作台布置（四）

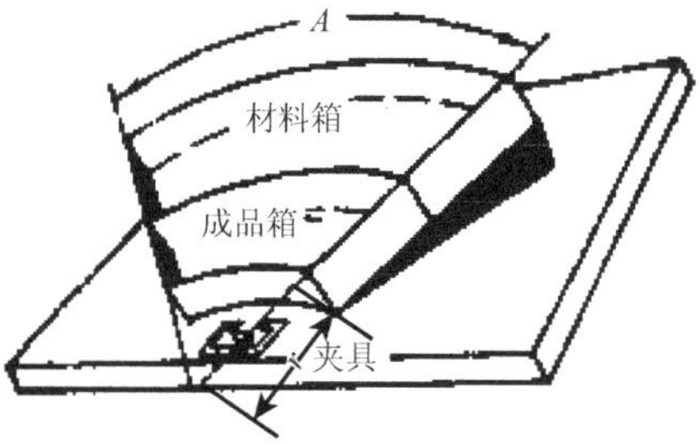

图 5-22 工作台布置（五）

图 5-21 的这种布置，如果完成件可以随便丢入成品箱，则双手可以同时动作，效率较高；如果完成件必须在成品箱内依次排列整齐，则因双手不能同时动作，而使工作效率降低。

图 5-22 的这种布置最佳，因为材料箱及成品箱均位于正常视角之内，便于双手同时操作。材料箱及成品箱布置均成圆弧形，以适应双手的动作范围，且材料箱为斜底，使材料尽可能滑进到操作者前面的近处。

正确的工作台布置应如图 5-22 所示，零件箱在适合人体双手操作的工作区域内，靠近操作者及夹具，操作者以 3 级动作即可取到零件。零件箱紧靠并集中于操作者的正前方。图中的 A 角应越小越好，距离 r 也越短越好。A 角最好在正常视角内，即操作者头不动、两眼向前直视时，所能看到的最大视觉范围。

【案例】某机械制造公司装配车间生产某型号机械装配件，该装配件由 60 种独立的零件或部件装配而成。手的动作是：从零件箱里取出一个零件进行加工或装配。其中，一个动作是伸向零件箱，另一个动作则是离开零件箱。

通过对工作台的重新布置，将零件箱与员工的距离缩短了 152 毫米。手的移动次数（离开和移向）为 2 次。由于缩短移动距离而得到的节约时间为 0.002 分。表示为

$$60\times\frac{2\times0.002}{60}=0.004\ （时/台）$$

即装配一件该型号机械装配件节约 0.004 小时。若每天生产 9000 件，则每天节约：

$$9000\times0.004=36\ （时/天）$$

如果每年按 250 个工作日计算，则每年节约：

$$250\times36=9000\ （时/年）$$

假定该装配件装配的平均工资为 6 元/时，则节约总额每年将达到 54 000 元。

从总移动距离的节约看，手伸向零件箱节约了 152 毫米，而手离开零件箱又节约了 152 毫米，则每一零件节省了 304 毫米的距离。即

$$60\times0.304=18.24\ （米/台）$$

$$9000\times18.24=164\ 160\ （米/天）$$

$$250\times164\ 160=41\ 040$$（千米/年）

由此可见，每年节约的距离相当于可绕地球赤道一周多。

第五条原则 关于工作地布置中的第（11）条及第（12）条，可合并为一条原则，即零件、物料应尽量利用其重量送至工作者前面近处。

为了节省时间，必须使工具、物料靠近操作者，但材料的堆放数量不能太少也不能太多，太少则补充材料的次数频繁，更不经济；太多则堆放面积增大，因而往往有部分材料超出正常或最大动作范围。解决的办法是利用重力滑箱，使零件或物料利用自身的重力，斜滑到操作者的前面近手处。

完工的工件，也利用重力滑槽自动坠送至适当位置。在正常操作范围内不适合放盛具或传送带，因此一般在完工点与下一步伸手点之间开槽，下通盛具或传送带。当此操作完成时，则可顺手取出完工件，移到下坠的槽口，放手，完工件便靠自身的重量下滑至所需的位置。

第六条原则 关于工作地布置中的第（14）条、第（15）条及第（16）条，可合为一条原则，即应有适当的照明设备，工作台和座椅式样及高度应使工作者保持良好的姿势及坐立适宜。

（1）适当的照明可改善精细工作的视力疲劳。例如，某工厂原来装配一只电表需 45分，且因为有些零件很小，需靠近眼睛才能看清，使眼睛过分疲劳而影响效率。照明设备经以下改善后，效率大为提高。如图 5-23 所示，台面上 *B* 为背景光线，选用暗白色或浅黄色以避免刺眼。当需用直接光照明时，踩下踏板 *E*，灯 *A* 即打开。经此改善，产量提高20%。

（2）良好设计的座椅及工作台如图 5-24 所示。工厂企业及机关广泛使用的工作台、工作椅，必须与使用者的各部位尺寸相吻合。合适的座椅应使坐者的重量压在臀部和骨架上；座椅的高度应稍低于小腿。

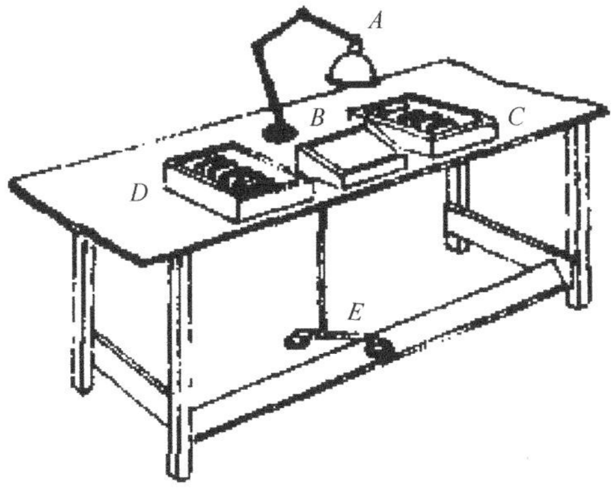

图 5-23 照明改善

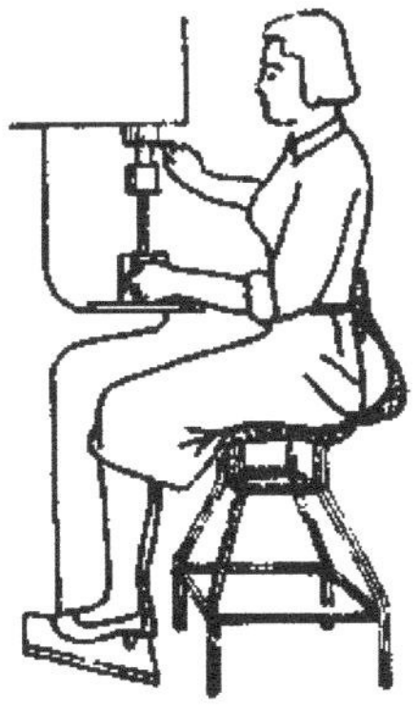

图 5-24 良好设计的座椅及工作台

图 5-25 表示桌面与座椅高度的关系。桌面应使在工作时小臂处于水平位置，若肘部低于桌面，则桌面的前沿压着小臂，会引起不舒服；桌面过低会使人驼背，对工作也不利。站立工作时，桌面也应与肘相平。

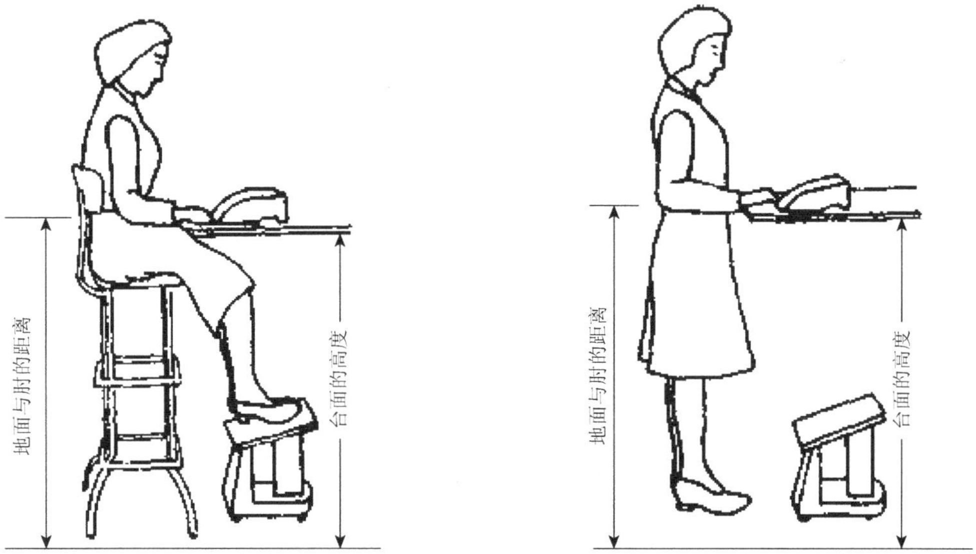

图 5-25　肘的位置与桌面、椅高

第七条原则　关于工具设备的第（17）条可专门作为一条原则：尽量解除手的工作，而以夹具或足踏工具代替。

在操作过程中，常发现手在做持住的工作，把时间和力量用在非生产性的动作中。为此，可设计出适当的钻具和夹具，以代替手去执行持住的动作，解脱双手去做其他具有生产性的动作。钻具是能夹持零件于精确位置且能引导加工的工具；夹具即夹持零件的器具。设计钻具和夹具时，应周密考虑其持住作用能否确切完成，是否会妨碍手的某些操作；还可以考虑以足踏代替手执行持住操作，把双手解放出来。

图 5-26 所示为改装成为脚操纵的普通台式虎钳。踩下脚踏板 *B*，钳口 *A* 就张开；放松踏板，弹簧 *C* 收缩，连杆 *D* 使钳口将工件夹紧。当生产中需较大的夹持力时，可将弹簧改为带有压缩空气的活塞来驱动虎钳的钳口，而压缩空气仍由脚踏阀来控制。

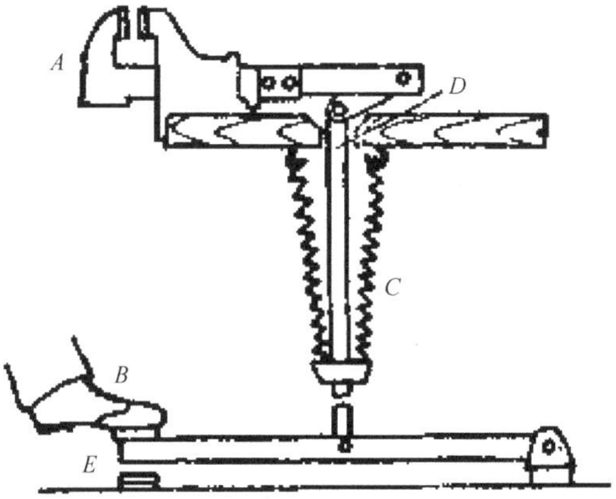

图 5-26　脚操纵的虎钳

图 5-27 所示为脚操纵的焊接烙铁。图中的电烙铁 *A* 用脚踏板 *B* 来控制升降。脚往下

踩，烙铁 *A* 降下，点焊好后脚松开，烙铁抬起，同时压缩空气管道上的阀门 *C* 打开，放出空气吹冷焊接点。某公司利用这种脚踏烙铁，将一导线焊接在扁平的金属静电屏蔽罩的端点，节省了50%的时间。

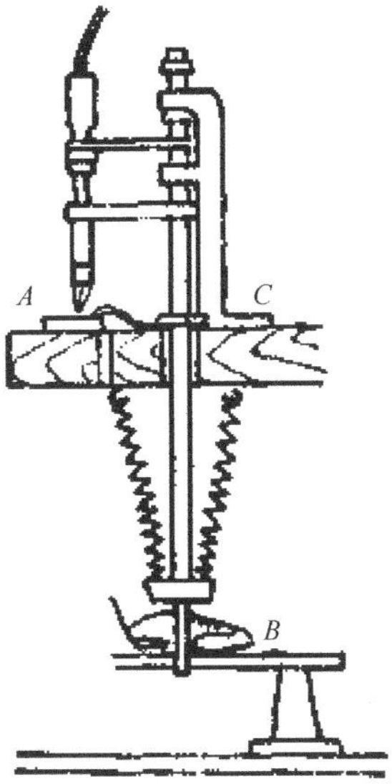

图 5-27 脚操纵的焊接烙铁

图 5-28 所示为可用脚操纵的转盘，以调整工件位置，使双手可完全从事焊接。

第八条原则 可能时，应将两种或两种以上工具合并为一（第（18）条）。

此原则应用范围相当广泛，且极受欢迎。将两端各有一种用途的手工工具掉头使用，总比放下手中的工具，再去寻找握取另一工具省力省时。例如，在日常生活中的红蓝铅笔（二色笔）、带橡皮头铅笔。在生产中，能敲能夹的钳锤（图 5-29）；能敲能拔的钉锤；克丝钳子，一具多用，它能拔钉子、能切断钢丝、能夹小零件，还可以代替锤子进行敲击；圆柱或螺纹量规，可将过端和止端装在同一握柄上。所有装配用的工具，均应考虑此原则。

图 5-28 用脚操纵的转盘

图 5-29 钳锤

第九条原则 关于工具设备的第（20）条、第（21）条及第（22）条可合并为第九条原则，包括：手指分别工作时，各指负荷应按其本能予以分配；手柄的设计，应尽可能增大与手的接触面；机器上的杠杆、手轮的位置，尽可能使工作者少变动其姿势。

（1）手指分别工作时，各指负荷应按其本能予以分配，一般情况下人们都习惯用右手，认为右手比左手不易疲劳，且更灵巧。德伏拉克曾通过试验研究英文打字键位置安排问题。其结论是右手与左手的本能比例约为 10∶9。各手指的本能以右手食指为最强，左手小指为最弱。各手指的本能顺序为右手食指、右手中指、左手食指、右手无名指、左手中指、右手小指、左手无名指、左手小指。德伏拉克设计的打字机键盘，其各指功能分配如图 5-30（a）所示，标准型英文打字机键盘的手指负担却左手比右手重，约为 131.25/100，与手的本能恰好相反，如图 5-30（b）所示。

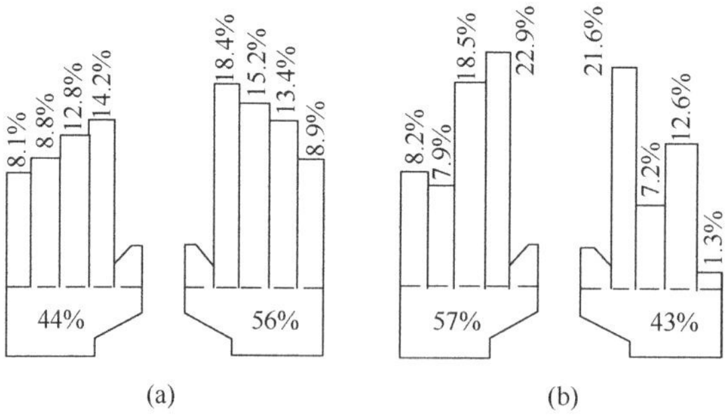

图 5-30 德伏拉克型与标准型打字机键盘的手指负担

（2）手柄设计，应尽可能增大与手的接触面。手的接触面积越大，每个单位面积上受力越小。这就是凡以手操作的手柄、手轮的接触面多呈曲线的原因。图 5-31 所示的大旋具与小旋具采用不同的手柄形状，据说就是有人进行试验的结果。

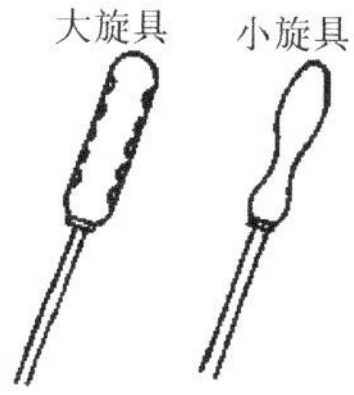

图 5-31 大旋具与小旋具

（3）机器上的操作杆、十字杆及手轮的位置，应能使操作者少变动其姿势。这是因为在操纵机器时，若要变动姿势，必是第 5 级动作。所以，机器设计时，应使操作者伸手可及地完成所需动作，使操作方便省力，不致发生弯腰、转身、走动甚至爬高等 5 级动作。

第十条原则 工具及物料应尽可能预放在工作位置（事前定位）。

即巴恩斯分类的第（19）条。事前定位是指把物料放到预先确定的位置上，以便要用时能在使用它的地方拿到。有人做过试验，将工具放置的位置分为“未预放”“半预放”和“完全预放”三种，若“完全预放”用需时 100 来表示，则“半预放”为 123，“未预放”为 146。可见，“完全预放”与“未预放”其效率相差达 50%，如图 5-32 所示。

示意图	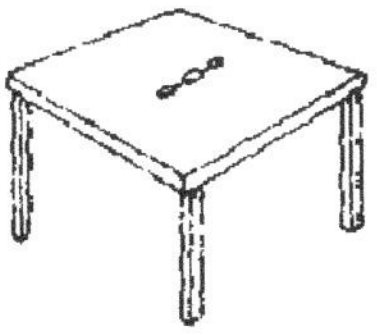	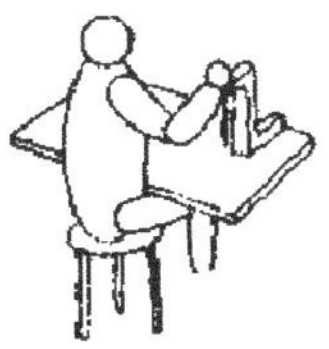	
放置位置	平卧在工作台上	挂架上	用弹簧吊于工作位置上方
预放类别	未预放	半预放	完全预放
需时（%）	146	123	100

图 5-32　工具放置位置与所需时间

如图 5-33 所示，将尺寸为 90 毫米×40 毫米×25 毫米的两块铸铁板，用 M10×60 的螺栓连接起来。如果采用旧方法，其工序顺序为：把螺母放到夹具里，再放一个钢垫圈在螺母上，随后将两铁板放到螺母和垫圈上面，把螺栓及上垫圈装到铁板的孔内。再从桌子的一边拿起电动扳手并把它提到夹具之上，把螺栓旋入螺母内直接紧固，最后把电动扳手送回工作台的一边。这一装配工序的正常工作时间为 19 秒，即 1 小时可完成 200 套装配件。

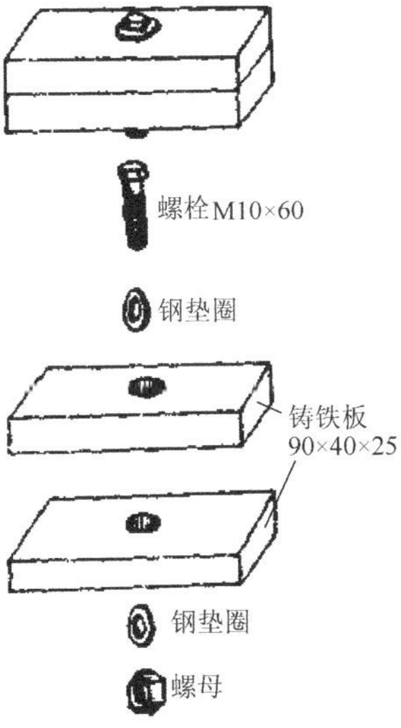

图 5-33　铸铁板的装配

在这装配过程中，每装配一套，电动扳手都必须拿起又放下各一次，每天（8 小时）则要 3200 次。除了费时，电动扳手重 25 千克，3200×0.0025=8（吨/天），即操作者每天要提起合共 8 吨的电动扳手。

现在用事前定位完全预放来进行改良。方法是将电动扳手悬挂在夹具上，用一根弹簧来使其复位（图 5-34）。在需要放紧螺母时，用手一拉就可以将电动扳手拉下来就位，用完之后一松手，电动扳手就回复到上面。而且还可以用两套夹具，使两手都有效地工作。据统计，用此方法 1 小时可装配 262 套，产量提高 31%。

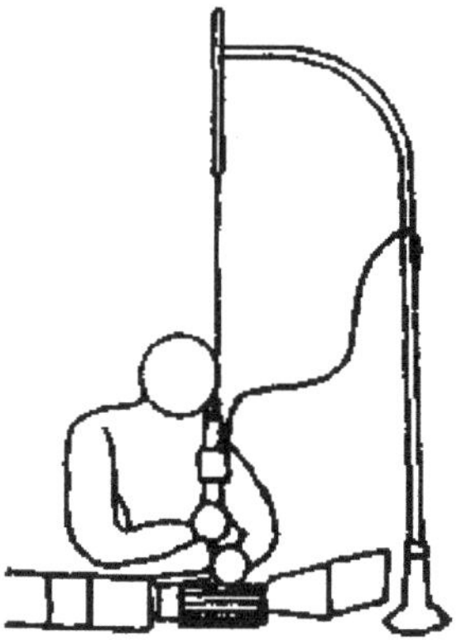

图 5-34 完全预放示例

5.4 预定动作时间标准及模特排时法

5.4.1 预定动作时间标准的概念及其特点

1. 预定动作时间标准的基本概念

预定时间系统（predetermined time system，PTS）法，在我国常称预定时间标准（法），是国际公认的制定时间标准的先进技术。它利用预先为各种动作制定的时间标准来确定进行各种操作所需要的时间，而不是通过直接观察和测定。

吉尔布雷斯用来细分手眼动作的“动素”，是进行动作研究的基本概念。

把时间用量加到动作研究上是由美国人西格（A.B.Seger）在 1924 年提出的，在他发表的第一个预定时间标准——动作时间分析（motion time analysis，MTA）的论文中论述到：“在实际条件的范围内，所有熟练人员完成真正基本动作所需要的时间是常量。”他的动作时间分析引起了产业界的极大注意，推动人们开始研究各种预定时间标准。

1934 年美国无线电公司的奎克（J.H.Quick），创立了工作因素体系（work factor system，WF）。

1948 年美国西屋电气公司梅纳德（H.B.Maynard）、斯坦门丁（G.J.Stegemerten）和斯克瓦布（J.L.Schwab）公开了他们研制的时间衡量方法（methods time measurement，MTM）。

WF 法和 MTM 法是建立在对动作的性质与条件力求详细及极高精度的基础上，但这样的要求无疑给测定者对技术的掌握和使用带来了困难。因此，又发展了容易掌握、又可较迅速分析的简化了的 PTS 法，如 MTM-Ⅱ、MTM-Ⅲ及 WF 简易法等。

但是随着科技的发展，产品趋向于周期短、批量小时，以上方法仍存在诸多不便，往往出现了生产批量已完成，而标准作业时间尚未来得及修定好的情况。因此，必须寻求更为简单、便于使用的 PTS 法。

1966 年澳大利亚赫德（G.C.Heyde），在长期研究的基础上所创立的模特排时法（modolar arrangement of predetermind time standard，MOD），是一种省略了的、使动作和时间融为一体的，而精度又不低于传统的 PTS 技术的更为简单、易掌握的 PTS 技术。

自1924年提出动作时间分析以来，许多从事工业企业管理的人，都在致力于创造出科学的、简便可行的PTS法。到目前为止，世界上已有40多种预定时间标准，其中用得多的列于表5-5中。本书仅介绍MOD法。

表5-5 预定时间标准的典型方式

方法名称	开始采用的时间	编制数据方法	创始人
动作时间分析	1924年	电影微动作分析波形自动记录图	西格（A.B.Seger）
肢体动作分析	1938年		霍尔姆丝（Holmes）
装配工作动作时间数据	1938年	时间现场作业片，实验室研究	恩格斯托姆（Engstrom） 盖皮恩格尔（Geppinger）
工作因素法	1934年	时间现场作业片，用频闪观测器摄影进行研究	奎克（J.H.Quick） 谢安（Shea） 柯勒（Koehler）
基本手工劳动要素时间标准	1942年	波形自动记录器作业片，电时间记录器	西屋电气公司
方法时间衡量	1948年	时间研究作业片	梅纳德（H.B.Maynard） 斯坦门丁（G.J.Stegemerten） 斯克瓦布（J.L.Schwab）
基本动作时间研究	1950年	实验室研究	普雷斯格利夫（Presgrave）等
空间动作分析	1952年	时间研究影片，实验室研究	盖皮恩格尔（Geppinger）
预定人为动作时间	1952年	现场作业片	拉扎拉斯（Lazams）
模特计时法	1966年		赫德（G.C.Heyde）

2. 预定动作时间标准的特点

预定动作时间标准的特点如下。

（1）时间数据客观，准确性高，根据性足。

（2）水平稳定，不受操作变动的影响，当作业内容变动时，只要改变变动部分的时间就可以了。

（3）在作业测定中，不需要对操作者的速度、努力程度等进行评价，就能预先客观地确定作业的标准时间。

（4）可以详细记述操作方法，并得到各项基本动作时间值，从而对操作进行合理的改进。

（5）可以不使用秒表，在工作前就决定标准时间，并制定操作规程。

（6）当作业方法变更时，必须修定作业的标准时间，但所依据的预定动作时间标准不变。

（7）用PTS法平整流水线是最佳的方法。

3. 利用预定动作时间标准制定工时定额的步骤

（1）收集有关作业的资料，凡是与作业有关的资料，如图纸、工艺规程、工作地布置图、工人操作方法、使用的机床、工具、材料、作业条件等作业的信息，都要详细收集。

（2）将操作分解为动素。例如，“取螺栓拧进螺孔”这一操作分解为：①伸手到零件箱螺栓处；②握取螺栓；③将螺栓预对；④运物到螺孔处；⑤定位；⑥将螺栓装入螺孔。

（3）测出运动距离、确定影响时间的变量。

（4）根据预定动作时间标准表求出各动素时间值。时间值的选用按照身体部位、距离、重量、难度、变量因素等得出。

（5）将各动素时间值累加起来，得出操作的时间；将各操作的时间值累加起来，得出工序的时间。

4. 预定动作时间标准的主要用途

1）方法评价

（1）用以评价并改善现行的操作方法，从而启发改进操作的构思与设想。

（2）对操作方法进行事先的评价。任何操作方法都必须在生产之前，事先加以评估，应用预定动作时间标准就可以进行事先评估。

（3）对建议使用的工具设计、夹具和设备加以评估。工具、夹具和设备是操作方法改变的最大原因。评估操作方法也对工具、夹具和设备进行评估。

（4）产品设计时，可作为辅助参考。

（5）用于训练操作者按新方法进行操作，并评估操作者的能力。

2）建立时间标准

（1）由预定动作时间标准确定的动作时间，综合以后即可成操作时间标准。

（2）实际生产工作中的各种动作，其大多数的时间标准均可由基本动作时间加以制定，因此，将动作归类制表即可快速形成时间标准。

（3）避免时间研究人员由于业务未掌握，评比不当造成不必要的损失。

（4）所预定的时间值，较为客观简易，应用广泛。

5.4.2 模特排时法

1. 模特排时法的基本原理

模特排时法是 20 世纪 60 年代初由澳大利亚人体工程学者赫德（G. C. Heyde）发明的一种预定动作时间标准。赫德经过研究发现人体不同身体部位进行动作时，其动作的时间值成比例（近似于整数倍），而且不同的人都表现出极其相似的结果。他根据这一研究结果提出以人的手指一次动作（移动距离约为 2.5 厘米）的时间为一个基本时间单位即 1MOD（1MOD=0.129 秒）。并以此基本时间单位的整数倍确定其他各个人体部位动作的时间值的预定动作时间标准，即模特排时法。

模特排时法的基本原理基于人机工程学的试验，归纳如下。

（1）所有人力操作时的动作，均包括一些基本动作。通过大量的试验研究，模特排时法把生产实际中操作的动作归纳为 21 种（详见后面介绍）。

（2）不同的人做同一动作（在条件相同时）所需的时间值基本相等。表 5-6 为人体各部位动作一次的最少平均时间。这里所说的条件相同，是指操作条件相同。如果操作条件不同，同一动作的时间值也不同，例如，手在无障碍物时的移动和在有障碍物时的移动，以及有不同高度的障碍物时的移动，其时间值是不同的。这里所说的不同的人在做同一动作所需时间值基本相等，是指对大多数人而言，对于少数特别快、特别慢的人不包括在内。

表 5-6 人体各部位动作一次最少平均时间

动作部分	动作情况		动作一次最少平均时间（秒）
手	抓取动作	直线的	0.07
		曲线的	0.22
	旋转动作	克服阻力	0.72
		不克服阻力	0.22
脚	直线的		0.36
	克服阻力的		0.72
腿	直线的		0.66
	脚向侧面		0.72～1.45
躯干	弯曲		0.72～1.62
	倾斜		1.62

注：此表的数值应理解为该动作所有被测对象的最快速度所需时间，用数理统计原理计算确定的平均值，或对同一动作的最快速度所需时间多次测定的平均值

（3）使用身体不同部位做动作时，其动作所用的时间值互成比例（例如，模特排时法中，手的动作是手指动作的 2 倍，小臂的动作是手指动作的 3 倍），因此，可以根据手指一次动作时间单位的量值，直接计算其他不同身体部位动作的时间值。

2. 模特排时法的时间单位

从理论上来说，时间单位的量值越小，越能精确地测量各种动作的时间值。对于各种 PTS 法时间量值的一般选择原则是，应小于该种 PTS 法中速度最快的基本动作，这动作一次所需时间值的某一量值就作为该方法的时间单位。

模特排时法根据人的动作级次，选择以一个正常人的级次最低、速度最快、能量消耗最少的一次手指动作的时间消耗值，作为它的时间单位，即

1MOD=0.129 秒

模特排时法的 21 种动作都以手指动一次（移动约 2.5 厘米）的时间消耗值为基准进行试验、比较，来确定各动作的时间值。

大量的试验、研究表明，一个人（或不同的人）以最快速度进行操作，其动作所需时间，与这个人（或不同人）以正常速度进行操作其动作所需时间是不相等的。但是，这两种速度所需时间值之比 K，是一常数（或基本接近常数），说明如下。

不同的人（或同一个人）手的移动（无障碍时）：

$$K=\frac{\text{最快速度所需时间}}{\text{正常速度所需时间}}=0.57$$

手的移动（障碍物高度为10～30厘米时）：

$$K=\frac{\text{最快速度所需时间}}{\text{正常速度所需时间}}=0.59$$

上身弯曲的往复动作，K=0.51；坐立往复动作，K=0.57。

假设如下：

身体某一部位最快动作的时间值为t_1，身体某一部位正常动作的时间值为T_1；

身体其他部位最快动作的时间值为t_2，身体其他部位正常动作的时间值为T_2；

身体另外其他部位最快动作时间值为t_3，身体另外其他部位正常动作时间值为T_3；

…

身体第n部位最快动作的时间值为t_n，身体第n部位正常动作的时间值为T_n。

则

$$K=\frac{t_1}{T_1}=\frac{t_2}{T_2}=\frac{t_3}{T_3}=\cdots=\frac{t_n}{T_n}$$

因为

$$\frac{t_1}{T_1}=\frac{t_2}{T_2}$$

故

$$\frac{T_2}{T_1}=\frac{t_2}{t_1}\text{或}\frac{t_3}{t_1}=\frac{T_3}{T_1}，\quad\frac{t_n}{t_1}=\frac{T_n}{T_1}$$

也就是说，两个动作的最快速度所需时间之比，等于这两个动作的正常速度所需时间之比。由于正常速度仅是时间研究人员头脑中的一个概念，在实际中难以确定。而动作的最快速度所需时间是可以通过大量的实测，用数理统计方法来求得其代表值，即可求得K值。这样，只要令t_1为手指动作一次的正常值，就可根据上式求得身体其他部位一次动作与手指一次动作的比值，从而决定其他部位动作的模特数。试验表明，其他部位动作一次的MOD数都大于1MOD。通过四舍五入简化的处理，得到其他动作一次所需的正常时间值均为手指动作一次MOD数的整倍数。

3. 模特排时法的动作分类及其代号

1）动作分类及代号

模特排时法（MODAPTS法）把动作分为21个，每个动作以代号、图解、符号、时间值表示，如图5-35所示。

由图5-35可见，MODAPTS法先把人的动作分成两大类，即基本动作（上肢动作，移动、终结）和其他动作（下肢动作，附加因素及其他动作）。在基本动作中分需要注意力和不太需要注意力的动作。图中的M，G，P，F，W，L，E，R…均为动作代号，代号后之数字即代表模特时间值，例如，M1表示1MOD=0.129秒，M2即代表2MOD时间值，以此类推。

2）动作分析使用的其他符号

（1）延时BD。表示另一只手进行动作时，这一只手什么动作也没有做，即停止状态。

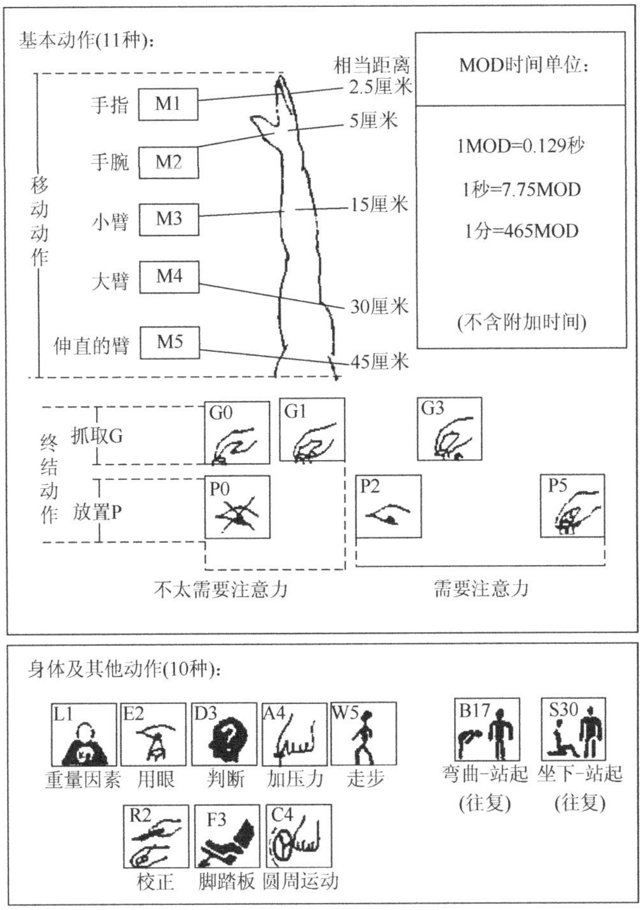

图 5-35 模特排时法基本示意图

BD 不给予时间值。

（2）保持 H。表示用手拿着或抓着物体一直不动的状态。有时为了防止零件倒下，而用固定的工具也为 H。H 也不给予时间值。

（3）有效时间 UT。指人的动作之外的机械或其他固有的加工时间。其有效时间要用计时仪表分别确定其时间值。例如，用电动扳手拧螺母、焊锡、铆接铆钉、涂黏接剂等。

在改善作业中，BD 和 H 出现得越少越好。

4. 模特排时法的特点

模特排时法使用上有如下特点。

1）易懂、易学、易记

（1）模特排时法将动作归纳为 21 种，不像其他方法有几十种，甚至 100 多种（表 5-7），用一张模特排时法基本图就可以全部表示出来（图 5-35），图上有 21 个方形，表示 21 个动作。21 个动作分两大类，上部为基本动作 11 种，下部为身体及其他动作 10 种。上部的 11 种动作分为三大类：即移动动作（M）、抓取（G）、放置（P）。每个动作右边的数字表示模特时间值，下部的 10 种动作表示身体及其他方面的动作，同时也反映了时间值。这样一张示意图就表达了模特分析的基本动作，所以，“一看就懂”。

表 5-7 模特排时法与其他方法比较

PTS 名称	MODAPTS	MTM	WF	MSD	MTA	BMT
基本动作及附加因素种类	21 种	37 种	139 种	54 种	38 种加 29 个公式	291 种
不同的时间值数字个数	8 个	31 个		39 个		

（2）模特排时法把动作符号与时间值融为一体。例如，G3 表示复杂的抓取动作，而且也同时表示了 3MOD=3×0.129 秒=0.387 秒。如果是移动小臂去抓放在零件箱中的一个小螺钉（抓时要同时扒开周围的其他零件），在模特排时法中用 M3G3 表示，其中 M3 表示小臂的移动，G3 表示复杂的抓取，M3G3 时间值是 6MOD（其中 M3 为 3MOD，G3 为 3MOD）。因此，只要知道动作的符号，也就知道了时间值，所以，“一看就会”。

（3）在模特排时法的 21 种动作中，不相同的时间值只有 0，1，2，3，4，5，17，30 共 8 个，而且都是整数。这样，只要有了动作表达式，就能用心算很快计算出动作的时间值，所以，“一记就牢”。

2）实用

（1）采用模特排时法不需测时，亦不要进行评比，就能根据其动作决定正常时间。因此，使用模特排时法来分析动作、评价工作方法、制定标准时间、平整流水线，都比其他 PTS 法容易，且见效快。

（2）在实际使用中，还可以根据企业的实际情况，决定 MOD 的单位时间值的大小。例如：

1MOD=0.129 秒=0.002 15 分钟　　正常值，能量消耗最小动作时间

1MOD=0.1 秒　　高效值，熟练工人的高水平动作时间值

1MOD=0.143 秒　　包括恢复疲劳时间的 10.75%在内的动作时间

1MOD=0.12 秒　　快速值，比正常值快 7%左右

（3）模特排时法的实用性还可以表现在用模特排时法的时间值计算动作时间的精度（对 1 分钟以上的作业）并不低于其他 PTS 法。表 5-8 为日本早稻田大学采用实测值与模特排时法分析值的比较，由表 5-8 可见实测值与模特排时法分析值很接近。

表 5-8 实测值与模特排时法分析值的比较

序号	作业内容	取样数	实测区间推定值	实测平均值	标准偏差	MOD 分析值	平均实测值与 MOD 分析值之比
1	双手贴透明胶带	75	2.774～2.887	2.806	0.246	2.333	0.98
2	单手贴透明胶带	75	2.265～2.482	2.343	0.425	2.451	0.96
3	贴橡皮胶	75	6.770～6.981	6.876	0.424	6.837	1.06
4	往信封里装 1～3 册杂志	50	2.812～3.435	3.124	0.961	3.612	0.88
5	往信封里装 5 册以上杂志	25	6.048～6.928	6.468	1.000	6.837	0.98

续表

序号	作业内容	取样数	实测区间推定值	实测平均值	标准偏差	MOD 分析值	平均实测值与 MOD 分析值之比
6	往信封里装印刷品	75	1.901～2.046	1.974	0.296	1.984	1.02
7	取得 3 册读物	75	2.662～2.769	2.716	0.213	2.838	0.96
8	数十册左右杂志	75	3.930～4.126	4.033	0.346	4.386	0.92
9	拿在手中数十册杂志	50	3.624～4.159	3.892	0.836	4.773	0.82
10	拿在手中数十册以上杂志	25	9.716～10.640	10.180	1.056	10.320	0.99

模特排时法主要用于动作分析，并进行作业优化以提高工作效率。另外，还可以较准确地确定劳动定额时间。

5. 模特排时法分析记录表

在动作分析时，应把有效时间值如实地填入分析表中的有效时间栏内。分析记录表的形式如表 5-9 所示。

表 5-9 模特排时法记录表

零件图号：		年 月 日				
设备名称		作业条件				
工序名称		使用条件				
作业名称		分析条件				
序号	左手动作	右手动作	动作方式分析符合		次数	MOD
1						
2						
3						
有效时间：分 秒		MOD：分 秒			合计：分 秒	

表中，动作只有一次时，次数栏不用填写。有效时间、MOD 总计时间和合计时间应以普通时间为单位，换算时按 lMOD 等于 0.1 秒或 0.129 秒填入。

另外，在填写分析记录表的同时，需在分析记录表的下方画出其作业图，以便对照分析表进行改善。

6. 模特排时法的动作分析

模特排时法将人体动作分为上肢基本动作、下肢及腰部动作、辅助动作和其他符号等四类。其中上肢基本动作有 11 种，下肢及腰部动作有 4 种，辅助动作 6 种，共计 21 种动作及 4 种反射动作符号和其他符号 3 种共计 28 种，如图 5-36 所示。

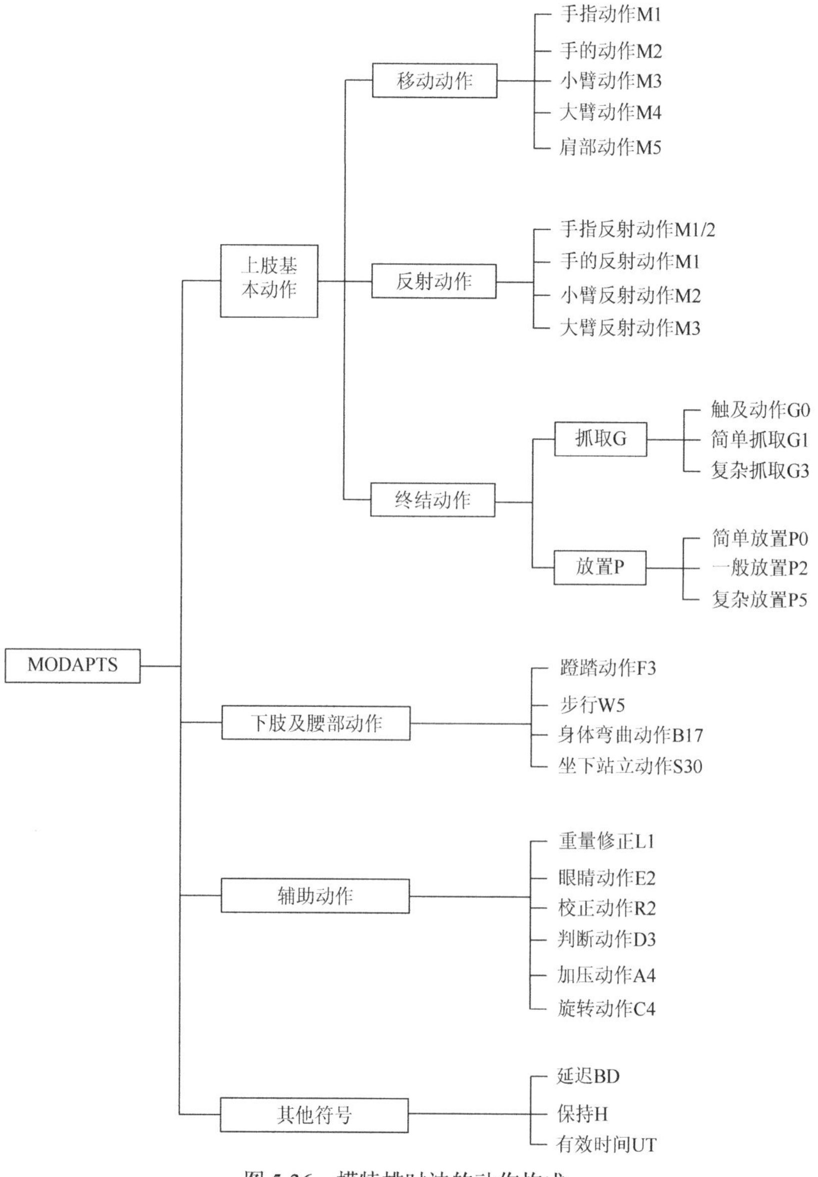

图 5-36　模特排时法的动作构成

1）基本动作——上肢动作

（1）移动动作。移动动作用符号 M 表示，是手指、手和臂活动的动作。因所使用的身体部位不同，所要达到的目的也不同，因而使用的身体部位的移动距离不同，所以时间值也不同。在模特排时法中，根据使用的身体部位的不同，时间值分为五等。

①手指的动作 M1。表示用手指的第三个关节前的部分进行的动作，时间值为 1MOD，移动距离为 2.5 厘米（参考值）。例如，把开关拨到 on（off）的位置；回转小旋钮；抓住空气传动器的旋钮；用手指拧螺母；用手指擦密封条。

用手指动作 M1 表示手指的一次动作。对于用手指将开关拨到 on（off）或用手指旋转螺母时，要观察手指进行了几次动作，进行了几次，时间值则为其几倍。

②手的动作M2。用腕关节以前的部分进行一次的动作，时间值为2MOD，动作距离为5厘米（参考值）。

依靠手腕的动作不仅能做横向动作，也可做上下、左右、斜向和圆弧状的动作。根据M2的动作方式，伴随手的动作，小臂多少也要动作，但主动作是手的动作，小臂的动作是辅助动作（这里的小臂动作不另计时间值）。例如，转动调谐旋钮；将电阻插在印刷电路板上；转动门轴；翻笔记本；移动5厘米拿取电阻插在电路板上等。

③小臂的动作M3。将肘关节作为支点，肘以前的小臂（包括手、手指）的动作。每动作一次定为M3，时间值为3MOD，移动距离为15厘米（参考值）。

由于手和小臂动作的方向关系，肘关节多少要前后移动。肘关节的前后移动看作主动作M3的辅助动作，不另计时间值。粗加工、组装部件等在操作机上作业时，移动零件的位置和作业位置的动作，一般认为是M3。

在M3的移动动作范围内，其可能的作业区域称为正常的作业范围。

设计作业区要尽可能地设计得狭窄些。在设计生产设备的操作部分时，尽量使操作动作用M3的移动动作来完成，如图5-37所示。

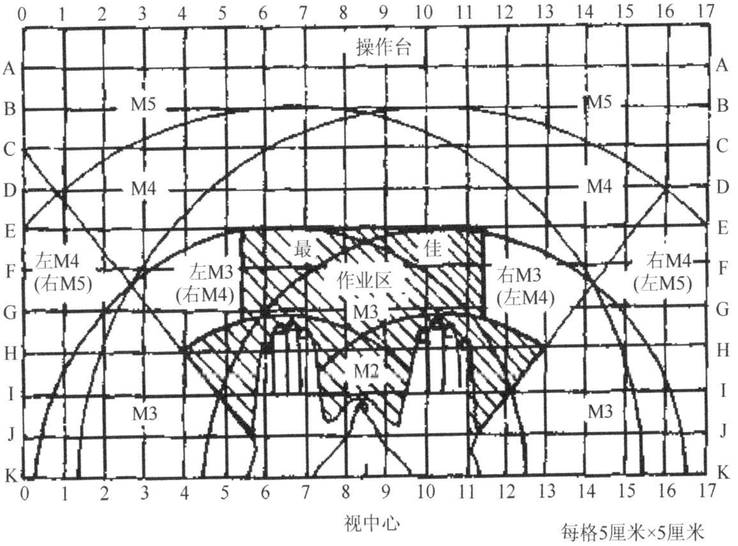

图5-37 模特排时法移动的作业范围

动作举例有：用手擦火柴；移动15厘米取物品；在纸上划一条15厘米长的直线等。

④大臂的动作M4。伴随肘的移动，小臂和大臂作为一个整体，在自然状态下伸出的动作。其时间值为4MOD，移动距离一般为30厘米（参考值）。

当把手臂充分伸展时，伴有身体前倾的辅助动作，从时间值上来看，仍是M4。例如，把手伸向放在桌子前方30厘米处的零件；把左手伸向放在桌子左端的工具；把手伸向略高于头的位置取物品。

⑤大臂尽量伸直的动作M5。在胳膊自然伸直的基础上，再尽量伸直的动作。另外，将整个胳膊从自己的身体正面向相反的侧面伸出的动作也用M5表示。其时间值为

5MOD，移动距离一般为 45 厘米（参考值）。

从劳动生理的角度看，连续做 M5 的动作是不可取的，应尽量减少 M5 的动作。

动作举例有：手臂尽量伸直取高架上的物品；把手尽量伸向桌子的侧面；坐在椅子上抓取放在地面上的物体；从自己身体的正面交叉，向相反方向尽量伸手。

⑥反射动作。反射动作是将工具和专用工具等牢牢地握在手里，进行反复操作的动作。反射动作不是每一次都特别需要注意力或保持特别意识的动作。反射动作是上述各种移动动作的连续反复动作，没有终结动作与其成对出现，所以又称为特殊移动动作。

反射动作因其是反复操作，所以其时间值比通常移动动作小，有手指的往复动作 M1，每一个单程动作时间为 1/2 MOD；手的往复动作 M2，每一个单程动作时间为 1MOD；手臂的往复动作 M3，每一个单程动作为 2MOD；上臂的往复动作 M4，每一个单程动作时间为 3MOD。

M5 的动作一般不发生反射动作，即使有也必须进行改进。所以，反射动作的时间值最大为 3MOD。例如，用棒敲盒子；用布给盒子涂油；手握铁锤反复敲打钉子；用橡皮擦字；盖邮戳、手指反复敲打桌子。用指甲梳东西或用手指贴封条的动作，当其反复进行时，可以看作反射动作，指甲或手起到工具的作用。

（2）终结动作。终结动作是移动动作进行到最后时，要达到目的的动作。例如，触及或抓住物体，把拿着的物体移到目的地，放入、装配、配合等动作，目的不同，其难易程度不同，因而决定了不同的动作种类。

终结动作的种类有触及、抓，用 G 来表示；放置、配合，用 P 来表示。

触及、抓的动作目的物在手或手指支配下的控制动作，分为触及动作 G0、简单抓的动作 G1 和复杂抓的动作 G3。

放置、配合动作在工厂里主要表现为放入、嵌入、装配、贴上、配合、装载、隔开等形式，根据其所进行的放置动作的难易程度分为无意识的放置 P0、大致位置上的配合 P2 和准确配合 P5。

另外，还有不太需要注意力的动作和需要注意力的动作。在模特排时法的符号标记中，用（注）表示的动作为需要注意力的动作。

①触及动作 G0。用手指或手去接触目的物的动作。这个动作没有要抓住目的物的意图，只是触及而已。它是瞬间发生的动作，所以没有动作时间，因此时间值为 0MOD。

动作举例有：碰推键；用手指接触垫圈；碰放在桌子上的橡皮；堆放在夹具上的印刷电路板；用手推物体时手碰到物体的动作。

分析时，如手指接触按钮，虽然 G0 的时间值为 0（实际上时间极短），但写动作分析式应为 M1G0，时间值为 1MOD。

②简单抓取动作 G1。用手指、手简单地抓的动作。用手或手指抓一次物体的动作，非常自然，而没有一点踌躇现象，在被抓物体的附近也没有障碍物，时间值为 1MOD。例如，抓单独放置的一个零件；抓螺丝刀；抓排成一行的小型变压器；抓桌子上的圆珠笔。

③复杂抓取动作 G3（需要注意力）。用 G0 和 G1 的动作不能完成的复杂抓的动作，其时间值为 3MOD。

这个动作的特点是需要注意力。一般情况下，用两指抓的时候会发生踌躇现象，且当手指或手接触到物体后，只是手指或手简单的闭合是不能抓住的。例如，抓放在桌子上的平垫圈（先用指甲抠起来再抓）；抓放在零件箱中的一个小螺钉（抓时要同时扒开周围的其他零件）；抓取按规定位置放置的物体；抓取平放在桌面上的卡片；抓取易破碎的物品（需要特别注意和小心）等。

④简单放置动作 P0。这个动作是把拿着的东西送到目的地后，直接放下的动作。放置的场所没有特殊的规定，一般不需要注意看，没有时间值，即时间值为 0MOD。例如，将拿着的螺丝刀放到桌子的旁边；将挪近的空气传动装置放回原来的位置；将传送带送来的零件放在自己面前；将用完了的辅助支架放到传送带上；将要检查的零件抓起，堆放在面前，手离开物体等。

该类动作虽然没有时间值，但写动作分析式时应写上以表示有该类动作发生，如表 5-10 所示。

表 5-10 打字动作程序图

序号	动作内容	分析式	次数	时间
1	伸手接触键	M3G0	1	3MOD
2	按键并放开	M1P0	1	1MOD
3	接触下一个键	M2G0	1	2MOD
4	按键并放开	M1P0	1	1MOD

⑤一般放置动作 P2（需要注意力）。往目的地放东西的动作，并需要用眼睛盯着进行一次修正的动作，其时间值为 2MOD。

一般 P2 动作适合于能够大体上确定物体位置或指定位置，虽有配合公差但配合不严的场合。例如，将垫圈套在螺栓上；向轴上涂油；把烙铁放在烙铁架上；将作业完了的零件放在传送带的指定位置上；用笔尖触及写字的位置。

⑥复杂放置动作 P5（需要注意力）。将物体正确地放在所规定的位置或进行配合的动作。它是比 P2 更复杂的动作。P5 需要伴有 2 次以上的修正动作，自始至终需要用眼睛观察，动作中产生犹豫，时间值为 5MOD。

P5 动作一般适合于需要将物体放置在准确位置上，或需要 XY 交点坐标的或配合紧密的或要多方面的人来配合的场合。例如，将螺丝刀的头放入螺钉头的沟槽中；将螺母套在螺钉上略拧；把飞轮套在轴上；把旋钮装在电位器轴上，把导线焊到印刷线路板上；把产品铭牌装在规定的位置；装插头；把外储存器放到规定位置上。

（3）移动动作与终结动作的结合。无论什么动作，移动动作之后，必定伴随着终结动作。例如，伸手拿螺丝刀的动作，其移动动作为 M3，终结动作为 G1，其动作符号的标记为 M3G1，时间值为

$$3MOD+1MOD=4MOD$$

拧螺母的动作分析、符号标记及时间值如表 5-11 所示。

看电视的动作分析、符号标记及时间值如表 5-12 所示。

表 5-11 拧螺母的动作

序号	左手动作	右手动作	符号标记	次数	MOD
1	拿着螺栓 H	抓螺母 M3G1	M3G1		4
2	H	把螺母对准螺栓 M3P5	M3P5		
3	H	回转螺母 M1G0M1P0	M1G0M1P0		
4	H	继续拧入（M1G0M1P0）×10	M1G0M1P0	10	20

表 5-12 看电视的动作分析

序号	左手动作	右手动作	符号标记	次数	MOD
1	BD	伸手接触电视机开关 M3G0	M3G0	1	3
2	BD	按开关 M1P0	M1P0	1	1
3	BD	拿起遥控器 M3G1	M3G1	1	4
4	BD	手指触碰电源按钮 M2P0	M2P0	1	2
5	BD	打开遥控器电源按钮 M1P0	M1P0	1	1

（4）同时动作。用不同的身体部位，同时进行一样或不一样的两个以上的动作称为同时动作。一般以两手的同时动作为佳（排除一个手闲着的情况）。这样，可以提高工作效率。例如，桌上放着橡皮和削尖的铅笔，两手同时伸出，用左手抓橡皮（G1），用右手抓笔（G1），然后放到自己身前。

桌上放着螺钉箱，另在高于头的地方吊着螺丝刀，两手同时伸出，左手抓螺钉（G3），右手抓螺丝刀（G1），拿到身前，螺丝钉槽与螺丝刀尖对好。

桌子上放着零件箱，A 箱装有螺钉，B 箱装着垫圈，两手同时伸出，左手抓螺钉（G3），右手抓垫圈（G3），然后同时拿到身前安装。

①两手同时动作的条件。如表 5-13 所示，两手的终结动作均不需要注意力时，可以同时动作；只有一只手需要注意力时，可以同时动作；两只手都需要注意力的终结动作，不可能同时进行。

表 5-13 终结动作两手动作分析表

情况	同时动作	一只手的终结动作	另一只手的终结动作
1	可能	G0 P0 G1	G0 P0 G1
2	可能	G0 P0 G1	P2 G3 P5
3	不可能	P2 G3 P5	P2 G3 P5

②两手同时动作的时间值。两手可以同时动作时，时间值大的动作称为时限动作，它的时间值表示两手同时动作的时间值；时间值小的一方称为被时限动作，它的标记符号加()，表示不影响分析结果，分析举例如表 5-14 所示。

表 5-14 时限动作举例表

序号	左手动作	右手动作	标记符号	次数	MOD
1	抓零件 A（M3G1）	抓螺丝刀 M4G1	M4G1		5

同时动作中只计时限动作的时间值而不计被时限动作的时间值。如果左、右手动作的时间值是同一个MOD时，可根据哪个是主要动作或哪只手方便来定时限动作。例如，双手同时动作，左手动作分析式为M3G1（被时限动作），时间值为4MOD；右手为M4G3（时限动作），时间值为7MOD。则时间值按时限动作7MOD计算。又如，双手同时动作，左手动作为M3G1；右手动作为M4G0，时间值为4MOD。则时间值只计算其中之一4MOD。

一般情况下双手不能同时进行需要注意力的终结动作，如G3、P2、P5。但是终结动作前的移动动作是可以同时进行的。当双手同时移动后紧接着一只手进行需要注意力的终结动作，而另一只手稍停顿片刻并进入注意力动作前的准备状态。等待第一只手终结动作完成后，该手再完成需注意力的终结动作。这样就有一段重叠时间，在模特排时法中，后开始工作的那只手的移动动作，从准备位置到做需要注意力动作之前只进行M2。例如，某一作业左右手的动作为：左手M4G3，右手M3P5。因两手都要做需要注意力的终结动作，因此，不能完全同时进行，而只能局部同时。其时间值的计算如下。

若左手先进行，则有

左手：移动M4

右手：与左手同时移动M3　　M2

总时间值=M4G3M2P5=14MOD

式中，M4为双手同时进行动作部分的时限动作；G3为左手进行的需要注意力的抓取动作；M2为右手等待后所进行的过渡动作；P5为右手进行的需要注意力放置动作。

若右手先进行，则有

右手：移动M3

左手：与右手同时移动M4　　M2

总时间值=M3 P5 M2G3=13MOD

式中，M3为双手同时进行动作部分的时限动作；P5为右手进行的需要注意力的放置动作；M2为左手等待所进行的过渡动作；G3为左手进行的需要注意力抓取动作。

从上述分析可知，先进行右手动作比先进行左手动作所需总时间少1MOD。如果该组动作的先后次序没有严格规定，则应以总时间值少的动作组合为佳，这种动作状态如图5-38所示。例如，在桌子上放置有零件箱A和B（前方），两手分别抓两个零件A和B。如果左手先动作，情况如表5-15所示。如果右手先动作，情况如表5-16所示。

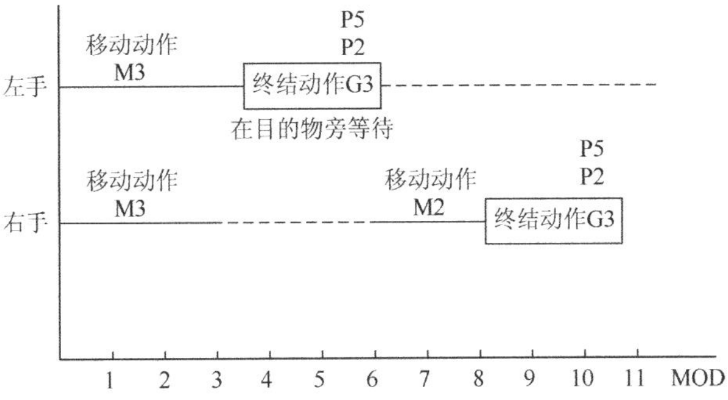

图5-38　都需要注意力的双手动作状态示意图

表 5-15　左手先动作情况表

序号	左手动作	右手动作	标记符号	次数	MOD
1	伸手抓零件 A（M3G3）	伸手抓零件 B（M4G3）	M3G3　M2G3		11

表 5-16　右手先动作情况表

序号	左手动作	右手动作	标记符号	次数	MOD
1	伸手抓零件 A（M3G3）	伸手抓零件 B（M4G3）	M4G3　M2G3		12

从这一例子同样可以看出，即使同一动作，若两只手动作先后不同，其时间值也会不同。

2）基本动作——下肢和腰的动作

（1）蹬踏动作 F3。将脚跟踏在板上，作足颈动作，其时间值为 3MOD。

压脚踏板时，从脚踝关节到脚尖的一次动作为 F3，再抬起返回的动作又为 F3。必要时，连续压脚踏板的动作时间，要使用计时器计算有效时间。

若脚离开地面，再踏脚踏板开关的动作，应判定为下述的 W5。例如，脚踩脚踏开关；脚踩缝纫机踏板等。

（2）步行动作 W5（身体水平移动）。走步使身体移动的动作。回转身体也要挪动脚步，也判定为步行动作。步行时，每一步用 W5 表示，时间值为 5MOD。

步行到最后的一步，手和臂随之移动的动作为 M2，这是因为最后的一步动作中，手离目的物已非常近了。

站立的操作者，沿着桌子抓物体时，可能随伸手的动作而一只脚要向前移动一步（或者退回），这是为了保持身体的平衡而加的辅助动作。这种动作应判定为手的移动动作，不用判定为 W5。

搬运重物时，有时步行到目的地的步数与运重物返回的步数不同，这是因为重物的影响，使每步的步幅大小不同，其时间值要用下述的搬运重量因素 L1 加以修正。

（3）身体弯曲动作 B17。从站立状态到弯曲身体，蹲下，单膝触地，然后再返回原来的状态的整个过程，其时间值为 17MOD。

曲身、弯腰是以腰部为支点，向前弯伏，使手的位置在膝下面的动作；蹲下实质上是弯膝盖使手在膝下面的动作。因此，B17 动作之后，手（或臂）的移动动作用 M2 表示。这是因为随着上半身的活动，手很自然地移动到离目的地很近。例如，从站立状态弯腰捡起地上物品再返回原状态的动作等。

（4）站起来再坐下的动作 S30。坐在椅子上站起来，再坐下的一个周期动作。站起来时两手将椅子向后面推和坐下时把椅子向前拉的动作时间也包括在里面，其时间值为 30MOD。

表 5-17 表示操作者从椅子站起来取面前盒子的 VC 上工装，整理引线，将工装送到下一工位（步行 5 步）后再返回原处坐下的动作程序图。

表 5-17 送零件到零件架动作程序图

序号	动作叙述	分析式	次数	时间
1	从椅子上站起	S30	1/2	15MOD
2	拉开 VC 固定插销	M2G1M2P0	1	5MOD
3	从面前盒子取线圈上工装	M3G1P2	1	6MOD
4	用棉签刷平 VC 引线	M3P2M2P2	1	9MOD
5	步行 5 步到下一工位	W5×5	1	25MOD
6	将工装放到驱动架上	M2P2	1	4MOD
5	步行 5 步回到原位	W5×5	1	25MOD
6	坐下	S30	1/2	15MOD
合计				104MOD

完成以上操作共计 104MOD=13.416 秒。

3）辅助动作

（1）搬运动作的质量因素 L1。搬运重物体时，物体的自重影响动作的速度，并且随物体的轻重而影响时间值。因此，应按下列原则考虑：有效质量小于 2 千克的，不考虑；有效质量为 2～6 千克的，质量因素为 L1，时间值为 1MOD；有效质量为 6～10 千克的，质量因素为 L1×2，时间值为 2MOD；以后每增加 4 千克，时间值增加 1MOD。

有效质量的计算原则为：单手负重，有效质量等于实际质量；双手负重，有效质量等于实际质量的 1/2；滑动运送物体时，有效质量为实际质量的 1/3；滚动运送物体时，有效质量为实际质量的 1/10。两人用手搬运同一物体时，不分单手和双手，其有效质量皆以等于实际质量的 1/2 计。

质量因素在搬运过程中只在放置动作时附加一次，而不是在抓取、移动、放置过程中都考虑，且不受搬运距离长短的影响。

对于搬非常重的物体，在劳动环境中是不希望的。搬运重物是改善作业方法的着眼点，应考虑用搬运工具。例如，坐在椅子上的操作者，用右手抓收音机盒，放在传送带指定位置上，其动作程序图如表 5-18 所示。

表 5-18 取收音机盒动作程序图

序号	左手动作	右手动作	分析式	次数	时间
1	BD	抓盒的拉手 M3G1	M3G1	1	4MOD
2	BD	放到传送带指定位置 M4P2	M4P2	1	6MOD
3	BD	重量修正	L1	1	1MOD
合计					11MOD

（2）眼睛的动作 E2（独立动作）。眼睛的动作分为眼睛的移动（向一个新的位置移动视线）和调整眼睛的焦距两种。每种动作用 E2 表示，时间值为 2MOD。

眼睛是人的重要的感觉器官，对于人们的动作起着导向作用。手在移动时，一般要瞬时看一下物体的位置，以控制手的速度和方向。这种眼睛的动作，一般是在动作之前或动作中进行的，而不是特别有意识地使用眼睛的动作，动作分析时，不给时间值。只有眼睛独立动作时，才给眼睛动作以时间值，例如，读文件，找图的记号，注意认真检查；为了进行下一个动作，向其他位置转移视线或调整焦距。

一般作业中，独立地使用眼睛的频率不多。在生产线装配工序和包装工序中，进行包含某种检查因素的作业，一般都是同其他的动作同时进行的，所以要很好地进行观察分析，不能乱用 E2。

人们的眼睛不可能在广阔的范围内看清物体，一般把可以看得非常清楚的范围称为正常视野。在正常视野内，不给眼睛动作时间值。但是，在正常视野内，对于调整焦距的动作，在必要时给以 E2，因为在眼睛动作中，移动视线时不能同时调整眼睛的焦点。从正常视野内向其他点移动视线的时候，用 E2 进行的动作约在 30°和 20 厘米的范围内。看更广的范围时，伴随眼球运动，还有头的辅助作用，而且两者同时进行，这时相当于 110°的范围，应给予 E2（眼的移动）×3 的时间值（不分析头的动作）。

（3）矫正动作 R2（独立动作）。矫正抓零件和工具的动作，或将其回转、或改变方向而进行的动作。这种复杂的手指和手的连续动作，用 R2 表示。在一只手的手指和手掌中进行的动作时间值为 2MOD。

注意只限于用 R2 进行的动作，才给予时间值。例如，抓螺丝刀，很容易地转为握住；抓垫圈，握在手中；把有极性的零件（如二极管、电解电容等）拿住，并矫正好方向；把握在手中的几个螺钉，一个一个地送到手指；把铅笔拿起，矫正成写字的方式。

在操作过程中，操作熟练者为了缩短动作时间，在进行前一个动作时，已经使用身体其他部位着手下一个动作的准备，这一个矫正准备动作，不给予时间值。例如，用 M4 的动作抓零件或工具，运到手前。在其移动过程中，矫正成为最容易进行下一个动作的状态（改变其位置或方向）。这种状况，只记移动和抓的时间值，不记矫正时间值。

（4）判断动作 D3（独立动作）。动作与动作之间出现的瞬时判定。这个判断动作及其反应的动作，用 D3 表示，时间值为 3MOD。

动作举例有：检查时的单纯判断动作；判断计量器具类的指针、刻度；判断颜色种类；对声音的瞬时判断；判断灯泡灯丝是否断掉。

D3 适用于其他一切动作间歇的场合。在流水线生产中，检查产品（或零件）是否合格，只有当判断出次品时，才加 D3 动作时间值，跟其他动作同时进行的判断动作不给 D3 时间值。眼睛从看说明书移向看仪表指针，判断指针是否在规定的范围内，此动作应分析为 E2D3。

（5）加压动作 A4（独立动作）。在操作动作中，需要推、拉以克服阻力的动作，用 A4 表示，时间值为 4MOD。

A4 一般是在推、转等动作终了后才发生。用力时，发生手和胳膊或脚踏使全身肌肉紧张的现象。例如，铆钉对准配合孔用力推入；用力拉断电源软线；用力推入配合旋钮；螺丝刀最后一下拧紧螺丝钉；用手最后用力关紧各种闸阀。

A4 是一独立动作，当加压在 2 千克以上，且其他动作停止时，才给予 A4 时间值。

上述动作举例中，加力时伴有少许移动动作，此移动动作不用分析，不给时间值。

例如，摇紧机械摇柄的动作程序图如表5-19所示。

表5-19 摇紧机械摇柄的动作程序图

序号	动作叙述	分析式	次数	时间
1	握住机械摇柄	M4G1	1	5MOD
2	回转直到停下	M4P0	1	4MOD
3	加力	A4	1	4MOD
合计				13MOD

（6）旋转动作 C4。为使目的物作圆周运动，而回转手或手臂的动作，即以手或肘关节为轴心，旋转一周的动作，如搅拌液体、旋转机器手柄等。用C4表示，时间值为4MOD。

旋转1/2周以上的才为旋转动作，旋转不到1/2周的应作为移动动作。

带有2千克以上负荷的旋转动作，由于其负荷大小不同，时间值也不相同，应按其有效时间计算。

4）其他符号

（1）延迟BD。表示不做任何动作而闲着。例如，右手取物品，左手闲着，则左手记录符号BD。

（2）保持H。表示手握持物体不动的状态。例如，左手握持螺栓，右手拧螺母则左手记录符号为H。在动作分析中应尽量避免或减少BD和H的出现。

（3）有效时间 UT。表示在操作过程中人的动作之外机器或工具自动工作的时间。其时间用计时器测定，而不取决于人的动作速度。例如，用电扳手拧螺母；用手电钻打孔等。

7. 动作的改进

根据应用模特排时法的实践经验，对改善各种动作的着眼点整理如下。

1）替代、合并移动动作M

（1）应用滑槽、传送带、弹簧、压缩空气等替代移动动作。

（2）用手或脚的移动动作替代身体其他部分的移动动作。

（3）应用抓器、工夹具等自动化、机械化装置替代人体的移动动作。

（4）将移动动作尽量组合成为结合动作。

（5）尽量使移动动作和其他动作同时动作。

（6）尽可能改进急速变换方向的移动动作。

2）减少移动动作M的次数

（1）一次运输的物品数量越多越好。

（2）采用运载量多的运输工具和容器。

（3）两手同时搬运物品。

（4）用一个复合零件替代几个零件的功能，减少移动动作次数。
3）用时间值小的移动动作替代时间值大的移动动作
（1）应用滑槽、输送带、弹簧、压缩空气等，简化移动动作，降低时间值。
（2）设计时尽量采用短距离的移动动作。
（3）改进操作台、工作椅的高度。
（4）将上下移动动作改为水平、前后移动动作。
（5）将前后移动动作改为水平移动动作。
（6）用简单的身体动作替代复杂的身体动作。
（7）设计成有节奏的动作作业。
4）替代、合并抓的动作 G
（1）使用磁铁、真空技术等抓取物品。
（2）抓的动作与其他动作结合，变成同时动作。
（3）即使是同时动作，还应改进成为更简单的同时动作。
（4）设计成能抓取两种物品以上的工具。
5）简化抓的动作 G
（1）工件涂以不同颜色，便于分辨抓取物。
（2）物品做成容易抓取的形状。
（3）使用导轨或限位器。
（4）使用送料（工件）器，如装上、落下送进装置，滑动、滚动运送装置等。
6）简化放置动作 P
（1）使用制动装置。
（2）使用导轨。
（3）固定物品堆放场所。
（4）同移动动作结合成为结合动作。
（5）工具用弹簧自动拉回放置处。
（6）一只手进行放置动作时，另一只手给予辅助。
（7）工件采用合理配合公差。
（8）两个零件的配合部分尽量做成圆形的。
（9）工具的长度尽可能在 7 厘米以上，以求放置的稳定性。
7）尽量不使用眼睛动作 E2
（1）尽量与移动动作 M、抓的动作 G 和放置动作 P 结合成为同时动作。
（2）作业范围控制在正常视野范围内。
（3）作业范围应豁亮、舒适。
（4）以声音或触觉进行判断。
（5）使用制动装置。
（6）安装作业异常检测装置。
（7）改变零件箱的排列、组合方式。
（8）使用导轨。

8）尽量不做校正动作 R2

（1）同移动动作 M 组合成为结合动作。

（2）使用不用校正动作 R2 而用放置动作 P 就可完成操作动作的工夹具。

（3）改进移动动作 M 和放置动作 P，从而去掉校正动作 R2。

9）尽量不做判断动作 D3

（1）与移动动作 M、抓的动作 G 和放置动作 P 组合成同时动作。

（2）两个或两个以上的判断动作尽量合并成为一个判断动作。

（3）设计成没有正反面或方向性的零件。

（4）运输工具和容器涂上识别标记。

10）尽量减少脚踏动作 F3

（1）与移动动作 M、抓的动作 G 和放置动作 P 尽量组合成为同时动作。

（2）用手、肘等的动作替代脚踏动作。

11）尽量减少按、压动作 A4

（1）利用压缩空气、液压、磁力等装置。

（2）利用反作用力和冲力。

（3）使用手、肘的加压动作代替手指的加压动作。

（4）改进加压操作机构。

12）尽量减少行走动作 W5、身体弯曲动作 B17、站起来动作 S30

（1）设计使工人一直坐着操作的椅子。

（2）改进作业台的高度。

（3）使用零件、材料搬运装置。

（4）使用成品搬运装置。

（5）前后作业相连接。

8. 应用模特排时法需注意的事项

（1）模特排时法主要用于作业时对人的动作分析，在动作分析前应对整个生产过程进行作业程序分析和操作分析。只有在作业程序和操作均优化的基础上进行动作分析才有意义。另外，在进行动作分析的同时要考虑工作地的布置方法、工具和物料堆放方法的改善等。

（2）模特排时法中列出的动作，仅是工业生产手工作业中常见的动作，并不是所有人体有形动作都包括在内。因此，在实际工作中遇到特殊的动作或动作组合（模特排时法未作规定的），可根据模特排时法的基本原理自行定义和确定时间值，以满足实际工作的需要。

（3）当一项操作可以同时用身体不同部位的动作完成时，应选择时间消耗和体能消耗小的动作。这就要求观察分析时特别注意不要受实际操作的影响。

（4）移动动作只凭借人体一定部位来区分，而不必去实测移动距离的大小。

（5）移动动作与终结动作通常是成对出现的。

（6）应用模特排时法对作业进行分析时，一定要同时用动作经济原则。

（7）模特排时法存在动作分析不准及漏掉动作现象。模特排时法确定标准时间主要依据操作者的动作，因此，准确记录动作是运用此法的关键。由于定额人员缺乏实际应用经验，对动作进行模特分析时普遍存在分析不准和漏掉动作现象。其中分析不准的动作包括上肢动作中的M3、M4 动作，放置动作中的P2、P5 动作，旋转动作C4、M2 及搬运动作L1。漏掉动作通常为目视动作、施加压力动作等。上述问题使运用模特排时法确定的标准时间值偏小。

（8）模特时间单位取值问题。模特排时法在人体工程学基础上，根据人的动作级次，选择一个正常人的动作级次最低、速度最快、能量消耗最少的一次手指动作的时间值作为时间单位，即 1MOD=0.129 秒。但是有些企业工人熟练程度较低，达不到上述换算标准。若采用上述标准，工人可能完不成定额。

9. 模特排时法分析实例

【案例】某电脑有限公司以生产主机板为主，产品生产分为四个阶段，第一阶段是进行 SMT 作业（用贴片机将贴片元件打到 PCBA 上，并进行回流焊）；第二阶段是进行 H/I 作业（手插件工段，操作员将元件插到 PCBA 上，并进行波峰焊）；第三阶段是 T/U 作业（操作员用烙铁将经过波峰焊的 PCBA 进行手工修理）；第四阶段是 F/T（功能测试和包装段）。通过产能分析发现生产线不平衡，为此，需要调整 H/I 工段的生产能力。

分析时，分别以各工位为研究对象，运用 MOD 法对操作人员的左、右手动作进行记录，绘制双手操作动作因素分析表，并进行 MOD 分析，计算 MOD 值。这里只给出 1# 工位的动作因素分析，如表 5-20 所示。

表 5-20 1#工位动作因素分析（改进前）

<table>
<tr><td>作业内容：手插件</td><td rowspan="6">工作地布置图</td><td rowspan="6"></td></tr>
<tr><td>工位序号：1</td></tr>
<tr><td>定员：1</td></tr>
<tr><td>操作者：</td></tr>
<tr><td>MOD 数：150 时间：19.35 秒</td></tr>
<tr><td>日期：</td></tr>
</table>

左手动作		时间			右手动作	
动作叙述	分析式	次数	MOD 值	次数	分析式	动作叙述
从周转箱中取板	M4G1		5		BD	等待
移到身前	M4P0		4		BD	等待
持板	H		4		M3G1	伸手握取 GAME CON
持板	H		12		M3P5A4	插入 GAM1 位号处
持板	H		4		M3G1	伸手握取三联体 CON

续表

左手动作		时间			右手动作	
动作叙述	分析式	次数	MOD 值	次数	分析式	动作叙述
持板	H		12		M3P5A4	插入 PJ1 位号处
持板	H		4		M3G1	伸手握取 USB CON
持板	H		12		M3P5A4	插入 USB1 位号处
持板	H		5		M4G1	伸手握取 PS CON
持板	H		13		M4P5A4	插入 PS1 位号处
持板	H		5		M4G1	伸手握取 DIMM SOCKET
调整角度和方向	R2		15		M4P0E2P5A4	将 DIMM SOCKET 定位
持板	H		6		M2A4	插入 DIMM1 位号处
持板	H		5		M4G1	伸手握取 DIMM SOCKET
调整角度和方向	R2		15		M4P0E2P5A4	将 DIMM SOCKET 定位
持板	H		6		M2A4	插入 DIMM2 位号处
持板	H		5		M4G1	伸手握取 CON；PWR，10P*2
调整角度和方向	R2		13		M4P5A4	插入 CN1 位号处
将板放于工作台	M3P2		5		BD	等待
合计	20		150		136	

在对手插件工段进行分析时，运用 5W1H 提问技术对各工位的作业内容、作业方法、操作者、作业地点、作业时间进行提问、分析，结果发现以下问题。

（1）各工位任务分配不合理，存在瓶颈工位和冗余工位。各工位作业时间汇总如表 5-21 所示。

（2）作业缺乏标准化。

（3）标准工时不合理，存在人力资源浪费现象。

（4）标准产量没有充分挖掘企业实际生产能力。

表 5-21　手插件（H/I）工段各工位 MOD 值（改进前）

工位序号	1#	2#	3#	4#	5#	6#
左手 MOD 值	20	88	86	88	112	94
右手 MOD 值	131	87	93	97	75	94
综合分析值	150	116	131	131	131	127

在坚持动作经济原则和“ECRS”四大原则基础上对工段进行改善。具体包括以下方面。

（1）重新分配操作员的任务。

（2）进行作业改善，实施标准化作业。这里只给出 1#工位改善后的动作因素分析，如表 5-22 所示。

（3）重新确定标准时间和标准产量。改善后各工位的 MOD 值如表 5-23 所示。

（4）重新配置人力。

表 5-22　1#工位动作因素分析（改进后）

作业内容：手插件					工作地布置图	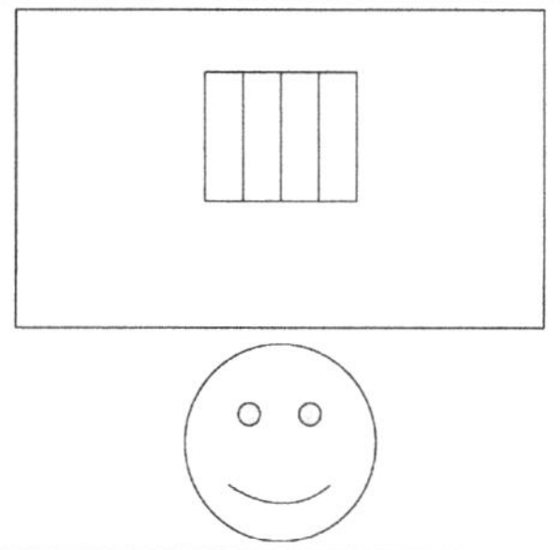
工位序号：1						
定员：1						
操作者：						
MOD 数：119　　时间：15.35 秒						
日期：						
左手动作		时间			右手动作	
动作叙述	分析式	次数	MOD 值	次数	分析式	动作叙述
从周转箱中取板	M4G1		5		M3G1	取 2 个 DIMM SOCKET
拿到身前	M4P0		4		M3P0	拿到位号处，留一个在手中
持板	H		11		M2P5A4	插入 DIMM1 位号处
调整角度和方向	R2		3		M2G1	从板上取另一个 DIMM SOCKET
持板	H		11		M2P5A4	插入 DIMM2 位号处
调整角度和方向	R2		4		M3G1	取 CON；PWR，10P*2
持板	H		12		M3P5A4	插入 CN1 位号处
调整角度和方向	R2		4		M3G1	取 GAME CON
持板	H		12		M3P5A4	插入 GAM1 位号
持板	H		4		M3G1	取三联体 CON
持板	H		12		M3P5A4	插入 PJ1 位号处
持板	H		4		M3G1	取 USB CON
持板	H		12		M3P5A4	插入 USB1 位号
持板	H		4		M3G1	取 PS CON
持板	H		12		M3P5A4	插入 PS1 位号处
将板放于工作台上	M3P2		5		BD	等待
合计	20		119		112	

表 5-23　手插件（H/I）工段各工位 MOD 值（改进后）

工位序号	1#	2#	3#	4#	5#	6#
左手 MOD 值	20	84+33	98	106	79	105
右手 MOD 值	112	83+33	80	81	104	81
综合分析值	119	90+33	122	123	122	123

改善后标准产量每小时提高20片，标准工时降低3秒，总人力减少21人，直接人工成本每小时降低42元。

复习思考题

1. 何为动作分析？动作分析的目的何在？

2. 进行动作分析时，有多少个动素？你能用形象符号记录所观察到的动作吗？

3. 写会议通知的信封。会议通知已预先打印好，每一张上都有被通知者的姓名。其工作是：按会议通知，在信封上写上姓名、地址、邮码。图5-39为工作台布置，其动作如下。

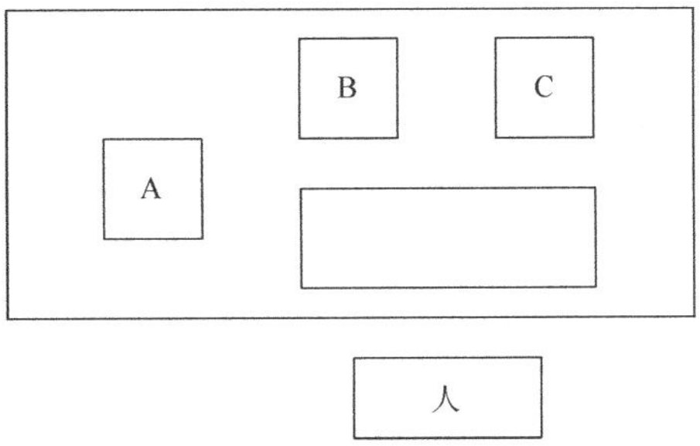

图5-39 工作台布置

从A盒中拿出一张通知，从B盒中拿出一个信封，放中间位置，左手压住，以右手执笔写以上内容。然后以右手拿起通知，左手拿起信封，放通知入信封，再放信封（含通知）于C盒。

试用动素程序图记录此程序。

4. 动作经济原则共有几项？请一一说出。实践中有哪些不符合动作经济原则的事例（举例说明）？如何改进？

5. 何为预定时间标准？有什么特点及用途？

6. 模特排时法有什么特点？

7. 模特排时法采用的时间单位是多少？

8. 模特排时法有哪21个动作？各动作的时间值是多少？

9. 是否在任何情况下都能同时动作？同时动作的条件是什么？

10. 何为限时动作？两手同时动作的时间值如何计算？

11. 两手都需要注意力时，时间值如何计算？

12. 模特排时法中需要注意力的动作有几个？不太需要注意力的动作有几个？

13. 用模特排时法分析下列动作并求MOD数：

伸手30厘米，把桌子上的杯子抓起，放到桌子的另一端，移动距离40厘米。

14. 一操作者装配垫圈及螺栓，其装配工作台布置如图5-40所示。请以MOD法分析其时间值，设宽放率为15%。试问其操作标准时间是多少？AD=BD=CD=15厘米，DE=10毫米（此例中橡皮垫圈的孔径略小于螺栓直径）动作次序如下。

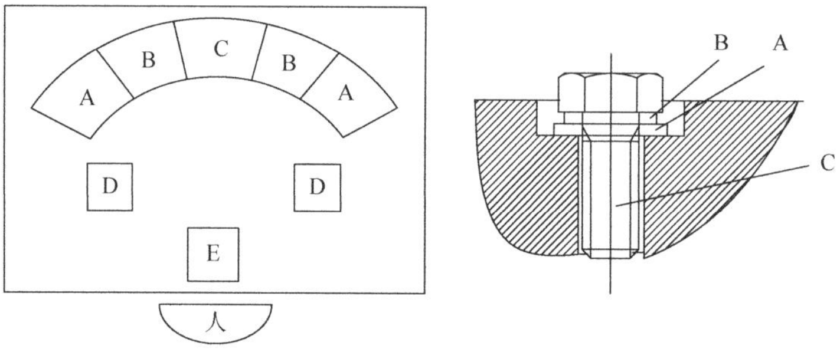

图 5-40 工作台布置

A—橡皮垫圈 B—平钢垫圈 C—螺栓 D—装配模座 E—坠送滑槽口

（1）双手各向 A 零件箱取一个橡皮垫圈放入模座内。

（2）双手各向 B 零件箱取 1 个平钢垫圈放入模座内。

（3）双手各向 C 零件箱取 1 个螺栓插入模座内（穿入平钢垫圈及橡皮垫圈孔内）。

（4）双手各取组成件，移至滑槽口 E 内，放手坠送到桌后成品零件箱内。

15. 装配螺钉的左右手动作如表 5-24 所示，试用模特排时法分析装配一个螺钉的时间值。

表 5-24 装配螺钉的左右手动作

左手	右手
伸向小螺钉（杂乱堆积）（25 厘米）	伸向旋具（25 厘米）
抓起小螺钉	用手指抓起旋具
抓正小螺钉	手中拿持
把小螺钉送往旋具（25 厘米）	把旋具送向小螺钉（25 厘米）
持住小螺钉	用旋具装配
送往主体的装配用孔（10 厘米）	（小螺钉头部是凹形槽，沟槽宽度为 3 厘米）
往主体的安装孔中装配	送向主体的装配用孔
扶持	往主体的安装孔中装配，开始拧螺钉
放下小螺钉	拧入（无阻力 3 次）
	把旋具送往台子上（25 厘米）
	放下旋具

研究报告

洗车仪表及传感器产品装配的工作研究项目研究报告

第6章 作 业 测 定

6.1 作业测定概述

6.1.1 作业测定的定义

国际劳工组织的工作研究专家为作业测定下的定义是："作业测定是运用各种技术来确定合格工人按规定的作业标准，完成某项工作所需的时间。"

合格工人的定义为一个合格工人必须具备必要的身体素质、智力水平和教育程度，并具备必要的技能和知识，使他所从事的工作在安全、质量和数量方面都能达到令人满意的水平。

规定的作业标准是指经过方法研究后制定的标准工作方法，以及其有关设备、材料、负荷、动作等一切规定的标准状况。

在进行作业测定时，选择合格工人是很重要的，工人的工作速度各不相同，如果根据动作速度较慢的或不熟练工人来制定时间标准，势必造成时间过宽，从而不经济；而根据动作较快的工人制定时间标准，则势必造成时间过紧，这样制定的标准对工人是不公平的。

奖励制度、编制计划、组织生产、经济核算、计算成本、平衡核算生产能力、考核工人劳动成果和劳动力计划、调配等，都离不开时间标准。因此，实行科学管理，除进行程序分析、操作分析和动作研究外，还必须进行作业测定。

基础工业工程的全过程是利用程序分析、操作分析和动作研究方法获得最佳程序和方法，然后再利用作业测定为所有作业制定出时间标准。

制定时间标准的方法有以下二种。

（1）经验判断法。由定额员（或估工小组）根据产品的设计图纸、工艺规程或产品实物，考虑到使用的设备、工装、原材料以及其他生产技术、组织条件，凭生产实践经验估算出工时消耗而制定定额的方法。过去一般都用此法，简便易行，但误差较大。

（2）历史记录法。历史记录法以记工单（或打工卡）为凭证，根据过去生产的同类型产品或零件的实耗工时或产品的原始记录等统计资料，来推断同等内容工作的时间标准。其不足之处在于其时间标准中包括其他工作时间、私事延迟等。因此，统计资料数据往往比实际操作时间多，而且变化很大。虽然此法比经验判断法具有科学性，但仍不能作为计算成本等的可靠依据。

（3）作业测定。它是在方法研究的基础上，对生产时间、辅助时间等加以分析研究，以求减少或避免出现在制造业中的无效时间及制定时间标准而进行的测定工作。即直接或间接观测工作者的操作来记录工时，并加上评比和宽放，或利用事先分析好的时间标准加以合成，而得到时间标准。作业测定是一种科学、客观、令人信服的决定时间标准的方法，目前世界上各工业发达国家，均采用作业测定法来制定劳动定额。从发展来看，这几种方法反映了定额制定由粗到精、由低到高的发展过程。

6.1.2 作业测定的目的

作业测定的目的是寻求完成一项作业的时间消耗量与影响规律之间的变化规律，确定经济合理的标准，并设法减少和消除无效时间，以求制定最佳的作业系统。

具体来说，作业测定的目的如下。

（1）制定作业系统的时间标准。制定实施某项作业所需的时间标准，作为工作的计划、指导、管理及评价的依据。

（2）改善作业系统。观察某项作业的全过程，测定各单元作业的所需时间，包括测定工人的空闲时间、等待物料时间等非创造附加价值的时间占整个工作时间的百分比，其数据作为改进工作的依据。

（3）制定最佳的作业系统。实施某项作业有两种以上的方法时，以每种作业方法所测定的时间作为比较依据，降低产品工时消耗和提高劳动生产率，好中选优，以制订最佳方案。

（4）核算企业生产工作量、劳动量。这是编制计划、平衡生产能力、安排生产进度、计算工人需要量和进行定员编制以及调整劳动组织的依据。

（5）计算劳动消耗。这是正确计算产品成本和估算新产品价格的基础。

总之，作业测定是用科学方法制定先进合理的时间定额，对加强企业经营管理、推行经济责任制和提高劳动生产率，有着十分重要的意义。

6.1.3 作业测定的应用

通过调查研究发现无效时间的原因固然重要，但实际应用中从长远来看，制定合理的时间标准更为重要，无标准就没有管理。标准方法、标准时间乃是进行管理的基础。

制定时间标准必须依靠作业测定，作业测定可以应用于以下方面。

（1）比较各种工作方法的效果，在相同条件下工时最短是最理想的方法。

（2）平衡作业组成员之间的工作量。

（3）决定每个作业人员能操纵的机器台数。

（4）提供编制生产计划和生产进程的基础资料，包括执行工作方案和利用现有生产能力所需要的设备和劳动力。

（5）提供产品或服务的估算标价、销售价格和交货合同的基础资料。

（6）确定机器利用率指标和劳动定额，并可作为制定奖励办法的基础。

（7）提供劳动成本管理的资料。

6.1.4 作业测定的主要方法及特点

作业测定的方法有许多种，各种方法都有它们发展和形成的过程，因而也就有它们适用的不同情况和条件。作业测定技术不只限于制定时间定额，而且被广泛应用于企业诊断，分析企业工时利用状况，查定企业生产能力，总结与推广先进的操作方法，调整生产组织与劳动组织等许多方面。作业测定的主要方法如下。

（1）时间研究（秒表时间研究）。时间研究是利用秒表或电子计时器，在一段时间内，对作业的执行情况进行直接的连续观测，把工作时间以及与标准概念（如正常速度概念）相比较的对执行情况的估价等数据，一起记录下来给予一个评比值，并加上遵照组织机构所制定的政策允许的非工作时间作为宽放值，最后确定出该项作业的时间标准。

（2）工作抽样。时间研究是在一段时间内，利用秒表连续不断地观测操作者的作业；而工作抽样则是在较长时间内，以随机的方式、分散地观测操作者。利用分散抽样来研究工时利用效率，具有省时、可靠、经济等优点，因此而成为调查工作效率、合理制定工时定额的通用技术。

（3）预定动作时间标准法。这是国际公认的制定时间标准的先进技术。它利用预先为各种动作制定的时间标准来确定进行各种操作所需要的时间，而不是通过直接观察或测定。而且不需要对操作者的熟练、努力等程度进行评价，就能对其结果在客观上确定出时间标准，故在国外称为预定时间标准法。预定时间标准法有40多种。

（4）标准资料法。标准资料法是将直接由秒表时间研究、工作抽样、预定时间标准法所得的测定值，根据不同的作业内容，分析整理为某作业的时间标准，以便将该数据应用于同类工作的作业条件上，使其获得时间标准的方法。

6.1.5 作业测定方法制定时间标准的程序

1. 作业测定的阶次（层次）

制定时间标准时，应首先决定研究工作的阶次，工作阶次通常分成下列四层。

第一阶次：动作。人的基本动作测定的最小工作阶次，如伸手、握取等。

第二阶次：单元。由几个连续动作集合而成，例如，伸手抓取材料、放置零件等。

第三阶次：作业。通常由两三个操作集合而成。若将其再分解为两个以上的操作，则不适合分配给两个以上的人以分担的方式进行作业。例如，伸手抓取材料在夹具上定位（包括放置）、拆卸加工完成品（从伸手到放置为止）等。

第四阶次：制程。这指将进行某种活动所必需的作业进行串联，如钻孔、装配、焊接等。

工作阶次的划分应以研究方便为原则。低阶次的工作可以合成为高阶次的工作，高阶次的工作也能分解为低阶次的工作。工作阶次的划分，使我们能利用各种技术来衡量不同阶次的时间标准，并在人力资源与工作阶次之间形成一种密切的关系。

一般来说，秒表时间研究应用于第二阶次的工作，工作抽样通常用于第三四阶次的工作；预定时间标准法常用于第一阶次的工作；标准资料法可用于第二三四阶次的工作。

2. 作业测定方法制定时间标准的步骤

（1）作业标准化。由于时间标准是在特定条件下对工作所确定的时间，所以作业必须先行标准化，然后才能制定其时间标准。作业标准化包括确定特定的工作环境、作业条件、作业设备、作业方法和为完成该项工作所必需的宽放时间等。

（2）测定的准备。在选择制定时间标准的方法前，应对下述情况进行调查：对象作业的周期、月产量、生产方式、产品或零件加工的连续性、作业的标准化程度、作业内容、达到的精度、制定时间标准的费用等。当所用的测定方法确定之后，还要选择作为测定对象的操作者，并向他说明测定的有关事项。此外，要把与影响时间标准的诸条件有关的情报完全记录下来。

（3）选定测定方法。测定时间标准的方法有秒表法、工作抽样法、PTS 法、时间研究法、标准时间资料法等很多种类。每种方法各有特点，故需根据使用目的和测定的对象作业性质选择适当的方法。

（4）实施观测，求“观测时间”。

（5）对“观测时间”加以评定，得出“正常时间”。

（6）对“正常时间”加以宽放，得出“标准时间”。

（7）时间标准的修正。时间标准始终是个基准值，有时也可作为目标值。当时间标准用于计划、管理和评价时，要另行设定反映实际情况的系数，以此对时间值加以修正，修正系数通常又分为管理系数、批量系数、小组作业系数和干涉系数等。

需要注意的是，当采用间接测定法时（如预定时间标准法、标准资料法），因无需通过直接观测与评定来决定工作的“正常时间”，所以上述步骤中第（5）和第（6）步应合并为：对各操作单元进行分析、计算和查表，得出“正常时间”。

6.2 工作日写实

工作日写实、测时法和瞬时观察法是作业测定的几种常用方法。

6.2.1 工作日写实的一般原理

工作日写实就是按时间消耗的顺序，对工人在整个工作班时间或部分工作时间内的一切工时消耗情况，进行实地观察、记录或分析的一种方法。

1. 工作日写实的目的与作用

（1）可以全面分析、研究工作班时间的实际利用情况，找出工时损失及其原因，以便提出相应的组织技术措施，保证工时得到更充分的利用。

（2）提供准备结束时间、布置工作地时间、休息与自然需要时间的数据资料。在分析的基础上制定这类时间的定额和定额标准。

（3）确定大量或大批生产时单位时间的实际产量及工作班内的生产速度，为最大限度增加作业时间，规定工人与设备在工作日内合理的负荷量，提供有技术根据的资料，有利于组织均衡生产。

（4）研究先进生产者的工时利用方法，总结推广工时利用的先进经验，帮助广大工人充分地利用工时，提高劳动生产率。

（5）在制定看管定额时，确定一名工人或一组工人看管设备的台数。

（6）确定合理的劳动组织、劳动分工形式以及合理的工作地组织，研究管理人员、技术人员、服务人员的合理定员。

（7）通过工作日写实等观察研究方法，查定生产能力，查定设备负荷，劳动力余缺，工时定额水平，生产潜力，为企业整顿提供数据，使群众和干部对企业的面貌有更多的了解，做到心中有数。

由此可见，工作日写实的作用，总体来说，就是用全面提高工时利用程度的方法合理制定定额，并保证劳动生产率的提高和改善企业的经营管理。

2. 工作日写实的对象和范围

写实的对象可以是先进的、一般的或后进的工人，也可以对设备的运转进行写实。

写实的范围，可以是个人的，也可以是集体的；写实的内容，可以是典型的，也可以是全面的。这些都要根据工作日写实的目的和要求来决定。

6.2.2 工作日写实的种类

工作日写实目前主要采用以下五种形式。

1. 个人工作日写实

个人工作日写实是指在整个或部分工作班时间内，通过对一个工人在一定工作地上所消耗的全部工时，进行观察和记录，分析和研究工时利用情况，发现先进因素，挖掘工时潜力，改进企业工作，制定技术定额。采用这种方法取得的工时资料比较具体细致，这种方法不仅可用于生产工人，也可以用于辅助人员、服务人员和技术人员。个人工作日写实的目的侧重于调查工时利用，确定定额时间，总结先进工作方法和经验等。

2. 工组工作日写实

工组工作日写实是指在一个工作地上（按照一个任务单工作的）对一个工组在整个工作班或部分工作班中进行的观察、记录。通过对记录分析研究，以确定合理的定员人数，合理的劳动分工，减少或消除工组间配合上的停顿、脱节、忙闲不均等造成的工时浪费，改善劳动组织，提高劳动综合效率。

工组工作日写实可细分为以下两类。

（1）同工种工组工作日写实：被观察的工组为相同工种的作业者（如都是车工、造型工）。此种写实可以获得反映同类作业者在工时利用以及在生产效率等方面的优劣和差距资料，发现先进工作方法以及引起低效或时间浪费的原因。

（2）异工种工组工作日写实：被观察的工组由不同工种工人构成（如兼有基本工人和辅助工人的工组，兼有多种技术工种的工组）。此种写实可以获得反映组内作业者负荷、配合情况等的资料，为改善劳动组织、确定合理定员等提供依据。

3. 看管多台机床的工作日写实

该种工作日写实是指对看管多台机床或多台设备的一个工人或几个工人，在整个工作班或部分工作班中的工时消耗情况，进行观察、记录。此种写实主要用于研究多机床看管工人作业内容、操作方法、巡回路线等的合理性，以及机器设备运转，工作地的布置、供应、服务等情况，以发现并解决多台看管存在的问题，为充分地发挥工人和设备的效能提供依据。

4. 自我工作日写实

自我工作日写实是指工人在从事生产和工作过程中，对自己消耗的非定额时间，如实地加以记录的方法。此种写实，有特定的写实记录表格，由作业者进行原始记录，专业人员进行分析改进。主要用于研究由组织造成的工时损失的规模和原因，目的是改进企业管理，为减少停工时间和非生产时间提供依据。

5. 特殊工作日写实

特殊工作日写实是为满足某些特殊要求而专门观察某些工时消耗的写实方法。特点是只观察记录、分析研究工作班内与研究目的有关的事项及其消耗时间。既可对个人，也可对工组实施。例如，调查繁重体力劳动工人的休息与生理需要时间，调查材料、能源缺乏引起的停工时间损失，调查长期完不成生产定额者的工作状态等，都可通过特殊工作日写实获得所需的情况和资料。

以上几种形式中，个人工作日写实是最基本、最常用，也是最有典型意义的。本节对个人工作日写实进行比较详细的介绍。

6.2.3 工作日写实的步骤

这里以个人工作日写实为代表，介绍写实的步骤。写实的主要步骤是：准备工作、进行写实观察、整理分析和提出改进措施。

1. 准备工作

做好写实前的准备工作，是保证写实效果的重要条件。做好写实前的准备工作，应该从下面几点着手。

1）确定写实的目的和要求

写实的目的是与写实的基本任务相一致的，如为了制定定额，研究推广先进经验，分析生产能力，确定设备定员，改进生产管理或改善劳动组织，确定轮班生产中的速度和衔接等。

2）选择写实的对象

写实对象要根据写实的目的来确定。为了分析和改进工时利用的情况，找出工时损失的原因，可以分别选择先进、中间和后进工人为对象，便于分析对比，总结经验，改进工时利用和改进操作方法；为制定定额提供资料，应选择介于一般和先进之间的工人为对象；为了总结先进经验，应选择具有代表性的先进工人为对象；为了确定或研究设备定员，就应该选择看管设备的工人；如果是为了查定生产能力，就要选择有代表性的典型车间、工段或小组；为了改进企业管理和改善劳动组织，就应当选择影响因素较多、生产中的关键和薄弱环节的工人或班组。总之，选择对象要根据写实目的，有针对性，有代表性。

3）了解情况，适当处置

为了实施好写实，观察者要事先（至少提前1天）了解写实对象和工作地的组织、设备、工作条件、劳动对象、劳动手段和装备的情况。具体包括以下几方面。

（1）了解生产管理的制度，包括原材料供应制度、工夹量模具保管和借领制度、产品检验制度、考勤制度、交接班制度、薪酬福利制度、机器设备检修制度等。

（2）了解劳动对象的情况，如加工零件的尺寸、精度、粗糙度、技术要求、材料、重量、贵重程度、废品情况、特殊性能、特殊加工方法等。

（3）了解劳动手段的情况，包括设备的名称、型号规格、作用、主要尺寸、性能、自动化程度，夹具的形式、性能；模具大小、精度、性能，起重运输设备的性能等。

（4）了解工地组织的情况，包括机器设备的布置，建筑场地的空旷和畅通程度，材料、工具的放置，安全设备的设置，工作地的劳动条件，如照明、空气、噪声、振动、工作台、座椅的设置等。

（5）了解劳动者和劳动组织的情况，例如，生产工人的工龄、技术等级与工作物等级是否相适应，基本工人和辅助工人的分工，有没有专门配备生产准备工，是集中磨刀还是分散磨刀等。

（6）了解当前的生产情况，如产品、质量、完成定额、设备利用、负荷饱满程度、奖金支付等情况。然后，将情况用简单的文字填在个人工作日写实调查表的表头（表6-1）内。

表6-1　个人工作日写实调查表表头

<table>
<tr><td>车间</td><td>机械加工车间</td><td colspan="3">写实编号</td><td>No1</td></tr>
<tr><td>工段</td><td>一工段</td><td colspan="3">观察者</td><td>李明</td></tr>
<tr><td>观察日期</td><td>观察开始</td><td colspan="3">观察终止</td><td>观察延续时间</td></tr>
<tr><td>2008年2月5日</td><td>8时</td><td colspan="3">17时</td><td>8小时</td></tr>
<tr><td colspan="2">工人</td><td colspan="2">设备</td><td colspan="2">工作物</td></tr>
<tr><td>姓名</td><td>王平</td><td>名称</td><td>普通车床</td><td>工序名称</td><td>车销子</td></tr>
<tr><td>工号</td><td>No46</td><td>编号</td><td>No300</td><td>图号</td><td>240—61</td></tr>
<tr><td>工种</td><td>车工</td><td>类型</td><td>C—620—1</td><td>材料</td><td>45号钢</td></tr>
<tr><td>等级</td><td>4</td><td rowspan="2">主要尺寸</td><td rowspan="2">200×1000</td><td rowspan="2">工作等级</td><td rowspan="2">3</td></tr>
<tr><td>专业</td><td></td></tr>
<tr><td>工龄</td><td>6</td><td>状况</td><td>良好</td><td>良品</td><td>50</td></tr>
<tr><td rowspan="2">特征</td><td rowspan="2">普通工人</td><td>夹具</td><td>三爪卡盘</td><td>废品</td><td>1</td></tr>
<tr><td>刀具</td><td>硬质合金</td><td>完成定额（%）</td><td>115</td></tr>
</table>

了解情况后，对情况要作适当处置。如果目的是制定有关的时间定额，则需要消除工作地上一些不正常的生产技术、组织条件。对于制定技术定额，要求就更高一些。对于改进管理和改善劳动组织，可以按现实情况了解，不需要另行处理。

4）讲清目的

企业员工会关心清除生产中妨碍进行高效率工作的缺点，关心企业的经营管理和经济效益。既然写实是消除工时损失提高劳动效率的手段，那么一般地说，工人会积极参与工作日写实工作的。但是，如果工人对写实的目的和意义不了解，就可能引起误解，甚至抵制写实工作。因此，在写实前，写实人员要把写实的意图和目的，向写实对象讲清楚，以便取得工人的积极配合。另外，这步和上面了解情况那一步，谁先谁后，可视情况而定。如果是为了制定定额而准备数据资料，要采取措施提前排除生产管理中的不合理因素，这要有一个过程。因此，可先了解情况后讲清目的，否则讲得过早，隔很多天再写实，工人可能忘记或产生别的想法。

5）划分项目

根据前面所讲的时间消耗的分类，划分详细的项目，并给它们规定简单的代号，预先设计好写实的表格，将能够填写的项目提前写在表格上，以便顺利地记录工人在整个写实观察过程中操作的项目和全部的时间消耗。

6）培训写实人员

写实是一项科学细致的工作，不仅要有严肃认真的工作态度、强烈的事业心和责任感，而且，要具备必要的理论知识和实际技能，还要有一定的观察、分析、判断和指导能力。国外对写实人员的个人素质有较高的要求，如诚实、热心、公平、责任心强、有观察力、分析力、判断力、计划能力、指导能力等。而且，要对写实人员进行两三个星期的专门训练，经过考试合格，即测验其写实的数据资料，与对应的典型写实资料相对照，当误差在规定范围以内时，才算合格。这些都值得我们学习和借鉴。这种培训工作，对从来没有搞过这项工作的新定额人员，尤为重要，这是一项基础训练和基本功。

2. 进行写实观察

在做好各项准备工作以后，就可以进行实地写实观察了。将观察到的情况填入写实表时应做到以下几点。

（1）在观察和记录过程中，写实人员应集中精力，认真观察，如实记录；不得擅自离岗；保证写实的真实性，不能因为是非定额时间，就不记录。

（2）写实人员观察当天要提前到现场，观察时应站在能清楚地观察全部作业的位置，工作班开始，即开始记录。如果工作班开始时，工人尚未到达或规定的作业没有开始，应该记录下来，并说明延迟的原因及具体时间，在后面分析时，还要查明责任者。

（3）工作中途发生停工或工人离开作业现场时，观察人员应该详细记录其时间和原因。当写实对象离开写实场所时，写实人员应跟随观察。如果跟随有困难，待其返回后，应立即询问。不可凭主观猜测记录。

（4）如果设备在自动进给过程中，工人又做了某些其他操作活动，例如，擦拭机床、清理铁屑、打毛刺、整理毛坯或半成品、检验产品质量、装夹零件、整理工具等，也应记下这些交叉动作，并注明与哪个序号相交叉。

（5）为使观察准确可靠，观察是以分为单位进行的，在某些情况下可细分一些。对于观察的次数，一般根据生产类型、作业性质与写实的目的要求确定，一般在 2 次或 2 次以上；若是大量生产，要求准确的工时资料，次数要多一些，可在 3～5 次；如果为了学习和了解先进经验，则对经验的观察要细致些，若是一面记录，一面研究，则观察次数也可多些；当制定定额标准，要求标准有通用性和指导意义时，观察次数也要多一些。产品复杂，生产周期长，不能全部了解每个工作班的生产情况和工人的活动时，观察就要多用几个工作班，以便了解产品生产过程的全貌。

（6）生产发生事故或写实对象因非工作原因离岗，停产或停工时间60分以上，写实资料无效。

表6-2为车工个人工作日写实表。

表6-2　车工个人工作日写实表

序号	项目	起止时间	作	布	休	准	非组	非个	停组	停个	交叉	备注
	开始工作	8：00										
1	上班迟到	03								3		
2	穿工作服	06		3								
3	熟悉图纸	13				7						
4	领工夹量具	18				5						
5	放置工具	20		2								
6	磨样板刀	30				10						
7	车床上工作	58	28									
8	找检验员	9：04					6					
9	车床上工作	24	20									
10	打光车刀	37		13								
11	自然需要	41			4							
12	车床上工作	10：21	40									
13	和别人谈话	23								2		
14	吸烟	28			5							
15	在车床上工作	43	15									
15-1	清除机床上铁屑	44		1							1	
16	等待分配工作	58							14			
17	车床上工作	11：50	52									
18	提前洗手	12：00								10		
	午休											
	开始工作	1：00										
19	车床上工作	27	27									
20	停电	47							20			
21	车床上工作	2：03	16									
22	磨车刀	13		10								
23	车床上工作	43	30									
24	更换车刀	46		3								
25	找工长	52					6					
26	车床上工作	3：12	20									

续表

序号	项目	起止时间	作	布	休	准	非组	非个	停组	停个	交叉	备注
27	修理车床	24					12					
28	车床上工作	56	32									
29	清除切屑	57		1								
30	自然需要	4：00			3							
31	车床上工作	19	19									
32	自然需要	29			10							
33	车床上工作	39	10									
34	提交检验	46				7						
35	交还图纸	49				3						
36	收拾工作地	56		7								
37	提前洗手	5：00								4		
合计		480	309	40	22	32	24	—	34	19	1	—

3. 整理分析

整理分析工作大致分为三部分，即数据的计算、数据的分析和提出改进措施。整理分析要在以上写实表的基础上，整理出汇总表。下面先将车工的写实汇总表列出，如表6-3所示。然后再将上述几项工作的内容加以详细阐述。

表6-3 车工写实汇总表

项目			代号	延续时间结算			其中：交叉时间
				时间（分）	占工作日（%）	占作业时间(%)	
定额时间	基本时间		基	—	—	—	1
	辅助时间		辅	—	—	—	
	小计		作	309	64.3	—	
	布置工作地时间		布	40	8.3	12.9	
	休息自然需要时间		休	22	4.6	7.1	
	准备结束时间		准	32	6.7	10.4	
	合计			403	83.7	（30.4）	
非定额时间	非生产时间	组织造成	$非_{组}$	24	5	7.8	
		个人造成	$非_{个}$	0	0	0	
		小计		24	5	7.8	
	停工时间	组织造成	$停_{组}$	34	7.1	11.0	
		个人造成	$停_{个}$	19	4.0	6.1	
		小计		53	11.1	17.1	
	合计			77	16.0	24.9	
总计				480	100		
可提高的劳动生产率	由清除组织造成的停工和非生产时间		$M_1 = \dfrac{非_{组}+停_{组}}{定} = \dfrac{24+34}{403} \times 100\% = 14.4\%$				

续表

项目		代号	延续时间结算			其中：交叉时间
			时间（分）	占工作日（%）	占作业时间（%）	
可提高的劳动生产率	由清除个人造成的停工和非生产时间	$M_1 = \frac{非_{组}+停_{组}+休(实际)-休(规定)}{定} = \frac{0+19+22-15}{403}\times 100\% = 6.5\%$				
	劳动生产率可能提高的程度：$M = M_1 + M_2 = 14.4\% + 6.5\% = 20.9\%$					

1）数据的计算

（1）计算各项延续时间，并填在相应的时间代号栏内。各项的延续时间是由该项的起止时间（经过时间）减去前一项的起止时间而得到的，如表 6-2 中的穿工作服的延续时间是该项延续时间 05 减前项 03 得 02，即 2 分，填入布置工作地时间的代号内。

（2）汇总各类时间。这是将写实表内各同一代号的时间相加而得。所得数据再填入写实汇总表的同名时间栏内，如作业时间汇总是 336 分，将此得数填入汇总表的同名时间栏内。

（3）分别计算各类时间占工作日总时间的百分比。即将该类时间除以工作班的总时间 480 分。例如，布置工作地时间为 29 分，占工作日总时间的 5.8%。

（4）分别计算各类时间占作业时间的百分比。即将该类时间除以作业时间而得。例如，布置工作地时间为 29 分，除以作业时间 336 分，得 8.3%。

（5）计算可能提高劳动生产率的程序，将由组织造成的和由个人造成的两部分停工时间分别计算，然后相加而得。其中，组织造成的 M_1 由下式计算：

$$M_1 = \frac{非_{组}+停_{组}}{定}$$

式中，M_1 为消除组织造成的停产可提高的劳动生产率；$非_{组}$ 为组织造成的非生产时间；$停_{组}$ 为组织造成的停工时间；定为定额时间。

由个人造成的，用下式计算：

$$M_2 = \frac{非_{个}+停_{个}+休_{(实际)}-休_{(规定)}}{定}$$

式中，M_2 为消除个人造成的停产可提高的劳动生产率；$非_{个}$ 为工人个人原因造成的非生产时间；$停_{个}$ 为工人个人原因造成的停工时间；$休_{(实际)}$ 为写实中实际发生的休息与自然需要时间；$休_{(规定)}$ 为该工种所规定的休息与自然需要时间。

2）数据的分析

（1）对于组织造成的停工和非生产时间的浪费，可采取措施，改进企业管理，并通过写实表可以查明原因和责任者。

（2）对于个人造成的停工和非生产时间的浪费，可采取措施，加强劳动纪律，提高工艺技术水平和工作责任心，并通过写实表来查明原因，提出相应的解决办法。

（3）可以制定定额和定额标准。例如，布置工作地时间占作业时间的百分比，表 6-3 中为 8.3%，如果选择的对象有代表性，工作条件和工作方法基本合理，就可以作为时间定额或定额标准。

（4）通过几类不同人员（先进、一般、后进）的数据比较，可以发现先进工作方法，加以推广。

（5）通过与工作日时间的对比，可以分析工人对时间利用的结构和程度。研究其规律性和发展趋向，研究不同作业，不同生产类型，不同专业化、自动化程度的时间规律，不断改善分工协作和劳动组织。

4. 提出改进措施

工作日写实的目的在于消除工时损失，在合理规定照管工作地、休息和生理需要、准备和结束等时间标准的条件下，提高作业时间的比重。应根据以下要求拟定改善措施。

（1）合理规定准备和结束时间。这部分时间要根据生产类型和生产组织改善情况而定。如果生产类型提高了，这部分时间可相应地降低。如果材料、工夹具、图纸等由有关人员直接送到工作地，这部分时间可相应地降低。

（2）科学地规定照管工作地时间。这部分时间凡属组织性的，如机床加油、擦拭等，应根据设备的构造、加工精度等分别规定。交接班时间应根据交接班工作内容的多少来决定。这部分时间凡属技术性的，例如，更换刀具、研磨刀具、检查和调整设备等，要根据刀具的耐用程度、加工工种以及设备状况来决定。如果其中有些工作是由辅助工人承担的，所需时间不应计算在内。

（3）合理规定休息和生理需要时间。确定休息需要时间一般从四个方面来考虑：一是精神负担，这是指工人在作业中是否需要创造力，所负责任的大小，对安全需要注意的程度等；二是体力负担，这是指工人干活的轻重，动作姿势（如坐、站着、蹲着、走着等）以及干精密活眼睛的疲劳程度；三是单调感，这是指工人在作业中动作的重复程度；四是环境，这是指工人所处环境的温度、湿度、噪声、粉尘、照明等状况。企业应根据这些方面所引起的疲劳程度，划分若干等级，分别确定所需的休息时间标准（即每项等级的休息时间占作业时间的百分比）。有了这个时间标准，就可以用计算的方法来确定休息需要的时间。生理需要时间一般女工应大于男工。如果企业规定上下午有工间操活动时间，或者有些作业的间歇时间比较长，生理需要时间可以适当减少。

（4）减少非生产工作时间和非工人造成的损失时间。引起这两部分工时损失的主要原因是管理不善，所以要针对存在的问题，通过加强管理来解决。例如，该辅助工干的活，由操作工干了，就要从责任制度上，明确他们之间的职责分工。如果是工人等待分配工作，停工待料，等待工夹具，等待技术检验，等待修理或调整机器设备，就要加强作业计划工作，做好作业准备，改进设备维修的组织工作等。现在有的企业在车间内设控制室，每个工作地有信号装置。当控制室接到工作地信号后，按照提出的要求，立即和有关部门联系解决，这样可以提高操作工的作业时间。此外，工人承担的社会活动应该尽量安排在业余时间进行。

（5）消除工人造成的损失时间。解决这一部分工时损失的根本措施是加强思想政治工作，提高工人的政治觉悟。同时要加强劳动纪律的教育，严格执行岗位责任制度、奖惩制度，以及劳动管理的其他有关制度。

通过工作日写实以后，就可以设计出新的工时利用方案。为保证工作日写实所取资料的准确，最好多写实几次，一般可进行三次，然后求出平均值，作为研究工时利用的依据。

6.3 测 时 法

用工作日写实的方法，只能分析研究工作班内各类工时的消耗，而对于全部工时消耗中占很大比重的作业时间则不能进行深入细致的了解，同时，也不可能给制定作业时间的定额标准提供详尽的资料。为了准确地掌握作业时间，就需要对工序及其构成因素进行测时并加以详细的分析研究。

6.3.1 测时法的概念和任务

测时法就是用秒表以工序为对象，按操作的顺序实地观察和测量时间消耗的一种方法。测时法的工具种类较多，简单的如手表、单针秒表；复杂的有高速电影机、慢速电影机、高速和慢速录像机、测时器等。通常用的是单针秒表、双针秒表和数字秒表。

测时法的任务如下。

（1）制定单件作业时间的技术定额和为制定技术定额标准提供基础性数据。

（2）寻求合理的操作方法，确定合理的工序结构，测定工人完成工序中各个组成部分的时间消耗量，为制定作业时间定额提供资料。

（3）研究先进生产者的操作方法和技巧，以便总结经验，加以推广。

（4）分析工人定额完成的情况，帮助工人完成或超额完成工时定额，达到逐步降低工时消耗，提高劳动效率的目的。

（5）分析传送路线的工作和流水线的节拍，使生产正确地、有节奏地传递，使工人的工作在时间上得到合理的组合，保证均衡生产。

（6）研究和分析多机床、多设备的看管，确定设备看管定额，确定合理的劳动组织。

（7）确定生产能力，摸清生产潜力，提高综合生产能力和综合效率。

6.3.2 测时法的步骤

测时法的步骤可分为测时准备工作、测时观察和测时资料的整理分析等三个阶段。

1. 测时准备工作

测时法的质量，在很大程度上取决于测时前的准备工作。主要有以下几个方面。

（1）选择对象。如果测时是为了制定定额，应当选择介于先进和一般之间的工人为对象；如果是为了总结先进操作经验，应选择先进工人作为对象；如果为了找出完不成定额的原因，则应选择完不成定额的工人为对象。测时对象确定后，测定人员要将测时的目的、意义和要求，向工人讲清楚，以便取得工人的配合。

（2）建立良好的技术组织条件，以保证测时数据的科学性，在质量上符合技术定额的要求。采取的措施应包括下列几个方面。

①使设备、工具、夹具、起重运输工具等都应处于良好的工作状态，符合工艺规定的要求，以保证加工件达到精度和粗糙度的要求。

②保证工人在开工前有完成任务所需的一切用具，例如，切削用刀具、测量工具、材料、毛坯、半成品、润滑油、冷却液等，并井井有条地配置于工作地点。

③合理地布置好工作地。毛坯、半成品、工作用具、量具、模子、箱子、架子、柜子必须放置在正确的位置，以便减少或消除工人的多余动作和不便利的操作。

④保证工人在工作过程中有必要的照明度和正常的气温。

⑤指导工人按规定的工艺要求进行操作。

（3）将工序划分为组成部分。这是测时准备工作的重要环节，因为通过把工序划分为组成部分，可以确定工序最合理的结构和顺序。原则是把基本时间和辅助时间、机动时间、机手并动时间和手工操作时间分开。组成部分的划分应符合定额标准的要求，工序各组成部分划分的详细程度，取决于生产类型。在大量大批生产中，通常划分为操作；在成批生产中，通常划分为综合操作；如果工序组成部分在时间上小于 2～3 秒，则应将此部分合并在相邻部分中。

（4）确定定时点。为了保证工序各个组成部分时间测量的精确性，必须正确地确定每个操作的开始时间和终止时间。为此，在划分操作的基础上，确定定时点，作为区分上下操作之间的界限，以保证每次观察记录的一致性和正确性。定时点的确定，一般是以易于观察操作（动作）变化明显的时刻为准则，定时点应选择声音或视觉上容易识别的标志。例如，手接触或离开加工对象等，都可以作为定时点。又如，车削工件，操作的起始定时点是车刀与工件接触时，而终结定时点是切削终止时。下面以表 6-4 列举用手锯锯毛坯作业的实例，说明定时点的确定。

表 6-4 定时点确定实例表

序号	作业内容	定时点	
		起始点	终结点
1	拿起毛坯夹在虎钳上	手接触毛坯	手接触锯子
2	用锯子锯毛坯	手接触锯子	锯子接触毛坯
3	从虎钳上取下毛坯放回工作台上	锯子接触毛坯	手接触毛坯（下一个）

（5）分析和确定影响时间的因素。将工序划分为各组成部分并确定出定时点后，就在测时观察表的最后一栏中，记下影响各该部分的时间长短的主要因素，并应符合定额标准的要求。例如，车削测时表，第一编号的影响因素是毛坯重量 0.5 千克，取零件的距离 0.8 米。

（6）确定观察次数。测时观察的次数，要根据生产类型、作业性质（机动、机手并动、手动操作）和工序延续时间长短等条件来确定。在大批量生产条件下，测时精确度要求高，观察次数比单件小批生产类型多些；工序的延续时间长，每次测定的结果出现的误差相对小些，观察次数可以少一些。一般机动操作比手动操作稳定，观察次数也可少些。其具体数值如表 6-5 所示。

（7）填写测时观察表。除需要观察结束才能得到的数据，在测时进行时或以后填写外，一般在测时前能填的数据，均应在观察前填写好，表 6-5 给出了测时表表头的各情况和数据。

表 6-5 测时观察次数和稳定系数表

生产类型	工序中各组成部分时间（秒）	稳定系数		在下列工序时间（以分计）内的观察次数						
		机动	手动	1	2	5	10	20	30	40
大量和流水性生产	6 以下 6～8 18 以上	1.5 1.3 1.2	1.0 1.7 1.5	30 25 20	25 20 16	20 15 14	15 13 13			
大批生产	6 以下 6～18 18 以上	1.8 1.5 1.3	1.5 2 1.7	25 20 15	15 15 13	13 12 10	10 10 9	8 7		
成批生产		1.7	2.5	15	12	12	10	8	6	
小批生产		2	3			10	8	7	6	5

注：在有自动送进的机床上进行的基本时间和各组成部分的稳定系数，在所有生产类型中都不应大于 1.1

2. 测时观察

测时观察应在工作进入正常状态时进行，故一般在上班后一小时开始。在测时过程中，要对工序进行规定次数的观察，并测量各组成部分的时间。时间通常是用双针秒表，按照经过时间来测量的。

在测时过程中，测定员思想要集中，严格按照确定的定时点进行记录，如果出现中断或不正常的情况，应在测时卡片上注明，注明工序组成部分编号（纵栏顺序）和观测号（观测次数序号），并注明起止时间和原因。对不正常的观察也应记载。现以表 6-6 反映机械加工测时的基本情况加以说明。

表 6-6 测时表头部分

<table>
<tr><td>车间</td><td></td><td>工段</td><td></td><td>姓名</td><td></td><td>工种</td><td></td><td>等级</td><td></td><td>观察者</td><td></td><td>日期</td><td></td></tr>
<tr><td rowspan="2">图号
名称</td><td rowspan="2"></td><td rowspan="6">切削
用量</td><td rowspan="3">工艺
规定</td><td colspan="2">吃刀深度</td><td></td><td>设备</td><td></td><td colspan="5" rowspan="6">草图及装夹图
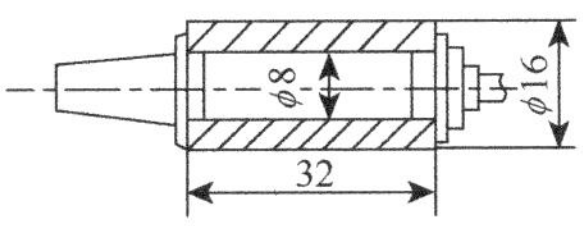</td></tr>
<tr><td colspan="2">走刀量</td><td></td><td>型号</td><td></td></tr>
<tr><td>工序</td><td></td><td colspan="2">转数</td><td></td><td>名称</td><td></td></tr>
<tr><td>内容</td><td></td><td rowspan="3">实际
使用</td><td colspan="2">吃刀深度</td><td></td><td>规格</td><td></td></tr>
<tr><td>材料</td><td></td><td colspan="2">走刀量</td><td></td><td>性能</td><td></td></tr>
<tr><td>批量</td><td></td><td colspan="2">转数</td><td></td><td></td><td></td></tr>
<tr><td colspan="4">工夹具情况</td><td colspan="10"></td></tr>
<tr><td colspan="4">工作地布置情况</td><td colspan="10"></td></tr>
</table>

3. 测时资料的整理分析

（1）检查和核实全部测时记录的数据，计算出每一操作的延续时间（经过时间）。计算的方法是本次操作的结束时间减前一次操作的结束时间，即延续时间。

（2）检查核实全部测时记录，删去不正常的数值，求出在正常条件下操作的延续时间。

（3）计算有效观察次数，求出每一操作的平均延续时间。

（4）分析测时数列中稳定系数 K。

$$K = \frac{\text{测时数列中最大的时间}}{\text{测时数列中最小的时间}}$$

稳定系数越接近 1，说明测时数列波动小，比较可靠；反之，说明数列波动性大，可靠性小。标准的稳定系数是根据生产类型、操作时间和作业性质决定的。求出各组成部分的稳定系数后，与表 6-5 中规定的标准稳定系数相比较，以确定各组成部分的测时数列的稳定性和可靠性。如果实际稳定系数之值与标准稳定系数之值，相差很大，相对误差超过 25%，就必须重新观测。

（5）根据每个操作的平均延续时间，计算出工序的作业时间，再经过工时评定，达到符合定额水平要求的，可作为制定作业时间定额依据的时间值。

6.3.3 测时法的四种方法

测时法是时间研究的基本手段，测时的具体方法有以下四种。

1. 连续测时法

由观察人员以秒表为工具，按工序操作单元顺序逐一观察，记录当时时间和发生事实的测时。主要特点是在整个工序作业的观察中，自始至终不让秒表停止，仅按划分各操作单元界限的定时点记录起止时间，待全部观察次数进行完毕后再计算各操作单元、各次观察的延续时间。这个方法的优点是能得到总的一个周期的作业时间。但是，每个操作的时间就不一定十分准确，而且，要求准备工作充分，观察者经验比较丰富，观测要求专心细致。连续测时主要用于研究完整工序的操作构成和时间消耗。在制定技术定额时被广泛采用。

连续测时法能节省测时时间，测时效率最高，不需要经过复杂的计算，对工序的各组成部分记录细致，容易发现生产中不合理的时间。但是由于难度较大、工作紧张，这就要求测时人员是经过专门训练的，并采用双针秒表（或电子秒表），以便记录。

2. 反复测时法

由观察人员用秒表对一个个操作单元独立进行观测、直接记录操作延续时间和实时的测时。主要特点是某一操作开始即启动秒表，操作结束即停止秒表，记录下该操作绝对延续时间，使秒表复位归零，再继续下一操作的测时。此法又称归零法。在时间研究中，反复测时多数用于抽测一个工序中的某些重点操作单元的延续时间，达到特定的目的，故反复测时又称为抽测法。

但是由于秒表归零位最快速度为 0.0038 分，如果操作划得较短，如为 0.1 分，则每次测量中包括 3.8%的误差。因此，这种方法只适用于操作较长的作业。或者采取间隔一个操作进行记录的做法。这样，需经两次观测才能得到一个工序的完整操作延续时间，使观察时间加倍，计算也比较复杂。上述方法对于技术不熟练的、初次参加测时的工作人员，比较容易掌握，一般用单针秒表和手表也可测时。

3. 循环测时法

将工序全部操作单元划分为依次减去一个单元的多个操作组合，由观察人员用秒表循环观测记录各组合的延续时间和事实的测时。实施步骤：①划分并排列操作组合；②依次分别测定各操作组合的消耗时间；③计算工序平均作业时间；④计算各操作单元平均延续时间。循环测时的主要特点是只测定操作组合的时间，由测得的工序平均作业时间倒算各操作单元的平均延续时间。循环测时法实际上是介于连续测时法和反复测时法之间的一种测时方法，它的秒表返回的次数较少，对于初学人员也较易掌握，但计算比较复杂，要经过 5 次测时（当有 5 项操作时），才能得到一次完整的工序测时数据。效率较低，整个测时周期很长。此法仅用于作业时间特别短（操作延续时间小于 0.06 分）的那些工序的时间测定和结构分析。

如图 6-1 所示循环测时法的实际数据，其延续时间的计算如下。

（1）在图 6-1 第 7 列序中，包括 a、b、c、d 四项操作的延续时间为 19 秒。

$$a+b+c+d=19 \quad (1)$$

（2）同理，从第 8、9、10、11 列序中各得下列公式。

$$b+c+d+e=18 \quad (2)$$

$$c+d+e+a=21 \quad (3)$$

$$d+e+a+b=13 \quad (4)$$

$$e+a+b+c=21 \quad (5)$$

式（1）+式（2）+式（3）+式（4）+式（5）得

$$4\,(a+b+c+d+e)=92$$

$$a+b+c+d+e=23 \quad (6)$$

式（6）–式（1）得 $e=4$。

式（6）–式（2）得 $a=5$。

式（6）–式（3）得 $b=2$。

式（6）–式（4）得 $c=10$。

式（6）–式（5）得 $d=2$。

通过以上计算，即可得到工序各组成部分 a、b、c、d、e 的延续时间值。

4. 整体测时法

在观测中为了简便观测，往往不选择定时点，对整个工序也不划分操作，而整体地测出工序的延续时间。即测量一个零件加工过程中的全部时间，包括装卸时间、加工时间、测量尺寸、放取工件等，连续地测量，一个单件测量一次。这种方法，简单易行，容易掌握，又节省测时时间，效率高，一般适用于非机械行业，尤其适合手工作业，例如，建筑业中的砌砖、粉刷墙壁、安装管道，以及玻璃器皿制造的刻花、磨花等工种。但是，这种方法，对作业的详细内容和详细过程不了解，只能用作时间测定的校验，如组成该作业的作业要素的时间已测定，将各作业要素的时间累加起来即该作业的时间值，可用整体测时法校验是否符合。因此，对于研究工时利用，总结先进工作者经验和大量生产时，就不一定适用。

下面以表 6-7 列出四种方法的比较。

表 6-7 四种测时方法比较表

项目	连续法	反复法	循环法	整体法
适用范围	大量生产、工序组成部分时间较长（3 秒以上）	工序组成部分较短，而且有几个相连的	工序组成部分更短的	手工作业
精确度	双针秒表可达 1/10 秒，单针秒表稍差	单针秒表可达 1/10 秒	双针、单针均可用，精度一般	双针、单针秒表均可用，精度一般
观察时间长短	正常	至少长一倍	更长	正常
计算繁简程度	一般	较繁	最繁	最易
对测时人员要求	较高	不高	较低	较低
难度	最难	较难	较难	最易

5. 四种测时方法的图解分析

四种测时方法可用图解表示之，既可以一目了然，掌握其全貌，也便于计算。

四种测时方法的比较图如图 6-1 所示。

<table>
<tr><td colspan="2" rowspan="2"></td><td colspan="2">整体法</td><td colspan="2">连续法</td><td colspan="2">反复法</td><td colspan="5">循环法</td></tr>
<tr><td>1</td><td>2</td><td>3</td><td>4</td><td>5</td><td>6</td><td>7</td><td>8</td><td>9</td><td>10</td><td>11</td></tr>
<tr><td rowspan="2">上活 a</td><td>起止</td><td rowspan="10">23″</td><td rowspan="10">21″</td><td>5″</td><td>27″</td><td></td><td></td><td rowspan="8">19″</td><td rowspan="2">空 a</td><td rowspan="2"></td><td rowspan="4">13″</td><td rowspan="6">21″</td></tr>
<tr><td>延续</td><td>5″</td><td>4″</td><td>4″</td><td></td></tr>
<tr><td rowspan="2">开车 b</td><td>起止</td><td>7″</td><td>29″</td><td></td><td></td><td rowspan="8">18″</td><td rowspan="2">空 b</td></tr>
<tr><td>延续</td><td>2″</td><td>2″</td><td></td><td>2″</td></tr>
<tr><td rowspan="2">车削 c</td><td>起止</td><td>17″</td><td>38″</td><td></td><td></td><td rowspan="6">21″</td><td rowspan="2">空 c</td></tr>
<tr><td>延续</td><td>10″</td><td>9″</td><td>10″</td><td></td></tr>
<tr><td rowspan="2">关车 d</td><td>起止</td><td>19″</td><td>40″</td><td></td><td></td><td rowspan="4"></td><td rowspan="2">空 d</td></tr>
<tr><td>延续</td><td>2″</td><td>2″</td><td></td><td>2″</td></tr>
<tr><td rowspan="2">下活 e</td><td>起止</td><td>23″</td><td>44″</td><td></td><td></td><td rowspan="2">空 e</td><td rowspan="2"></td></tr>
<tr><td>延续</td><td>4″</td><td>4″</td><td>4″</td><td></td></tr>
</table>

图 6-1 四种测时方法的比较图

6.3.4 测时法分析实例

以在铣床上铣通槽为实例说明测时法的应用（表6-8）。此例共有7个操作单元：拿起零件放夹具上；夹紧零件；开动机床，铣刀空进；立铣通槽；按停机床，床台退回；松开夹具，取出零件；刷出铁屑。通过对7个操作单元的10次观测，得到每个操作单元的平均操作时间，然后加以评定和宽放，求出7个单元的标准时间，再求和即得铣床上铣槽的时间。

表6-8 测时法实例（时间单位：秒）

研究日期		开始时间：9：30（上午）			完成时间：11：00（上午）			
单元 次数	拿起零件放夹具上	夹紧零件	开动机床铣刀空进	立铣通槽	按停机床床台退出	松开夹具取出零件	刷出铁屑	合计
1	9.2	10.8	2.5	44.2	3.8	13.0	10.1	93.6
2	8.5	11.3	2.6	43.6	3.8	12.8	9.8	92.4
3	8.7	12.1	2.3	44.1	3.9	12.9	10.2	94.2
4	8.4	12.0	2.2	43.8	4.0	12.6	9.9	92.9
5	8.8	11.7	2.4	44.0	3.8	12.9	10.3	93.9
6	9.0	10.9	2.7	43.7	3.9	12.7	10.1	93.0
7	8.2	10.5	2.3	43.9	3.9	12.8	10.2	91.8
8	8.6	11.6	2.4	44.0	4.0	12.8	9.9	93.3
9	8.5	11.2	2.5	44.2	4.0	12.9	9.8	93.1
10	8.6	11.8	2.3	43.8	4.1	12.6	10.1	93.3
统计	86.5	113.9	24.2	439.3	39.2	128.0	100.4	
测时次数	10	10	10	10	10	10	10	
平均	8.65	11.39	2.42	43.93	3.92	12.80	10.04	93.15
评比（%）	1.10	1.10	1.10	1.0	1.10	1.10	1.10	
正常时间	9.52	12.53	2.66	43.93	4.31	14.08	11.04	98.07
宽放率（%）	15	15	15	15	15	15	15	
宽后时间	10.95	14.41	3.06	50.52	4.96	16.19	12.70	112.79

6.4 瞬时观察法

6.4.1 瞬时观察法的概念与特点

瞬时观察法（又称工作抽样）是通过对现场的操作者或机器设备进行随机的瞬时观察，调查各种作业事项的发生次数和发生率，进行工时研究的一种方法。它可以随机地选择时刻，对操作者进行巡回的瞬时观察，将观察情况，按要求进行分类，并通过概率予以分析，了解事物的全貌和规律。1934年英国统计学者狄培德首次把统计学与概率论原理应用于纺织业，调查织布机的停台率。20世纪40年代传入美国，用于调查工厂各类延误和中断时间，以后又进一步应用于时间定额制定方面。至1956年美国加利福尼亚州大学教授巴恩斯在《动作与工作研究》一书中，开始称这种方法为瞬时观察法。50 年代以后，瞬时观察法在欧美、日本以及苏联等国家和地区广泛应用。

瞬时观察法是建立在概率论的理论基础上的，一般是以观察次数的百分比来反映事物的概率。例如，我们要研究某车间的工时利用，可以随机地选择 10 名工人观察 1000 次，结果是在工作的次数为 800 次，停工为 200 次，则可以得出概念为：某车间的工作时间利用率为 80%，停工率为 20%。按一个工人每天的工作班时间 8 小时计算，一天工作为 6.4 小时，停工为 1.6 小时。

瞬时观察法有以下特点。

（1）随机性。观察是任意的、随机的，可以是整个工作日的，也可以是非全日的，还可以间息，不像测时和写实那样要求“正规”。

（2）瞬时性。观察的对象是操作者或机器瞬间活动情况。

（3）间断性。观察的过程是间断的，但总的观察过程要延续几天或几个星期。

（4）不需要测时工具。利用物理方法，随机选样，从抽样调查中分析全体状况，观察的次数越多，可靠性和精度就越高，但是要考虑经济是否合理。

（5）可以对人，也可以对设备，可以应用于生产工人和辅助工人，也可以应用于技职管理人员，可以对个人，也可以对集体进行瞬时观察。

（6）这种方法不能得到作业的详细过程状况和作业时间的变化。

6.4.2 瞬时观察法的原理

根据概率论有关正态分布和二项分布的理论，瞬时观察法中的观察次数确定与此理论有关系，下面加以分析。

1. 可靠度

可靠度又称置信度，是指抽样调查的样本能够代表总体的可靠程度。一般地说，样本数越大，越接近总体的情况，但是，必须花费的时间多，费用大，有时失去了抽样调查的意义。对于工时研究来说，一般要求可靠度要达到 95%。这 95%相当于正态分布曲线下两个标准差的面积概率值，如图 6-2 所示。

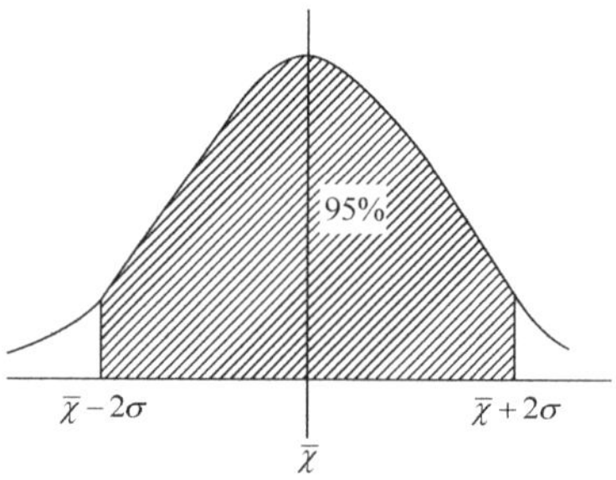

图 6-2 可靠度

其数学含义是：当抽样调查满足 2σ 的要求时，在抽取 100 个样本中，有 95 个是总体的情况，而有 5 个不是或可能不是总体的情况。

2. 精度

精度又称精确度或准确度。精度也就是反映误差的程度，误差小，精度高，误差大，精度低。

精度与可靠度并不是一回事。可靠度是抽样调查造成的，而精度是客观存在，与是不是抽样调查无关。精度是不可避免的，也就是任何事情都有误差。

抽样的精度分为绝对精度 E 和相对精度 S。当可靠度定为 95%时，绝对精度 $E=2\sigma$，根据统计学中二项分布标准 σ，在一定条件下为

$$\sigma=\sqrt{\frac{P(1-P)}{n}}$$

式中，σ 为标准差；P 为正品率；$1-P$ 为废品率；n 为总抽样数。

这里的 P 应作广义的理解，即事件的发生，而 $1-P$ 为事件的不发生，或开工和停工，定额时间和非定额时间等。

相对精度即绝对精度与观测事项发生率之比：

$$S=E/P=2\sqrt{(1-P)/nP}$$

在瞬时观察中，因抽样的不同而确定不同的绝对精度标准，如表 6-9 所示。

表 6-9 绝对精度

抽样目的	绝对精度概略标准
调查停工中断时间等管理上的问题	±3.6%～4.5%
工作改善	±2.4%～3.5%
决定工作地布置等时间的比率	±1.2%～1.4%
制定标准时间	±1.6%～2.4%

相对精度的标准可在±5%～10%范围内选择。一般都将可靠度定为 95%，相对精度定为 5%。

3. 确定抽样数

从可靠度和精度综合考虑，当可靠度为 95%时，当精度按二项分布的 σ 时，有

$$\text{绝对精度 } E=2\sqrt{\frac{P(1-P)}{n}} \tag{1}$$

$$\text{相对精度 } S=\frac{E}{P}=2\sqrt{\frac{1-P}{nP}} \tag{2}$$

由式（1）得

$$n=\frac{4P(1-P)}{E^2}$$

由式（2）得

$$n=\frac{4(1-P)}{S^2P}$$

式中，P 是通过观察次数较少的预备观察中观察所得的。例如，为观察工人工作时的停工情况，预先观察 100 次，得到工人有活是 70 次，停工是 30 次，P 却为 30%，当 S=5%时得

$$N=\frac{4\times(1-0.30)}{(0.05)^2\times0.3}=3733（次）$$

对于 S=±5%时，不同的 P 值需要的观察次数如表 6-10 所示。

表 6-10　观察次数

P	N	P	N
1	158 400	15	9 070
2	78 400	20	6 400
3	51 700	25	4 800
4	38 400	30	3 730
5	30 400	40	2 400
10	14 400	50	1 600

4. 观察时刻随机性的确定

使观察时刻保持随机性的方法很多，这里主要介绍两种方法。

1）抽签法

这就是将观察的起点和观察的时间间隔分成几种情况，例如，起点 8 时开始，间隔 5 分的为第一组，起点 8 点 3 分开始，间隔 6 分为第二组等。使用时，抽出一组，调查 5 天，任意抽 5 组，按各组时间进行观察。这种方法比较方便。

2）使用乱数表法

先从乱数表（表 6-11）中，任意选取一组乱数值：

18，80，66，96，57，53，88，83，17，95

表 6-11　乱数表部分数值

	1		2		3		4		5		6		7		8		9		10	
29	82	06	47	67	53	22							18	80	66	96	57	53	88	83
30	17	95																		
31																			36	33
…																				

将此组数据先减去 50，得（超过 50 的）

18，30，16，46，7，3，38，33，17，45

再将 30 以上的数去掉，得

18，30，16，—，7，3，—，—，17，—

这样前面的数依次为选择天数采用的数，如 6 天取 18、30、16、7、3、17 为开始时

间。即第一天为8点18分开始，第二天为8点30分开始等。

6.4.3 瞬时观察法的一般步骤

1. 确定分析研究的目的

分析研究的目的可以是研究工时利用、制定技术定额、研究人员配备、设备负荷和利用程度等。根据调查目的来确定工作抽样调查的对象、范围，以及工作抽样所要达到的可靠度和准确度。进行工时研究时，可靠度取95%、准确度取正负5%～10%，即可满足要求。

2. 确定观察项目、方式、次数和期限

观察项目主要根据观察目的来确定，观察项目可粗可细，一般分为大分类、中分类、小分类三个等级。例如，制定和研究技术定额，大分类分为定额时间和非定额时间；中分类分为基本时间、辅助时间、服务时间、组织造成的非定额时间、个人造成的非定额时间，小分类则再划分为各具体详细的项目。调查操作者时，一般按工作消耗类别划分；调查设备开动状况时，一般按造成设备停台的原因分类。分类可粗可细，主要根据调查的目的和要求确定。

观察方式可以确定为整天的或一段时间的；连续的或间断的，以便设计观察表格。

观察次数主要根据精度要求、事件预先估计的发生率和观察的目的等因素来确定。关于精度等问题下面详细阐述。根据经验，观察次数与观察目的的关系如表6-12所示。

表6-12 观察目的与观察次数的关系

观察目的	观察次数
（1）揭露矛盾和发现管理中的问题	100次
（2）专题研究管理的问题，例如，组织造成的非定额时间的情况和问题	600次
（3）详细活动的分析，例如，调查准备结束时间的情况	2 000次
（4）了解一般管理中的规律，如停工率、设备开动率等	4 000次
（5）精确制定技术定额或定额标准	10 000次以上

观察期限与总观察次数、被观察人数和每天观察次数有关，例如，要求总观察次数为10 000次，一次同时观察10人，每天可观察100次，则需观察10天。

3. 确定最佳的巡回路线

巡回路线可以是“之”字形、直线形等，由于观测次数很多，走的路线很长，又要便于观察，所以要预先研究并确定最佳的路线。

4. 制定表格

一般将工作项目、被观察人数代号、时间间隔等预先画在表格上。

5. 预备性观察

进行预备性观察是为了摸索经验和发现问题，提前予以解决。

6. 决定观测时刻

观测时刻决定不当，会使观测失去代表性。观测时刻一般可借助于随机数表、随机时刻表、乱数骰子等方式确定。从组织抽查的方式看，可采取纯随机时间间隔进行，也可是每天的第一个观测时刻在开始工作后半小时内随机确定，以后便按一定间隔确定其他观测时刻。为了提高工作抽查的准确性和有效性，也可采取分层抽查或区域抽查。根据调查对象作业活动的特点确定采取的观测方式。

7. 进行观察和记录

在每天事先确定的观测时刻里，按一定的巡回路线进行现场观测。观测时不需要使用秒表或其他计时工具。观察时应保持瞬时性和前后一致性。当观测人员巡回至固定的观测位置时，将此一瞬间见到的作业活动，记录到事先设计好的表格中。

8. 整理分析

按观察的目的整理出观察结果，计算出所有分类事项的发生次数和发生率，同时结合现场观察到的情况，进行必要的分析评价和说明，写成书面的结论或报告。

6.4.4 瞬时观察法的主要用途

瞬时观察法对众多的观测对象进行调查时，具有省时、省力、调查费用低、调查结果可靠等优点。因此，在很多情况下可以代替在作业现场长时间连续观测的工作日写实方法。瞬时观察法主要作用如下。

（1）制定定额标准。一般是将观察整理得到的时间值，结合修正后的速率等，制定成为技术定额的标准。

（2）用于定额水平和定额完成情况的分析。即将观察整理得到的完成定额值，作为实作工时，与现行定额相比较，分析定额完成的程度。

（3）调查并制定时间定额中各类工时消耗比率。例如，作业时间占多大比例，布置工作地时间占多大比例等。

（4）用于工时利用状况和工时浪费原因的分析。

（5）用于人员需要量和配备比例的分析。评价操作者在工作班内各类操作活动比例的适当性，确定合理的作业负荷。

（6）调查工时利用和设备开动状况，拟定克服工时损失或设备停台的措施。

（7）用于生产均衡性的分析。

（8）在国外，其不仅用于研究工业企业管理，还用于医院、银行、商业等的业务管理等方面。

瞬时观察法只能得到作业现场的一般情况，不易得到观测对象的个别差异。因此，在许多情况下，工作抽样需要和工作日写实、测时等方法结合起来使用。

6.4.5 瞬时观察法分析实例

【案例】运用瞬时观察法对某工厂数控车床10名车工进行观察，制定数控车床车工工序的技术定额。

1. 根据目的划分项目

以中分类确定项目，能达到制定技术定额的目的。故将时间分为：①基本时间，代号J；②辅助时间，代号 F；③服务时间，包括布置工作地时间和准备结束时间，代号 B；④休息自然需要时间，代号 R；⑤组织造成的停工和非生产时间，代号 Z；⑥个人造成的停工和非生产时间，代号 O。

2. 确定观察次数和期限

观察次数定为5000次。如果每天观察60次，即每6分巡回一次，每天6小时。观察10人，每天观察次数为600次，则观察9天，就足够了。

3. 制表并观察记录（表6-13）

表6-13 观察记录表

时间 \ 时间分类代号 \ 工人代号	1	2	3	4	5	6	7	8	9	10
8.00 8.05 8.10 8.15 8.20 ⋮	B F ⋮	O B ⋮	B J ⋮	O J ⋮	B F ⋮	B J ⋮	B F ⋮	B J ⋮	O F ⋮	B F ⋮

4. 汇总、整理和分析

汇总结果是：总次数5400次，基本时间2800次，辅助时间600次，服务时间1000次，休息自然需要时间600次，组织造成的停工和非生产时间200次，个人造成的停工和非生产时间200次。

并且，认为在目前的管理水平下，这种时间分布的关系基本合理。这9天内生产车工工序的总零件数为15 000件。则车工工序的定额时间为

$$\frac{(2800+600+1000+600)\times 9}{15\,000}=3(分)$$

如果每人的加工产品不同，在汇总时应分开，各自算出定额总时间和产品产量，再求得单件的技术定额。

如果经分析认为时间结构不合理或管理工作有改进之处，则要将观察结果略加调整，

以保证观察的结果更合理。

6.5 几种评比方法简介

6.5.1 问题的提出

在我国的劳动定额制定方法中，技术测定法即工作日写实、测时和瞬时观察法占有极重要的地位，因为它具有科学性强、适用范围广、更符合客观实际等许多其他方法没有的特点。在技术测定法中，要选择一名或一组被观察的人，目前国内的做法是由定额人员主观选定技能水平中间偏上的人，这样做虽然比较方便，但往往不很科学，其原因有二：一是可能有主观性和片面性；二是被选定者的态度和情绪可能影响测定数据的水平。为了提高科学性，避免主观性，要进行工时评比。

工时评比是一种判断或评价技术，是在测时过程中，以一个熟练工人（或称平均工人）用正常作业速度（或称标准工作速率）进行操作所消耗的时间为标准，对工人的实际状态和作业速度进行判断和评价，通过评比不同操作者的实际操作时间值调整到与正常时间值相等的水平。国外采用了以下几种方法，例如，在英国采用的是速率的研究，在美国常用的是西屋评定法，在日本常用的是点数确定法，这三种方法中，西屋评定法考虑的因素更全面些，故更科学和精确。

6.5.2 速率的研究

操作者的智力、技能、态度、积极性和熟练程度是不一样的，英国称为速率，用来反映人们的不同水平，英国的速率不是由个别企业或个别定额人员来确定的，而是由标准协会统一制定速率的标准，经政府、资方和工会三方正式协商确定，因此，它既通过专家科学研究，又经过权力部门予以行政上的认可，既有科学性，又有权威性。具体的速率标准如表 6-14 所示。

表 6-14 速率标准表

速率值	文字解释	相当走路的速度（英里/时）
100	受过训练、朝气蓬勃、有信心和准确性	4
50	行动缓慢、不灵活、对工作没有兴趣	2
75	行动稳重，不慌不忙	3
125	非常敏捷、灵活、超过一般工人	5
150	特别迅速、能力非常大、技艺精通	6

表 6-14 中 100 这个速率值是标准的水平，它是指在有监督并且无明显的物质刺激条件下，工人的技艺水平可以逐日保持，而不出现过多的生理和精神疲劳，稳定地进行操作。

在测时以前，预先要了解和确定操作者的速率，然后，将测时取得的值，用速率加以修正，修正后的数据作为定额标准或工时定额。

对于不同的操作者，由于速率不同，测时数据是不同的，经过速率修正后，得到的标准工时基本上是一样的。下面以甲、乙、丙三个工人举例说明。

甲工人测时的数据，在加工某一工序时，测得的平均值为 10 分，如速率为 100，则所得的标准工时为 10 分，即

$$10\times100\%=10（分）$$

乙工人加工同一工序，测得的数据为 8 分，乙的速率为 125，则所得的标准工时仍为 l0 分，即

$$8\times125\%=10（分）$$

丙工人加工同一工序，测得的数据为 13.3 分，丙的速率为 75，所得的标准工时仍为 10 分。

考虑速率的做法，比一般测时中凭印象选定一名工人，所确定的标准工时更为科学，更有普遍性。

6.5.3 西屋评定法

西屋评定法是劳里、梅纳德和斯蒂基默顿为西屋电气公司研究的一种方法，故称为西屋法，又称为 LMS 速率评定法。这一方法对测时数据用五个等级、六种程度来反映，其中，技巧、努力程度、品质是反映劳动者劳动技能和劳动态度的，均匀一致是指材料、工具、设备等协调和适应的程度。此外，把工作环境也列为一个重要因素而加以考虑，这是很重要的，在其他条件相同而环境不同时，测得的数据也是不同的，因此，它比速率考虑的因素更全面、更科学。具体数据如表 6-15 所示。

表 6-15 西屋评定表

项目	技巧	努力程度	品质	均匀一致	工作环境
很优	+0.13	+0.12	+0.05	+0.06	+0.13
优	+0.10	+0.1	+0.03*	+0.04*	+0.11
良	+0.06*	+0.06*	+0.01	+0.02	+0.05
正常	0	0	0	0	0
较差	−0.06	−0.04	−0.02	−0.03	−0.04*
差	−0.1	−0.12	−0.04	−0.07	−0.08

注：表中带*处，是下面例子中被测时工人所具有的这些特征

【案例】某工厂数控机床工人加工某工序，经测得的平均时间为 3 分，该工人具有的特征如表 6-15 中有*处的数据，求标准工时。

解：(1) 先求得修正系数 K。

该工人的技巧为良，修正系数为+0.06，努力程度为良，系数为+0.06，品质为优，系数为+0.03，均匀一致为优，系数为+0.04，工作环境为较差，系数为−0.04，以上五项相加得总修正系数 K 为

$$\begin{aligned}K&=0.06+0.06+0.03+0.04-0.04\\&=0.15\end{aligned}$$

(2) 将此修正系数加上基数 1 得 1.15。

（3）以 1.15×3 分=3.45 分。此 3.45 分即该工序通用的标准工时。

这里要防止一个误解。一般地说，人们在环境差的条件下工作，要加大工时，而这里却相反，修正系数是负值，反要减少工时，这如何理解呢?从这个提问中也说明其他几条修正系数的值，也是相反于一般概念的，其原因是这里修正后的数值是运用于所有人员的通用标准工时，具体可解释为：被观测人员在环境条件差时，只花了 3 分（假定其他条件不变），那么，在正常的环境下，就用不到 3 分，也就相当于一个人在下雨天，道路泥泞时，走某一段路花了 3 分，当然，在天晴道路干燥时，就不需要用 3 分，因此，应减少一个系数。

6.5.4 点数法

点数法也称分数法，其基本原理与速率和西屋评定法相同，只是用点数（或百分比）来表示修正系数，具体的点数归类如下。

劣级：45～55 点，平均为 50 点。

较差级：55～65 点，平均为 60 点。

正常级：65～75 点，平均为 70 点。

良好级：75～85 点，平均为 80 点。

优秀级：85 点以上。

例如，某项工序实际测定时间为 2 分，综合评比点数为 82，属良好级，修正后的标准工时为

$$T = 2\times\frac{82}{70} = 2.34\text{（分）}$$

这里的 70 为正常级的平均值。这里的标准工时，即类似我国的定额标准，适用于一般人，是通用的。

6.5.5 工作测定

把速率等有关原理，推广应用于其他各类人员的工作测定或评定，可以用于工资报酬等有关领域。

生产工人的点因素为 11 个，具体如表 6-16 所示。

另外，按点数总评定数，预先划分成 10 个级别，如表 6-17 所示。

表 6-16 生产工人点因素评定标准

因素	点数							
（1）教育程度	12		22		30		42	50
（2）经验	15	21	26	30	42	48	58	70
（3）独立工作能力	20	33	45	56	68	75	86	110
（4）体力要求	12	15	22	28	30	30	42	50
（5）脑力或视力要求	7		12		15		25	25
（6）设备或工艺责任	9		10		15		15	25
（7）材料或产品责任	5		12		15		24	25

续表

因素	点数							
（8）对别人的安全	9		10		15		22	25
（9）对别人的工作	7		11		15		21	25
（10）工作环境条件	14		25		42		58	70
（11）危险性	6		12		15		22	25

表6-17 级别和点数划分表

级别	点数	级别	点数
1	162～183	6	272～293
2	184～205	7	294～315
3	206～227	8	316～337
4	228～249	9	338～359
5	250～271	10	360以上

评定时，对每个工人逐项评出点数，把点数相加得总点数，然后套入相应的级别，取得相应的岗位津贴。

6.5.6 评比的训练

为了进行正确的评比，对时间研究人员进行培训是很有必要的，因为不但要求每一个时间研究人员使他自己的评比前后保持一致，而且要求一个企业内的时间研究人员，每个人的评比系数也要保持一致（或至少在标准值的±5%的范围内），否则，评比的不一致不但会使标准发生偏差，而且会由于对工人的考核宽严不一，引起矛盾。

应用最广泛的、最经济有效的评比训练，是将同一操作的快、正常、慢的三种不同的操作速度拍成录像让受训者反复观看，使他们的头脑中逐渐形成正常速度的概念。然后再让他们观看各种不同速度的操作，并给予评比。再将他们给予的评比系数同录像所标示的正确系数相比较，从而纠正自己的不准确的判断。如此反复进行培训，使正常速度的概念在时间研究人员头脑中根深蒂固。

复习思考题

1. 试述作业测定的主要方法及特点。
2. 如何有效地开展工作日写实？
3. 简述工作日写实的基本步骤。
4. 测时前应做好哪些工作？
5. 测时过程中应注意什么问题？
6. 简述四种测时方法各自的优缺点。
7. 瞬时观察法的主要用途是什么？
8. 速度评比的目的是什么？

第7章 工时定额

7.1 劳动定额的基本概念和种类

7.1.1 劳动定额的概念

劳动定额，是指在一定的企业环境、人员条件和生产技术下，为生产一定数量的产品或完成一定量的工作所规定的劳动消耗量的标准。这一概念包括下列含义。

1. 规范性

劳动定额是一种“标准”，具有一定的“法定规范性”，是衡量劳动者劳动成果的客观规范，是一种“经济上的法规”，具有一定的强制性和约束性。

2. 相对性

劳动定额是在一定的条件下制定的，这些条件大致分为客观因素和主观因素两类。

1）客观因素

（1）生产条件。例如，生产规模、生产类型、产品的寿命周期，生产协作和原材料、燃料、电力等供应条件、生产作业环境等。

（2）技术条件。例如，产品设计的水平、设备的先进和自动化程度，加工工艺方法和操作方法，工艺装备的状况、工作地的技术设备状况和运输工具状况等。

（3）组织条件。例如，企业生产组织和劳动组织状况、企业管理水平、工作地的组织和保障、供应服务工作状况等。

2）主观因素

（1）劳动者和管理者的素质状况。

（2）劳动者的文化技术水平和熟练程度。

（3）劳动者的劳动态度和积极性。

（4）企业人力资源管理的基本原则。

在我国当前情况下，主观因素起着相当大的作用。在客观因素大致相同的条件下，由于主观因素不同，劳动定额的水平相差悬殊。

3. 综合性

劳动定额反映企业生产经营技术组织的综合水平，是企业一定时期生产经营管理水平的综合反映。

4. 预定性

劳动定额是预先人为规定的，它反映一定范围内的劳动效率水平，区别于劳动生产率，是一种社会的平均水平。

5. 凝固性

劳动定额是衡量劳动者劳动状况的一种“标准”和“尺度”，然而它衡量和反映的是劳动的凝固形态，而不是潜在形态和流动形态。

7.1.2 劳动定额的表现形式

劳动定额的表现形式很多，根据我国当前的情况，具体表现形式有以下五种。

（1）产量定额。单位时间内应当完成的合格产品的数量。常用每一个工作日完成的产量来表示。一般用于产品单一、产量大的部门，例如，煤炭、冶金、水电施工等部门和单位。

（2）工时定额。它是指生产单位产品所规定的时间消耗量。常用每件消耗多少分表示。一般用于产品复杂、品种多的部门，例如，机械制造、航空、造船等部门和单位。

（3）看管定额。它是指一个工人或一组工人能同时看管设备的台数，例如，每一个织布工人看管几台织布机。一般用于纺织企业和机器制造企业的热处理、表面处理车间。

（4）服务定额。它是指一名服务人员规定服务的工作量。例如，每一个旅店服务员负责几个房间或几个床位。一般用于旅店、招待所、餐厅等单位。

（5）销售定额。它是指销售人员在一定时间内完成的销售金额。一般用于商业企业。

7.1.3 产量定额和工时定额的数量关系

1. 产量定额和工时定额互为倒数

其计算公式为

$$\text{班产量定额}=\frac{\text{工作班时间}}{\text{工时定额}}, \qquad Q=\frac{1(\text{班})}{T}=\frac{480(\text{分})}{T}$$

或者

$$\text{工时定额}=\frac{\text{工作班时间}}{\text{班产量定额}}, \qquad T=\frac{1(\text{班})}{Q}=\frac{480(\text{分})}{Q}$$

式中，Q 为班产量定额；T 为工时定额。

2. 产量定额和工时定额的变化量互为反函数

计算公式为

$$\Delta Q=\frac{\Delta T}{1-\Delta T}$$

$$\Delta T=\frac{\Delta Q}{1+\Delta Q}$$

式中，ΔQ 为产量定额增长百分比；ΔT 为工时定额下降百分比。

3. 实例运算

【案例】已知某工厂数控机床生产的甲产品的单件工时定额由 4 分降到 3 分，求产量定额增长百分比。

解：（1）求工时定额下降百分比。

$$\Delta T=\frac{4-3}{4}\times 100\%=25\%$$

（2）求产量定额增长百分比。

$$\Delta Q=\frac{\Delta T}{1-\Delta T}=\frac{0.25}{1-0.25}=0.33，即 33\%$$

也就是产量定额增长了 33%。

7.1.4 劳动定额的种类

1. 按用途分类

（1）现行定额，指生产工人在生产现场中使用的定额。它根据现实的生产技术组织条件，以工序为对象进行制定。

（2）计划定额，指计划期内预计的单位产品达到的定额水平指标。它是根据现行定额水平，综合考虑计划期生产技术人员水平等提高因素后制定的。

（3）不变定额，将某一时期的现行定额固定下来，在一年或几年内保持不变的定额。

（4）设计定额，设计部门设计新产品和设计工厂时使用的定额。它根据现行定额，考虑技术进步等因素后制定。四种定额的比较如表 7-1 所示。

表 7-1 四种定额比较表

项目	现行定额	计划定额	不变定额	设计定额
内容	按零件划分工序制定	按产品分车间、分工种	按产品分零件、分组别、分部件	按产品分车间、分工种、分部件
主要用途	(1) 确定工人任务量，衡量生产成绩 (2) 编制作业计划 (3) 核算和平衡生产能力	(1) 编制生产、劳动、成本等计划 (2) 编制计划价格	(1) 计算总产值 (2) 编制不变价格 (3) 下达经济指标	(1) 计算新厂劳动力、设备、面积 (2) 衡量企业实现的生产能力 (3) 制订设计计划
制定或修改期限	一般一年修改一次	一般按年制定	一般五年或五年以上	设计前制定或设计时制定

2. 按综合程度分类

（1）产品或综合定额，指一件产品或一项任务的劳动定额。例如，某一台机器的工时定额，或者挖一口井的土方量定额。

（2）单件或单项定额，指某一零件、某一工序的劳动定额。在日常的生产活动中，一般采用这类定额。

3. 按使用范围分类

（1）全国性定额。这是指全国范围统一制定的劳动定额。适用于不同部门、不同行业的单位执行或参照的一种劳动定额。例如，服务定额的全国统一定额，它既可以适用于服务业，也可以用于工业企业、事业单位举办的服务性单位。

（2）部门或行业定额。这是指一个部门或一个行业范围内统一制定的劳动定额。例如，航空制造业统一制定的定额。

（3）企业定额。这是指企业范围内，根据本企业具体条件制定适用于本企业的劳动定额。

7.1.5 劳动定额的作用

（1）劳动定额是企业编制计划的基础，是科学组织生产的依据。企业计划的许多指标都同劳动定额有着密切的联系。例如，制订生产计划时，必须应用工时定额，以便把生产任务和设备生产能力、各工种劳动力加以平衡；在制订劳动计划时，要首先确定各类人员的定员、定额；在生产作业计划中，劳动定额是安排工人、班组以及车间生产进度，组织各生产环节之间的衔接平衡，制定“期”“量”标准的极为重要的依据；在生产调度和检查计划执行过程中，同样离不开劳动定额。在科学的组织生产中，劳动定额是组织各种相互联系的工作在时间配合上和空间衔接上的工具。只有依据先进合理的劳动定额，企业才能合理地配备劳动力，保持生产均衡地、协调地进行。

（2）劳动定额是挖掘生产潜力、提高劳动生产率的重要手段。劳动定额是在总结先进技术操作经验基础上制定的，同时，它又是大多数工人经过努力可以达到的，因此，通过劳动定额，既便于推广生产经验、促进技术革新和巩固革新成果，又利于把一般的和后进的工人团结在先进工人的周围，相互帮助，提高技能水平。先进合理的劳动定额，可以调动广大职工的积极性和首创精神，可以鼓励广大职工学先进、赶先进、超先进，充分挖掘自身潜力，不断地提高自己的文化、技术水平和熟练程度，促进车间、企业生产水平的普遍提高，不断提高劳动生产率。

（3）劳动定额是企业经济核算的主要基础资料。经济核算是企业管理中的一项重要的工作，它是企业控制成本的重要手段。每个企业都要对各项技术经济指标，严格地实行预算。企业的经济核算，一方面要求生产更多更好的产品，满足国家和人民的需要；另一方面还要尽量节约生产中的活劳动和物化劳动的消耗，严格核算生产的消耗与成果，不断提高劳动生产率，降低成本，为国家提供更多的积累。定额是制订计划成本的依据，是控制成本的标准。没有先进合理的劳动定额，就无从核算和比较。所以劳动定额是企业实行经济核算、降低成本、增强积累的主要依据之一。

（4）劳动定额是衡量职工贡献大小、合理进行分配的重要依据。企业必须把职工的劳动态度、技术变化、贡献大小作为评定工资和奖励的依据，做到多劳多得、少劳少得、不劳不得。劳动定额是计算工人劳动量的标准。无论是实行计时奖励或计件工资制度，劳动定额都是考核工人技术高低、贡献大小、评定劳动态度的重要标准之一。没有劳动定额，就难以衡量劳动业绩，难以进行合理分配。

7.1.6 劳动定额制定的影响因素

在制定劳动定额时，主要应分析下列影响因素。

（1）劳动者的技术熟练程度、工龄长短、性别和身体素质、思想政治状况、生理和心理的状况等。

（2）机器设备、生产装置加工的工装、模、夹具的状况等。

（3）原材料、燃料和协作件的质量及供应情况。

（4）劳动强度大小、劳动繁简难易程度和劳动环境的湿度、照明、温度、噪声、粉尘等情况。

（5）工艺规程完备程度、生产组织和劳动组织是否合理，各项管理制度（如检验、计量等）是否健全、分配制度是否合理等。

7.2 工时消耗的分类

A 公司工时定额方案

7.2.1 工时消耗分类的目的

所谓工时，就是工作班的延续时间。工时消耗分类就是将劳动者在整个工作班中所消耗的时间，根据其性质、范围、作用及当时当地的情况，明确地进行划分，以便作进一步分析和研究，用于制定劳动定额。

工时消耗分类应当符合工时定额制定的目的、任务和性质的要求，以制定工时定额为着眼点，按照以下原则进行。

（1）应从全面、系统、科学的观点进行工时消耗分类。工作班的工作时间消耗，有合理的，生产或工作所必需的；也有不合理的，属于生产管理和个人原因造成的。在不合理的工时消耗中，有些是主观原因造成的，例如，工作差错、管理不善、劳动纪律松弛等；有些是客观原因造成的，例如，原材料或电力的外部供应发生问题等。不管是什么原因造成的，都应该包括在工时分类中。

（2）工时分类应该密切结合生产实际。以磨刀为例，一般的磨刀属于布置工作地时间，当为专门加工某一批零件而磨专用的样板刀时，就属于准备结束时间。因此，应该结合生产的实际情况，给予具体的工作项目以具体的工时消耗分类。

（3）工时分类的结构应完全符合工时定额所包括的工时种类，但并不完全受工时定额制定要求的限制。例如，工时分类中包括基本时间、辅助时间、布置工作地时间、休息与自然需要时间和准备结束时间。同时也应包括不属于定额时间范围的停工时间和非生产时间。后者主要是为了节省非定额时间，使定额时间进一步合理化。

（4）不同行业工时消耗分类有所不同。例如，机械制造业和建筑业的工时消耗分类和定额分类，是大同而小异的。

7.2.2 工时消耗分类体系

工人在生产中的工时消耗可分为两个基本部分，即定额时间（T）和非定额时间（t）。

1. 定额时间（T）

定额时间是指在正常的生产技术组织条件下，工人为完成一定量的工作所必需消耗的时间。它是由作业时间、布置工作地时间、休息与自然需要时间（或称生理需要时间）、准备结束时间四个部分所组成的。

1）作业时间（$T_{作}$）

作业时间是指直接用于生产产品，完成工序中各项操作所必须消耗的时间。它是定额时间中最主要的组成部分，特点是它的时间的长短与加工任务的数量成正比，加工任务越重，时间越长。作业时间按其重要性与作用，又可分为两类：基本作业时间和辅助作业时间。

（1）基本作业时间（$T_{基}$，简称基本时间）。它是指工人从事基本操作，直接改变劳动对象的尺寸、形状、性质、组合、外表、位置等所耗用的时间。基本时间按性质又可分为机动时间、机手并动时间和手动时间三类。①机动的基本时间：用机器设备自动完成基本工艺的时间。②机手并动的基本时间：工人直接操作机器完成基本工艺的时间（如手动进刀等）。③手动的基本时间：完全由工人手工操作完成基本工艺的时间。

（2）辅助作业时间（$T_{辅}$，简称辅助时间）。它是指工人为完成基本工序而执行的各种辅助操作所消耗的时间，如测量零件、装卸工件等。辅助时间的特点是：辅助时间与基本时间都是与加工产品直接相关的。一般都在制造每件产品或几件产品时重复一次。

辅助时间有的是与工序有关的，有的是与工步有关的。例如，装卸零件一般与工序有关。还有另一类与工步有关的辅助时间，例如，开动走刀装置，每一个不同工步，有不同的走刀量。辅助时间还应按其是否与基本时间相交叉，分为与基本时间交叉的辅助时间和不与基本时间相交叉的辅助时间两种。这样分的目的在于，发现并设法将原来不交叉的时间交叉起来，以缩短作业时间。

辅助时间大多是手动的，也有机动的。例如，单轴或多轴自动机床上的自动送料、自动换刀、自动走刀；装有机械手的冲压、旋压机床加工完零件后，用机械手拨开和重新装料等都是机动的辅助时间。也有机手并动的，例如，用起重运输机装卸工件。

作业时间是构成定额时间长短的最重要因素，对每件产品来说，作业时间越短越好，但对整个工作日来说，作业时间占的比重越大越好。在国外，常研究作业时间的长度，以日作业时间长短来反映定额的质量和管理工作的水平。一般机械制造企业，日作业时间长度为每工作日 5～6 小时。自动化水平高的，管理水平相应要求也高些，故略高于此数；反之，手工操作多和管理水平差的，就低于此数。

在作业时间中，辅助时间的比重越小越好，因为这样有利于劳动生产率的提高。当前一般企业的辅助时间大都是手动的，所以应该经常注意采用新工艺、新技术，进一步改进设备和工具，缩短辅助时间；同时，还应该尽量提高加工过程的自动化水平，合理布置工作地，推广先进的操作方法，以此缩短辅助时间。

2）布置工作地时间（$T_{布}$）

布置工作地时间是指工人在工作班中用于照看和保持工作地的正常状态所必须消耗的时间。其特点是班班发生，经常发生，并随着工作班的重复而重复。但并不是制造每件产品或一定数量的产品后即需重复出现一次。例如，在一个工作班中，上班后穿工作服，机器试车运转和加油，清扫工作地，交接班工作等。布置工作地时间的内容，完全由工作地上的生产设备、供应和服务组织的性质来决定。在机械化的工作地上，一般还要进一步细分为技术性布置及组织性布置工作地时间两类。

（1）技术性布置工作地时间（$T_{技布}$）。它是指在工作班中间，由于技术上的需要为维持技术装备的正常工作状态而用于照管工作地消耗的时间。它往往与机动时间有一定的关系。例如，刃磨刀具或更换刀具、调整机床、更换磨具等所耗用的工时；玻璃壳在压制中，炉料刮渣、去泡、模具吹气冷却等。其特点是：时间的长短一般和基本时间成正比，例如，机床切削加工的时间越长，更换和刃磨刀具次数和时间也将相应增加。

（2）组织性布置工作地时间（$T_{组布}$）。它是指用于工作班开始生产前的准备工作和班与班交接工作等所消耗的时间。其特点是随工作班重复出现。例如，上班后换鞋、穿工作服、设备升温、领辅助材料、加油；下班前擦拭机床，清扫工作地，填写记录卡，办理交接班手续等。

组织性布置工作地时间常按作业时间的百分比来规定。布置工作地时间的长短和工作地组织的好坏有密切的关系。为了缩短布置工作地时间就应改进工作地组织。

3）休息与自然需要时间（或称生理需要时间）（$T_{休}$）

休息与自然需要时间是指工人在工作班中需要休息、做工间操、上厕所、喝水、吸烟等所需要的时间。这种时间是必要的、合理的。通常要根据劳动条件、劳动性质和劳动繁重程度，分别做出具体规定。例如，在高温、高空、高速、重体力、特别费眼力、冷冻库、流水线或某些有毒的化工车间中的工作，都应着重考虑。在这样的劳动条件下，工作精神紧张，体力消耗较大，易于疲劳，必须考虑给予较多的休息与自然需要时间。但是，对于间歇性的工作，工人可以利用工作间歇休息，可以不给或少给休息与自然需要时间。一般休息与自然需要时间按作业时间百分比来规定，或者为每一工作班规定一定的休息与自然需要时间。

4）准备结束时间（$T_{准}$）

准备结束时间指工人为生产一批产品，或执行一项工作，事前进行准备和事后结束所消耗的时间。这类工作消耗，既不像作业时间那样随着每一件制品的重复而重复，也不像布置工作地时间那样随着第一工作班的重复而重复。它只在制造某一批产品的开始和结束时，或工序变换时才有。其特点是：每加工一批产品或完成一项工作只消耗一次时间，准备结束时间的长短与批量和工作量大小没有关系。也就是说不管是一件，还是一万件，其准备结束时间都是必需的、一样的。准备结束时间同工序的性质、设备自动化程度、生产条件等有直接关系。例如，自动机床，当由生产工人自己调整时，准备结束时间就长。又如，加工特别复杂或特别细长的零件，要安装特型夹具和跟刀架等，准备结束时间也长。工人用于了解任务，熟悉图纸，领取材料、元器件、半成品，领取专用工夹具，安装、调整工夹具，交还图纸，送检成品等，都是属于准备结束时间。

2. 非定额时间（t）

非定额时间指在一个工作班内因停工而损失的时间，或执行非生产性工作所消耗的时间。这些时间一般不能作为定额的组成部分。在这部分工时消耗中，又可分为停工时间和非生产时间两类。

1）停工时间（$t_{停}$）

停工时间是指由于工人本身或由于外来因素使工人未能从事生产活动而浪费的时间。按其发生的原因和性质，可分为以下两种。

（1）非工人造成的停工时间。这是指由于技术组织上的各种缺点，或者由于企业外部条件影响，使工作发生中断的时间。例如，停工待料、等工艺装备、等图纸、等派工、零件不齐，电、气、水供应中断，机器发生故障等所损失的时间。

（2）工人造成的停工时间。这是指由于个别工人不遵守劳动纪律而引起的停工时间。例如，迟到、早退、旷工、闲谈、闲溜、办理私事、中途无故离开工作地等所损失的时间。

2）非生产工作时间，简称非生产时间（$t_{非}$）

非生产工作时间指工人在工作时间内做不必要的工作、无效的工作，或与生产无关的工作所消耗的时间。这类时间根据发生的原因，又可分为以下两种。

（1）非工人造成的非生产时间。这是指由于企业在组织管理方面的问题所造成的工时浪费。例如，工人因供应不及时去寻找工具、寻找材料；从事非生产性工作或非本人应担当的工作，如大扫除、搬运材料、干杂务事、修理机器等。

（2）工人造成的非生产时间。这是指由于工人本人对于工作的处理不当，技术熟练程度不够，以及其他由本人的原因而造成的非生产时间。例如，不使用按工艺规程规定的工具进行操作，任意用手来代替而造成废品；或者由于技术不熟练，缺乏工作经验做了多余动作而浪费的时间；找寻自己的专用工具，任意做本人职务以外的工作等所浪费的工时。这种工时损失，在增强工人的责任心、加强岗位责任制、提高技术熟练程度的前提下，是可以减少和消除的。

还有一类时间，在工时消耗的分类中没有单独列出，但在实际生产过程中，常可能遇到，就是工艺性中断时间。这是指由于技术和组织上的原因，造成生产过程中不可避免的中断，从而占去一部分生产过程的时间。它的特点是：当发生这种情况时，设备和工人无法操作或可能要进行少量操作。例如，建筑房屋时，钢筋电焊工临时等待钢筋绑扎工；混凝土浇灌后自然干燥过程中，需要工人间歇地浇水和翻盖草袋；安装吊车桥梁架时吊车工工作，而其他工人等待；铆接飞机时，上手工人工作，下手工人有短时间的停顿等。对于这类时间处理的方法是：较短的计入作业时间，较长的、间歇性的采用附加工时的办法解决，或者单独从劳动组织上解决，如另外配备专人负责混凝土的洒水，翻盖草袋的工作。

下面列出两种工时消耗分类图，通用的工时消耗分类图，如图 7-1 所示。

3. 工时消耗的具体划分

上面阐述了工时消耗的分类和各种工时消耗的定义，也举出一些具体项目，但是，由于工时的具体划分较困难，对于初搞定额的人员，尤其较难熟悉和掌握。因此，下面将工时消耗的项目以表列方式，具体加以划分如表 7-2 所示，以便学习和运用。

另外，很多手工操作较多的单位，常将准备结束时间与布置工作地时间合在一起。

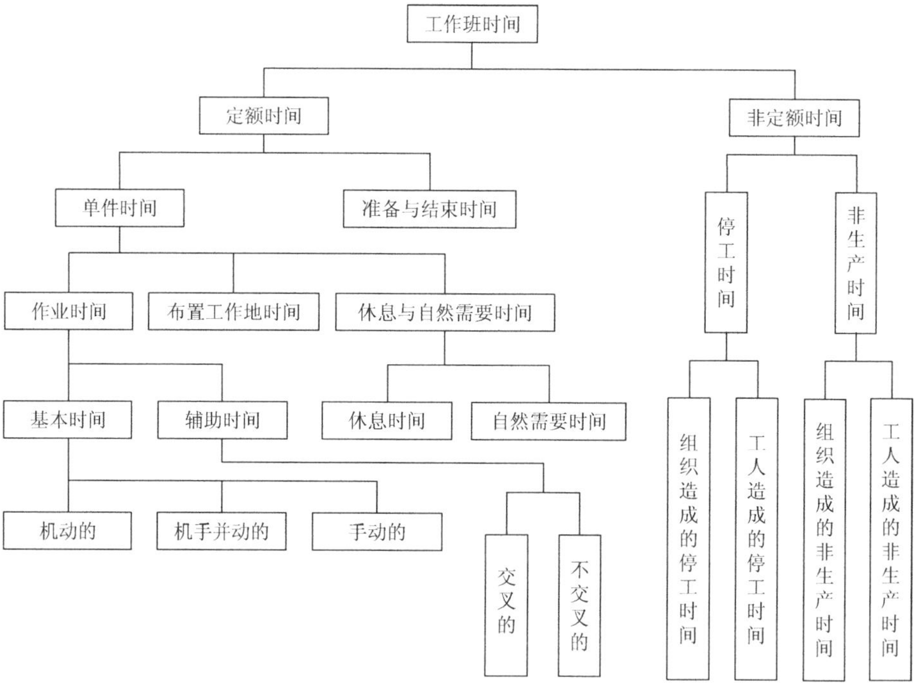

图 7-1 通用的工时消耗分类图

表 7-2 工时消耗的具体划分

工时消耗类别		时间消耗具体名称	代号	说明
作业时间	基本时间	机动工作	11	
		机手并动工作	12	
		手动工作	13	
		小计	1	
	辅助时间	装卸零件	21	
		开车、停车	22	
		开动走刀	23	
		把刀移近工作	24	
		退刀	25	
		测量尺寸	26	
		在加工过程中更换刀具	27	
		加工中钩铁屑	28	
		刀具空程返回	29	
		划线找正	210	
		焊件的翻正	211	
		电焊工调整电流	212	
		小计	2	
准备结束时间		了解现场	31	
		接受指示	32	
		看工作图	33	
		自动机床调整	34	
		安装专用夹具、模具	35	

续表

工时消耗类别		时间消耗具体名称	代号	说明
准备结束时间		领料、领半成品等	36	视情况而定
		领油（为该批零件）	37	
		取得和交还工作图	38	
		取得和交还模、夹具	39	
		送检零件	310	
		首件三检制中检查首件	311	
		任务完成后竣工交接	312	
		预热锻模	313	
		小计	3	
布置工作地时间	组织性的	布置和收拾工具	41	当批量大时，每批占几个班，每班预热为布置工作地时间
		设备清洁保养工作	42	
		加油	43	
		清扫工作地	44	
		交接班	45	
		换工作服	46	
		填值班记录	47	
		领辅助材料和通用工具	48	
		锻工加热炉点火升温	49	
		试车空转	410	
		一般试验和检验设备	411	
		小计	4	
	技术性的	磨刀具	51	为加工专门一批零件磨新的专用刀具时，划为准备结束时间
		清除铁屑	52	
		更换已用钝刀具	53	
		工作过程中调整工具、调整设备	54	
		清理毛坯、半成品等	55	
		小计	5	
非生产时间	组织造成的	找刀、夹、量、模具	61	
		找材料、半成品	62	
		找工长	63	
		找技术、检验员	64	
		修理机器	65	
		组织学习	66	
		非研究生产性问题的会议	67	
		大扫除	68	
		任务外的工作	69	
		前往办公室领取指示	610	
		因材质、工夹具不良造成废品、返修品	611	
		因工具或设备不足而做的多余动作	612	如接待来访、实习
		因指示或图纸不明确而造成的多余动作	613	
		因工作地组织不良而造成的多余动作	614	
		搬运材料等	615	
		小计	6	

续表

工时消耗类别		时间消耗具体名称	代号	说明
非生产时间	个人造成的	修理本人造成的返修品	71	修理非本人造成的返修品，一般常作为新的任务下达
		寻找自己的常用工具	72	
		不使用机器工具造成的废品或多余动作	73	
		违反工艺规程造成的废品	74	
		技术不熟练或粗枝大叶造成的废品	75	
		自己做本人职务外的工作	76	
		小计	7	
停工时间	组织造成的	等工作	81	
		等材料、技术资料	82	
		等工具	83	
		等调整	84	
		等修理、等检验	85	
		等运输工具或辅助工人	86	
		动力供应中断	87	
		谈废品原因等生产有关的会议	88	
		学习技术	89	
		小计	8	
	个人造成的	迟到	91	
		早退	92	
		闲谈	93	
		离开工作地	94	
		上班后吃东西、看报	95	
		小计	9	

注：①代号是人为编的，用时各人可根据自己习惯而定；

②这种分类不是绝对的，仅供参考；

③停工的划分，考虑到劳动统计上的概念的一致性，因此，将谈生产有关的会议，放在停工时间内，否则，放在非生产时间内

7.3 工时定额的制定方法及其技术分析

工时定额的制定方法分为四种：经验估工法、统计分析法、类推比较法、技术定额法。

（1）经验估工法又包括粗估工、细估工和概率估工三类。

（2）统计分析法可分为简单平均法、加权平均法、概率统计法和百分数法四类。

（3）类推比较法可分为按典型工序制定和按典型零件制定典型定额标准，然后进行类推比较。

（4）技术定额法可分为技术测定法和技术计算法两大类。技术测定法又可细分为测时、工作日写实和瞬时观察法；技术计算法也可细分为机械类、装置类和手工操作类。

7.3.1 经验估工法

经验估工法是由定额人员、技术人员和工人结合以往生产实践经验，依据图纸、工艺装备或产品实物进行分析，并考虑所使用的设备、工具、工艺装备、原材料及其他生产技

术和组织管理条件，直接估算定额的一种方法。经验估工法又可分为综合估工、分析估工和类比估工三种方法。

（1）综合估工法，又称粗估工。它的特点是在估工时凭定额人员、技术人员和工人的实际经验，对影响工时消耗的诸因素进行综合的粗略分析，笼统地估算整个工序的定额。一般运用于对定额准确程度要求较低的单件小批的生产条件。但在大量大批生产条件下，生产条件较稳定，定额人员和工人都非常熟悉的零件，工序定额也采用这种方法。

（2）分析估工法，又称细估工。用这种方法制定定额的步骤是：①按定额时间分类，把工序划分为若干个组成部分；②分析影响各个定额的组成时间消耗的因素，并在此基础上，根据估工者的经验，确定各个组成部分的工时定额；③汇总为工时定额。

（3）类比估工法。采用此法时，一般采用粗估法制定代表件的工序定额，其他类似零件的定额，则以代表零件的工序定额为基础，进行比较估工来确定。

1. 采用经验估工法应考虑的因素

在采用经验估工时，为了提高估工的可靠程度，一般应考虑以下几项因素。

（1）工件的工艺技术要求。①工件的原材料的贵重程度；②工件的几何形状、复杂程度和尺寸大小；③毛坯的余量、工件的精度、粗糙度要求或特殊的技术要求。例如，金相组织、内应力、抗拉强度等要求高的零件，要进行多次锻造和多次热处理以改善其性能，这样，消耗的工时就多。

（2）生产类型。由于生产类型的不同，工时定额包括的内容和水平也不同，因此制定的定额也应不同。

（3）设备情况。设备的精度、自动化程度、规格大小、使用年限，这些都直接影响设备的效能，因此，也影响工时定额。

（4）工艺装备和工作地装备。例如，刀具是高速钢、硬质合金或陶瓷的，是简单的还是复合的，是高效的还是一般的；有无专用模、夹具；夹具是机械操纵的，还是气动的或电磁的；工作地有无吊车、运输工具等，这些都与工时定额有直接关系。

（5）工艺方法和操作方法。例如，制造玻璃器皿用压缩空气代替人工吹制，用风镐风钻代替手工凿削、打孔等，都使效率显著提高，减少了工时消耗。

（6）劳动组织和工作地服务供应工作。例如，采用集中磨刀，配备生产准备工做生产准备和服务工作。自动机床由专门调整工调整，以及工作地的工具、材料供应和保管方式，工作地的布置、照明和气候条件，技术安全和环境等，都影响效率和工时计算的结构。

（7）工人技术水平和操作熟练程度对定额也有重要影响。

（8）有关产品的批量和品种情况。

经验估工法的优点是简单，工作量小，定额资料能较快地积累，便于及时制定和修改定额。缺点是比较粗，会受到估工人员水平和经验的影响。对生产条件的分析一般都不充分，技术依据也不足，不易挖掘生产潜力和消除工时浪费现象。往往对同一产品或零件，不同的估工人员会估出不同的结果，甚至同一人在不同的时期，或在不同的地点，也会估出不同的定额，劳动定额水平不易平衡。

经验估工法一般适用于多品种生产或单件、小批量的生产，或新产品的试制和临时性生产。在定额工作初期，往往先采用经验估工法，其后随着经验和资料的积累，应逐步加强技术分析，提高估工质量。

2. 提高估工质量的措施

（1）采取细估工，认真分析上面所述的技术、生产、组织、条件等客观因素，加强技术性和科学性。

（2）进一步采用数学工具，运用概率抽样调查方法和非肯定型计算法，使定性分析和定量分析相结合，提高定额质量。

（3）依靠群众，加强调查研究。在制定和修改定额时，要与操作工人商量，并且应对影响定额水平的因素进行调查研究，以避免把个别人的经验作为依据。尤其对关键产品、关键零件和关键工序，更要这样做。

（4）要挑选技术高、经验丰富、思想好的人员担任估工员，要依靠有实践经验的老工人，作为骨干力量。

（5）加强技术业务训练，提高专职定额员的水平，充分发挥专业管理的作用。

（6）重视资料积累，建立估工登记制度。对每道工序的估工定额，都要分别记录。对实作工时与定额工时出入较大的部分，要另行登记，作为今后估工的参考。

3. 概率估工法

为了进一步提高经验估工质量和减少偏差，可采取一些数学方法，来提高估工的准确性。例如，运用概率统计的方法，进行概率估工。概率估工法又称为“三点估工法”。它是由定额制定人员对某一工时预先估计出先进工时、保守工时、最有可能的工时三种数值，然后再计算出先进合理工时。概率估工法是概率中的正态分布和计划评审技术相结合的一种估工方法。具体方法如下。

（1）先用估工方法估计得到三个数值：a 为先进工时；b 为保守工时；c 为最有可能的工时。

（2）求标准差 σ 和均数 μ。标准差是概率论中表示抽样数值分布的离散程度的统计特征数。在概率论中各种数学连续函数的标准差都不一样。这里对于非肯定型时间的标准差，用以下公式表示（公式来源在后面论述）：

$$\sigma=\frac{b-a}{6}$$

均数或均值 μ，一般就是指平均数，在概率论中，各种连续函数的均数是不同的。对于非肯定型时间的均数，计算公式为

$$\mu=\frac{a+4c+b}{6}$$

（3）运用下列公式，求得 W 或 T：

$$W=\frac{T-\mu}{\sigma} \tag{1}$$

$$T=W\sigma+\mu \tag{2}$$

式中，T 为工时定额；W 为系数。

式（1）用于当已知现行定额时，求完成定额人数的百分比。

式（2）用于当已知完成定额人数的百分比（要求达到的）时，求工时定额。

（4）定额中系数 W 的几个重要的常用值及其对应的百分比列表如表 7-3 所示。

表 7-3　定额中常用值分布表

W	0	0.25	0.5	0.79	1	1.3	1.6
百分比（%）	50	60	70	80	85	90	95

【案例】某工厂数控机床加工某产品的甲工序，估计先进工时需 5 小时，保守工时为 15 小时，最大可能工时为 9 小时。问当现行工时为 11 小时，有多少工人能完成?当要求有 90%的工人能完成时，定额应该是多少？

解：①求 σ 和 μ 。

$$\sigma=\frac{b-a}{6}=\frac{15-5}{6}=1.7$$

$$\mu=\frac{a+4c+b}{6}=\frac{5+4\times9+15}{6}=9.3$$

②求 W，当 T=11 时，有

$$W=\frac{T-\mu}{\sigma}=\frac{11-9.3}{1.7}=\frac{1.7}{1.7}=1$$

当 W=1 时，查表 7-3 得 0.85，如表 7-3 所示。即说明有 85%的工人能够达到这 10 小时的定额，有 15%的工人达不到。

③求 90%工人能完成的定额。

当完成定额人数为 90%时，由表 7-3 查得，W=1.3，有

$$T=W\sigma+\mu=1.3\times1.7+9.3=11.5\text{（小时）}$$

即 90%的工人能完成的工时定额为 11.5 小时。

7.3.2　统计分析法

统计分析法是企业制定劳动定额时常用的方法之一。这种方法是根据过去同类产品或类似零件、工序的工时统计资料，在分析当前组织技术和生产条件的变化来制定定额的方法。这种方法简单易行，工作量小，以占有比较大量的经济资料为依据，比经验估工法更能反映实际情况。凡是生产条件比较正常、产品比较固定、品种比较少、原始记录和统计工作又比较健全的情况下，一般都可以用这种方法。

统计分析法的原始资料是各种统计数据。有了统计数据，处理的方法是多种多样的，常用的方法有简单平均法（算术平均法）、加权平均法、均方根法和百分比法等四种。

1. 简单平均法

简单平均法是以过去的定额实作工时为基础，求得平均值，然后求出平均先进的数值，

在定量分析的基础上，再加以定性分析，进行适当的调整。处理具体数据时，有三种做法。

（1）先求得平均数，然后将平均值与先进值相加，再除以项数而得。

【案例】某工厂生产一种特殊零件，有 7 名工人同时分别加工，其实作工时的统计资料为 2、3、3、4、5、6、7，求先进合理的定额值。

解：①求平均数 μ。

$$\mu=\frac{2+3+3+4+5+6+7}{7}=4.3$$

其通用公式为

$$\mu=\frac{\sum_{i=1}^{n}x_i}{n}=\frac{x_1+x_2+x_3+x_4+x_5+\cdots+x_n}{n}$$

式中，x_i 为工时的统计数值，x_1 表示第一个数值，其余类推；n 为项数；Σ 为总和；μ 为平均数。

②求平均先进值，对工时定额，用平均数加上少于平均数的各数，除以相对应的项数；对产量定额，用平均数加上大于平均数的各数，除以相对应的项数。这里是计算工时定额故加上少于 4.3 的各数，再除以相对应的项数，得

$$T=\frac{4.3+2+3+3+4}{5}=3.26$$

（2）先求得平均数，然后取两个最先进的数值和一个最后进的值，与平均数相加，除以相对应的项数。仍以上例为例说明如下。

解：①求平均数 $\mu=4.3$。

②求工时定额 T。

$$T=\frac{2+3+7+4.3}{4}=4.1$$

③用实际产量和实作工时数，求得单位产品实作工时平均数，再求先进合理的工时定额。

【案例】某工厂车工车某道工序，在 7 月份，10 名工人的产量和实作工时如表 7-4 所示，求先进合理的工时定额。

表 7-4　工人的产量和实作工时

工人代号	1	2	3	4	5	6	7	8	9	10
产量（件）	200	190	130	150	145	160	160	140	155	180
实作工时（小时）	190	180	180	190	175	180	185	160	160	190
平均单件产品实作工时（小时 / 件）	0.95	0.95	1.38	1.27	1.21	1.13	1.16	1.14	1.03	1.06

解：①求各人的平均单位产品实作工时。由表 7-4 可知，平均单位产品实作工时，即由各人的实作工时，除以自己的产品件数而得。如第一名工人为

$$平均单位产品实作工时=\frac{190}{200}=0.95$$

②求总的单位产品实作工时平均数。

$$\begin{aligned}总的单位产品实作工时平均数&=\frac{实作工时总数}{产量总数}\\&=\frac{190+180+180+190+175+180+185+160+160+190}{200+190+130+150+145+160+160+140+155+180}\\&=\frac{1790}{1610}=1.11\end{aligned}$$

③求先进合理的工时定额。即将总平均数 1.11 与各人平均数比较，选定先进者，再将先进者的平均数与总平均数相加除以项数，即

$$T=\frac{0.95+0.95+1.03+1.06+1.11}{5}=1.02$$

简单平均法的优点是方法简单、计算方便。缺点是计算所得的定额过于先进，只有少数人能达到。

2. 加权平均法

加权平均法是估工法和统计分析法的结合。这就是三组生产同一产品的工人中，选取少数几人，估得或测得工时定额，然后分析这几人的代表性，即“权数”乘以定额，再加以平均，即可求得该产品的定额。

【案例】某厂 12 个工人生产甲产品，测得 A 工人班产量 30 件，B 工人班产量 35 件，C 工人班产量 40 件。经分析：A 工人的水平代表了 3 人；B 工人的水平代表了 5 人；C 工人的水平代表了 4 人。则产量定额的加权平均数为

$$Q=\frac{30\times3+35\times5+40\times4}{12}=29.6\ （件）$$

一般地说，在估计“权”的规律时，常用两头小、中间大的定性分析概念，因此，中间值的代表性大些，这里的权取了 12 名工人中的 5 人。两头中，对产量定额取大的一头，略大些，小的一头略小些。故这里 C 取 4，A 取 3。对工时定额则小的一头取权数略大些，大的一头取权数略小些。

这样做体现了定性分析和定量分析的结合，提高了定额的质量，克服了取单一数值为定额的片面性。

3. 均方根法

均方根法是概率统计的一种方法。这里只介绍具体运用。

【案例】数据同例上，实作工时为 2、3、3、4、5、6、7，求先进合理的定额值。

解：（1）求平均数 μ。

$$\mu=\frac{2+3+3+4+5+6+7}{7}=4.3$$

（2）求标准差。这里的标准差采用通常的方法求，其公式为

$$\begin{aligned}\sigma&=\sqrt{\frac{\sum(x_i-\mu)^2}{n}}\\&=\sqrt{\frac{(2-4.3)^2+(3-4.3)^2+(3-4.3)^2+(4-4.3)^2+(5-4.3)^2+(6-4.3)^2+(7-4.3)^2}{7}}\\&=\sqrt{\frac{19.43}{7}}\approx 1.7\end{aligned}$$

（3）求 85%的人达到的定额。

$$T=W\cdot\sigma+\mu=1\times1.7+4.3=6\text{（分）}$$

式中，W 为 1，由表 7-3 查得。

4. 百分比法

从完成定额的百分数和完成人数，求得完成百分率，再从定性分析的角度，确定压缩率，求得新定额。

【案例】某工厂数控车间生产甲产品，100 名工人完成的百分数分布情况如表 7-5 所示，求新定额。

表 7-5　100 名工人完成的百分数分布情况

完成百分数/%	85 以下	85～90	90～100	100～110	110～120	120 以上
人数	5	10	15	30	30	10

解：（1）求百分数的组中值。第二项组中值 85%～90%为 87.5%；第三项组中值 90%～100%为 95%；第四项组中值 100%～110%为 105%；第五项组中值 110%～120%为 115%；第一项的组中值用 85%–(87.5%–85%)=82.5%；第六项的组中值用 120%+(120%–115%)=125%。

上面首项的组中值由首项值减去第二项的组中值与首项值之差的差而求得；末项的组中值由末项值加上末项值与其前项的组中值之差而求得。

（2）求总的完成系数。即由组中值乘以各组人数（频率或权数），除以总人数。

$$K=\frac{(82.5\times5)+(87.5\times10)+(95\times15)+(105\times30)}{5+10+10+35}$$
$$\frac{+(115\times30)+(125\times10)}{+30+10}\times100\%$$

$$=\frac{412.5+875+1425+3150+3450+1250}{100}\times 100\%$$

$$=\frac{10562.5}{100}\times 100\%=106\%$$

即定额完成率为106%，超额率为6%。

（3）确定定额下降率（或压缩率）。这里考虑将6%的超额部分全部压缩掉，利用产量定额变化量和工时定额变化量的公式：

$$x=\frac{100y}{100+y}=\frac{100\times 6}{100+6}=5.7$$

式中，x 表示工时定额降低百分数，y 表示产量定额提高的百分数。

（4）求新定额。如原定额为每件200小时，新定额则为

$$T_{新}=200（100\%-5.7\%）=200\times 94.3\%=188.6（小时）$$

统计分析法一般适用于大量生产或成批生产的企业（车间）。如果生产条件比较正常，产品比较固定，原始记录和统计工作比较健全，都可采用统计分析法。对于重复生产的产品，因有过去积累的记录和统计资料，也可作为制定定额的参考。

统计分析法简单易行，工作量也比较小，有一定的资料做依据，能反映实际情况，也能密切统计员与定额员的相互关系。由于结合概率方法，定性分析和定量分析相互补充，提高了科学性和技术性。但是，如果原始记录、统计资料不够准确，就包含着各种不合理、不正常因素，使制定的定额比较粗略，质量不高。

7.3.3 类推比较法

类推比较法是以现有的产品定额资料作为依据，经过对比推算出另一种产品零件或工序的定额的方法。作为依据的定额资料有，类似产品零件或工序的定额的方法；类似产品零件或工序的实耗工时资料；典型零件、工序的定额标准。用来对比的两种产品必须是相似或同类型、同系列的，具有明显的可比性。如果缺乏可比性，就不能采用类推比较法来制定定额。

作为类推比较法的定额资料有：①分类分型的归类资料和各类型的典型代表件或工序等；②典型零件、工序的定额或定额标准；③实作工时等原始记录和其他统计资料。

采用这种方法，需对典型零件、工序制定技术定额标准，这个工作的工作量较大。同时，当选择典型代表件不准时，就会影响工时定额的可靠性。对于同类型、同系列的产品，例如，标准件、工具、机修，专业化程度、系列化、标准化程度高的单位，采用此法，效果较好。对于新产品设计，一般地说，产品具有继承性，新产品比老产品，一般内部的变动不会超过30%，因此，也可以采用这种方法。新产品的定额由同类老产品分部件、分零件地进行比较，予以确定。今后，随着产品专业化、系列化、标准化工作的开展，这种方法将得到越来越广泛的应用。

比较类推法的操作方法如下。

（1）确定具有代表性的典型零件（或工作）。一般可根据零件尺寸大小、加工精度、

加工的复杂程度、工件重量进行分类。

（2）制定典型零件（或工作）的劳动定额作为参考系，对典型代表件采用技术定额制定法或技术测定法进行分析。

（3）比较类推制定其他相似零件（或工作）的劳动定额，对关键零件和工序，要依靠群众进行讨论，深入研究，挖掘各种潜力，最终达到提高劳动生产率的目的。

类推比较法含有经验估计法的成分，因为对比分析时，会有凭主观经验估计和推算的成分。还应该看到，作为对比依据的定额或典型零件定额，也可能是采用经验估工法来制定的。如果运用过去的记录，统计资料作为对比的依据，则类推比较法与统计分析法有类似之处。类推比较法的主要优点是制定定额的工作量不大，只要运用的依据恰当，对比分析细致，可保证劳动定额水平的平衡和提高。产品的系列化、标准化、通用化程度越高，产品的相似件越多，越能显示出这种方法的优点。

7.3.4 技术定额法

技术定额法是指在分析生产条件、工艺技术状况和组织情况等的基础上，考虑先进合理性、科学性等要求，对定额各组成部分，通过实地观察和分析计算来制定定额的一种方法。一般分为技术测定法和技术计算法。

技术定额法的优点是能使定额的制定建立在分析各种影响因素的基础上，有较充分的科学依据，劳动定额水平容易做到先进合理；使用统一的时间定额标准，可以使定额水平达到统一平衡，使复杂的劳动定额制定工作条理化，便于掌握劳动定额水平，有利于下级的贯彻执行。

技术定额法的缺点是制定劳动定额方法复杂，工作量大，耗费时间长，不易做到迅速及时。它对生产工艺过程要求稳定，对企业各项管理工作和管理组织形式要求比较完善。所以，它的应用范围受到一定的限制。

1. 技术测定法的一般步骤

(1) 将被制定的工序划分为工步、走刀、操作、综合操作、动作、动作单元。要使这种划分合理，发掘不必要的动作，估计双手操作和交叉作业的可能性。分清哪些影响因素是主要的，哪些因素是次要的。

（2）分析工序结构和操作方法的合理性及组成部分的时间消耗因素。如能否取消不必要的动作，有无可合并、简化代替、交叉的动作，以达到工时消耗的经济合理；分析工人实际使用的工艺用量是否合理；分析刀具的材质和耐用度；分析设备与生产的适应程度，设备的性能是否得到充分发挥和利用。

（3）分析劳动组织和工作地安排。了解生产中的劳动分工是否合理，是否适应生产类型。查明工作地的设备和辅助装备；查明工作条件，如光线、温度、振动、噪声等。改进劳动组织，在可能条件下改善劳动条件。

（4）计算工序的时间。一般按工步，例如，车床加工中的粗车、精车、车端面、倒角、车螺纹、切断等顺序，计算基本时间、辅助时间、布置工作地时间和休息与自然需要时间。

（5）计算单件时间、准备结束时间。

（6）合计定额时间。

2. 技术计算法的一般原理

技术计算法目前有三种类型和两种计算途径。三种类型，即机械类、装置类和手工操作类。

机械类一般通过运动的规律，求得基本时间或定额时间，规律性较强，较易寻求数学计算公式；装置类一般根据工艺要求计算确定基本时间；手工操作类一般通过解析几何图解法或高等代数的回归分析法、复合函数法等求得数学计算公式，掌握方法后，也比较容易，且有通用性，比机械类分析技术因素简单，公式易找。计算的两条途径是：①计算基本时间，其他时间用查表、比例等方法，逐项加入；②将基本时间、不包括装卸时间的辅助时间、布置工作地时间和休息与自然需要时间合在一起，称为不完全的单件时间，简称不单时间，通过图解法、回归分析法、复合函数法等，求得时间的计算公式，然后，加上装卸零件的时间和准备结束时间。

第一条途径的计算公式有以下两类。

（1）根据运动的规律，在物理中规定：速度等于物体单位时间所发生的位移，数学公式为

$$v=\frac{L}{T}\text{或}T=\frac{L}{V}$$

式中，v 为运动速度；L 为距离或长度；T 为时间，即定额。

例如，车工定额的计算公式，就是从这一公式推导而来的，具体公式为

$$T=\frac{L}{S_{转}\times n}$$

式中，$S_{转}$为每转走刀量；n 为每分转数；$S_{转}\times n$ 即在加工长度 L 方向上的速度，即每分钟的走刀量。

（2）对于产量定额，常用下面的公式：

$$Q=\frac{T_{工}}{t_{行}}\times q$$

式中，Q 为产量定额；$T_{工}$ 为工作班有效时间；$t_{行}$ 为每次行程时间；q 为每次产量。

7.3.5 各种制定方法比较

各种定额的制定方法及其优缺点，现以表 7-6 列示如下。

表 7-6　各类定额制定方法比较表

项目 方法	制定定额的基本方法	特点	优缺点	应用范围
经验估工法	专业人员根据自己的生产实践经验，参照生产技术文件和实物，考虑生产技术组织条件，来估算定额的方法	凭专业人员的实践经验	方法简便，制定速度快，但技术依据不足	多品种单件小批量生产；新产品试制；一次性临时定额

续表

项目 方法		制定定额的基本方法	特点	优缺点	应用范围
统计分析法		利用过去生产过的同类型产品或类似产品工序的实际工时消耗的资料，在分析比较的基础上制定定额的方法	凭统计资料的数据	方法比较简便，制定的速度也快，但定额的可靠性取决于统计资料的质量	成批生产
类推比较法		以同类产品典型零件的定额和规定参数为依据，进行分析比较后制定定额的方法	以典型零件定额和规定参数为依据类推比较	制定速度较快，如果典型零件或参数选择不当，会影响定额质量	多品种单件小批量生产
技术定额法	技术测定法	在分析生产技术组织条件和总结先进经验的基础上，应用测定和写实方法来制定定额的方法	根据现场制定的时间数据	方法较复杂，工作量较大，但技术依据较充分，定额质量较好	成批生产 大量生产
	技术计算法	在合理的工艺规程和工作地组织的基础上，利用各种时间标准和工艺参数标准来计算定额的方法	根据时间标准和工艺参数标准进行计算	方法最复杂，工作量最大，但技术依据充分，定额质量比其他方法好	大量生产 成批生产

7.4 工时定额制定的新发展

A公司工时定额推进方案

近年来，随着信息化的快速发展和全球化市场竞争的加剧，传统的工时定额的方法已经不能很好地满足现实要求，暴露出越来越多的问题。

（1）工时定额的制定不及时。随着国内外市场的变化，机械行业的市场竞争越来越激烈，全国机械制造企业面临了新的挑战。在目前的形势下，企业为了适应市场的需求，由以前大规模、单一化生产模式逐步转化为多品种、小批量的生产模式，从而使生产工艺及制造过程发生了很大的变化，而在这种生产模式下，由于产品复杂、工艺过程不确定，导致工时定额的制定效率低，无法跟上生产变更的节奏，定额的制定不能快速准确地服务于生产部门。

（2）基础数据难以获取。工时定额标准的确定，通常是以大量的实际加工时间为基础，并通过分析建立适合本公司的工时定额，而现在企业的产品品种繁多，产品生产制造周期短，产品的更新换代快，所以很难从加工中获取准确的基础数据，使工时定额的制定和维护存在很大的难度。

（3）工时定额标准的应用和管理存在困难。原有的工时定额标准是在大批量生产模式下制定的。随着企业生产结构的改变和生产设备的不断更新，原有的工时定额标准已经很难适应企业的要求。一方面由于产品产量的减少，由原来的大批量生产转为单件小批量生产模式，原有的工时定额与实际生产之间就存在一定的差异；另一方面企业在发展过程中，不断地引进新设备、采用新工艺、新材料，使原有的工时定额标准与实际加工存在脱节现象。

此外，计算机已经在全企业得到了普及，可是工时定额的制定仍然采用经验估计、查手册或手工计算来运作，严重影响了工时定额制定的速度和精度，致使工时定额的制定精度不高，效率太低，很难适应现代化管理的要求。对现有的工时定额制定方法进行了改进，采用计算机进行辅助工时定额的制定，使用计算机不仅可以提高成本核算的速度，缩短成本核算的时间，避免成本核算过程中人为失误等问题，而且能实现管理的信息化。

7.4.1 计算机辅助工时定额制定

1. 计算机辅助工时定额制定的概述

采用计算机辅助工时定额制定，可以克服传统手工方法中定额准确性和平衡性差、劳动强度大、工作效率低等缺点，它不仅可以提高企业定额管理的现代化水平，同时也是企业实现CAD/CAPP/CAM集成的重要环节之一。企业引入计算机辅助工时定额，可实现工时定额管理由经验管理方法转向先进科学的管理方法，提高现代企业的综合竞争能力。

计算机辅助工时定额制定根据原理的不同，可分为查表法、数学模型法和混合法。查表法要求事先将各种典型的、具体的生产组织技术条件下的工时定额数据存放在数据库中，计算机辅助工艺过程规划系统以工艺设计结果为依据，按预先设计的逻辑访问数据库，并进行必要的统计计算，以确定各工步和工序所需的工时；数学模型法不依赖于大量的原始数据，而是用以经验公式所创建的工时定额数学模型来直接计算工时的定额；混合法是查表法和数学模型法的结合，它先通过查表法找出数据库中满足查询条件的基础切削数据，然后根据相应的工时定额数学模型进行计算，得到单工序或工步的工时。采用混合法制定工时定额，关键在于工时定额数学模型的建立。其一般步骤如下。

（1）确定典型的、具体的生产组织技术条件，例如，机床型号、加工方法、零件材料、加工批量、零件技术要求等数据，这是建立工时模型的前提依据。

（2）按照上述已选定的典型条件搜索有关工时定额的资料，分析工时定额与主要影响因素（如切削深度、切削速度、加工余量、走刀次数等）之间的关系，总结出典型的计算公式，建立相应的数学模型。

（3）根据生产实际中出现的各种组织技术、组织条件以及一些基本的规律之外的影响因素，分别制定出机床系数、材料系数、批重系数等。

计算机辅助工时定额制定以产品物料清单（bill of materials，BOM）为基础，工时定额信息一般分为产品、部件、零件、工序4个层次。在产品或部件的工时定额信息中，包含产品或部件的那些不属于零件工时的定额信息，如装配工时、油漆工时、包装工时等。而零件工时定额信息主要包含零件各种加工工序的工时信息，例如，按加工类型分，有机加工工时定额、钣金工时定额、热处理工时定额等，具体要根据企业拥有的工种情况而论。零件各工种的工时定额信息一般按具体加工工艺路线顺序列出。除了工时信息外还可能包含其他如工作地、设备、工种、简要备注等信息。

（1）产品工时信息：是指产品工时定额信息，包括产品代号、产品名称和产品批次等信息。在企业中，产品总装配工时制定时，可能给出每道装配工序的工时，也可能只给出装配总工时。对于油漆、包装也是如此。因此，在产品工时信息中还应包括总工时、装配工序工时、油漆工时、包装工时等属性。

（2）部件工时信息：包括部件代号、部件名称、部件数量、单件工时、总工时等。同样，对于部件，也可能存在装配、油漆、包装等过程，因此，也应包括装配工时、油漆工时、包装工时等属性。

（3）零件工时信息：包括零件代号、零件名称、零件数量、单件工时、总工时等属性。此外，零件可能同时经过机加、钣金、焊接、热处理、表面处理、时效等诸多工艺类型中的一个或多个，为了记录单个零件在每种工艺类型中工时定额的总工时，需要包括机加工时、钣金工时、焊接工时、热处理工时、表面处理工时、时效处理工时等属性。

（4）工序工时定额信息：工序工时定额信息是指某一道工序的工时信息，包括零件代号、工艺类型、工序号、工种、工作地、加工设备、备注等属性。

2. 计算机辅助工时定额制定系统

计算机辅助工时定额制定系统基于数据库，用户只需要生产对象的工时数据、数学模型公式等一些基础数据，就可以进行该生产对象相关工时定额的计算和使用，系统包括的主要功能如下。

1）数据模型建立

生产对象的工时定额主要受各种参数的影响，例如，对于立车切削，影响其工时定额的参数有设备型号、刀具材料、加工对象、加工方法和加工方式等。不同的生产对象有其不同的影响参数，例如，对于普通铣床切削，其工时影响参数有机床类型、刀具材料、加工深度和铣刀宽度等，这就不同于立车切削的工时影响参数，所以不同的生产对象有不同的数据结构。

数据库设计的基本思路是先进行各生产对象的分类编码，确定各类的数据结构，然后提取各类的共性，最后确定和设计数据表。通过对各种加工工时形式的总结，一种是直接能够给出最后时间数据的，如各种辅助时间（上活、找正、卸活）、准终时间（准备、结束）；另一种是只能给出一些决定最后工时定额的切削参数，如各种切削标准给出的是切削速度、切削深度、走刀次数等。我们将其他查询的与工时计算无关的属性（如宽度、长度等）以通用参数的形式表示，用来表示不同生产对象。

2）工时定额制定

以产品结构树为基础，提供工时定额的录入与编辑功能。在编辑某个产品或部件的工时定额时，首先从产品结构树中导入该产品或部件信息及零件信息，然后执行工艺文档管理程序，打开产品、组件或零件对应的工艺文档，这时就可以参照工艺文档填写工时定额。对于产品或部件，要增加相应的装配、油漆、包装工艺的工时定额。工时定额制定通过输入的工时定额编号去访问基础数据库和计算公式文件，查询出满足条件的基础数据，并结合具体工时计算公式计算出选定工序对应的工时。

如果在工艺规程中制定了工时信息，那么在提取产品或部件的工时定额信息时，只是从相应的装配工艺、油漆工艺、包装工艺等工艺规程中每道工序的工时进行累加放到相应的装配工时、油漆工时、包装工时中；而提取零件的工时定额信息时，首先会根据各类工艺的具体工艺规程顺序，即工艺路线，建立对应每道工序的工时定额信息记录。再对各类工艺的每条工时信息进行累加，填写到对应工艺类型的单件总工时中。如果在工艺规程中没有制定工时信息，所有的工时信息用手工方法填写。工艺信息的自动提取，大大减轻了工时定额员的劳动量，保证了数据的一致性。

3）工时定额管理

工时数据管理为用户提供一些基于数据表的数据查询、数据插入、数据删除、数据修改等功能，实现对基础数据库的维护，包括具体数据表、参数对应含义表、批量系数表、材料系数表和计算公式文件的维护。由于工时定额基础数据是整个企业制定工时定额的标准，并不是所有的使用者都有权对数据进行修改，有些只是一个数据访问作用，因此，需要对用户进行分级。高级用户可以进行所有操作，如数据修改、删除，通常对应于企业的工时标准制定员；而普通用户只能进行数据的查询操作，通常对应于企业的工时定额员。

4）工时定额查询统计

工时定额的统计主要包括产品或部件的所有零件的零件总工时、各类工艺总工时、工种总工时。除此之外，系统还具有任意产品、部件、零件的任意工艺类型的工时查询；任意零件任意工种的工时定额信息查询；具有某一工种的零件的工时定额信息查询等功能。

5）报表生成打印

对于工时系统来说，主要的报表是工序工时表和工时汇总表。工序工时表也就是生产工票，直接用于零部件的加工和对工人工作的安排，其生成一般以装配或部套为单位，即生成选定装配或部套下所有零部件的工序工时表；工时汇总表是零部件生产加工工时和人工工时的一种分类汇总，是成本核算的一个重要依据，其生成一般以部套或产品为单位。

在制造工艺信息系统平台的支持下，计算机辅助工时定额制定系统基于该平台的公共服务支持，包括产品物料清单管理、用户权限管理、工作流管理等。制造工艺信息系统计算机辅助工时定额制定系统的结构如图 7-2 所示。

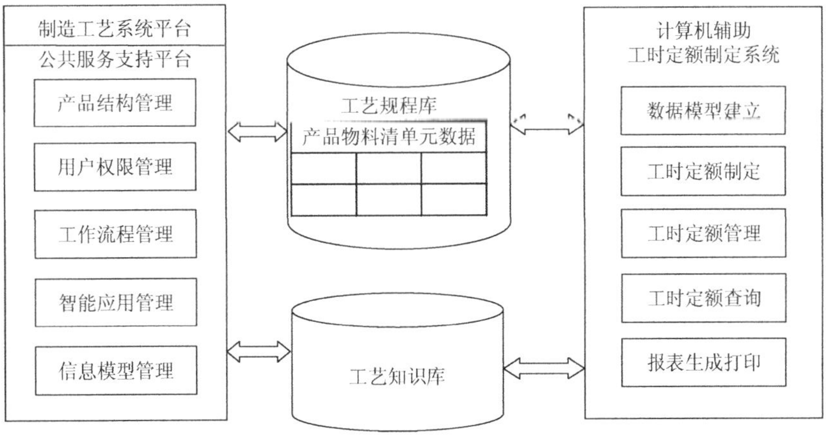

图 7-2　计算机辅助工时定额制定系统的结构图

7.4.2　应用神经网络辅助计算工时定额

1. 神经网络概述

随着人工智能技术的发展，神经网络的理论和应用有了突破性的发展。神经网络是由大量互联的神经元所组成的计算系统，它所描述的知识以神经元之间的相互连接方式来表示，每个输入对神经元的重要性用权值矩阵来存储，信息处理过程是通过它的动态变化状态对外部输入做出响应，网络的学习和识别取决于各个神经元连接权值连续、动态的变化。目前，在人工神经网络的实际应用中，绝大部分的神经网络模型都采用神经（back propagation，BP）网络及其变化形式。

神经网络（反向传播神经网络）是一种多层前馈神经网络，其神经元的激活函数是S型函数，它可以实现从输入到输出任意的非线性的映射，网络中权值的调整采用反向传播的学习方法。神经网络具有很好的插值功能和泛化能力。下面以车削加工为例介绍网络模型的结构。此模型对应车削加工的各道工序、不同加工形面以及不同类型的刀具。在车削加工中确定切削用量时需要考虑的参数有工件的特征尺寸、工件材料、刀具及材料、加工精度、走刀次数、加工要求（包括粗加工、半精加工、精加工）等，从中选择几个主要的影响参数作为神经网络模型的输入量。

神经网络在使用时很多环节需要手工调节，例如，改变训练集的大小、调整隐层结点个数、改变神经网络算法等，这在训练标准工时定额表时不仅耗费时间，而且可能影响神经网络的泛化能力。为便于使用，提高神经网络的泛化能力，通过对神经网络的深入分析，在MATLAB中建立了自动化程度较高的工时定额训练及计算模块。

2. MATLAB 简介

MATLAB是矩阵实验室（Matrix Laboratory）的缩写，它是美国Math Works公司开发的用于概念设计、算法开发、建模仿真、实时实现的理想的集成环境，是目前最好的科学计算类软件。除具备卓越的数值计算能力外，它还提供了专业水平的符号计算、文字处理、可视化建模仿真和实时控制等功能。MATLAB的基本数据单位是矩阵，它的指令表达式与数学、工程中常用的形式十分相似，故用MATLAB来求解问题要比用C、FORTRAN等语言完成相同的事情简洁得多。

神经网络工具箱是在MATLAB环境下开发出来的许多工具箱之一。它以人工神经网络理论为基础，利用MATLAB编程语言构造出许多典型神经网络的传输函数，例如，S型、线性、竞争层、饱和线性等传输函数，使设计者对所选定的网络输出的计算转变为对传输函数的调用。另外，可以根据各种典型的修正网络权值的规则，加上网络的训练过程，利用MATLAB语言编写各种网络权值训练的子程序。这样，网络的设计者可以根据需要调用工具箱中有关神经网络的设计与训练的程序，从烦琐的编程中解脱出来，集中精力思考和解决问题，从而提高效率和质量。

MATLAB中编写的函数及程序脚本都被保存在后缀名为.m的文件中，而计算结果或者数据结构被保存在后缀名为.mat的文件中。如果在MATLAB中添加注释，需要在注释文字前加字符%。另外，在MATLAB中引用字符串时采用的是单引号，不像其他编程语言使用双引号来引用字符串。

3. 基于MATLAB的神经网络的工时定额训练过程

MATLAB中的神经网络工具箱及图形用户界面（graphic user interface，GUI）工具建立了工时定额的训练模块和计算模块。训练模块根据输入数据和用户设定的收敛误差自动训练神经网络模型，计算模块则使用训练好的神经网络模型计算工时定额。训练过程如图 7-3 所示。

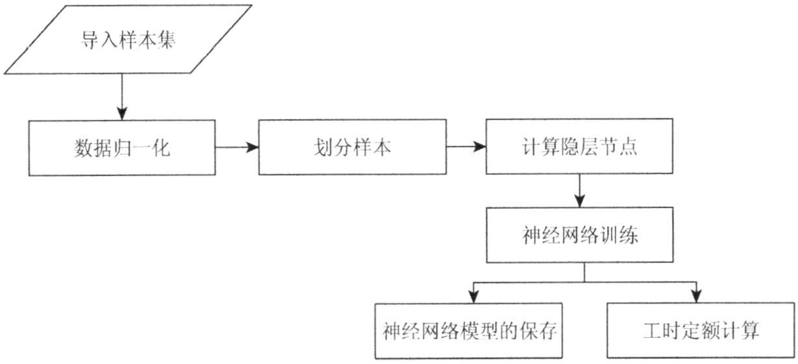

图 7-3 基于 MATLAB 的神经网络的工时定额训练过程图

（1）数据归一化。按照公式对样本集的输入数据进行归一化处理，根据样本集的导入数据最大最小值比例来判断是否对导入数据进行归一化处理。

（2）划分样本。按照公式对归一化后的数据进行样本划分，将样本集划分为训练样本和测试样本。由于训练模块中使用的是神经网络工具箱中的训练函数，很难将检验样本加进去以实现网络训练提前结束，所以在划分样本时就没有考虑检验样本。

（3）计算隐层结点。根据得出的结论，程序中采用公式计算隐层结点个数，得到了 13 种可能存在重复的神经网络结构，以供神经网络训练时使用。

（4）神经网络训练。神经网络训练的过程是采用 trainlm 算法，设最大循环次数为 10 000 次，将训练样本输入 13 种神经网络结构中进行训练。每次达到用户指定的收敛误差后，根据测试样本计算神经网络模型的泛化误差，如果满足指定的泛化误差（相对误差小于 0.05），程序结束，保存得到的神经网络模型；如果不满足泛化误差要求，则换下一种结构训练。若这些结构全部训练完之后还得不到满意的模型，则从第一种结构开始重新训练，直至得到满意的模型。由神经网络结构对神经网络训练的影响可知，对于一组样本集，在收敛误差要求不严格（不同的样本集要求不同）的情况下，存在多组神经网络结构可以同时满足收敛误差和泛化误差要求，所以由公式计算出的 13 种结构大多数都能满足要求。但是神经网络训练时，初始权值和阈值是随机产生的，这样导致训练时神经网络不易收敛，极易陷入局部最小值当中，也就是说对于一种神经网络结构，不能保证一次性训练出较好的神经网络模型，所以需要对这些结构反复训练，直至其中的一种结构满足要求。

（5）神经网络模型的保存。工时定额训练模块训练出的模型被保存到后缀名为 mat 的文件之中，保存的内容包括：训练出的神经网络；样本集的输入数据的最大值与最小值；如果对导入数据进行了归一化，则将导入数据的最大值与最小值也保存到文件中，并保存一个整型参数变量用来标识对导入数据进行了归一化。

（6）工时定额计算。工时定额计算的过程是首先导入训练好的神经网络模型，然后对输入的数据进行归一化处理，最后代入神经网络模型进行计算。如果训练时没有对导入数据进行归一化，则直接显示计算结果，否则将计算出的数据反归一化，再将其显示在窗口当中。

7.4.3 基于企业资源计划系统工时定额的制定

C公司塑件车间工时定额过渡方案

1. 企业资源计划的概况

企业资源计划（enterprise resource planning，ERP）系统，是建立在信息技术基础之上的管理平台。它吸收了先进的工厂技术和管理思想，企业通过企业资源计划系统对物流、资金流和信息流进行统一管理，为企业管理者和员工提供了一个较完善的集成化信息系统，是企业参与竞争的强有力的管理手段。

企业资源计划最早是由美国Garter Group Incorporated（计算机技术咨询和评估集团）提出的，其实质是在制造业MRP-Ⅱ（制造资源计划）系统的基础上发展成为面向供应链的管理思想。企业资源计划系统反映了时代对企业合理的调配资源，最大化地创造社会财富的要求，成为企业在信息时代生存、发展的基石。我国自19世纪80年代沈阳第一机床厂引进的第一套MRP-Ⅱ软件以来，MRP/ERP在我国的应用与推广已经经历了30多年的风雨历程，在进入21世纪以来，国内以企业资源计划软件和实施为主导的信息化产业链已经形成，以企业资源计划应用为主导的企业信息化战略已成为国内多数企业提升管理和竞争力的必然选择，企业资源计划不仅代表了先进企业管理模式与技术，而且能够解决企业提高整体管理效率和市场竞争力的问题，实现企业所有资源的统一计划和管理，从而可以达到最佳资源组合，取得最佳效益。对于以后在生产中需要新增的设备或工艺步骤的工时定额制定，也可以采用同样的方法进行工时定额的研究，然后进行编程。

2. 企业资源计划系统中利用计算机制定工时定额的必要性

在企业竞争中，产品低成本是企业处于优势地位的关键，所以成本核算是企业成本管理的重要组成部分，它不仅为企业提供了有关财务报告的数据信息，而且为企业的成本预算、决算与控制及相关产品决策提供依据。因此，成本核算信息必须快速、准确、全面。现代企业管理要求用现代信息处理手段即电子计算机辅助管理，建立计算机成本核算系统。

企业资源计划系统通过生产成本计划、核算、分析、检查等，对生产成本进行管理，以达到降低生产成本提高企业效益的目的。而在实际工作中，产品零部件价格的制定往往滞后于物料对信息的需求，很多物料由于缺乏价格不能入库结账，而价格的制定和维护基本上采用人工计算的方法，当设计部门提供设计目录以后由价格指定人员根据图纸和工艺要求，以传统的工时定额制定方式用手工计算后再输入到企业资源计划系统中去，这样严重地影响了企业资源计划的正常运行。

3. 基于企业资源计划系统的工时定额制定的建立

1）程序的编写

由于所有的加工都可以用一个数学公式来代替，而且在程序的编写过程中主要考虑的是所编写的程序要适用性强、计算快速、维护方便、简单易学，所以决定采用EXCEL表格的形式利用公式进行计算机编程。

例如，在C620车床上车T形螺纹时，所确定的计算公式为

$$T=\frac{0.78e^{0.131t}}{1000}DL+\frac{51.4e^{0.166t}}{1000}D+2.4$$

对上述公式进行EXCEL程序的编写，其计算公式可以用下式在EXCEL表格中表示：

（0.78*POWER（2.718，0.131*I50）*F50*G50/1000+51.4*POWER（2.718，0.166*I50）*F50/1000+2.4）

其中I50所在的单元格要填入螺纹的螺距 t，F50所在的单元格要填入螺纹的直径 D，G50所在的单元格要填入螺纹的加工长度 L。这是特定条件下的计算公式，而在实际编程时，还要加入一定的调整系数。

2）确定调整系数

由于公式的确定是以加工特定材料，达到特定的加工精度等级为前提的，所以对于不同的材料及达到不同的精度的加工来说，都以一定的材料系数、精度系数和工况系数进行调整。调整系数的确定是利用实际加工数据，对同一工序或工步中所用的不同材料或不同的工作状况以及达到不同的加工精度工时数值进行对比综合，然后得出相应的比值。在编程时，根据加工要求需要增加的调整系数有精度系数、工况系数及材料系数等。

（1）精度系数。由于公式的推导都是以加工达到某一精度时所用的时间为基础的，所以当图纸要求的精度不同时，就要采用不同的精度系数来进行调整。所以在制定工时定额时，只要在表格中选择不同的精度等级及加工要求就可以计算出所选精度的工时定额。

（2）工况系数。工况系数是指当加工的具体情况发生变化时需要增加的调整系数，例如，螺纹计算公式是按照外螺纹、右旋加工制定的，当所加工的螺纹为内螺纹或左旋时就要以一定的系数进行调整。为了适应多种工步工时定额制定的要求，参考了其他行业标准和企业标准，增加了单刀加工或综合加工的系数，这样就可以满足不同工步的工时定额制定工作。

（3）材料系数。最后还要根据所加工零件的材料不同，加入适当的材料系数，例如，在确定螺纹计算公式时是按照45号钢确定的计算公式，所以在公式中以式IF（OR（L50=“铜”，L50=“铝”），0.6，1）*IF（L50=“铸铁”，0.8，1）*IF（L50=“调质钢”，1.2，1）*IF（L50=“高碳合金”，1.3，1）进行调整。

3）生产中的调整

在实际的生产过程中，由于各种机械加工都会受到所加工产品的批量和生产的熟练程度的影响，尤其是在新产品的试制过程中，员工不仅要熟悉图纸及工艺要求，而且还要准备工装模具等，所以在生产中通常要采用一定的宽放系数和批量系数进行适当的调整。宽放系数和批量系数的制定要根据企业的工艺条件、工作环境、劳动强度及企业的管理情况等因素而确定，所以不同的企业或不同的作业系数是不同的。

（1）宽放系数。不论是采用工时定额表还是公式计算法所计算的工时都指的是实际加工该零件所用的时间，而在实际生产中，工人除了实际操作加工外，还必须有一定的宽放时间，如生理需要、班前班后会、领用原料、刃磨刀具、送检零件、机床清洁等，对于这些与加工零件没有直接关系的时间消耗，在某公司中用宽放系数来调整。工时定额中的宽放时间体现了一个企业对员工工作的关心程度，不同生产类型企业有不同的宽放标

准，宽放时间的确定应考虑企业具体的实际情况以及操作者的个人特征、工作性质和工作环境等因素。

（2）批量系数。工时定额公式计算标准中的工时定额是按单件小批量生产方式制定的，所以当所生产的产品结构稳定、生产批量增加时则要以一定的批量系数进行调整，这是为了保证各分厂车间之间定额水平的均衡。宽放系数和批量系数的实施通常是由生产部门控制，工艺部门监督，所以它不影响工时定额的具体制定。

4）工作流程

在进行工时定额制定时，首先打开零部件的 CAPP 综合工艺卡片及工时定额公式计算标准，然后根据零件的工艺要求，选取所用设备的公式计算表；其次根据工艺要求和图纸要求按工步，在所需加工的工步中输入工步关键字，例如，加工面的直径、宽度、长度、加工达到的精度要求、加工方法、材料及加工面个数等，在表格的上方就可以直接显示出该工步的工时数值；最后将所显示的数值输入到 CAPP 综合工艺卡片的相应工步的工时栏内，进行下一工序的工时计算。基于企业资源计划系统的工时定额制定的工作流程图如图 7-4 所示。

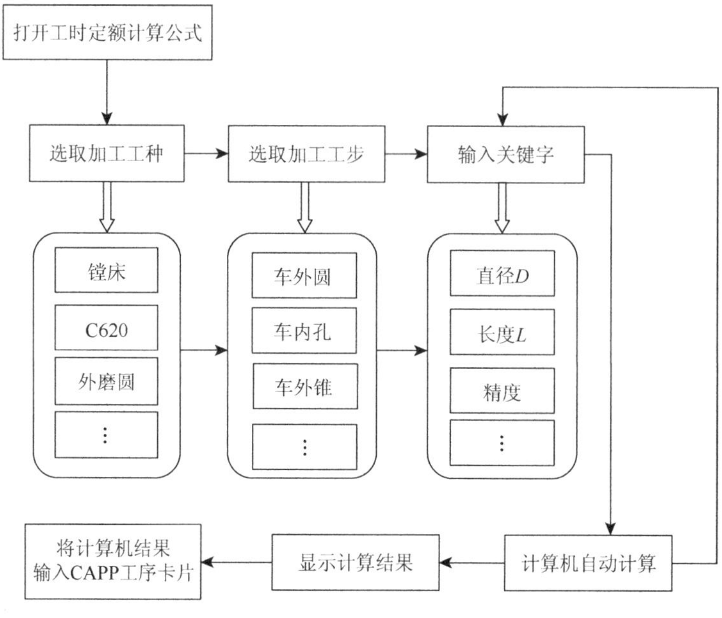

图 7-4 基于企业资源计划系统的工时定额制定的工作流程图

4. 基于企业资源计划系统的工时定额制定的评价

对工时定额制定的评价内容有快速性、准确性、完整性和实用性等几个方面。基于企业资源计划系统的工时定额制定由于采用了计算机编程，在实际制定工时定额时，只要在表格中输入相应的加工信息，计算机就可以直接显示出工时的总值，计算的速度及准确性要比常规的查表法高出许多倍，同时，在基于企业资源计划系统的工时定额制定的表格中，还增加了许多新的工种，使工时定额制定更加全面、完整，而且在使用的过程中，只要参考零件的图纸，按工艺加工步骤输入相关的信息即可制定工时定额，比以往的经验估工法制定的定额更准确，使用起来也非常方便，所以实用性很强。

在工时定额制定的评价中，对工时定额制定的准确性评价是最为关键的。采用的评价方式主要是与企业标准定额工时对比法，通过与企业标准定额工时对比，对基于企业资源计划系统的工时定额制定进行了相关的验证。具体的做法是将采用基于企业资源计划系统的工时定额制定方法所确定的加工时间，与某公司目前所使用的标准时间表中的数据进行对比，并进行误差分析。

【案例】车加工定额的制定。

车加工是机械加工中常见于一般零件加工，模具制造和机床维修等车加工的一种方法，在机械加工工种制定定额方面具有代表性。车加工的范围很广，在一般机器制造厂的金属切削机床作业中占比重 30%以上，主要是加工轴类零件的外圆和内孔，也常用于切断、切槽、倒角、端面加工、成形加工、车螺纹和丝杠。有时还用车床代替镗床、钻床，用于镗孔、钻孔、扩孔、铰孔等加工方面。有些特型零件，只能用车床加工。例如，壳体上精度要求高的、细面深的深孔，用镗、铰、磨等都难以加工，只能在车床上用镗刀精细地加工。各种车床中，普通车床是用途最广的一种通用机床，同时几乎所有的通用机床都有对应的数控机床，满足了不同精度要求零件加工的需要。

1. 影响车加工定额的主要因素

（1）工件的尺寸，如长度、直径等。

（2）生产类型，如大量生产准备结束时间可忽略不计。

（3）设备、工艺装备的先进程度和适用程度。

（4）工作状况、条件和供应服务工作情况。

（5）生产管理和劳动组织状况。

（6）加工的类别，如外圆、内孔、螺纹等。

（7）加工零件的技术要求，如精度、粗糙度。

（8）材料的性质，系统的刚性等。

（9）工人的劳动态度和技术熟练程度。

（10）特殊加工要求和其他。

2. 制定车加工定额的一般步骤

（1）确定加工工步，以工步为单位制定工步定额。

（2）确定加工余量。

（3）选择切削用量。

（4）粗加工时校验动率和扭矩。

（5）计算基本时间。

（6）确定与工步有关的辅助时间。

（7）确定布置工作地时间和休息与自然需要时间。

（8）重复以上七步，制定其他工步的各种同类时间。

（9）确定装卸时间和准备结束时间。

（10）累加成单件工序定额。

3. 用详细计算法制定车加工定额

1）基本时间的计算公式

车加工工步计算基本时间的一般公式为

$$T_{基}=\frac{L+L_1+L_2+L_3}{sn}i\ （分）$$

式中，$T_{基}$为基本时间；L为工件长度，毫米；L_1为切入量，外圆及端面车刀，$L_1=\frac{t}{\tan\varphi}$；$t$为吃刀深度，$\varphi$为主偏角。$L_2$为空刀量；$L_3$为超出量；$s$为走刀量，毫米/转；$n$为工件转速，转/分；$i$为走刀次数，一般$i=h/t$，$h$为加工余量。

2）详细计算法示例

已知条件：工件材料45号钢，毛坯重1.2千克，批量200件，零件图如图7-5所示。

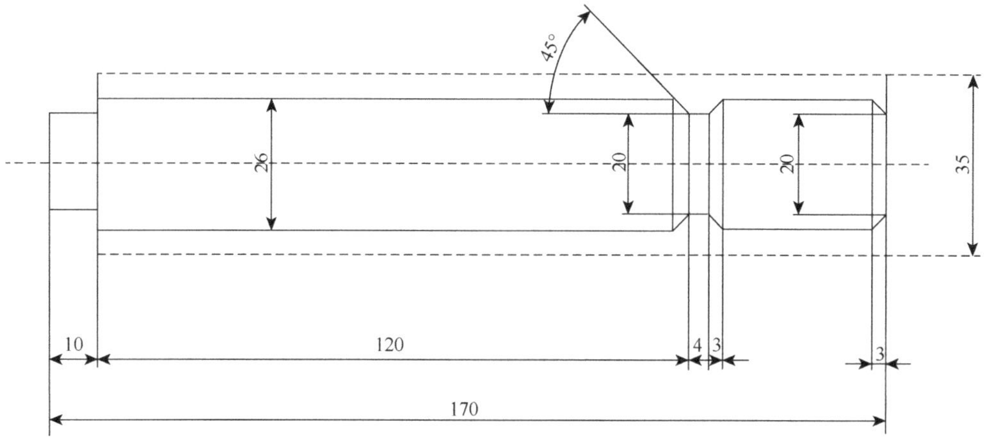

图7-5 零件图

选用设备：C620-1。

选用刀具：螺纹车刀、样板刀用高速钢，其余用硬质合金。

装卡方法：三爪卡盘和顶尖，基准和中心孔已加工完。

要求制定单件时间定额。

解：（1）工步一。

粗加工外圆，$\phi35$至$\phi27$，L=160毫米。

①计算加工余量h。

$$h=\frac{35-27}{2}=4（毫米）$$

②选择吃刀深度，因为h=4毫米，选t=2毫米，i=2次。

③选s，因为是粗车，常用s=0.5毫米/转。

④选v，根据经验，选v=100米/分，或通过公式计算。

⑤计算转速 n。

$$n=\frac{v\times1000}{\pi D}=\frac{100\times1000}{3.14\times35}=910\ (\text{转/分})$$

选机床上相近的 $n_{机}$， $n_{机}=955$ 转/分。

求实际的 v, 为

$$v_{实}=\frac{n_{机}\pi D}{1000}=\frac{955\times3.14\times35}{1000}=105(\text{米/分})$$

⑥校验扭矩和功率。

扭距 $M=\dfrac{P_Z\times\dfrac{D}{2}}{1000}$，根据经验公式，有

$$P_Z=200st=200\times0.5\times2=200\ （\text{千克}）$$

$$M=\frac{200\times\dfrac{35}{2}}{1000}=3.5（\text{千克}\cdot\text{米}）$$

而机床上查得的 M，当 $n_{机}$=955 转/分时，为 5.3 千克•米，大于实际需要的扭矩 3.5 千克•米。

功率 $=\dfrac{pv}{6120}, p=1.1\times P_z=220$ 千克 。

功率 $N_{功}=\dfrac{220\times105}{6120}=3.8$ 千瓦 。

机床额定功率为 7.5 千瓦＞3.8 千瓦，说明机床能承受，选择的切削用量适用。

$$T_{基}=\frac{L+L_1+L_2+L_3}{sn}\times\frac{h}{t}$$

据经验 $L_1+L_2+L_3$ 一般可选≤10 毫米，这里选 10 毫米。

$$T_{基}=\frac{160+10}{0.5\times955}\times\frac{4}{2}=0.71（\text{分}）$$

⑦确定不包括装卸时间的辅助时间（下同）。根据经验，辅助时间由测量零件和与走刀有关时间组成，因为是粗加工，估计为 0.5 分。

⑧确定布-休时间。根据成批生产条件，车加工布-休时间为占作业时间的 12%。

$$T_{布休}=(0.71+0.5)\times12\%=0.15（\text{分}）$$

⑨合计。

$$T=0.71+0.5+0.15\approx1.4（\text{分}）$$

（2）工步二。

精车外圆，$\phi27$ 到 $\phi26$，L=160 毫米。

①计算 h。

$$h=\frac{27-26}{2}=0.5\ （\text{毫米}）$$

②确定 t：t_1 选 0.35 毫米，t_2 选=0.15 毫米，i=2。

③选 s：s 选 0.09 毫米/转。

④确定转速，根据工步一，选 n=955 转/分。

⑤计算基本时间。

$$T_{基}=\frac{160+10}{0.09\times 955}\times 2=4（分）$$

⑥确定 $T_{辅}$：根据经验，精加工要求高于粗加工，测量次数多，对刀精细，故 $T_{辅}$ 选 2 分。

⑦计算 $T_{布休}$。

$$T_{布休}=(4+2)\times 12\%=0.7（分）$$

⑧合计。

$$T=4+2+0.7=6.7（分）$$

（3）工步三。

车螺纹外径，$\phi 26$ 至 $\phi 24$，L=40 毫米。

①计算 h。

$$h=\frac{26-24}{2}=1（毫米）$$

②确定 t：t_1=0.5 毫米，t_2=0.35 毫米，t_3=0.15 毫米，i=3。

③选 s：s 选 0.09 毫米/转。

④确定转速：选 n=1200 转/分，如果工人技术水平适应不了，可选 955 转/分。

⑤计算基本时间。

$$T_{基}=\frac{40+5}{0.09\times 1200}\times 3=1.2（分）$$

⑥确定 $T_{辅}$与工步二同，选 2 分。

⑦计算合计时间。

$$T=(1.2+2)(1+12\%)=3.6（分）$$

这里 $T_{布休}$占作业时间 12%，可省略一步，直接算得合计时间。

（4）工步四。

车空刀槽，用高速钢样板刀进行横向进刀，这时走刀量为横向走刀量，没有吃刀深度。

①计算加工余量 h。

$$h=\frac{26-20}{2}=3（毫米）$$

②选 s，因是横向进给，s 选更小一些，s=0.06 毫米/转。

③确定 n，因是横向进给，n 选小些，n=382 转/分。

④计算 $T_{基}$。

$$T_{基}=\frac{3+2}{0.06\times 382}=0.22（分）$$

式中，分子上的 3 为加工余量，当横向进刀时，加工零件长度即加工余量；2 为空刀量和切入量的估计值，由于没有超出量，因操作较精细，故选较小的值 2。

⑤辅助时间和布-休时间合并估计，选定为 0.6 分。

⑥合计时间为 0.22+0.6=0.82（分）。

（5）工步五。

倒角。根据经验或查定额标准表，合计时间 T=0.6 分。

（6）工步六。

车螺纹 M24×2=2，这表示螺距为 2 毫米，外径为 24 毫米，精度为 2 级的公制螺纹。

①s=2 毫米/转。

②确定 h，螺纹加工 h=0.8s=1.6 毫米。

③确定走刀次数，查表 7-7，i=粗 6 次，精 3 次，共 9 次。

④确定 v，查表 7-10，$v_{精}$=4 米/分。$v_{粗}$=25 米/分。

$n_{基}=\dfrac{4\times1000}{3.14\times24}=53$ 转/分，选机床上的 58 转/分。

$n_{粗}=\dfrac{25\times1000}{3.14\times24}=332$ 转/分，选机床上的 382 转/分。

⑤计算基本时间。

$$T_{基粗}=\frac{36+6}{2\times382}\times6=0.3\text{（分）}$$

$$T_{基精}=\frac{36+6}{2\times58}\times3=1.1\text{（分）}$$

⑥确定辅助时间。由于螺纹加工难度较大，精度较高，走刀次数多，故辅助时间定为 5 分。

⑦合计时间 T=(0.3+1.1+5)×(1+12%)=7.68（分）。

（7）确定装卸时间。根据夹具、工件重等条件，选定为每件 1.6 分。

（8）确定准备结束时间。根据机床为一般普通机床，零件也比较一般的情况，确定该批准结时间为 30 分。

（9）计算分摊到每件的准结时间。

$$T_{准}=\frac{30}{200}=0.15\text{（分）}$$

（10）计算单件总定额时间。

$$\begin{aligned}T_{总}&=1.4+6.7+3.6+0.82+0.6+7.68+1.6+0.15\\&=22.55\text{（分）}\end{aligned}$$

复习思考题

1. 何为劳动定额？它有哪些表现形式？
2. 劳动定额的作用是什么？
3. 简述工时消耗的分类体系。
4. 何为经验估工法，如何提高估工的精度？
5. 何为类推比较法，如何进行操作？
6. 试比较几种定额方法的优缺点。

项目研究报告

《关键零件工时定额研究》项目研究报告

第8章 现场管理

8.1 现场管理概述

8.1.1 现场管理的含义

要界定现场管理的含义，首先必须明确现场的概念。所谓现场，就是企业进行设计、生产和销售产品或提供服务以及与顾客沟通的地方。现场为企业创造出附加价值，是企业经营活动最活跃的地方。企业的经营活动就是策划、开发和制造出产品或服务，并将其提供给顾客而获得利润。企业的这些活动，都是在各种现场进行的。现场最大的特征，是通过产品的“卖”与“买”使企业和顾客共同受益。企业从中获取利润，顾客得到优质的产品和满意的服务。

简单地说，现场就是企业人员从事生产经营活动的各种场所。现场是个集合概念，具体又可以分为生产作业现场、设备现场、质量现场、试验现场、物流现场、运输现场和安全环境保护现场等。

现场管理可以分为广义的现场管理和狭义的现场管理。广义的现场管理，是指对企业所有生产经营活动场所的管理。生产经营活动场所的管理不仅包括生产作业现场，还包括与生产作业有关的质量现场、设备现场、物流现场、试验现场、运输现场和安全环境保护现场，还包括企业的现场信息、现场纪律、现场计量、现场抽样、现场流程、现场定置及现场诊断、现场改善等企业所有现场的管理。狭义的现场管理，主要是指对企业生产作业现场的管理。它主要是对企业的各个生产车间以及为生产车间服务的料场、仓库、运输等生产作业场所的管理。为了确保企业的良性运作，对企业的所有生产经营活动场所都必须实行科学管理。但是，任何管理都有它的侧重点。在企业的所有生产经营活动场所中，生产作业现场是最重要的，因为它直接实现劳动转换，把劳动对象加工成产品，目前一般所说的现场管理，主要是对狭义的现场管理来说的。

现场管理并不是一个新概念，早在20世纪初，泰勒就把生产作业现场的管理作为企业科学管理的主要研究内容之一。他在生产现场分析研究工人的操作，通过选用最合适的劳动工具、集中先进合理的操作步骤、省去多余不合理的操作程序，制定出各种工作的标准操作方法，让工人按标准程序进行操作。同时，对工人的劳动时间进行研究，规定完成合理操作的标准作业时间，制定先进的工时定额等，从而达到了提高生产效率的目的。

而目前的现场管理，它不仅仅局限于保持生产现场的环境整洁和井然有序，而且要在此基础上实现现场管理系统的优化。

现场管理系统的优化是更高层次的现场管理。它是以提高各项工作质量，特别是以提高产品质量为核心的强化基础工作的一系列的现场管理工作。企业的生产现场基本上由劳动者（操作者、管理者）、劳动手段（设备和工具）和劳动对象（原材料、在制品、半成品）等组成。搞好现场管理，实现现场管理系统的优化，其实质就是以现代管理思想为指导，运用现代科学管理方法、管理手段和管理组织，对生产现场的各种生产要素（劳动者、劳动手段、劳动对象）进行合理配置和有效控制，使其形成最佳组合，从而保证企业的生产活动高质量、高效率地进行。

总之，现场管理是各项专业管理的总称，包括质量管理、工艺管理、生产管理、定置管理、物流管理、信息管理、纪律管理乃至企业管理发展的高层次系统管理，并且融合了企业文化，从而使上述管理的作用得到最大限度的发挥。换言之，现场管理集合了它们的全部要素，通过系统配置促进了各要素的正效应即内涵的释放、发展与外延，使管理具有高效、优质、低耗、安全、窗口效应、道德效应、体质效应、社会效应等八大作用。

8.1.2 现场管理的特点

现场管理是企业管理的一个重要组成部分，与其他专业管理相比，它具有以下一些特点。

（1）基层性。管理一般可以分为三个层次，即最高管理层的决策性管理、中间管理层的执行性与协调性管理、初级管理层的控制性现场管理。最高管理层主要负责企业的整体战略决策，中间管理层主要是对各种职能管理做出决策，而初级管理层则负责各种具体业务决策。现场管理属于具体业务的管理，它由企业的各个车间、各个科室来具体执行，因此，属于基层性工作，它是企业管理的基础。基础扎实，现场管理水平高，可以增强企业的内功，提高对外部环境的承受能力和应变能力；可以使企业的生产经营目标以及各项计划、指令和各项专业管理要求顺利地在基层得到贯彻与落实。

（2）整体性。现场管理是从属于企业管理这个大系统中的一个子系统。它包括的内容相当丰富，涉及企业内部和外部的人、财、物、信息等各种要素的管理，而不只是单一要素的管理工作。因此，要搞好现场管理，就不能孤立地只考虑某一个要素，必须从整体出发，实行统一指挥，不允许各部门、各环节、各工序违背统一指挥而各行其是。各项专业管理虽自成系统，但在生产现场必须协调配合，服从现场整体优化的要求。

（3）综合性。现场管理是一种全面管理，它与企业各项工作都发生关系并渗透到各项工作的全过程，是一项综合性的管理工作。例如，生产管理、质量管理、设备管理、劳动纪律管理等各项专业管理的内容都会在现场管理中得到体现。现场管理具有很强的综合性，要搞好现场管理，必须进行综合治理。现场管理要严格执行操作规程，遵守工艺纪律及各种行为规范。现场的各种制度的执行，各类信息的收集、传递和分析利用需要标准化，要做到规范齐全并提示醒目，尽量让现场人员能看得见、摸得着、人人心中有数。

（4）动态性。现场各种生产要素的组合，是在投入与产出转换的运动过程中出现的。所以，现场管理不应在一个水平上停滞不前，它应是一项不断发展变化的工作。在一定的条件下，各个要素的优化组合，具有相对稳定性。生产技术条件稳定，有利于生产现场提高质量和经济效益。但是，随着企业生产的发展、技术和管理方法的进步和产品结构的调整以及市场环境的变化，原有的要素组合不再适应企业发展的需要，现场管理就必须根据变化了的情况进行重新调整和合理配置，使现场管理系统不断优化，提高生产现场对市场环境的适应能力，从而增强企业的竞争能力。所以，稳定是相对的，有条件的变化则是绝对的。现场管理是一项长期的经常性的任务，不能一蹴而就，必须坚持不懈地抓紧、抓实、抓好，这样才能充分发挥现场管理的作用。

（5）全员性。现场管理的多元性和综合性决定了现场管理是一项量大面广的工作，它涉及企业的各个方面和各个部门，直至每一个人。现场管理的核心是人，人与人、人与物的组合是现场生产要素最基本的组合，不能见物不见人。现场的一切生产活动，各项管理工作都要现场的人去掌握、去操作、去完成。因此，要搞好现场管理不能只靠少数几个专职的管理人员，而必须依靠企业的全体职工，上至企业领导，下至操作人员，都应重视现场管理。各个部门和每个员工都要结合自己的本职工作，明确现场管理的具体职责，实行自我管理、自我控制，以及实行岗位工作之间相互监督，建立健全现场管理的保证体系。在进行现场管理系统优化时，要特别重视发挥全体职工的积极性和创造性，发挥团体的力量搞好现场管理工作。

要搞好现场管理工作，除了考虑上述一般的特点外，还要考虑各个行业和各个企业的具体情况。各个行业和各个企业由于生产的产品种类不同，工艺和设备也有很大差别，人员的素质和管理水平也不尽相同，就是在同一个企业中，基本生产车间和辅助生产车间的情况也会有些差异。因此，它们在现场管理上还会有各自不同的特点和要求。要搞好现场管理，必须从各行业、各企业、各车间的实际情况出发，实现现场管理系统的优化，千万不能只采用一个模式，搞“一刀切”。只有这样才能充分发挥现场管理的功能，避免形式主义。

8.1.3 现场管理的原则

现场管理应遵循以下原则。

1. 经济性原则

现场管理要克服只抓产量和产值而不计成本、只讲进度和速度而不讲效率与效益的单纯生产观点，树立以提高经济效益为中心的指导思想。

经济性原则可以从两个方面来理解。首先，生产的产品一定要适销对路，也就是在产品品种、质量、数量、成本、交货期等方面要适应和满足市场要求。只有在这个前提条件下，生产效率越高，效益才越好。否则产品不能很好地满足市场需求，滞销积压，则生产效率越高，造成的经济损失就越大。其次，要在生产过程中处处精打细算，厉行节约，力争在完成预定的目标任务条件下，做到少投入多产出，杜绝浪费现象。消除生产现场的各种浪费现象，是提高经济效益最直接、最快捷的方法，而且不需要花多少投资。在我国工业企业中，这方面的潜力是很大的，值得重视。要“向管理要效益”，当然特别要重视向现场管理要效益。现场各种生产资源的有效配置和生产活动的正常运作，都要通过现场管理才能实现。现场管理混乱，就很难保证产品的高质量乃至企业的高效益。

2. 科学性原则

生产现场的各项管理工作都要按科学规律办事，实行科学管理。现场管理的思想、制度、方法和手段都要从小生产模式的经验式管理上升为科学管理等符合现代大生产客观要求的管理模式。有人认为现场管理很简单，没有多大“学问”，凭经验办事，这是不正确的。生产现场有许多值得研究的问题，有许多常规工作可以改进和完善。以泰勒为代表的科学管理学派，就是从研究现场，即一线管理开始的，例如，搬铁块试验、铁锹试验均是生产运作现场的规范化、标准化、科学化研究。未来现场管理的发展趋势是自动化、信息化。我们既不能安于现状、自甘落后，又不能操之过急、搞形式主义，而是要实事求是地坚持按科学性原则办事。

3. 灵活性原则

现场管理必须适应市场需求和满足用户的要求，具体体现在增加产品品种、提高质量、降低成本、按期交货等方面。这是企业在激烈的市场竞争中为求得生存和发展所必须遵守的原则。但是从现场的生产和组织管理来看，又希望少品种、大批量、生产均衡、生产条件稳定，不仅可以用专用的生产设备和工艺装备、提高生产效率，也便于生产管理。所以，要解决这对矛盾，现场就要把外部环境要求的“变”同现场生产组织和控制要求的“定”有机地统一起来，采取有效措施，增强适应性和灵活性。

4. 标准化原则

标准化管理是现代化大生产的要求。现代化大生产是由许多人共同进行的协作劳动，采用复杂的技术装备和工艺流程，有的是在高速、高温或高压条件下操作，为了协调地进行生产活动、确保产品质量和安全生产，劳动者必须服从生产中的统一领导，严格地按照规定的作业流程、技术方法、质量标准和规章制度办事，克服主观随意性。如果不服从生产要求，不遵守劳动纪律，自由散漫，不仅生产搞不好，就是人身安全也难以保证。规范化、标准化是科学管理的要求，现场管理有很多属于重复性的工作，这些工作都可以通过调查研究，采用科学方法，制定标准的作业方法和业务工作流程，作为今后处理同类常规工作的依据，从而实行规范化、标准化管理。工作标准的实质是人的行为规范。工人进入生产现场应穿戴规定的工作服、工作帽，在制度规定的工作时间内，按照规定的操作方法和工艺流程，完成计划规定的生产作业任务。

规范化、标准化管理的内容是多方面的，包括作业方法、作业程序、管理方法、安全制度、工作时间、行为举止等方面的标准化。坚持标准化原则，有利于培养人们的良好习惯，有利于提高现场的生产效率和管理的工作效率，有利于建立正常的生产和工作秩序。

8.1.4 现场管理的目的

在人类社会中，任何活动都是有目的的活动。现场管理也不例外，它有其特定的目的。现场管理是为企业的生产经营目的服务的。企业生产经营目的就是通过生产产品或提供服务为社会创造更多的价值，并为企业带来生存和进一步发展的利润。企业利用自身所拥有的生产资料将原材料转换成产品或服务项目，这个过程是在现场进行的。产品在生产现场被制造出来，产品质量的好坏、成本与效益的高低都是在生产现场实现的。因此，现场管理的目的就是依据企业的战略规划以及生产经营目标，合理有效地计划、组织、领导和控制各种组织要素，以达到优质、高效、低耗、均衡和安全地完成产品生产。现场管理必须为实现企业的生产经营目的服务。当前市场竞争越来越激烈，用户和消费者对产品的需求不断地变化，企业不仅要增加产量，而且产品的品种要多、质量要好、价格要便宜、交货要及时。这些需求又在不断变化，要适应这种不断变化的、个性化的、差异化的需求，更有效地实现企业的生产经营目的，就必须加强现场管理，如果现场管理混乱，就难以全面地实现这些要求。因此，现场管理就必须讲求实效。衡量一个企业现场管理搞得好坏，不能只注重表面形式的好坏，最终还要看它的现场管理是否有利于实现企业的生产经营目的，是否有利于保证和促进生产的发展，为企业在激烈的市场竞争中赢得优势。

8.1.5 现场管理的任务

企业现场管理的目的决定了现场管理的任务。现场管理的基本任务就是运用组织、计划、领导、控制、创新的职能，把投入企业生产过程的各种要素有机地结合起来，形成一个系统化的体系，按照最经济的方式，不断地生产出满足社会需要的产品或服务。具体而言，现场管理的任务有以下几点。

（1）建立正常的生产秩序和文明的生产环境。建立正常的生产秩序是保证企业生产活动正常进行、实现生产过程良性循环的重要前提。一个企业的生产现场是否具有良好的生产秩序，对生产效率、产品质量具有重要影响。有了良好的生产秩序，就能使生产有条不紊地进行，减少差错，避免事故的发生，提高效率，保证质量。企业要想稳定地生产出用户满意的优质产品或服务，必须有一个整洁、明亮、安全的作业环境。因此，建立正常的生产秩序和文明的生产环境是搞好现场管理、实现现场管理系统优化的一项重要任务。

（2）实现各种要素的合理结合。在现代化大生产条件下，企业的各种要素主要是指人、财、物以及使整个生产过程正常进行的各种信息。这些要素既是生产活动必须具备的前提，又是实现企业生产经营目的的重要保证。要充分发挥各项要素的作用，除了使各项要素在质量、数量和时间方面必须符合生产经营过程的需要，还要使各项要素在生产经营过程中有效地结合起来，形成一个有机体系。这种结合越紧密，劳动效率就越高，产品质量就越有保证。而且现代化大生产是许多人集中在一起，使用机器或机器系统作用于物的一种分工协作活动。这就要求劳动力、劳动手段、劳动对象必须按照企业整体计划的要求组成一个有机体系。搞好现场管理，实现现场管理优化的核心也就是要促进各项要素在生产经营过程中的合理结合。

（3）提高企业的经济效益。企业管理必须以提高经济效益为中心。现场管理既然是企业管理的一个重要组成部分，那么它也必须把提高经济效益作为自己的一项主要任务。搞好现场管理，建立正常的生产秩序和文明生产环境，实现各项要素的最佳结合，就是要做到投入少产出多而且要好，其最终成果都要体现在经济效益上。企业只有不断地提高经济效益，才能使员工收入不断增加，并使企业获得可持续的发展。

【案例】我该如何拯救你，我的现场。

B工厂是一家有着近十年历史的国有企业，员工400人左右，两年前应总公司要求调整现场管理组织结构建立工段，于是每个车间成立了两个工段，每个工段下辖两个或者三个班组，形成了工厂—车间—工段—班组四级管理的组织结构。车间平面布置图挂在车间门口，可如果按照这张图去走可能会迷失方向；有技术部门编制的工艺贴在岗位上，但看得出已很久没人碰过；班组建有人员、成本台账，但上面只是寥落记了几笔。

B 工厂存在的问题比较多，例如，现场管理缺乏系统性、最靠近现场的基层单位（班组和工段）缺乏自主性和积极性、现场人员缺乏相应的能力等。针对以上问题，B 工厂首先找到了当今在制造企业成效显著的现场管理体系——精益生产体系，并决定全力在工厂推行这个现场管理体系。除此之外，还精简了组织机构，取消了车间的编制，弱化了班组的地位，决定以工段为现场的基本单元推行新的现场管理体系。B 工厂成立了精益生产项目组，从各部门和工段挑选优秀人员进入项目组，让来自现场的人员和具有现场意识的人员担任项目组的负责人，保证项目的务实和可操作。项目组对精益生产理论体系进行学习和研究，从安全、质量、成本、响应和组织发展五个方面建立了现场的业务和指标体系，系统地明确了现场管理要开展的所有工作内容，并清晰描述了如何通过指标体系衡量这些业务的管理水平。明确了现场做什么和怎么做，接下来就是开展大量的培训，必须让企业中所有的人认识并熟悉这个体系。而且绝不能只是职能部门的管理人员知道精益生产，现场管理人员一定要熟悉甚至比部门管理人员更全面、更深入熟悉这个体系，因为一个现场单元（工段或班组）是一个综合性的单元，它必须在这个单元内实践全部这个体系。表 8-1 为 B 工厂问题分析-解决措施一览表。

表 8-1 B 工厂问题分析-解决措施一览表

现象	问题	举措	细则
职能部门各自为政，让现场不知所从。推行的管理方法没有得到很好的执行	丧失了整体性：缺乏一个完整、全面、行之有效的管理系统	建立管理体系：建立一个全面的、系统的制造企业现场管理的理论体系，即精益生产体系	（1）精准确定产品的价值 （2）识别价值流 （3）建成价值流 （4）追求完美
最靠近现场的基层单位（班组和工段）缺乏自主性和积极性	丧失了基层性：工厂—车间—工段—班组四级管理的组织结构过于复杂，多层级的直线式组织机构管理过于集权	企业组织结构重建：取消车间的编制，弱化了班组地位	（1）组织结构扁平化 （2）适当放权 （3）现场意识 （4）避免多头领导
现场人员的专业知识和工作技能不足	丧失了全员性：现场人员成为最不被关心的单位，同时成为最没有活力的单位，代表着低下的生产效率和生产质量	培训：成立精益生产项目组，帮助全体员工熟悉并贯彻精益生产理论体系内容；掌握相关知识技能	（1）分阶段培训 （2）现场指导 （3）学习—实践—再学习—再实践

精益生产方式能够在 B 工厂现场落地生根，除了精益生产方式本身的确是一种适合的制造企业现场管理体系，以及 B 工厂在推行过程中采取的务实的学习—实践—再学习—再实践的推行方式之外，很重要的一点是放权和现场意识的建立。B 工厂调整组织机构后，工段直接在工厂领导下，工厂的指令可以完整清晰地落实到工段现场，同时工厂把很多权力，甚至是以前职能部门的很多权力下放给了工段，使工段要在自己的现场开展工作的时候，受到的干扰和牵制尽量地减少。让最靠近现场的人去做现场的决策，这是 B 工厂权力下放的指导原则，当然这样做的同时必须提高现场管理人员的能力，否则放权将导致混

乱，因此，工厂花了大力气培养现场管理人员，或者把最优秀的人员放到现场做工段长。B 工厂大力强调现场意识，要求所有职能部门从支持和服务现场的角度和现场打交道，给现场开展的工作提供帮助。得到了充分的自主权和工厂的支持，工段焕发了惊人的活力，从以前的“要我做”变成了“我要做”，精益生产体系逐渐在工段现场建立起来，并发挥了巨大的作用，B 工厂的各项管理指标得到了极大的改善。

B 工厂仍然在推行精益生产方式的道路上执着前进，虽然在工厂的现场建立这样一个完整、系统的以现场为中心的管理体系需要付出难以想象的艰辛，花费无数的精力和时间，但 B 工厂相信他们已经找到了一条现场管理正确的道路，当他们的现场精益生产管理体系逐渐成形并完善的时候，现场将会是翻天覆地的变化，而企业的竞争力将跨越式地提高。

8.2 5S 管 理

企业内员工的工作热情和士气，某种程度上取决于是否具有良好的工作环境与和谐融洽的管理气氛。5S 管理就是为造就安全、舒适、明亮的工作环境，提升员工职业操守，从而塑造企业良好的形象，实现组织的战略目标而提出的一种管理思想和管理方法。

8.2.1 5S 管理的概念

1. 5S 管理的含义

5S 管理就是整理（seiri）、整顿（seiton）、清扫（seisou）、清洁（seiketsu）、素养（shitsuke）五个项目，因日语里的罗马拼音均以“S”开头而简称 5S 管理。5S 管理起源于日本，通过规范现场管理，营造现场良好的工作环境，培养员工良好的工作习惯，其最终目的是提升人的品质。具体而言，可以从以下几个方面理解其内涵。

（1）杜绝马马虎虎的工作态度、粗枝大叶的工作作风，凡事认真（认认真真地对待工作中的每一件“小事”）。

（2）严格地遵守现场管理规定。

（3）自觉维护工作环境整洁明了。

（4）文明礼貌。

5S 活动不仅能够改善生产环境，还能提高生产效率、产品质量、员工士气，牵一发而动全身，是其他管理活动有效展开的基石之一。

没有实施 5S 管理的工厂，通常现场脏、乱、差等现象比较普遍，很多企业只要到生产现场去转一转，就感觉比较脏，地面上随处可见垃圾、油渍、铁屑等，日久就形成污黑的一层；零件、纸箱、栈板随意地搁在生产现场；人员、起重机或物料搬运车在拥挤狭窄的空间里穿梭。再如，好不容易导进的最新式的设备也未加维护，经过数个月之后，也变成了不良的机械，要使用的工夹具、计测器也不知道放在何处等，显现了脏污与零乱的景象。在这样的工厂里，即使设备是世界上最先进的，但若不对其进行管理，甚至也不知道要用的工装夹具到底摆放在哪里，员工在这样的工厂里，当然是越干越没劲，显得松松垮垮、疲疲沓沓，规定的事项，也只有起初两三天遵守而已。要么过一天算一天，要么另栖他枝。这样的工厂我们认为它只会生产问题和制造麻烦，对人类社会没有任何积极的意义。改变这样工厂的面貌，实施5S管理活动最为适合。

2. 5S管理与其他管理活动的关系

（1）5S管理是现场管理的基础，是全面生产管理的前提，是全面质量管理的第一步，也是ISO9000有效推行的保证。

（2）5S管理能够营造一种“人人积极参与，事事遵守标准”的良好氛围。有了这种氛围，推行ISO、TQM及TPM就更容易获得员工的支持和配合，有利于调动员工的积极性，形成强大的推动力。

（3）实施ISO、TQM、TPM等活动的效果是隐蔽的、长期性的，一时难以看到显著的效果，而5S管理活动的效果是立竿见影。如果在推行ISO、TQM、TPM等活动的过程中导入5S管理，可以通过在短期内获得显著效果来增强企业员工的信心。

（4）5S管理是现场管理的基础，5S管理水平的高低，代表着管理者对现场管理认识的高低，这又决定了现场管理水平的高低，而现场管理水平的高低，制约着ISO、TPM、TQM活动能否顺利、有效地推行。通过5S管理活动，从现场管理着手改进企业“体质”，则能起到事半功倍的效果。

8.2.2 5S管理的定义、目的、实施要领

1. 整理

将必需物品与非必需品区分开，在岗位上不要放置必需以外的物品，即整理。这是开始改善生产现场的第一步。其要点是对生产现场的实际摆放和停滞的各种物品进行分类，区分什么是现场需要的，什么是现场不需要的；其次，对于现场不需要的物品，例如，用剩的材料、多余的半成品、切下的料头、切屑、垃圾、废品、多余的工具、报废的设备、工人的个人生活用品等，要坚决清理出生产现场。这项工作的重点在于坚决把现场不需要的东西清理掉。对于车间里各个工位或设备前后、通道左右、厂房上下、工具箱内外，以及车间的各个死角，都要彻底搜寻和清理，达到现场无不用之物。现场物品的保存是很重要的，但是要将什么东西丢弃一样很重要，最重要的是要知道什么东西可以丢，什么东西应该保留，也要把该留的东西放在以后找得到的地方。很多人就是舍不得丢东西，他们常会说“你不知道以后可能会再用到？”

在执行整理时要问下列几个问题。

（1）工作可以简化吗？

（2）资料是否已经过时？

（3）是否已经将空间进行有效的规划？

（4）项目标示清楚吗？

（5）是否经常处理垃圾？

坚决做好整理工作，是树立好作风的开始。日本有的公司提出口号：效率和安全始于整理！

1）整理的目的

（1）使现场无杂物，通道顺畅，腾出空间，改善和增加作业面积。

（2）现场无杂物，行道通畅，提高工作效率。

（3）减少磕碰的机会，保障生产安全，提高产品质量。

（4）消除管理上的混放、混料等差错事故，有效地防止误用、误送。

（5）防止工作时误用或掩盖重要物件。

（6）塑造清爽的工作场所。

（7）有利于减少库存量，节约资金。

（8）改变作风，使员工心情舒畅，提高工作热情。

2）整理的实施要点

（1）对于工作场所进行全面、彻底的检查和清理，包括看得到和看不到的，达到现场无不用之物。

（2）制定“要”和“不要”的判别基准。

（3）要有决心，将不要的物品清除出工作场所。

（4）对需要的物品调查使用频度，决定日常用量及放置位置。

（5）制定“不要物品”的处理方法。

（6）每日自我检查。

3）整理的实施步骤

（1）按照定置区域对生产现场进行全面检查。检查的范围通常包括办公区、生产区、生活区等。检查的范围要全面，不留任何死角。例如，①办公区，检查内容为办公桌抽屉里的物品、办公桌上的物品、墙上的标语等；②生产区，检查内容为机器设备、原材料、工具、在制品、半成品、易耗品、存储装置、油漆桶、边角料、余料、纸箱、废品等；③生活区，检查内容为板凳、个人衣物柜、个人物品、属于个人的劳保用品、垃圾桶、扫帚、纱线头等；④仓库，检查内容为原材料、辅料、废料、储存架、柜、箱子、标识牌等。

（2）对生产现场的物品进行分类。生产现场物品的分类可根据实际情况进行分类。表 8-2 为某企业钣金班组生产现场物品分类标准。

表 8-2　某企业钣金班组生产现场物品分类标准

序号	类别	定义
1	生产工具	指在生产中使用到的各种工装夹具、量具、模具以及自制的工具
2	设备	指生产现场的使用设备，包括各种焊接设备、下料设备、加工设备等
3	劳保用品	指在生产中需要的劳动保护用品，包括安全帽、防护镜等
4	办公用品	包括纸、笔、办公桌等
5	文件资料	包括各种图表等资料
6	私人用品	指属于个人的物品，包括茶杯、个人衣物等
7	储存装置	指用于存储的各种装置，包括衣柜、货架等
8	原材料	指根据生产领用单领取的物品
9	生产易耗品	指在生产中消耗的物品，包括焊条、焊丝等

续表

序号	类别	定义
10	半成品	指从金工车间领用的零件
11	在制品、成品	包括各种零部件、单机等，重点在于生产时所需的空间
12	废弃物	包括生活垃圾、生产中产生的垃圾以及边角料、余料等
13	清扫用品	指用于进行清扫的各种用品，包括扫帚、纱线头、垃圾桶等
14	标语标识	主要指在班组内的各种标语口号、标识、墙上的操作规则等

各班组根据实际情况对班组内物品进行有效分类，并根据分类理出物品清单（表8-3）。

表8-3 物品清单表

物品清单表			
班组： 填写人： 填写时间：			
类别	物品名称	日常存量	备注
审批意见（生产部）	审批人： 审批日期：		

（3）归类。将分好类的物品进行归类，尽可能将同种类型的物品放在同一个地方，有使用期限的物品各个期限应分开放置。

（4）制定“需要”与“不需要”的标准。检查工作场所之后，关键一步是确定什么是需要的、什么是不需要的。在此过程中，除关注是否真的需要，同时要了解各种物品的使用频率。根据上面的确认，每个班组制定出整理“需要”与“不需要”标准表（表8-4）。

表 8-4 现场整顿表

现场整顿表	
要	不要
（1）使用中的机器设备、装置、工艺装备 （2）原辅材料、半成品、成品 （3）办公用品、文具、使用中的记录本 （4）饮水机 （5）使用中的各种清洁工具 （6）工序操作规程 （7）必要的私人用品	（1）已损坏、无法使用的机器设备、装置、工艺装备 （2）不再使用的办公用品 （3）废料、不能使用的原料 （4）过时的图表、资料 （5）空桶、破旧的纸箱 （6）破旧的垃圾桶、隔天垃圾 （7）损坏的样品 （8）边角料、废品

（5）制定“不要物品”处理程序。在清理出“不要物品”以后，需要根据“不要物品”的具体情况采取相应的处理办法和处理程序。

（6）制定现场物品处理标准。在现场中，各种物品的使用频率可能相差很大。不需品的处理实施分类：依分类的种类，该报废丢弃的一定要丢掉，该集中保存的由专人保管，常用物品可指定相应的主要使用人为保管人。表 8-5 为某企业现场物品处理方法，表 8-6 为保管场所分析表。

表 8-5 现场物品处理方法

现场物品处理方法				
分类	使用频率	处理方法	建议场所	负责人
不用	全年一次也未用	“不要物”处理办法		废物处理领导小组
少用	平均 6 个月～1 年用 1 次	分类管理	仓库	物流部
普通	1～6 个月使用 1 次或以上	置于班组内	班组集中摆放	班组长
常用	1 周使用数次； 1 日使用数次； 每小时都使用	工作区内；随手可得	设备旁、工具箱里	员工

表 8-6 保管场所分析表

保管场所分析表					
			班组：	填写人：	填写时间：
序号	物品（工具）名称	使用频率	归类	建议场所	负责人

（7）清除“不要物品”。各班组将整顿表中的不要物品按照整理要求和“不要物品”处理程序清除掉。在这一步，各级领导要有决心，将不需要的物品彻底地清除掉。员工根据标准表实施“大扫除”。

（8）每日自我检查。为了避免不必要的物品在现场随时间越积越多，各班组需每日对照整理表，自我检查、及时处理，以使整理的效果长久保持下去。

2. 整顿

整顿是指将必需物品放于任何人都能立即取到的状态。整顿其实也是研究提高效率方面的科学。它研究怎样才可以立即取得物品，以及如何能立即放回原位。任意决定物品的存放并不会让工作速度加快，因为会增加寻找物品或物料的时间。这样就必须思考分析怎样拿取物品更快，并让工人都能理解这套系统，遵照执行。

1）整顿的目的

（1）工作场所一目了然。

（2）工作环境明亮、整洁。

（3）消除或减少找寻物品的时间。

（4）消除过多的积压物品。

（5）工作秩序井然，提高工作效率，减少浪费和非必要的作业。

（6）出现异常情况（如丢失、损坏）能马上发现。

（7）标识清楚，保障安全。

2）整顿的实施要点

（1）前一步骤整理的工作要落实。

（2）需要的物品明确放置场所，并尽可能将物品集中放置，减少物品的放置区域，同时保证通道的畅通及合理。

（3）各类物品按定置要求摆放整齐、有条不紊，并采用各种方法隔离和标识放置区域，形成可视化管理，达到任何人都能立即取出所需物品的环境状态。

（4）物品使用后要能够容易恢复到原位，如果没有恢复和误放时能够马上知道。

（5）地板要划线定位。

（6）场所、物品要有明确的标识。

（7）制定废弃物处理办法。

3）整顿的“3要素”

（1）放置场所。所有物品的放置场所原则上要100%设定，即物品的保管要定点、定容、定量，生产线附近只能放真正需要的物品。

（2）放置方法。所有物品要容易取放，即不超出所规定的范围，在放置方法上多进行研究并标准化。

（3）标识方法。放置场所和物品原则上要有一一对应的标识，即物品的标识和放置场所的标识要完全对应，某些标识方法要标准化。

4）整顿的“3定”原则

（1）定点。定点也称定位，是根据物品的使用频率和使用便利性，决定物品所应放置的场所。一般来说，使用频率越低的物品，应该放置在距离工作场所越远的地方。通过对物品的定点，能够维持现场的整齐，提高工作效率。

（2）定容。定容是为了解决用什么容器的问题。在生产现场中，容器的变化往往能使现场发生较大的变化，通过采用合适的容器，并在容器上加相应的标识，不但能使杂乱的现场变得有条不紊，还有助于管理人员树立科学的管理意识。

（3）定量。定量就是确定保留在工作场所或其附近的物品的数量，物品数量的确定应该以不影响工作为前提，数量越少越好。通过定量控制，能够使生产有序，明显降低浪费。

5）整顿的实施步骤

正常情况下，整顿可以通过分析现场物品的日常存量、明确放置场所、明确放置方法和明确标识几个步骤来完成。

（1）分析现场物品的日常存量。从物品的存在状态可以将生产现场物品分为以下几类：①固定物品，如班组内的生产设备、办公设备、生产工具以及其他辅助设施等；②易耗品，主要是在生产过程中消耗的辅助性物品，如焊丝、焊条、吊索等；③根据生产单领用的物品，如各种标准件、原材料等。需要确定日常存量的是易耗品，其余两种物品的存放量是相对固定的，根据生产单领用的物品的正常的存量需要进一步确认，以便测算所需的存放空间。

（2）明确放置场所。根据一般企业的实际情况来看，除了班组的生产区域比较固定，生活区域、办公区域难以加以规范和统一，因此，需要考虑每个班组的实际情况。为了能够更好地对生产区、办公区、生活区加以规划，达到整顿的目的，需要设计相应的设施装置以规范物品的堆放。①个人衣物柜和衣帽柜。从使用的角度分析，一般企业班组成员从事的大多是体力劳动，这就需要将员工的个人生活衣物与工作衣物区分开来。针对这一情况，可以分别设计个人衣物柜和衣帽柜两种衣柜。②工具柜。工具柜主要用来存放班组使用的工具、自制工具、易耗品等，每个工具柜尽量存放同类物品，以方便取用。③饮水机台。饮水机台用来摆放饮水机和饮水工具。

（3）明确放置方法。放置方法的明确，也是整顿的一个重要内容，明确放置方法需要注意物品的用途、功能、形态、大小、重量、使用频率等因素。在设计放置方法时，要考虑以下问题：①放置方法有放置在盒子里、架子上、悬挂等方式；②尽量利用架子，立体发展，提高空间利用率；③同类物品集中放置，在放置标准件时要按照标准件规格从小到大依次放置；④长条物品、可悬挂的物品尽量采取竖放的方式；⑤同一工具柜中不同物品需分开定位。

（4）明确标识。标识是可视化管理的重点之一，这里所指的标识是指班组物品的标识。标识的目的是让物品的放置能够“一目了然”，个人衣物柜、衣帽柜、饮水工具放置装置以阿拉伯数字为标识，班组内每个成员对应一个阿拉伯数字，以确定每人在个人衣物柜、衣帽柜、饮水工具的位置。工具柜的标识为工具柜内物品的类别名称，工具柜内的物品需要有相对应的物品名称标识，标准件还需注明规格。

整顿工作的完成需填写班组整顿表。表 8-7 为某企业钣金二组班组整顿表。

表 8-7 钣金二组班组整顿表

班组整顿表					
		班组：钣金二组 填写人：		填写日期：	
放置场所	物品类别	物品名称	规格	日常存量	放置方法
吊装工具柜	吊装工具	花兰螺丝		10 个	悬挂
		钢丝绳		5 根	悬挂
		卸扣		15	悬挂
五金工具柜	标准件	螺栓	8×30	1 盒（工具盒）	盒子里
			10×30	1 盒（工具盒）	盒子里
			16×35	1 盒（工具盒）	盒子里
			16×130	1 盒（工具盒）	盒子里
		螺帽	10 厘米	1 盒（工具盒）	盒子里
			12 厘米	1 盒（工具盒）	盒子里
			16 厘米	1 盒（工具盒）	盒子里
		平垫	8 厘米	1 盒（工具盒）	盒子里
			10 厘米	1 盒（工具盒）	盒子里
			12 厘米	1 盒（工具盒）	盒子里
			16 厘米	1 盒（工具盒）	盒子里
		自攻螺钉		1 盒（工具盒）	盒子里
		⋮			
	自制模具			若干	竖放
易耗品工具柜	易耗品	滑石笔		4 盒	堆放
		刷子		5 把	横放在格子里，把手朝外
		石棉绳		1 捆	竖放
		电焊钳		4 把	堆放
		生料袋		1 盒（工具盒）	盒子里
		⋮			
日常工具柜	日常工具	量尺		7 把	悬挂
		⋮			
个人衣帽柜		个人衣物		若干	叠放
		毛巾		1 条	悬挂
		⋮			
衣帽柜		劳动用服		23 套	悬挂
		安全帽		23 顶	平放
		劳动用鞋		23 双	平放
⋮					

3. 清扫

清扫就是将岗位变得无垃圾、无灰尘，干净整洁，设备保养得锃亮完好，创造一个良好的工作环境。公司所有人员无论在什么岗位都应该执行这个工作，清扫就是使现场达到没有垃圾、没有脏乱的状态。虽然现场已经整理、整顿过，要的东西马上就能取得，但是被取出的东西要达到能被正常使用的状态才行，而达到这种状态就是清扫的第一目的，尤其目前强调高品质、高附加价值产品的制造，更不允许有垃圾或灰尘的污染，造成品质不良。最好能分配每个人应负责清洁的区域。分配区域时必须绝对清楚地划清界限，不能留下没有人负责的区域（即死角）。生产现场在生产过程中会产生灰尘、油污、铁屑、垃圾等，从而使现场变脏变乱。脏乱的现场会使设备精度降低，故障多发，影响产品质量，使安全事故增多；脏乱的现场更会影响人们的工作情绪，使员工工作热情降低。因此，必须通过清扫活动来清除那些脏物，创建一个明快、舒畅的工作环境。

1）清扫的目的

（1）消除脏物、垃圾，保持工作现场内干净、明亮，令人心情愉快。

（2）减少脏污对产品品质的影响，稳定产品质量。

（3）减少工业伤害事故。

（4）保护设备，减少设备故障。

2）清扫的实施要点

（1）清扫要彻底，无废物、无污迹、无灰尘、无死角。

（2）自己使用的物品，如设备、工具等，要自己清扫，而不要依赖他人，不增加专门的清扫工。

（3）对设备的清扫，要同设备的点检、维护、保养相结合。

（4）清扫也是为了改善，当清扫地面发现有飞屑和油水泄漏时，要查明原因，并采取措施加以改进。

（5）存在污染时，要查明原因，予以杜绝。

3）清扫的实施步骤

（1）实施区域责任制。对于清扫应进行区域划分，实行区域责任制，责任到人，不可存在无人负责的死角。

（2）彻底的清扫。从工作场所扫除一切垃圾灰尘，班组一线人员要全员参与，亲自动手。清除常年堆积的灰尘污垢，不留死角，对现场使用的设备也要进行全面清扫。

（3）调查污染源并采取相应措施。推行5S管理一定不能让员工觉得只是不停地搞卫生，每天都在付出。需要清扫的根本原因是存在污染源。如果不对污染源进行处理，仅仅是不断地扫地，那员工一定会对5S管理产生抵触情绪。污染源的寻找和处理需要班组所有员工的群策群力，可借助表8-8进行污染源的处理。

表 8-8 污染源处理申请表

污染源处理申请表					
申请单位		申请人		申请时间	
污染源说明					
确认说明 （直接上级）	签名： 日期：				
处理意见 （推行委员会）	签名： 日期：				

（4）制定相关的清扫要求。清扫的要求一般包括以下几个方面：①地面干净，无积尘、废纸、金属屑、烟头、痰渍、瓜皮果壳等杂物；②地面无掉落的原辅材料等物品；③墙面、窗台保持清洁，无灰尘、油污；④衣柜、饮水机台表面整洁无灰尘；⑤工具架（柜）内部、外部和下面保持干净，且无破损；⑥各类容器保持干净，无积尘、油污等脏污；⑦设备表面保持清洁；⑧垃圾按照类别放置在指定的垃圾桶内，垃圾桶内的垃圾每天下班清除。

4. 清洁

清洁是在整理、整顿、清扫等管理工作之后，认真维护已取得的成果，使其保持完美和最佳状态，并将整理、整顿、清扫进行到底，使之制度化、标准化。

1）清洁的目的

（1）通过制度化、标准化维持前面3S的结果，培养良好的工作习惯。

（2）增加客户的信心，创造明朗、整洁的工作现场。

（3）形成卓越的企业文化，提升企业形象。

2）清洁的实施要点

（1）车间环境不仅要整齐，而且要做到清洁卫生，保证工人身体健康，提高工人劳动热情。

（2）不仅物品要清洁，而且工人本身也要做到清洁，例如，工作服要清洁，仪表要整洁，及时理发、刮须、修指甲、洗澡等。

（3）工人不仅要做到形体上的清洁，而且要做到精神上的“清洁”，待人要讲礼貌、要尊重别人。

（4）要使环境不受污染，进一步消除混浊的空气、粉尘、噪声和污染源，消灭职业病。

3）清洁的实施步骤

（1）制定相关的检查办法，对整理、整顿、清扫的执行情况进行检查。

（2）制定奖惩制度，采取奖“进”罚“退”的手段保证整理、整顿、清扫的健康发展。

（3）采取各种措施加强改善效果。在“清洁”阶段，可以结合多种措施，以加强改善效果，可以采取的措施有：①红牌作战。在检查过程中找到问题点并悬挂红牌，让大家一眼就能看到红牌，从而引起责任单位的注意并调动起其整改积极性，在改善期限内完成改善。在全体员工中逐步建立起“积极主动，挑战困难，不断改善，勇于实践”的意识，持之以恒地推进 5S 管理。②定点摄影。定点摄影是在现场发现问题后，从某个角度将现状摄影备案，改善完成后，在同样的地点、以同样角度进行摄影，用于跟进和检验解决问题的效果。定点摄影由检查小组在检查中予以运用，推行委员会对发现的不符合 5S 管理要求的情况也可以运用，在班组看板中将照片张贴，并注明存在的问题和拍照日期。整改完成后将整改前后的照片加以对比，并以整改后的标准作为以后的检查标准，整改结束后 10 天内若能保持整改后的效果，可取下照片，若不能保持，继续张贴，直到能保持整改后的结果 10 天。定点摄影不需要经常使用，主要适用于比较突出、典型的问题。③定期清扫。日常清扫难以使生产现场的清洁程度保持最佳，可安排每月进行一次全面的清扫工作，增加清扫的力度。在生产作业现场存在大量的机器设备，细致的清扫是最能发现问题的，可以边清扫边改善设备的状态。把设备的清扫与检查有效地结合起来，对清扫中发现的问题，要及时进行整修，特别是可能存在安全隐患的设备，要及时更换已经损坏的零部件。具体的定期清扫时间可安排在每月 15 日，如是节假日，可安排在放假的前一天。

（4）加强可视化管理。可视化管理是利用形象直观、色彩适宜的各种视觉感知信息来组织现场生产活动，达到提高劳动生产率的一种管理方式。在定置阶段进行的地面的画线工作是可视化管理的一个体现。常用的生产现场可视化管理有：①标识。通过设计安全标识、库存标识和生产现场标识规范企业的各类标识。②班组看板。班组看板是主要通过可视化管理的方法用以加强生产控制和 5S 管理的一种手段。

5. 素养

素养是指对于规定了的事情，大家都按要求去执行。公司可以通过晨会等手段，向每一位员工灌输遵守规章制度、工作纪律的意识；此外，强调创造一个良好风气的工作场所，绝大多数员工对以上要求会付诸实践，个别员工和新人就会抛弃坏的习惯，转而向好的方面发展。此过程有助于员工养成制定和遵守规章制度的习惯。

1）素养的目的

（1）促使人人有礼貌、重礼节，进而形成优良风气，创造和睦的团队精神。

（2）让企业的每个员工，从上到下，都能严格遵守规章制度，按标准作业，培养有良好素质的人才。

（3）创造一个充满良好风气的工作场所。

2）素养的实施要领

（1）严格要求自己，持久推动前 4S，养成习惯。

（2）制定服装、臂章、工作帽等识别标准。

（3）制定公司有关规则、规定，并推动各种激励活动，确保员工遵守规章制度。

（4）教育训练（新进人员强化 5S 教育、实践）。

（5）推动各种精神提升活动（晨会，例行打招呼、礼貌运动等）。

（6）服装仪容整洁，言行举止文明，形成良好的职业素养。

（7）不断检查，不断发现问题，不断改进。

3）素养的实施步骤

（1）制定相关规定。常用的规定包括：①工作场地垃圾处理管理办法；②物品柜管理规定；③工作帽识别标准。

（2）制定生产现场员工行为规范。

（3）规范晨会制。

（4）对员工进行教育训练。

（5）推动精神提升活动。有效的活动包括：①员工生日会。在每月的月初为当月过生日的员工举办生日会或采取其他方式让员工感觉到公司对他的关心。②集体出游。公司每年可选择适当时间安排员工集体出游。③棋牌活动。公司每年可选择生产淡季时间安排全厂范围的棋牌比赛。④技能竞赛。公司每年可选择适当时间安排生产班组的主要技能竞赛，可选择各班组的主要工序技能为竞赛项目。⑤年度表彰大会。在每年年底召开年度表彰大会，以表彰本年度表现突出的部门、班组、员工。⑥其他文体活动。可因地、因时制宜举办文体活动，如台球比赛、卡拉OK比赛等。在举办以上活动时，不能流于形式，需精心策划，受众尽量要广。

8.2.3 开展5S活动的原则

（1）目的原则。推行生产现场5S管理要以提升企业形象、提高工作效率、提高品质、降低成本、预防产品延迟、保障安全为目的。

（2）效能原则。各个单位在推行生产现场5S管理时要减少浪费、降低成本、增加利润，维护现场整洁、提高工作士气、提升工作效率。

（3）实际原则。生产现场5S管理的推行要从实际出发，管理办法具有可行性和有效性。

（4）坚持原则。生产现场5S管理贵在坚持。要持续贯彻，连续保持。切勿停止，形成持续的现场管理改进机制。

（5）行动原则。生产现场5S管理重要的是用行动去“做”。实际行动按照以下几点落实。①三清：清理、清扫、清爽。②三定：定点、定容、定量。③三扫：扫漏、扫黑、扫怪。④三守：守时间、守标准、守规定。

（6）自我管理的原则。良好的工作环境，不能单靠添置设备，也不能指望别人来创造。应当充分依靠现场人员，由现场的当事人员自己动手为自己创造一个整齐、清洁、方便、安全的工作环境，使他们在改造客观世界的同时，也改造自己的主观世界，产生“美”的意识，养成现代化大生产所要求的遵章守纪、严格要求的风气和习惯。因为是自己动手创造的成果，也就容易保持和坚持下去。

8.2.4 5S活动的实施方法

5S活动是一个现场管理有序的过程，通过对人（man）、机（machine）、料（material）、法（method）、环（environment）的有效控制来实现“产品质量稳定”和“服务质量保障”的最佳状态。

为了有效地推行5S管理，企业开展5S活动应通过以下方法来实现。

1. 导入期

在这一阶段，企业应对采纳5S管理方法的必要性和需求情况进行分析、策划和做好宣传教育工作。

（1）有目的地委派专门人才，形成骨干队伍。物色和选择优秀的现场管理人员参加系统的5S管理知识的学习，并启发他们带着实际问题参加培训。为如何通过5S管理，使企业在单件小批生产模式下，产品品种改变的切换时间缩至最短；如何提高资金周转能力来实现零库存；如何以零缺陷生产方式提高产品质量；如何减少浪费、降低成本；如何保障安全、减少伤害；防止设备故障、提高开机率等实际需要，寻求解决问题的方法。

（2）始于宣传教育，终于宣传教育。为了5S工作的有效和持久地开展，首先要教育、帮助员工认识5S的重要性和执行的必要性，并形成良好的素养（自律）习惯；通过教育促进全体员工不断地思索如何进一步改进5S工作方法，一步一个脚印地推进现场“整理、整顿、清扫、清洁、素养”的实施力度。

（3）身教重于言传。宣传教育，不是只停留于简单的说教上，更需要高层领导用行动来感化；5S要从企业管理层亲自做起。首先在管理层做到文件阅毕或处理后及时归档，办公室窗明几净，天天打扫，一尘不染。必要时高层管理者要亲自动手，带头行动，树立榜样，成为全体员工的楷模。

2. 起动期

领导动员并亲自参与5S活动是推行5S管理的良好起点，也是决定5S工作能否取得成效的关键和保证。

（1）领导身体力行。企业领导对5S工作的重视程度主要表现于第一把手是否以身作则并亲自参与。成功的经验有共性的一点就是：5S工作要从总经理的办公室开始，继而为部门经理和管理人员。因此，在起动期的工作重点在办公场所；接下来才是生产车间和库房及公共场所。其中生产车间和库房是出效益的关键部位。

（2）组织保证。成立一个由主要领导任负责人的5S推进委员会，明确职责和分工，正式拟定5S管理的方针和目标，按计划进度要求进行定期检查和考核。

3. 实施期

5S活动是持久性的日常工作，不能轰动一时，虎头蛇尾。特别是车间现场，更需要由制度来保证。

1）主要的实施方法

（1）前期作业准备：应在进行“作业的分解”“最佳方法的寻求”之后，总结出主要的工作步骤和关键要点的基础上，对工作程序进行工艺验证和确认，以此为依据，制定出文件化的作业指导书，对5S要求作出明确的规定。同时在正式实施之前，召开专题会议进行技术交底和操作说明，必要时还应进行岗前培训。

（2）以全企业的3S（整理、整顿、清扫）运动做起，即首先将物品和工作进行分类和整理，然后决定物品的放置场所和保管方法，在进行彻底大扫除的基础上，确定管理基准，并以此进行有效的物品控制。

（3）对有关的地面区域、通道进行布局和划线，明确各自的功能，并对分类的物品进行规范的标识。

（4）开展“三定”“三要素”工作，对常用工具、量具、工夹模具采取“三定”（定点（地点）、定容（容器）、定量（数量））措施和作出“场所、方法、标识”三要素的规定。

2）持久活动的基本措施

（1）定点摄像，即在开展“三定”“三要素”工作取得成效的基础上，要对维持情况和实际效果进行考核时，可以采取应用“同一相机、同一地点或同一工位、同一方向的定点摄影”的方法，对管理结果和要求进行比较，判断是进步还是倒退；采取奖“进”罚“退”的手段保证5S活动的健康发展。

（2）通过制定“清洁检查表”和“素养检查表”对“工作环境、设备保养、清洁情况”和“服装、仪表、行为规范”进行评价和考核。

（3）奖惩依据5S活动竞赛的评比办法进行评审和打分，公布评比成绩，对优胜者进行奖励。

（4）在对5S活动的成果和经验加以总结的基础上，将成功的做法标准化，并纳入文件规定的要求。

4. 成熟发展期

5S活动的成功标志在于自觉、正确执行5S管理的规定，并养成良好的工作习惯；将5S的要求作为全员的行为准则。

（1）全体员工能按高标准、严要求维护现场的环境整洁和美观。

（2）熟练掌握和合理应用“标语”、“标识”、“图表”、“照片”、“录像”以及“看板”等工具。

（3）自觉、持续和有序地进行整理、整顿、清扫，以保证清洁、干净的状态；在素养过程中养成良好的工作习惯，以提高工作效率和营造一个舒适、明亮、干净的工作环境。

5. 5S的后续追求

素养（自律）既是5S的核心内容，也是5S后持续改进的起点。5S活动的深入能够进一步获得新的管理工作的改进，这些持续改进项目的内容包括了“顾客满意”（satisfaction）、“服务意识”（service）、“保持微笑”（smile）、“培养悟性”（sense）、“力求简化”（simple）、“注意仪表”（style）和“保证安全”（safe）七个方面。

（1）顾客满意。企业管理的最终目的是要让顾客满意，其实现的途径是高质优价地向顾客提供优质产品和优良服务。这就需要员工在日常工作中作出不懈努力，包括加强前后工序和合作伙伴间的沟通、联络和合作；并及时了解顾客需求、期望和潜在要求，以及提供良好的售后服务；以满足顾客的要求和取得顾客的信任和忠诚为第一要务。

（2）服务意识。在5S的基础上，要多从顾客、下道工序、同事的角度来考虑如何完成自己的工作，以“为他人着想”的服务精神来对待工作和处理人际关系。

（3）保持微笑。养成在任何状况下保持微笑的习惯，因为微笑是保持平静和宽容的需要，是进行有效沟通的前提。微笑能贴近对方的心灵，并且是消除隔阂的利器。保持微笑是企业文化提升的标志。

（4）培养悟性。培养悟性的目的在于发生质量问题时，能够寻求和平常不同的解决问题的办法，以富有创意的创新精神在最短的时间内有效地处理突发事件；及时发现问题、分析原因、因地制宜地采取有力措施解决相关问题。

（5）力求简化。管理内容的增加会使工作程序复杂、接口受阻，同时烦琐的工作程序也会使员工心情不畅而予以抵制。因此，现场管理所追求的理想目标是“越简单越好”，即工作方法、行动准则上的精简明了。管理的内容和需要注意的事项越少，工作起来越轻松和愉快，并且能节省不少精力，实现工作效率的提高和成本的降低。推行简单化的过程，包括对“整理、整顿”的潜在效率的充分考虑，即应从实际出发，并不一定要对一切物品进行分类，主要是抓住关键的少数，解决极大多数的问题。

（6）注重仪表。注意保持清洁、干净利落的仪表，体现着对别人的礼貌和人格的尊重，这是人人应该遵守的基本准则。这一点说易做难，因为需要一个良好的文化背景。注意仪表和形象对保持良好的精神状态，保持较高的品味和树立充分的信心有着密切的关系，是一种高境界工作环境内涵的客观反映。

（7）保证安全。为了创造一个让员工安心工作的良好环境，需要有一个舒适、明亮、无污染、无毒害的作业现场，以保证操作过程中不发生意外事故。一旦发生了意外事故，也能在第一时间迅速处理事故的现场，接下来能彻底查清事件的真相和分析事故发生的原因，寻找出安全方面存在的隐患和不足，进而采取有效的预防措施，包括提高设备安全系数和定期进行安全性能的测试和检查等措施。

5S 管理是一种尚在不断发展中的创新型管理理念，整个管理过程是一项需要互相支持、共同努力、振奋精神来完成的艰巨任务。主要体现于前后道工序，部门之间、同事之间的同心协力和密切合作的过程中。因此，发扬团队精神是 5S 活动取得管理成功的关键。同样开创新的管理领域和提高管理效率也是 5S 管理持续改进的追求。

上述的七个方面就是 5S 管理创新发展的一些基本内容。

8.2.5 5S 管理的作用

1. 提升企业形象

每当人们走进一家企业，如果厂区绿树成荫、花草茂盛，通道宽敞整洁，车辆排放整齐，都会给人一种心旷神怡的感觉；走进办公室、生产车间、储物仓库、生活及活动场所，所看到的地板、墙壁乃至天花板都是亮亮丽丽的，物品摆放井然有序，看到员工都在有条不紊地工作着，你会对该厂的管理模式给予肯定，并对所生产的产品质量给予信任。这种管理结果最容易吸引顾客，再加上人们互相传颂引来各级领导和同仁参观指导，一个良好的企业形象就在不知不觉中形成，这比花费巨资去进行广告宣传更有成效。这一切在很大程度上依赖于 5S 管理工作的开展。

2. 塑造员工的团队精神

5S 管理始于素养、终于素养。5S 管理不仅是追求“直观效果”，它还在于能理顺人的思路与改变行为准则，养成良好的习惯。素养是一种难于捉摸和不稳定的无形东西，但又是我们不能不重视并认真对待的重要问题，素养与整理、整顿、清扫、清洁间的关系并非并列，而是递进的关系。只有把素养工作彻底做好，才能做好后面4项工作，因此“素养”就是最终目的。我们要推行的就是以“素养第一”为目标的5S活动。它包括对员工的道德行为规范、仪表仪容、工作态度、甚至时间观念的培养。这也就是塑造一个企业的团队精神。

3. 减少浪费、降低成本

开展5S管理活动还有一个明显的效果，就是减少浪费，进而降低成本。包括以下内容。

（1）减少物资浪费。通过整理活动，将工作场所的任何物品区分为必要的物品和没有必要的物品，将必要的物品留下来；对有用物品的积压部分进行处理，减少物资浪费；材料摆放整齐，可减少工作中的错料、混料，提高投料的一次合格率；设备的清洁、保养可提高设备的开机时间、减少修理成本，这也是降低物资损耗浪费。

（2）减少场所浪费。通过5S活动可以腾出不用物品占据的空间，从而使场所的布局更加合理，提高场所空间的利用率。布局既要作长远打算，又要有近期的不断改进。按5S的要求，根据实际情况，经过反复实践、评比、监督，进行合理调整，以达到布局合理、减少场所浪费的目的。

（3）减少时间的浪费。我们常说“时间就是金钱”，但是要真正认识时间的重要性，并在行动上切实做到的人并不是太多的。贯彻实行5S管理就要人们对物品实行定置管理，减少人们寻找物品或资料的时间。车间、办公场所的合理布局，减少人们走动的时间，增加工作时间，更重要的是人们的素养提高，养成遵守规定、按章办事，在预定时间完成更多的任务的良好习惯。

（4）减少人力资源的浪费。人力资源是重要的生产要素，充分调动员工的工作积极性，是每个管理者的任务。开展5S活动，可以使员工素养普遍提高，各种行为符合规范，从而减少了管理者的压力。

4. 提高产品质量、生产优质产品

我们建立ISO9000质量体系，目的是提高管理水平、提高产品质量，而且是一切管理体系导入的基础。可以设想，人们绝不可能在一个脏、乱、差的企业中建立起什么先进的质量管理体系，更不可能制造出优质产品。按5S管理的车间干净、明亮，物品放置整齐、规范，产品的质量更加稳定、可靠；经过5S管理的设备仪器故障少、精度受损少、使用寿命长，为生产出高质量的产品提供了物质保证。

5. 提高工作效率、保障安全生产

工作效率即表示在规定的时间内完成工作量的多少。一个贯彻5S管理的企业，就会有一个好的工作环境和工作氛围，有素养的工作伙伴。

同时，企业在实行5S管理后，由于各方面工作井井有条，因此可保障安全生产；相反，不实行5S管理的企业，由于器材、物料乱放，无安全措施，因此事故较多。

8.2.6 5S 管理的发展

随着科技的进步和社会的发展，人们关注的焦点和管理的理念也发生了变化。在现场管理的领域奉为经典的 5S 管理也需要有新的发展，在整理、整顿、清扫、清洁和素养 5S 管理的基础上，结合现代企业管理的需求加上节约（save）、安全（safety）和学习（study），推出 8S 管理的理念。

1. 节约

节约，即减少浪费，降低成本，不断地减少企业的人力、成本、空间、时间、物料的浪费。

推行节约活动可以避免场地浪费，提高利用率；减少物品的库存量；减少不良的产品；减少动作浪费，提高作业效率；减少故障发生，提高设备运行效率等。

2. 安全

安全活动是指为了使劳动过程在符合安全要求的物质条件和工作秩序下进行，防止伤亡事故、设备事故及各种灾害的发生，保障劳动者的安全健康和生产、劳动过程的正常进行而采取的各种措施和从事的一切活动。

干净的场所，物品摆放井然有序，通道畅通，能很好地避免意外事故的发生。安全活动的目的还在于对员工的培养，员工建立了自律的心态，养成认真对待工作的态度，必能极大地减少由于工作马虎而引起的安全事故。

3. 学习

深入学习各项专业技术知识，从实践和书本中获取知识，同时不断地向同事和上级主管学习，学习长处从而达到完善自我，提升自我综合素质的目的。

8S 管理法的目的，是使企业在现场管理的基础上，通过创建学习型组织不断提升企业文化的素养，消除安全隐患、节约成本和时间，使企业在激烈的竞争中，永远立于不败之地。

【案例】K 公司的 5S 活动实录。

K 公司是一家印刷企业，主要做包装用瓦楞纸箱、丝网印刷和传统的胶印业务。K 公司与香港某公司洽谈中的合资项目，是在 K 公司引进新的数字印刷设备和工艺，同时改造公司的印刷信息系统。然而，与港商的合资谈判进行得并不顺利。对方对 K 公司的工厂管理提出意见：例如，仓库和车间里的纸张、油墨、工具的摆放不够整齐；地面不够清洁、印刷机上油污多得“无法忍受”；工人的工作服也“令人不满”。后来，在合资条款里，投资者执意将“引入现代生产企业现场管理的 5S 方法”，作为一个必要的条件，写进了合同文本。

刚开始的时候，大家很不以为然。几天后，港方派来指导 5S 实施的 Mark，通过实地调查，用大量现场照片和调查材料，让 K 公司的领导和员工，受到了一次强烈的震撼。

Mark 发现，印制车间的地面上，总是堆放着不同类型的纸张，里面有现在用的，也有“不知道谁搬过来的”；废弃的油墨和拆下来的辊筒、丝网，躺在车间的一个角落里，沾满了油腻；工人使用的工具都没有醒目的标记，要找一件合适的工具得费很大的周折。仓库里堆放纸张、油墨和配件的货架与成品的货架之间只有一个窄窄的、没有隔离的通道，货号和货品不相符合的情况司空见惯。Mark 还检查了管理信息系统，查看了摆放在计划科、销售科、采购科的几台电脑，发现硬盘上的文件同样混乱不堪。到处是随意建立的子目录，随意建立的文件。有些子目录和文件，除非打开看，否则不知道里面到底是什么。而且，Mark 发现，文件的版本种类繁多，过时的文件、临时文件、错误的文件或者一个文件多个副本的现象，数不胜数。在 K 公司里，长久以来大家对这样一些现象习以为常：想要的东西，总是找不着；不要的东西又没有及时丢掉，好像随时都在“碍手碍脚”。

Mark 把推进 5S 的工作分为两大步骤，首先是推进前三个“S”，即清理、整顿、清洁。清理，就是要明确每个人、每个生产现场（如工位、机器、场所、墙面、储物架等）、每张办公桌、每台电脑，哪些东西是有用的，哪些是没用的、很少用的，或已经损坏的。清理就是把混在好材料、好工具、好配件、好文件中间的残次品、非必需品挑选出来，该处理的就地处理，该舍弃的毫不可惜。特别是电子“垃圾”，Mark 告诫管理人员，“可以让你的工作效率大打折扣；不断冒出来的文件查找、确认、比较工作，会浪费大量的工作时间。”整顿，就是要对每个清理出来的“有用”的物品、工具、材料、电子文件，有序地进行标识和区分，按照工作空间的合理布局，以及工作的实际需要，摆放在“伸手可及”、“醒目”的地方，以保证“随用随取”。听上去“整顿”很简单，从 Mark 的经验来看，其实是很仔细的工作。如电脑文件目录，就是最好的例子。“一般来说，时间、版本、工作性质、文件所有者，都可以成为文件分类的关键因素”。清扫，简单说就是做彻底的大扫除。发现问题，就及时纠正。但是，“清扫”与过去大家习惯说的“大扫除”还有一些不同。“大扫除”只是就事论事地解决“环境卫生”的问题，而“清扫”的落脚点在于“发现垃圾的源头”。用 Mark 的话说，就是“在进行清洁工作的同时进行检查、检点、检视”。

随着 3S（清理、整顿、清洁）的逐步深入，车间和办公室的窗户擦干净了，卫生死角也清理出来的，库房、文件柜、电脑硬盘上的文件目录、各种表单台账等“重点整治对象”，也有了全新的面貌。人们的心情比过去好了一些，“不拘小节”的人的散漫习惯有了收敛；报送上来的统计数据，不再是过去的“糊涂账”，工作台面和办公环境，的确清爽多了。这当然不是 5S 管理的全部。Mark 不满足于前一阶段整治的成果，开始了推进 5S 管理的第二步：推行后两个“S”，一个是整洁，另一个是素养。整洁的基本含义是“如何保持清洁状态”，也就是如何坚持下去，使清洁、有序的工作现场成为日常行为规范的标准；素养的基本含义是“陶冶情操，提高修养”，也就是说，自觉自愿地在日常工作中贯彻这些非常基本的准则和规范，约束自己的行为并形成一种风尚。在 5S 中，素养的养成并不是一蹴而就的，这点需要在工作践行之中潜移默化、日积月累。在帮助员工培养素养的过程中，需要各种精神提升活动的推动，如晨会、礼貌运动等。Mark 针对晨会的开展制作了每天 10 分晨会制度表格，如表 8-9 所示。

表 8-9 K 公司晨会内容一览表

内容	作用
向员工问好、关心员工工作生活	使员工逐渐产生企业归属感
制定文明礼貌用语	提升员工的素养并促进工作的顺利开展
通报实时 5S 现场管理活动计划安排	使员工能按计划要求安排自己的工作并加强对 5S 的认识
对 5S 现场管理活动出现的问题进行通报和讲解	避免第二次错误的发生
表扬优行为、批评劣行为	达到表扬先进、鞭策后进、共同进步的目的

Mark 进一步说明道，后两个“S”其实是公司文化的集中体现。很难想象，客户会对一个到处是垃圾、灰尘的公司产生信任感；也很难想象，员工会在一个纪律松弛、环境不佳、浪费随处可见的工作环境中，产生巨大的责任心，并确保生产质量和劳动效率；此外，更不用说在一个“脏、乱、差”的企业中，信息系统竟然会发挥巨大的作用。

若干个月后，当 K 公司的侯总带领新的客户参观自己的数字印刷车间的时候，在他心底里涌动着一种强烈的自豪感。车间布局整齐有序，货物码放井井有条，印刷设备光亮可鉴，各类标识完整、醒目。公司的电脑网络和管理信息系统，在没有增加新的投资的情况下，也好像“焕发了青春”，带给侯总的是一系列“零报告”：发货差错率为零，设备故障率为零，事故率为零，客户投诉率为零，员工缺勤率为零，浪费为零。

8.3 定 置 管 理

企业现场是由生产要素构成的，现场管理是对各生产要素的综合管理。为了实现现场管理的规范化、科学化，为了保证产品质量，提高工作效率，便产生了定置管理。定置管理，也称为定置科学或定置工程学，是起源于日本的一种现代化管理模式。所谓的定置管理，就是对生产现场中的人、物、场所三者之间的关系进行科学的分析研究，使之达到最佳结合状态的一门科学管理方法，它以物在场所的科学定置为前提，以完整的信息系统为媒介，以实现人和物的有效结合为目的，通过对生产现场的整理、整顿，把生产中不需要的物品清除掉，把需要的物品放在规定位置上，使其随手可得，促进生产现场管理文明化、科学化，达到高效生产、优质生产、安全生产。定置管理是“5S”活动的一项基本内容，是“5S”活动的深入和发展。

定置管理中的“定置”不是一般意义上字面理解的“把物品固定地放置”，它的特定含义是：根据生产活动的目的，考虑生产活动的效率、质量、安全等制约条件和物品自身的特殊的要求（如时间、质量、数量、流程等），划分出适当的放置场所，确定物品在场所中的放置状态，作为生产活动主体人与物品联系的信息媒介，从而有利于人、物的结合，有效地进行生产活动。对物品进行有目的、有计划、有方法的科学放置，称为现场物品的“定置”。

定置管理的目的是消除人的无效劳动，防止和避免生产中的不安全因素，为生产者以最少的时间、最低的成本、生产出合格的产品而创造条件。定置管理的范畴是对生产现场物品的定置过程进行设计、组织、实施、调整，并使生产、工作的现场管理达到科学化、规范化、标准化。

8.3.1 定置管理的运作

开展定置管理可以按照以下六个步骤进行。

1. 进行工艺研究

工艺研究是定置管理开展程序的起点，它是对生产现场现有的加工方法、机器设备、工艺流程进行详细研究，确定工艺在技术水平上的先进性和经济上的合理性，分析是否需要和可能用更先进的工艺手段及加工方法，从而确定生产现场产品制造的工艺路线和搬运路线。工艺研究是一个提出问题、分析问题和解决问题的过程，包括以下三个步骤。

（1）对现场进行调查，详细记录现行方法。通过查阅资料、现场观察，对现行方法进行详细记录，为工艺研究提供基础资料，所以，要求记录详尽准确。由于现代工业生产工序繁多、操作复杂，例如，用文字记录现行方法和工艺流程，势必显得冗长烦琐。在调查过程中可运用工业工程中的一些标准符号和图表来记录，则可一目了然。

（2）分析记录的事实，寻找存在的问题。对经过调查记录下来的事实，运用工业工程中的方法研究和时间研究对现有的工艺流程及物料搬运路线等进行分析，找出存在的问题及其影响因素，提出改进方向。

（3）拟定改进方案。提出改进方向后，定置管理人员要对新的改进方案作具体的技术经济分析，并和旧的工作方法、工艺流程和搬运线路作对比。在确认是比较理想的方案后，才可作为标准化的方法实施。

2. 对人、物结合的状态分析

人、物结合状态分析，是开展定置管理中最关键的一个环节。在生产过程中必不可少的是人与物，只有人与物的结合才能进行工作。而工作效果如何，则需要根据人与物的结合状态来定。人与物的结合是定置管理的本质和主体。定置管理要在生产现场实现人、物、场所三者最佳结合，首先应解决人与物的有效结合问题，这就必须对人、物结合状态进行分析。

在生产现场，人与物的结合有两种形式，即直接结合和间接结合。

直接结合是指需要的东西能立即拿到手，不存在由于寻找物品而发生时间的耗费，例如，加工的原材料、半成品就在自己岗位周围，工检量具、储存容器就在自己的工作台上或工作地周围，随手即得。

间接结合是指人与物呈分离状态，为使其结合则需要信息媒介的指引。信息媒介的准确可靠程度影响着人和物结合的效果。

按照人与物有效结合的程度，可将人与物的结合归纳为ABC三种基本状态：A状态，表现为人与物处于能够立即结合并发挥效能的状态。例如，操作者使用的各种工具，由于摆放地点合理而且固定，当操作者需要时能立即拿到或做到得心应手。B状态，表现为人与物处于寻找状态或尚不能很好发挥效能的状态。例如，一个操作者想加工一个零件，需要使用某种工具，但由于现场杂乱或忘记了这一工具放在何处，结果因寻找而浪费了时间；又如，由于半成品堆放不合理，散放在地上，加工时每次都需弯腰，一个个地拣起来，既影响了工时，又提高了劳动强度。C 状态，是指人与物没有联系的状态。这种物品与生产无关，不需要人去同该物结合。例如，生产现场中存在的已报废的设备、工具、模具，生产中产生的垃圾、废品、切屑等。这些物品放在现场，必将占用作业面积，而且影响操作者的工作效率和安全。因此，定置管理就是要通过相应的设计、改进和控制，消除 C 状态，改进 B 状态，使之都成为 A 状态，并长期保持下去。

3. 开展对信息流的分析

信息媒介就是人与物、物与场所合理结合过程中起指导、控制和确认等作用的信息载体。由于生产中使用的物品品种多、规格杂，它们不可能都放置在操作者的手边，如何找到各种物品，需要有一定的信息来指引；许多物品在流动中是不回归的，它们的流向和数量也要有信息来指导和控制；为了便于寻找和避免混放物品，也需要有信息来确认，因此，在定置管理中，完善而准确的信息媒介是很重要的，它影响人、物、场所的有效结合程度。

人与物的结合，需要有四个信息媒介物：第一个信息媒介物是位置台账，它表明“何物在何处”，通过查看位置台账，可以了解所需物品的存放场所。第二个信息媒介物是平面布置图，它表明“该处在哪里”。在平面布置图上可以看到物品存放场所的具体位置。第三个信息媒介物是场所标志，它表明“这儿就是该处”。它是指物品存放场所的标志，通常用名称、图示、编号等表示。第四个信息媒介物是现货标示，它表明“此物即该物”。它是物品的自我标示，一般用各种标牌表示，标牌上有货物本身的名称及有关事项。在寻找物品的过程中，人们通过第一个、第二个媒介物，被引导到目的场所。因此，称第一个、第二个媒介物为引导媒介物。再通过第三个、第四个媒介物来确认需要结合的物品。因此，称第三个、第四个媒介物为确认媒介物。人与物结合的这四个信息媒介物缺一不可。

建立人与物之间的连接信息，是定置管理这一管理技术的特色。是否能按照定置管理的要求，认真地建立、健全连接信息系统，并形成通畅的信息流，有效地引导和控制物流，是推行定置管理成败的关键。

4. 定置管理设计

定置管理设计，就是对各种场地（厂区、车间、仓库）及物品（机台、货架、箱柜、工位器具等）如何科学、合理定置的统筹安排。定置管理设计主要包括定置图设计和信息媒介物设计。

1）定置图设计

定置图是对生产现场所在物进行定置，并通过调整物品来改善场所中人与物、人与场所、物与场所相互关系的综合反映图。其种类有室外区域定置图、车间定置图、各作业区定置图，以及仓库、资料室、工具室、计量室、办公室等定置图和特殊要求定置图（例如，工作台面、工具箱内，以及对安全、质量有特殊要求的物品定置图）。图 8-1 为某企业铸造车间定置图。

图 8-1 某企业铸造车间定置图

定置图绘制的原则如下。

（1）现场中的所有物均应绘制在图上。

（2）定置图绘制以简明、扼要、完整为原则，物形为大概轮廓、尺寸按比例，相对位置要准确，区域划分清晰鲜明。

（3）生产现场暂时没有，但已定置并决定制作的物品，也应在图上表示出来，准备清理的无用之物不得在图上出现。

（4）定置物可用标准信息符号或自定信息符号进行标注，并均在图上加以说明。

（5）定置图应按定置管理标准的要求绘制，但应随着定置关系的变化而进行修改。

在定置过程中需要考虑以下因素。

（1）尽量使物料通过各设备的加工路线最短。

（2）整体定置便于运输。

（3）定置分布确保安全。

（4）定置分布便于操作。

（5）充分利用作业区域的生产面积。

2）信息媒介物设计

信息媒介物设计，包括信息符号设计和示板图、标牌设计。在推行定置管理，进行工艺研究、各类物品停放布置、场所区域划分等都需要运用各种信息符号表示，以便人们形象地、直观地分析问题和实现目视管理，各个企业应根据实际情况设计和应用有关信息符号，并纳入定置管理标准。在信息符号设计时，如有国家规定的（如安全、环保、搬运、消防、交通等）应直接采用国家标准。其他符号，企业应根据行业特点、产品特点、生产特点进行设计。设计符号应简明、形象、美观。

定置示板图是现场定置情况的综合信息标志，它是定置图的艺术表现和反映。标牌是指示定置物所处状态、标志区域、指示定置类型的标志，包括建筑物标牌，货架、货柜标牌，原材料、在制品、成品标牌等，都是实现目视管理的手段。各生产现场、库房、办公室及其他场所都应悬挂示板图和标牌，示板图中内容应与蓝图一致。示板图和标牌的底色宜选用淡色调，图面应清洁、醒目且不易脱落。各类定置物、区（点）应分类规定颜色标准。表 8-10 为某企业车间标识使用一览表。

表 8-10　某企业车间标识使用一览表

车间标识名称	标识牌材质	标识牌规格	数量	标识颜色	放置方法	标识牌位置
机械车间	铁质	300 毫米×200 毫米	1	背景色采用红色，文字采用白色，可加黑色边框	附着式	门的正上方，标识牌的下缘距离门的上缘 200 毫米
玛铁车间	铁质	300 毫米×200 毫米	1	背景色采用红色，文字采用白色，可加黑色边框	附着式	门的正上方，标识牌的下缘距离门的上缘 200 毫米
铸造车间	铁质	300 毫米×200 毫米	1	背景色采用红色，文字采用白色，可加黑色边框	附着式	门的正上方，标识牌的下缘距离门的上缘 200 毫米
铆锻车间	铁质	300 毫米×200 毫米	1	背景色采用红色，文字采用白色，可加黑色边框	附着式	门的正上方，标识牌的下缘距离门的上缘 200 毫米
氩弧焊区	铁质	500 毫米×300 毫米	1	背景色采用蓝色，文字采用白色，可加黑色边框	柱式，支架高度 1500 毫米	氩弧焊区域的醒目处（建议外侧边角处）
气割区	铁质	500 毫米×300 毫米	1	背景色采用蓝色，文字采用白色，可加黑色边框	柱式，支架高度 1500 毫米	气割区域的醒目处（建议外侧边角处）

5. 定置实施

定置实施是理论付诸实践的阶段，也是定置管理工作的重点。其包括以下三个步骤。

（1）清除，与生产无关物退出。生产现场中凡与生产无关的物，都要清除干净。清除与生产无关的物品应本着“双增双节”精神，能转变利用便转变利用，不能转变利用时，可以变卖，回收资金。

（2）画线，按定置图实施定置。各车间、部门都应按照定置图的要求，将生产现场、器具等物品进行分类、搬、转、调整并予以定位。定置的物要与图相符，位置要正确，摆放要整齐，储存要有器具。可移动物，如推车、电瓶等也要定置到适当位置。

（3）放牌，设置标准信息名称。放置标准信息牌要做到牌、物、图相符，设专人管理，不得随意变动。要以醒目和不妨碍生产操作为原则。要做到有物必有区，有区必挂牌。放牌和设置标准信息名称是定置效果最明显的体现。

总之，定置实施必须做到：有图必有物，有物必有区，有区必挂牌，有牌必分类；按图定置，按类存放，账（图）物一致。

6. 定置检查与考核

定置管理的一条重要原则就是持之以恒。只有这样，才能巩固定置成果，并使之不断发展。因此，必须建立定置管理的检查、考核制度、制定检查与考核办法，并按标准进行奖罚，以实现定置长期化、制度化和标准化。

定置管理的检查与考核一般分为两种情况：一是定置后的验收检查，检查不合格的不予以通过，必须重新定置，直到合格；二是定期对定置管理进行检查与考核。这是要长期进行的工作，它比定置后的验收检查工作更为复杂，更为重要。

定置考核的基本指标是定置率，它表明生产现场中必须定置的物品已经实现定置的程度。其计算公式为

定置率＝实际定置的物品个数（种数）／定置图规定的定置物品个数（种数）×100%

8.3.2 定置管理的基本内容

定置管理的研究对象是以生产现场为主，以部门办公室的定置管理为辅，逐步实行全面定置管理。

（1）系统定置管理：对生产经营的总体系统进行定置管理，从而使其布局合理，物流有序、生产高效。

（2）区域定置管理：就是按工艺流程把生产现场分为若干个定置区域，并对每一区域内的生产力要素实行定置管理，保证区域人员精干、设备完好、物流有序、纪律严明、环境整洁、信息灵敏，从而促使生产活动高效运行。

（3）生产要素定置管理：主要包括设备定置管理，工具、器具、容器定置管理，原材料和产成品定置管理，人员定置管理。

（4）库房、料场定置管理：通过调整物品存放位置，更好地发挥库存功能，促进库房管理的科学化、规范化和标准化。

（5）色调定置管理：其作用在于创造优越的色彩条件，减轻劳动者疲劳程度，提高劳动效率，促进安全生产。

（6）职能部门定置管理：主要包括办公室、文件资料和办公桌椅定置管理。

8.3.3 定置管理应遵循的原则

1. 不断改进，坚持动态定置的原则

定置管理将生产现场中人、物、场所三要素分别划定三种状态，其结合状态也划为三种。

（1）场所的三种状态。A 状态：指良好的作业环境。如场所中工作面积、通道、通风设施、调温设施、安全设施、环境保护（包括温度、光照、噪声、粉尘）等都应符合规定。B 状态：指需要不断改进的作业环境。在场所、环境只能满足生产对象的要求，不能满足人的生理要求，如弯腰作业、转身作业等，或反之满足人的生理需要而不满足生产需要时，就应改进，使之既满足生产需要，又满足人的生理需要。C 状态：应消除或彻底改进的环

境，指不满足生产需要，又不满足人的生理需要的场所、环境。

（2）人的三种状态。A 状态：指劳动者本身的心理、生理、情绪均处高昂、充沛、旺盛状况，其技术居熟练水平，能高质量连续作业的状态。B 状态：需要改进的状态，指人的心理、生理、情绪、技术四要素中有的出现了波动和低缓情况。C 状态：不允许出现的状态，如人的四要素均处于低潮，或某些要素，如身体、技术居于最低潮状态等。

（3）物的三种状态。A 状态：正在被使用的状态。例如，正在使用的设备、工具、加工工件，以及妥善规范放置，处于随时、随手可取、可用状态的坯料、零件、工具等。B 状态：建筑状态。例如，现场混乱，库房不整齐，需用东西要浪费时间逐一去找寻的状态。C 状态：指与生产和工作无关，而处于生产现场的物品的状态，需要清理，即应废弃的状态。

定置管理是一门动态管理的学问。它的核心，就是尽可能减少和不断清除 C 状态，改进 B 状态，保持 A 状态。同时，由于生产条件的不断变化，标准的不断提高，A 状态的水准也应逐步提高与完善。

2. 从实际出发，讲究实用的原则

搞定置管理和搞其他工作一样，要讲究实际，力戒流于形式。定置管理的重点应放在车间、班组的生产现场和库房、料场。部门的定置管理只要做到环境优美整洁、物品摆放有序即可。

3. 严肃认真，一丝不苟的原则

（1）定置管理工作，一定要严肃认真。例如，绘制定置图是一项认真而细致的工作。定置图虽然不像产品技术图那样具有极严格的绘制要求，但也不能离开绘制定置图的规则，任意勾画，也不能草率行事。除对表达内容做到简明、扼要，还要力争美观、大方，使人看后，不仅认为是一张定置图，而且是一件“工艺品”。

（2）定置铭牌要求制作正规。铭牌的几何形状可根据场地和周围物品的置放情况而定。圆、方或是六方，一定要做到是方则方，是圆则圆，书写字体要规范（黑体或仿宋体），若采取喷字的方法，喷上黑体字或仿宋体效果更好。铭牌包括支架均要求有一定的艺术性，当人们看到铭牌时，即可从精致程度，看到职工素质和管理水平。

（3）加强色调定置管理。很多人认为只要生产指标上去了，圆满地完成了生产任务，就是好样的，而不知道，人的心理状态和工作效率关系很大。优美的色调会使人工作动机强烈，积极性高，行为的有效性就增强，工作效率就高。环境条件对人的心理健康与工作效率有很大影响。在定置管理中，创造适合生理与心理特点的环境是十分重要的，不同色调能在人体中产生不同的感情与活力。因此，现场的照明、颜色、噪声、作息空间等做了认真考虑。在外部环境净化美化以后，把设备颜色也调配成相应明快的色调，使人减少生理疲劳。

4. 勇于创新、不断发展的原则

系统的定置管理理论从日本移植到中国后，必须在实践中加以验证。

5. 艰苦奋斗，勤俭办厂的原则

开展“5S”活动，从现场清理出很多无用之物，实际上，在现场无用，可在其他地方是有用的；本着废物利用、变废为宝的精神，千方百计地利用，需要报废的应办理手续，并收回其残值。在检查定置管理工作中，要坚持艰苦奋斗、勤俭办厂的原则，借定置管理之机，不顾生产成本，讲排场，比阔气之风，是完全错误的，必须做到实用、节约、高效。

在具体实施定置管理时，要注意以下几个方面。

（1）各区域的界定以定置图为准。定置图可以随着定置关系的变化而进行修改。

（2）生产现场采用标牌和线条等信息媒介物对物品、场所进行指导、控制和确认。

（3）定置区域内实行班组负责制。各班组都应按照定置图的要求，对生产现场的物品进行分类、搬动、转移、调整并予以定位。

（4）定置的物要与图相符，位置要正确，工具柜、设备等要摆放整齐。推车等可移动物品也要按定置摆放。

（5）贵重物品入箱柜保管。

（6）已经设置的标牌和线条，不得随意变动。

（7）公司定置管理遵循持之以恒的原则，以巩固定置成果，并使之不断发展，实现长期化、制度化和标准化。

（8）各班组实行定置后，公司要进行验收，不合格的必须重新定置，直到合格。

（9）定置一旦确定，应严格执行，不再轻易更改。检查小组将对各班组定置管理情况进行检查与考核，及时纠正不符合定置的行为。

（10）因生产作业需要，必须进行定置调整的，由班组向部门、部门向公司逐级提出，由公司主管生产的副总经理决定定置调整方案。

（11）因生产作业需要，班组之间借用定置场所的，现场管理由原定置区域的单位负责。

8.3.4 定置管理的作用

1. 树立了企业的美好形象

推行定置管理可以不断消除现场的无用之物，有效地利用空间和时间，建立起有条不紊、整洁有序、物流畅通的生产秩序，使生产现场的作业环境不断得到改善，促进了工厂的文明生产。

一家清洁、绿化良好、没有污染的企业；一个整洁、生产秩序良好的工作环境，会使消费者对企业的产品质量产生一种信任感。企业的生产现场是一个有力的宣传橱窗，同时也是企业管理的综合标志，它全面地反映出企业的素质、产品质量水平和员工的精神面貌。

2. 有利于安全生产

推行定置管理是企业生产发展的需要，也是安全生产的需要。实施定置管理使生产现场各种物品合理摆放，道路畅通，障碍消除，设备状态良好，操作规范，有效地消除或减少潜伏在生产现场的各种不安全隐患。特别定置将使现场的一切易燃易爆、有毒、有害的物品及易引起事故的危险点、危害点都得到控制，给劳动者创造了一个优质、舒服、安全的作业环境，从而减少事故发生。

3. 为员工创造一个良好的生产环境

推行定置管理使劳动程序化，场所规范化，能够形成一个整洁、舒适的环境，使员工心情舒畅，从而调整生产和工作的情绪，提高了劳动效率，并使操作人员养成良好的文明生产习惯，自觉地不断改进自己工作场所的环境。

4. 提高企业的经济效益

推行定置管理使作业现场的空间得到充分利用，节约作业面积；清除处理多余的无用之物，可用之物重复使用；规范现场，减少跑、冒、滴、漏现象；使工艺布局更合理，实现人、物、场所的最佳结合，节约时间，降低各种能耗，从而降低生产成本。同时，定置管理还可以减少企业的管理费用，降低生产成本，促进“双增双节”。

定置管理最明显的特点是整理、整顿、清扫、清洁、自律，经过“5S”活动，可以变废为宝，物尽其用，减少企业的资金积压状况，直接为企业增加经济效益。

5. 进一步提高工作效率、提高产品质量

定置管理要求把各种“物”放在指定位置，使它们处于合理状态可用最少的时间取到所需的物品，这就减少了寻找物的时间，从而使劳动程序化、场所规范化，改善了工人作业环境，为更好的生产奠定了基础；物流的合理有序，使产品在生产制造和周转过程中，防止或减少磕、碰、划、压伤及混、错料等现象的发生；行为的规范，提高了工人的质量意识；特别定置更增强了质量控制的效能。总之，定置管理深化了全面质量管理，使质量管理在职能上具体化、目标化，同时也提高了工作效率。

6. 抓定置管理是赢得市场的保证，是适应社会发展的需要

现场管理是企业各项管理工作的落脚点，是企业管理水平高低的一个反映和体现。在如今市场经济的大潮中，企业要想赢得市场，要长期生存发展下去，就必须苦练内功，做到外抓市场、内抓现场，提高自身素质和综合管理水平。实施定置管理，可以使现场中的人、机、料与环境科学地结合，使现场管理更加规范化、标准化，赢得厂商及专家的好评，便赢得了市场。同时，这种管理方法也适应社会发展的需要，只有这样，才能在竞争日益激烈的市场经济中站稳脚跟，立于不败之地。

8.3.5 定置管理容易出现的一些问题及改进措施

实践证明定置管理在不同程度上改变了企业现场“脏、乱、差”的状况，大大提高了产品质量和生产效率，各种物质消耗得到了合理控制，生产要素得到进一步优化、职工逐渐养成了文明生产的好习惯，为企业经济效益的提高起了很大的推动作用。然而，在长期的工作过程中，定置管理或多或少地出现了一些问题。分析原因，大体可归纳为以下几点。

（1）孤立对待，没有理顺定置管理和其他专业管理的关系。企业的经营决策、经营目标都要通过现场才能变成现实。企业通过现场管理进行计划、组织和控制，及时调整人、机、物、场地的结合状态，使生产活动有效运行，保证目标实现；同时，一切工作方针、政策、计划、措施、办法、命令等都要在这里发生撞击，受到检验。也就是说，企业管理的多条多线都要通过现场管理的一根针去贯彻落实；定置管理作为现场管理的一种方法，与各项专业管理是目标相同、相互促进的，但有时企业把定置管理与专业管理对立起来，例如，强调生产忙而不对现场进行根本的治理，或者抓定置管理时把专业管理撇在一边，没有和生产管理很好地结合起来，实施中产生矛盾，使定置管理不能长期坚持下去。

（2）认识不足，只求形式上的定置。定置管理是一项系统工程，贯彻于生产的每个环节、方方面面，而在企业中，有些人只理解为打扫卫生，把东西放整齐，做做表面文章，没有深入细致地开展工作，很快现场又恢复了老样子。这种把工作只做到"清理整顿"阶段的所谓定置管理实际上只是初级阶段，不继续进行后期的工作。

（3）人的习惯势力的顽固性。人们往往在某种环境中长期从事工作，对周围环境已习以为常，只要不影响自己生产，总觉无所谓，缺乏互相监督、互相促进的意识。同时，有些人图一时方便顺手，想在哪里生产就在哪里生产，想把东西放在哪就放在哪，养成了一个坏的习惯，这种坏的习惯不可能通过几次教育和培训把人的思想问题解决掉，实际上，改变人的思想、认识、习惯，要比对物的定置设计难得多。定置后的现场"复原"现象（指恢复脏、乱、差现象）很大程度上是人们旧的习惯势力作祟的结果。这种改变习惯的工作不是一次就能解决问题，可能要两次、三次甚至多次的"反复"宣传教育才能解决。

（4）领导重视不够，抓得不紧。各事业部、分厂有些领导重视、把定置管理经常摆到重要议事日程，是定置管理成果巩固的关键；领导不重视，前紧后松，则是定置管理存在的主要问题。领导重视不够，有以下几种情况：一是搞定置管理出于被动的赶潮、做表面文章，当时抓了一阵子，过后不再过问，因此，现场又恢复了原来的状态；二是应付上级检查，搞突击整顿，思想上把定置管理当做额外负担，上级不来检查，也就不再抓了；三是把生产和搞定置管理对立起来，有时间就搞一下，生产一紧，定置管理就置于脑后。总之，领导对定置管理重视不够，定置管理就难以得到巩固和发展。

（5）制度不完善，考核不严格。生产形势一天天在发生变化，由于区域大、作业内容复杂，在定置管理中会出现漏洞和死角，跟踪、动态管理欠佳，定置管理的各项规章制度及考核标准有待完善。同时要严格执行各项考核制度，不讲人情，奖惩分明。在实际中，实施必要的奖惩能调动人的积极性，克服部分职工对定置管理的淡化，避免"一阵风"，使定置管理长期持久开展下去。

针对定置管理中会出现的一些问题，有以下几点改进措施。

（1）进一步完善定置管理的内容。由于工种多、作业环境复杂，当前定置管理的区域划分经常出现分类不清、混杂等现象，而且有时标牌与物品不符，没有真正起到信息媒介作用，对此，将定置管理区域划分为A、B、C、D、E区。A区：现场作业区。B区：半成品放置区。C区：原材料放置区。D区：各种机电设备、安全设施、起重设施，各种工、模、卡、器具等。E 区：所有废物、垃圾等。

（2）进一步加强定置管理的宣传教育工作。定置管理是一项长期的、经常的管理工作，要提高定置管理工作，经常进行宣传教育非常重要。目前针对职工对定置管理的认识不足、习惯性行为突出，领导重视不够等，应充分利用厂内的广播、电视、报刊、宣传栏等信息媒介进行广泛宣传，同时可开展定置管理培训班或经验交流会，通过学习提高职工的理论知识和工作能力；尤其对领导干部，要重点加强他们的思想教育，提高意识，让他们体会到定置管理的好处。总之，通过宣传教育，让广大职工深入了解，认识定置管理，群防群治，提高全民意识、共同为定置管理发展作贡献。

（3）定置管理要讲求质量、效果，不图形式。定置管理不仅仅是简单的清扫、整理，同时要根据现场实际、合理布局、合理利用空间场地，讲求实效。使整个车间内看起来既整齐、美观，又安全。

（4）进一步加强定置管理的动态管理。定置管理在强调定的同时要重点抓“动”，即动了以后如何再定。随着产品结构和生产状况的不断变化，原先的定置可能不适应新的工作需要，尤其是区域变化、设备调动等，都影响定置管理工作，这时必须重新定置，对定置图、定置牌做相应修改，适应新形势下的要求。所以定置管理的跟踪、动态管理很重要，只有所有工作深入、细致的开展下去，才能使定置管理“更上一层楼”。

【案例】卷包车间现场定置管理。

良好的现场管理水平直接影响工作质量、工作效率、工艺质量等诸多方面，是保证生产安全有序、产品质量稳定的重要因素。在卷包车间现场管理工作中，如何提高现场管理水平，做到工作井然有序、切合实际、并培养员工良好的工作习惯一直是现场管理工作的难点。卷包车间之前的生产现场管理是依靠班组及车间人员的现场巡查，员工的个人素养对现场进行维护，各类物品要求放置整齐，设备、橱柜及地面保持干净即可。这样的弊端就是各个机台的现场物品及工具的放置位置根据不同员工的习惯和素养都会有所不同，现场管理没有统一的标准，员工也没有统一的参考，物品容易丢失，影响生产和工作效率。为改变这种现场现状，按照可视化一目了然、透明有效的管理原则，卷包车间对生产现场机台各类物品进行定置定位和标识，并通过板报、PPT、现场整顿等方式对员工进行培训教育，让每个员工都了解现场各类物品的摆放标准，从而改善了生产现场的环境，把现场定置定位的管理理念灌输到每个员工的头脑中。

在烟草工业生产现场管理中，生产所需辅料、工具，生产产生垃圾、废品等和一些机台配套设施容易造成现场脏、乱，员工在这种环境下工作容易手忙脚乱，杂乱无章，现场也不够整洁美观，针对这种情况，卷包车间首先设置定置定位小组成员组织机构，包含小组人员简介及职责分工。制订定置定位实施计划，明确出各项工作实施的具体时间、进度状况、执行情况并对小组成员进行培训，让小组成员深入理解定置定位的含义。

为了推行可视化与定置定位管理工作，小组成员对物品进行统计和分类，分清楚要和不要。分出的必需品根据使用频次及员工方便原则分配进相应橱柜内，并在外面打上标识。必要时可对橱柜进行改良或重新定制。对现场物品定置定位，各类物品分类放置，所定位置确保不对现场其他要素造成影响。例如，制丝车间的生产线工具箱内物品的定置规范摆放，改进前工具箱内物品随意摆放、杂乱无章，改进后工具箱内水洗梗、真空回潮、松散回潮、加料回潮按照粘贴的“物品摆放布置图”进行定置、有序、整齐地摆放，如图 8-2 所示。

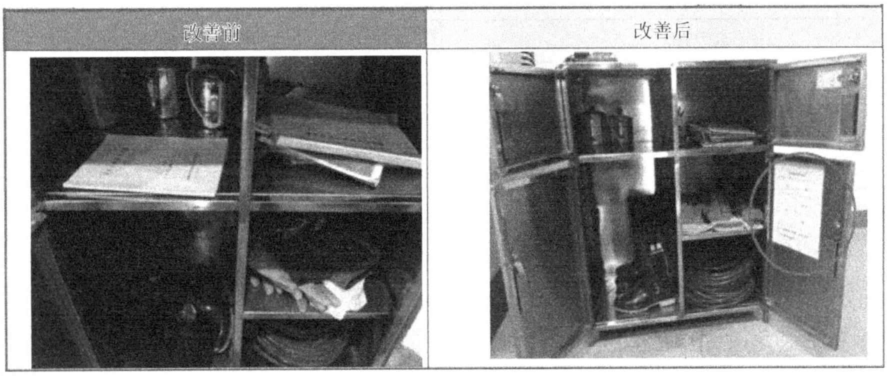

图 8-2 定置定位管理前后橱柜对比图

除了对物品定置定位，也需要对生产现场的配套设施如橱柜、椅子、梯子、小推车、垃圾桶等物品进行定置定位，并编上机台号，如图 8-3 所示。

图 8-3 配套设施定置定位图

另外，对于联合工房、锅炉房和综合站房之间的动力管道系统，小组成员进行了新的规划整理。值得一提的是，出于安全生产的考虑，也为了便利日后安装维修，小组决定巧妙利用不同的颜色来区分管道功能，使现场一目了然。表 8-11 为动力管道颜色一览表。

表 8-11 动力管道颜色一览表

项目	颜色名称
生产、生活自来水管	绿色
消防水管	红色
冷却水管	白色
纯水管	绿色

续表

项目	颜色名称
软化水管	紫色
真空管	红色
生活污水管	黑色
蒸汽管道	黄色
凝结水管	白色

卷烟车间的定置定位管理更好地规范了各类物品在生产过程中的控制管理。自2010年开展现场定置定位管理之后，生产机台的现场得到了很好的改善，各类物品按照相应位置放置，员工使用完放回原处，养成了良好的工作习惯和素养，工具及辅助用品的取用一目了然，方便快捷，不会因人员变动或其他客观因素造成物品遗失或工具找不到等现象，提高了工作效率，使生产工作更加井然有序，车间整体的现场环境也得到了很大的提高。

8.4 目 视 管 理

8.4.1 目视管理的概述

市场需求的日益多元化、个性化，迫使企业对市场需要的产品，在需要的时候，以消费者能够接受的价格，提供需要的数量。达成切入市场所要面对的“多品种、少批量、高品质、短交期、低价格”的变种变量生产的时代需求。

丰田准时生产（JIT）的出现即为了适应这种需求。1955年，丰田公司董事长在美国参观大型超级市场时，他看到顾客一边推着手推车，一边将自己想要的东西，在需要的时候，取出自己需要的数量。因此，他将这一现象移植到当时的生产线上，即超级市场相当于前工程，顾客相当于后工程，后工程在必要时，到前工程购进必要数量的产品，而前工程立刻对后工程需要的数量加以补充。经过20年的不懈努力，丰田公司创造了独具特色的准时生产方式，代替过去的大量生产，而促使丰田准时生产取得成功的核心即看板管理，看板管理就是充分运用目视管理的结果。

因为汽车、家用电器等产品一般采用较长的生产线，如果生产线上发生一次加工不良或零件不良，马上就会产生许多不良产品。为了迅速区别产品品质状态的好坏，以及识别生产有无延期，就必须制定出用目视能判断现状是否正常的方法。即使没有专业知识的人员，也很容易了解，出现异常能马上判断，这就是现在工厂普遍采用的目视管理。

1. 目视管理的定义

目视管理是利用形象直观、色彩适宜的各种视觉感知信息来组织现场生产活动，达到提高劳动生产率的一种管理方式。它是以视觉信号为基本手段，以公开化为基本原则，尽可能全面、系统地将管理者的要求让大家都看得见，借以推动自主管理、自我控制。所以目视管理其实是以公开化、视觉化为特征的一种管理方式，又称为“看得见的管理”。

2. 目视管理的优点

1）目视管理形象直观，有利于提高工作效率

现场管理人员组织指挥生产，实质是在发布各种信息。操作工人有秩序地进行生产作业，就是接收信息后采取行动的过程。在机器生产条件下，生产系统高速运转，要求信息传递和处理既快又准。如果与每个操作工人有关的信息都要由管理人员直接传达，那么不难想象，拥有成百上千工人的生产现场，将要配备多少管理人员？

目视管理为解决这个问题找到了简捷之路。它告诉我们，迄今为止，操作工人接收信息最常用的感觉器官是眼、耳，其中又以视觉最为普遍。可以发出视觉信号的手段有仪器、电视、信号灯、标识牌、图表等。其特点是形象直观，容易认读和识别，简单方便。在有条件的岗位，充分利用视觉信号显示手段，可以迅速而准确地传递信息，无须管理人员现场指挥即可有效地组织生产。

2）目视管理透明度高，便于现场人员互相监督，发挥激励作用

实行目视管理，对生产作业的各种要求可以做到公开化。干什么、怎样干、干多少、什么时间干、在何处干等问题一目了然，这就有利于人们默契配合、互相监督，使违反劳动纪律的现象不容易隐藏。

3）目视管理有利于产生良好的生理和心理效应

对于改善生产条件和环境，人们往往比较注意从物质技术方面着手，而忽视现场人员生理、心理特点。例如，控制机器设备和生产流程的仪器、仪表必须配齐，这是加强现场管理不可缺少的物质条件。

不过，如果要问：哪种形状的刻度表容易认读？数字和字母的线条粗细的比例多少才最好？白底黑字是否优于黑底白字？人们对此一般考虑不多。然而这些却是降低误读率、减少事故所必须认真考虑的生理和心理需要。又如，谁都承认车间环境必须干净整洁。但是，不同车间（如机加工车间和热处理车间），其墙壁是否应“四白落地”，还是采用不同的颜色，什么颜色最适宜，诸如此类的色彩问题也同人们的生理、心理和社会特征有关。

3. 目视管理的作用

实施目视管理的目的是要使生产现场更加显而易见，无论什么资历的人都能从生产现场的揭示板、标牌、卡片、信号灯等的显示中识别出生产是否正常，使传统的生产控制方法变得更加方便、明显而容易。就像我们到超级市场买东西一样，不需要营业员介绍，买什么东西都尽收眼底。所以目视管理是一种明明白白的管理，通过用看的方法达到控制的目的，使所有的参与者都成为明眼人。

几乎所有领域都可推行目视管理，传统领域中图书馆、道路交通、商场、办公室等做得较早也比较成熟，但还有许多值得改进的地方。就对办公室来说，虽然有的已经实现了文件的开架放置，工作要求和工作流程等也贴在显眼的墙壁上，但是有的办公室就是单人、单功能的。事实上，可以把它们集中起来放在一个宽敞明亮的大办公室里，从而获得目视效果。这使办事效率更高，也便于部门间信息的迅速传达，信息在流传过程中不易失真或

阻滞，即使出现了差错也容易改正；同时，这样也便于相互之间的监督，减少了管理层次，提高了管理效率。

8.4.2 目视管理的内容

目视管理所管的事项归纳起来有以下六个方面。

1. 规章制度与工作标准的公开化

为了维护统一的组织和严格的纪律，保持大工业生产所要求的连续性、比例性和节奏性，提高劳动生产率，实现安全生产和文明生产，凡是与现场工人密切相关的规章制度、标准、定额等，都需要公布于众；与岗位工人直接有关的，应分别展示在岗位上，如岗位责任制、操作程序图等，并要始终保持完整、正确和洁净。

2. 生产任务与完成情况的图表化

现场是协作劳动的场所，因此，凡是需要大家共同完成的任务都应公布于众。计划指标要定期层层分解，落实到车间、班组和个人，并列表张贴在墙上；实际完成情况也要相应地按期公布，并用作图法，使大家看出各项计划指标完成中出现的问题和发展的趋势，以促使集体和个人都能按质、按量、按时地完成各自的任务。

3. 与定置管理相结合，实现视觉显示资讯的标准化

在定置管理中，为了消除物品混放和误置，必须有完善而准确的资讯显示，包括标志线、标志牌和标志色。因此，目视管理在这便自然而然地与定置管理融为一体，按定置管理的要求，采用清晰的、标准化的资讯显示符号，将各种区域、通道，各种辅助工具（如料架、工具箱、工位器具、生活柜等）均应运用标准颜色，不得任意涂抹。

4. 生产作业控制手段的形象直观与使用方便化

为了有效地进行生产作业控制，使每个生产环节、每道工序能严格按照期量标准进行生产，杜绝过量生产、过量储备，要采用与现场工作状况相适应的、简便实用的资讯传导信号，以便在后道工序发生故障或由于其他原因停止生产，不需要前道工序供应在制品时，操作人员看到信号，能及时停止投入。例如，在条线上安装警报灯，一旦发生故障，即可发出信号，机修工看到后就会及时前来修理。

生产作业控制除了期量控制外，还要有质量和成本控制，也要实行目视管理。例如，质量控制，在各质量管理点（控制），要有质量控制图，以便清楚地显示质量波动情况，及时发现异常，及时处理。车间要利用板报形式，将“不良品统计日报”公布于众，当天出现的废品要陈列在展示台上，由有关人员会诊分析，确定改进措施，防止再度发生。

5. 物品的码放和运送的数量标准化

物品码放和运送实行标准化，可以充分发挥目视管理的长处。例如，各种物品实行“五五码放”，各类工位器具，包括箱、盒、盘、小车等，均应按规定的标准数量盛装，这样，

操作、搬运和检验人员点数时既方便又准确。

6. 色彩的标准化管理

色彩是现场管理中常用的一种视觉信号，目视管理要求科学、合理、巧妙地运用色彩，并实现统一的标准化管理，不允许随意涂抹。

8.4.3 目视管理的类别

目视管理的分类方法有很多种，可以按明示或显示的方式进行分类，也可以按具体的事项进行分类，还可以按不同的管理方面进行分类，只要能使管理事项及其内容一目了然，利于管理，便于发现异常问题，确保生产顺利进行即可。

下面是按第一种方式对目视管理进行的分类。

1. 红牌

红牌，适宜于5S中的整理，是改善的基础起点，用来区分日常生产活动中非必需品，挂红牌的活动又称为红牌作战。

2. 看板

用在5S的看板作战中，使用的物品放置场所等基本状况的表示板。它的具体位置在哪里，做什么，数量多少，谁负责，谁来管理等重要的项目都应在看板中展现出来，让人一看就明白。5S的推动，强调的就是透明化、公开化，因为目视管理有一个先决的条件，就是消除黑箱作业。

3. 信号灯或者异常信号灯

在生产现场，第一线的管理人员必须随时知道，作业员或机器是否在正常地开动，是否在正常作业，信号灯是工序内发生异常时，用于通知管理人员的工具。信号灯的种类如下。

（1）发音信号灯。它适用于物料请求通知，当工序内物料用完时，或者该供需的信号灯亮时，扩音器马上会通知搬送人员立刻及时地供应，几乎所有的工厂的主管都一定很了解，信号灯必须随时让它亮，信号灯也是在看板管理中的一个重要的项目。

（2）异常信号灯。它用于产品质量不良及作业异常等异常发生场合，通常安装在大型工厂的较长的生产、装配流水线。一般设置红或黄这样两种信号灯，由员工来控制，当发生零部件用完、出现不良产品及机器的故障等异常时，往往影响生产指标的完成，这时由员工马上按下红灯的按钮，等红灯一亮，生产管理人员和厂长都要停下手中的工作，马上前往现场，予以调查处理，异常被排除以后，管理人员就可以把这个信号灯关掉，然后继续维持作业和生产。

（3）运转指示灯。它是用于检查显示设备状态的运转、机器开动、转换或停止的状况。停止时还显示它的停止原因。

（4）进度灯。它是比较常见的，安在组装生产线，在手动或半自动生产线，它的每一道工序间隔大概是 1～2 分，用于组装节拍的控制，以保证产量。但是节拍时间隔有几分的长度时，它用于作业。就作业员本身，自己把握的进度，防止作业的迟缓。进度灯一般分为 10 分。对应于作业的步骤和顺序，标准化程序越高，它的要求也比较高。

4. 操作流程图

操作流程图，它本身是描述工序重点和作业顺序的简明指示书，也称为步骤图，用于指导生产作业。在一般的车间内，特别是工序比较复杂的车间，在看板管理上一定要有个操作流程图。原材料进来后，第一个工序可能是签收，第二个工序可能是点料，第三个工序可能是转换，或者转制，这就称为操作流程图。

5. 反面教材

反面教材，一般它是结合现物和柏拉图的表示，就是让现场的作业人员明白，也知道他的不良的现象及后果。一般是放在人多的显著位置，让人一看就明白，这是不能够正常使用，或不能违规操作。

6. 提醒板

提醒板，用于防止遗漏。健忘是人的本性，不可能杜绝，只有通过一些自主管理的方法来最大限度地减少遗漏或遗忘。例如，有的车间内的进出口处，有一块板子，今天有多少产品要在何时送到何处，或者什么产品一定要在何时生产完毕。或者有领导来视察，下午两点钟有一个什么检查，或是某某领导来视察。这些都统称为提醒板。一般来说，用纵轴表示时间，横轴表示日期，纵轴的时间间隔通常为一个小时，一天用 8 个小时来区分，每一小时，就是每一个时间段记录正常、不良或者是次品的情况，让作业者自己记录。提醒板一个月统计一次，在每个月的例会中总结，与上个月进行比较，看是否有进步，并确定下个月的目标。

7. 区域线

区域线就是对半成品放置的场所或信道等区域，用线条把它画出，主要用于整理与整顿、异常原因、停线故障等，用于看板管理。

8. 警示线

警示线，就是在仓库或其他物品放置处用来表示最大或最小库存量的涂在地面上的彩色漆线，用于看板作战中。

9. 告示板

告示板，是一种及时管理的道具，也就是公告，或是一种让大家都知道的通知，例如，今天下午两点钟开会。

10. 生产管理板

生产管理板，是揭示生产线的生产状况、进度的表示板，记入生产实绩、设备开动率、异常原因（停线、故障）等，用于看板管理。

8.4.4 目视管理的实施

目视管理的实施可以让现场操作人员通过眼睛就能够判断工作的正常与异常。同时省去了无谓的请示、询问、命令等。

1. 实施步骤

（1）设定工作目标。目视管理导入首先要明确管理的目的、期望目标、活动期限、推行方法等，并形成文件。

（2）建立推行组织。目视管理的实施不能由公司各个部门各做各样，而应成立全公司的推行委员会，协调各部门有组织、有计划、步调一致地展开。

（3）制订活动计划。推行委员会组织人力制订目视管理活动计划、办法、奖惩条例及宣导事宜等，并通过各种渠道进行宣导，让全体员工都了解目视管理实施的作用、目的。

（4）设定管理项目。目视管理实施之际，要让生产现场的管理者、作业员明确哪些项目必须管理，并依据管理的重要性与紧迫性，制作必要的管理看板、图表及标识，大项目可区分为生产管制及交期管理、品质管理、作业管理、现品管理、设备管理、工具管理、改善目标管理。

（5）把握问题点与改善点。设定了目视管理的活动项目，必须制作检查表，讨论有关设定项目是否已实现及实施效果如何，能否做到一目了然?并表明问题点与改善点。

（6）确定目视管理展开方法。目视管理的方法具体地可有彻底的推动5S管理、准备目视管理的用具、建立目视管理体系。

（7）目视管理活动展开。在目视管理进入实施阶段的时候，为了保证实施的实际效果及不流于形式，必须在推行委员会的统一指导下，有计划、有步骤地展开。

（8）实施效果追踪。除非目视管理已完全实施，而且实施成果已得到巩固，否则推行委员会及高级管理层都要定期稽查、追踪。

2. 实施要点

（1）全员教育训练。通过教育训练，让全员了解目视管理的含义、活动目的及内容、方法、要领。教育训练由推行委员会组织人员，依据工厂的实际状况，编制适用的目视管理教材。

（2）设立管理项目、标准。对于作业及检查项目的标准，要有清楚明白的标示，一有异常，员工可立即与标准比较，进行判断。如果没有明确的标准，作业员将不知所措。特别是比照外观判定的限度样本，例如，电镀、喷油的表面状态、印刷品的清晰度等。

（3）按规定执行。目视管理从导入阶段起，即要求全员严守目视管理规定及办法。一有任何异常状态，立刻来取适当的对策，以免目视管理成表面功夫。例如，物料架各层部有标示，那么必须按标示放置物品，拒绝乱摆乱放。

（4）制定激励办法。制定目视管理活动竞赛办法，对于积极推行而且成绩优秀的部门，予以适当的奖励，对于表现不佳的部门，予以适当的惩罚，如列入绩效考核。在目视管理竞赛活动中产生的样板单位，由推行委员会统一安排时间进行参观、学习，以激发更好的创意。

8.4.5 目视管理的评估

目视管理的评估内容、步骤如下。

（1）制定考核指标。为确保目视管理活动准确实施，企业应该按自身生产经营特点，根据管理目标的内容，可以从效率、质量、交货期、设备四个方面制定切实可行的考核目标。

（2）实施考核。企业根据自身的实际情况，设计制定相应的查核表，并定期检查，认真负责地履行查核表中规定的各项工作并记录在表。

（3）评审出结果并与利益挂钩。为正确引导目视管理活动，使活动持之以恒地进行，必须建立考核、评价的组织机构，确定其职责范围，制定公正、合理的考核、评价方法。认真负责、公正填报考核结果报告书。通知各部门，张贴海报，举行颁奖，并与工资、奖励等挂钩。

【案例】广告牌系统在丰田公司的应用。

多年来，丰田公司应用及时生产系统的广告牌系统控制工厂生产流程成效显著。丰田公司控制生产流程所用卡片甚多，但主要还是提货广告牌和生产订货广告牌两种。提货广告牌上注明有后项作业需从前项作业或加工零件储存区提取的对象种类和数量；生产订货广告牌注明有前项作业必须生产的对象种类和数量，所需物料及其储存点，以及储存完工零件的地点。图 8-4 是用两张卡片控制的生产流程示意图，整个过程共分八个步骤。

第一步：汇总提货广告牌，将空的容器送至储存地 A。

第二步：用满容器调换空容器，并将附在满容器上的生产订货广告牌取下，放在广告牌接收架上。

第三步：对照提货广告牌的说明书检查满容器中的物品，如果满意，就将提货广告牌附在满容器上，然后将满容器运至下一项作业所在的储存点。

第四步：当下一项作业在某一容器上的作业开始时，取下提货广告牌，将它们放在广告牌接收架上。

第五步：随着接收架上生产订货广告牌的移动，前项作业的生产依次展开。对生产订货广告牌进行检查和分类后，将其放在生产订货广告牌架上。

第六步：根据架上生产订货广告牌的排列顺序进行零件生产。

第七步：在加工过程中，同时移动生产订货广告牌和容器。

第八步：将完工产品送到储存地 A，以备下项作业生产之用。

推行广告牌系统后，所有的工作站和供应者只有同步协调，才能及时供应所需的物料数量。广告牌系统在丰田公司取得了很大的应用效用。

广告牌在现场管理中的作用可用图 8-5 来说明。图 8-5 中，Ⅰ表示零件加工程序；Ⅱ表示零件子装配程序；Ⅲ表示总装配程序；Ⅰ-A、Ⅱ-A 分别为Ⅰ、Ⅱ加工程序的投入暂

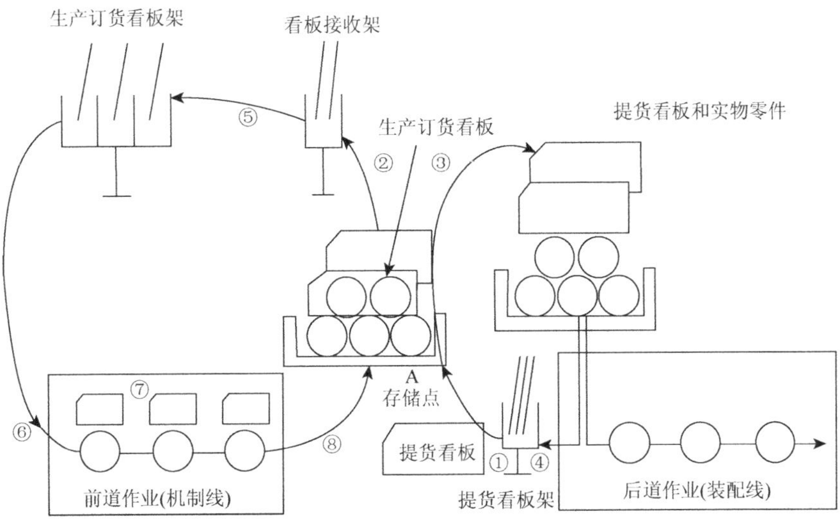

图 8-4 广告牌控制的生产流程示意图

存区；Ⅰ-B、Ⅱ-B 为Ⅰ、Ⅱ加工程序的产出暂存区；Ⅲ-A 为总装配加工位置暂存区；实线表示零组件的物流过程；虚线是广告牌的传递过程。

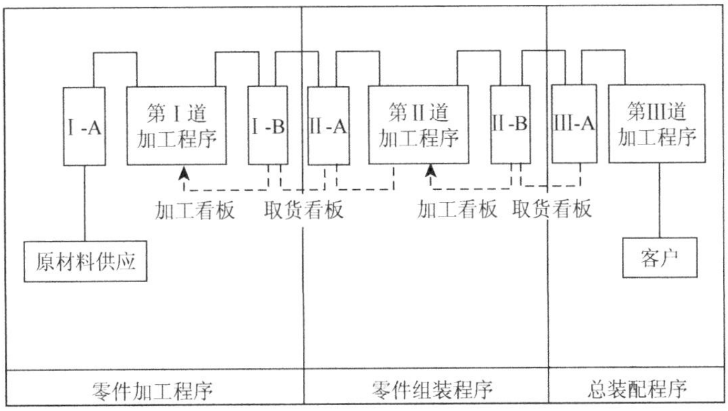

图 8-5 广告牌在加工程序间的传递

当总装备加工程序的操作人员从Ⅲ-A 中取用零组件后，就从该处取出一块取货广告牌，到上一道加工程序的Ⅱ-B 中提取同样的零组件，用以补足Ⅲ-A 中已使用的零件组。在此同时，再从Ⅱ-B 中取出一块加工广告牌，交给第Ⅱ加工程序的操作者，第Ⅱ加工程序的操作者加工零组件时，又按同样的程序，从Ⅱ-A 中提取备加工件。如此倒溯而上，连续型生产线在广告牌的联系和拉动下，协调地运转起来。

8.5 班 组 管 理

管理对于一个企业来说，在提高劳动生产率、节约成本、保障安全、增加效益等方面起着非常重要的作用。班组作为企业的最基层单元，在管理上与企业是点与面的关系，是一切工作的落脚点和出发点。因此，班组管理对于企业来说是管理金字塔的塔基。

班组是企业进行生产经营活动的基本组织形式，是企业各项管理工作的基础。加强班组管理，对于保证企业正常生产秩序、提高企业生产效率、增强企业活力、促进企业发展具有重要意义。

8.5.1 班组管理的定位

组织是由两人或两人以上的群体组成的有机体，是一个围绕共同目标，内部成员形成一定的关系结构和共同规范力量的协调系统。企业区别于一般组织的重要特征在于，它是进行生产活动和经营活动的经济组织，特别是工业企业组织中的“人”不是单纯的“人”，而是同机器密切联系在一起，甚至成为“人机统一体”的人。企业组织是以人为主体，由人机系统组成的有机体。现代化生产是社会化程度很高的大生产。任何一个现代化企业，为了合理组织劳动、科学组织生产经营活动，都必须按组织结构原理，按企业组织的体制需要和生产经营特点，科学合理地设置企业组织结构及各级组织形式，实现企业组织的合理化和现代化，从而提高企业的活力、凝聚力，发挥企业组织的最大效率。

企业组织生产经营活动，必须将企业生产经营的全过程、各要素（人、财、物、资金、技术）、各生产环节，在空间和时间的联系上，在劳动分工与协作上，在纵横各道工序的衔接上，合理组织形成一个有机整体，班组是企业根据劳动分工与协作的需要，由一定数量的生产资料和具有一定生产技能的工人组合在一起的企业最基层的生产和管理单位。班组是企业按照技能原则划分而组建的基层组织的总称，是企业组织纵向管理层次的作业层，是企业生产过程横向管理生产流程中的一个工作程序（工序）。班组具有企业管理纵向到底和生产作业横向衔接的特点，是企业管理的基础。因此，班组管理的定位是企业组织的作业层面，重点突出现场管理执行，承担管理作业职能。其主要职能是行动和执行，按班组目标任务和定员定额组织生产，实行标准化和规范化作业，做好现场性管理和基础性管理。按其职权范围和职责，有效和高效地完成既定目标。

班组一般有两种组织形式：一是按生产流程专业分工组建的专业性班组；二是按设备系统或区域分工，由相近专业组合而成的综合性班组。现代化大生产企业自动化程度高，专业技术的交叉和互相渗透，使班组及其岗位设置趋向综合、集中、全能、跨专业方向发展。特别是随着现代企业制度的建立，企业信息等高新技术的应用和人员素质知识化水平的提高，班组的建制将由计划经济模式下过细的专业化分工，向适应市场经济条件下有利于责、权、利相结合、精简高效、强化管理、人员素质高、综合实力强的现代新型班组方向转变，以充分发挥班组基层组织的作用。

8.5.2 班组管理的基本原则

现代企业管理，就是围绕市场和顾客、效率和效益这两个中心所进行的管理。班组管理虽定位为作业职能，与决策和管理层的重点和内容不尽相同，但企业管理中的共同规律和原则是一致的，这是搞好班组管理必须遵循的理念和思维方式。

1. *以市场和顾客需求为导向*

市场是企业经营管理的出发点和归结点，是企业一切管理活动的依据。所有成功的管理都是从外到内，依据市场情况决定管理的原则、方式和方法的。

2. 以效率和效益为中心

企业经营管理目标之一是取得经济效益。所谓效益，是指投入与产出的关系，其核心是企业必须以“减少投入，增加产出”这样的高标准作为自己的效益目标。效率指的是单位投入的产出，单位投入产出高就是效率高。效益是反映企业经济活动总的结果，效率则是揭示企业取得效益的过程和方法。

班组以效率和效益为中心的重点是要以高效率实现高效益，多、快、好、省地完成各项作业任务。

3. 以人为本

人是组织内重要的第一资源要素，企业管理归根到底是对人的管理，成本要靠各级人员来控制，技术要人来研究与开发，一切工作都是由人去完成，人在企业生产和管理中处于中心地位。没有适用和称职的人才，组织就无法存在和发展。因此，企业管理，包括班组管理其根本任务是以人为本，大力实施人力资源的开发和利用。如何开发更能创造价值的人力资源，如何培养员工的工作能力，如何改善员工的工作环境，如何满足员工的需要等，其实质是以什么观念和方式对待员工。

班组对人力资源的管理，第一，要按照班组的组织结构和岗位设置，为各职位配备称职的人员，做到人力资源合理配置，获得最佳的组织效能。第二，要负起有效运用组织成员的责任，不能把劳动者当作出卖体力劳动的雇佣者而应看成宝贵的人力资源，不能把劳动者看成是能“多拉快跑”的永不磨损的机器，而要使每个成员都能成为发挥聪明才智、有创造性的人。不是使他们更勤奋地工作，而是使他们更聪明地工作。第三，要积极做好人才的培养工作，培训和发掘每一个员工的才干，使其尽天赋之所能，更好地完成工作，在提高人员专业技能和综合素质的基础上，加大职业技能培训的力度，提高劳动者的知识含量，在组织发展的同时，使组织成员个人得到发展。第四，要变控制式、命令式和惩罚式的管理方式为理解式和参与式管理，为组织成员营造一个能发挥创造力的环境。

8.5.3 班组管理的主要方面

1. 人员管理

人员管理包含素质管理、纪律管理和思想管理。

（1）素质管理。由于班组成员所接受的教育程度各不相同，人员的素质也因此参差不齐，这就需要培训、引导。首先，管理者的综合素质要达到一定的高度，否则无法以身作则。其次，培训、引导要有针对性，对不同的人要采取不同的方式进行培训。最后，人员的素质不是培训两天就能提高的，这是一个日积月累的过程，持之以恒很重要。

（2）纪律管理。要使班组成员能够自觉地遵守劳动纪律，班组必须有一套比较完善的考核制度。厂有厂规，班有班规，班规是厂规的延续和细化，且更具针对性。考核要公平，透明度要高。考核公平是避免管理者与被管理者矛盾激化的首要条件，考核及时可对应受到教育的人起到良好的警示和促进作用，考核透明就是要让班组的每个成员都知道，从而提高对劳动纪律的认识。

（3）思想管理。思想管理是利用正确的舆论导向引导班组成员在思想和行为上向良好、健康的方向发展，思想管理是班组管理的基础，加强思想管理可以提高人员的思想素质，提高班组人员的自觉性，使班组成员和睦相处。

2. 设备管理

设备能否安全高效运行，直接关系全厂的安全生产和经济效益。设备管理可从检修工艺、运行维护两方面落实。

（1）检修工艺。设备总有出故障的时候，有了故障就需要有人去维修。检修工艺越高，设备的运行周期越长，设备的安全系数就越高。所以不但要制定检修工艺标准，而且还应制定检修工艺考核制度及考核细则，以检修工艺的考核约束检修人员，促进检修水平的提高。

（2）运行维护。部分人认为运行维护只是运行人员的事，这是片面的。设备的运行状况需要检修人员去跟踪，有利于及时发现运行人员没能发现的缺陷，也有利于对设备缺陷的准确诊断。

3. 资料管理

资料是班组管理的软件部分，因此，资料妥善保管非常重要。这里的“妥善”不是指将资料收在抽屉里锁起来，资料是给人看的，既然给人看的，就要方便于人，要分门别类、要有专门的资料柜。另外，资料一定要及时更新，一是要定期检查整理资料，对过期、作废的资料要及时清除；二是资料一定要适应当时的环境和背景，因为人员、设备、环境都在不断地变化，资料也要跟上这些因素的变化。资料规范管理可以使班组成员尽可能地了解规章制度、熟悉规程、系统，如果每位班组成员都能遵章守纪，那么班组的安全就有了保障。

8.5.4 班组管理的基本方法

班组管理的目的就是要通过其作业职能活动，提高效率，全面实现组织目标。因此，班组必须按班组管理的定位和基本原则等实施科学有效的管理方式和方法，才能发挥班组管理的最大效能。

1. 目标管理

目标是指组织或个人活动所要达到的结果或终点。任何组织或个人从事每项活动，首先必须了解他们的目标是什么，哪些活动有助于实现这些目标以及如何实现这些目标。没有明确的目标，人们就不知道往哪个方向努力。因此，目标是一切行动的起点。

按照目标的层次性、可分性、多样性和阶段性原理，企业的经营总目标，应该分解成各层次各部门的分目标，由上至下层层下达直至班组或个人。由下至上通过分目标的有效实施，保证企业总目标的实现。

班组的目标管理，就是根据企业总目标和上一层次分目标的要求，把班组承担的各项工作任务转化为班组目标。班组目标可分为数量目标和质量目标。如生产目标、安全目标、劳动目标、技改目标、节能目标和成本费用目标等，有的是可以量化的目标，有的属于定性目标。年度目标是其最根本的目标，季、月、周目标可作为其短期目标。

班组目标的制定应遵循以下原则。

（1）根据上一层次的分目标或子目标及班组自身的实际情况与员工一起共同制定，班组目标应与上级和部门目标协调一致，保证上一层次目标的实现。

（2）班组目标要使整个班组的工作与每个员工在此期间完成的具体任务充分地融为一体，并以所制定的目标来指导和控制班组及员工的工作。

（3）目标管理是一种过程，是一种动态管理，通过检查、监督、信息反馈及对目标的调整，以利于总目标和分目标的完成。

（4）目标的建立与组织和个人的责任制相结合并形成常规化的制度管理。

（5）目标不能太多，要分清主次，突出重点，内容明确，要有可操作性。

（6）对目标成果应进行评价、考核、确定奖罚激励员工，以助于改进管理。

2. 参与管理

参与管理就是员工通过参与企业管理，发挥聪明才智，实现自我价值，改善人际关系，改进工作，提高效率，从而达到更高的经济效益目标。实施参与管理重在正确引导，要使员工了解企业当前的工作重点，市场形势，主攻目标，使员工的参与具有明确的方向性。参与管理可以根据员工知识化程度和参与管理经验程度采取不同的方式。

（1）控制型参与管理。控制型参与管理是在员工知识化程度低、参与管理经验不足的情况下实施的。它的主要目标是希望员工在经验的基础上提出工作中的问题和建议。在提出问题阶段是由员工主导的，在解决问题阶段，虽然员工也参与方案的制订，但由主管人员确定解决方案并组织实施。主导权控制在主管人员手中，改革是在他们控制下完成的。

（2）授权型参与管理。授权型参与管理是在员工知识化程度较高，有相当参与管理经验的情况下实施的。它的主要目标是希望员工在知识经验的基础上，不但提出工作中的问题和建议，而且能制订具体实施方案，在得到批准后被授予组织实施权力，是以员工为主导完成参与和改革的全过程。

（3）全方位型参与管理。这种参与不限于员工目前所从事的工作。员工可以根据自己的兴趣、爱好对自己工作范围以外的其他工作提出建议和意见，组织则提供一定条件发挥其创造力。这种参与管理要求员工具有较广博的知识，要求组织有相当的宽容度和企业内择业的更大自由。这也是一种培养和发现人才的好机会。应该说，能做到这一点的企业，管理已经到了相当高的水平。

3. 制度管理

制度管理，就是把工作任务、各项管理、基础工作标准化、规范化，制定出相应的规章制度。明确每个人的权利和责任，用权利的制衡、奖励和惩罚来保证制度的实施。其核心是以明确的岗位职责、规章和制度为基础，以准确的科学规范、标准和系统性管理，保证各项工作有秩序和高效率的进行。

4. 创新管理

创新是企业的灵魂，创新是企业各级管理者的基本职责。创新是一个全面的涉及企业业务部门的行为，上至公司总部，下至基层班组，都要把创新纳入企业系统管理之中，从一定意义上讲管理就是创新。

8.5.5 班组长的地位和作用

1. 班组长的地位

班组按管理层次原则，是企业组织层次中一个最基层的组织。班组长是企业组织构架中的一个职位，具有与其职位相称的职务，并由组织分配或授予完成工作、履行职责的权力。职权是完成一定任务所必需的，而职责是完成目标任务的义务。有职权就有相应的职责，有职责也应有履行职责必需的职权。权责是对等的。分权或授权越明确，职责越清楚。班组长应在其职权范围内完成职责规定的目标任务。

班组长的地位是建立在正式职权基础之上的。班组应实行班组长负责制。按照职权层次原则，班组长是在上级主管的领导下，在有关专业职能部门的指导下，在其班组职权范围内对按规定配置的人、财、物等资源享有使用权和支配权，并具有履行其职责，执行作业职能和完成预期目标任务的决策权。因此，班组长的定位应该是一班之长，在组织关系中是授权人、责任人，在工作上是班组的最高领导者、指挥者、组织者和管理者。

2. 班组长的作用

班组是企业生产经营活动的坚实基础，是增强企业活力的源泉，是实现安全、经济、优质、高效、全面均衡地完成企业经营目标、提高企业竞争实力的可靠保证，是贯彻落实企业各项工作的出发点和落脚点。因此，加强班组建设，充分发挥班组长的聪明才智、积极性、创造性和有效管理作用，是企业一项长期而重要的任务。

（1）领导作用。领导是管理的一个重要方面，也是管理者的重要工作。班组长要成为一个优秀的领导者必须加强自身品质和行为的修炼。根据现代领导特性理论，其个人品质特征包括责任感强、知人善任、善于激励、精通业务、技术熟练、管理有方、关系融洽、胆大心细、因才育人、品德高尚；在行为方面要以群体为中心、以协调促进下属成员团结、鼓励下属主动开展工作、使下属个性得到发挥、要以目标为导向、以事实定奖惩、鼓励下属参与、使下属形成并发挥团队精神、不重视权力，而重视领导职能和责任，与下属打成一片。只有在品质上、行为上增长才干，才能发挥领导效能。

（2）指挥作用。为保证命令的执行和统一指挥，班组必须实行班组长负责制，由班组长一人全权指挥、以避免多头指挥和无人负责现象。班组只受一个上级领导，班组长要对上级的命令和统一指挥令行禁止。班组职权范围内的工作由班组长作出决策，上级不能越权干预，而班组长也不要把问题上交给上一级。副职是在班组长领导下分工负责某一方面工作，并授予必要的权责的职位。

（3）组织作用。按照分工与协作的原则，把班组人员和各项资源组织起来。根据班组工作范围和任务，为每个成员分工、规定职责任务。既要有合理的专业分工，又必须强调横向协调，制定明确的岗位职责和作业流程，加强信息沟通，按定员定额组织生产。正确处理好上下左右内外人际关系，建立良好的工作联络和协作配合制度，把班组所有工作统一起来，使班组各项活动协调一致，发挥组织管理的高效能。

（4）控制作用。控制是管理的一项重要职能。管理控制是通过制订计划或标准，建立信息反馈系统，检查实际工作的过程和结果，及时发现偏差及产生偏差的原因，并采取措施纠正偏差的一系列活动。计划或标准是控制的前提，控制则是完成计划、达到标准要求的保证。班组要在加强工作联系、扩大沟通、建立信息制度的基础上，有目的、有重点地开展有效控制，使班组工作稳定协调地运转。

（5）激励作用。激励就是根据人们的心理特征，运用适当的管理手段，激发组织成员的工作行为动机的一种机制。通过激励机制激发人们贡献他们的时间、精力和聪明才智。激励是一种促使人们充分发挥其潜能的力量。激励的目的是及时发现并满足组织成员的需求，调动他们的积极性，使他们自觉地为实现组织目标而努力工作。

【案例】哈轨道装备公司班组管理。

转向架分厂是哈轨道装备公司最大的一个生产分厂之一，分厂拥有车、铣、刨、磨、电气焊、压力机床等多种工艺设备，主要负担着铁路货车走行步（转向架）的检修工作。2005 年年末，为彻底解决生产现场存在问题，各班组在分厂开展的 5S 活动中积极主动，利用成为试点班组的机会在全组范围内实施 5S 活动，分厂一层重在制定标准，抓活动策划，班组一层则具体组织落实要求开展活动。员工初次接触 5S 管理时都感到较为抽象，分厂就尽量将其转换成为员工容易接受的东西。首先将这一活动的目标明确为：“创建文明、整洁、有序、高效的工作环境，提升企业竞争力和员工队伍素养。”

首先开始的是整理工作。这一年组装组下定决心排除万难，终于将露天跨分担区的全部废料清理干净，清除了摇枕、侧架、制动梁和弹簧等废料 500 多吨，对厂房内的设备不符合工序生产作业的进行了大搬家，对生产现场的各种设备工装依照使用频率分为 A、B、C 三种类型进行整理。整顿工作紧随整理之后展开。整顿工作主要内容是对厂房使用性质进行功能划分并且固定下来。生产区域用黄色警示线圈起，安全通道用绿色表示，原材料存放区和再制品存放区分别用白线标注，设立警示牌，并对所有设备重新表面刷漆。从 2006 年 7 月份开始，在不停产、不影响工作的前提下，先通道、再作业区、后办公区，每个区域三五遍地刷漆，直到 9 月末工地现场的作业区等地面全部刷完。10 月初，分厂给每位员工发了一双崭新的“工作鞋”，并动员员工要“穿新鞋，走大路”。大家看着光可鉴人的地面，真有点舍不得下脚。环境彻底改观以后，以往厂房内乱倒茶渣剩水、随地吐痰、乱扔纸屑、乱扔废弃物的现象一下绝迹了。

清洁本来是以往天天开展的日常性工作，但是却因为缺乏标准而时紧时松，就只能成为走过场了。组装组由于工作现场占地广，涉及了分厂近一半的厂房，日常清洁工作就更不好开展了。针对组装组的清洁工作，分厂重点抓标准制定和责任落实，把专人负责与分工协作结合起来。除通道和公共区域由专门的清扫人员负责外，其他每个工位的卫生都明确由操作者负责，这种做法被大家戏称为“井田制”。“井田制”保证了清洁工作无死角，做到处处有标识，件件到人头，人人有事干，事事有人管。

然后是设备管理方面，首先重点抓好设备的日常使用和保养问题，并且以一次“城门立木”之举，收到了良好的效果。2006 年 10 月 3 日，组装组员工李力进厂加班，由于操作交叉杆智能扳机时没有按照力矩要求进行操作，被分厂处罚了 200 元。操作交叉杆智能扳机时按照力矩要求操作是分厂制定的规章制度，然而，有些员工为了干活方便，节省时间，没有按照力矩要求进行操作，已经造成了严重的事故和质量隐患。分厂对李力进行重罚，使大家看到了分厂扭转习惯性违章作业的决心，重罚收到了应有的效果。

抓素养方面，分厂通过工具柜规范使用、生活区定位摆放、统一服装等一系列做法，通过持之以恒地引导工作，实现了员工素质的提升。以往分厂内的工具柜都是员工用边角废料拼接成的，高矮不一，外观极差。2006 年 11 月，分厂拿出了 10 万余元购置了钢板角铁，重新焊接安装了分厂内的全部工具柜，并用相同颜色的油漆粉刷一新。又把工具柜的每一层隔挡放置什么东西都作了统一规定，方便员工使用的同时，培养员工良好、文明的工作习惯。

提升素质方面，分厂通过开展多技能培训、师带徒、公关立项以及党员帮扶结对子等活动使部分特殊岗位实现了一机多人会操作，一人多技能等成果，为分厂的人才培养和人才储备打下了坚实的基础。

组装组根据现场管理制度进行责任细化，制成图片粘贴在班组看板上（图 8-6），同时组装组还制定班组内的工作行为守则，具体如下。

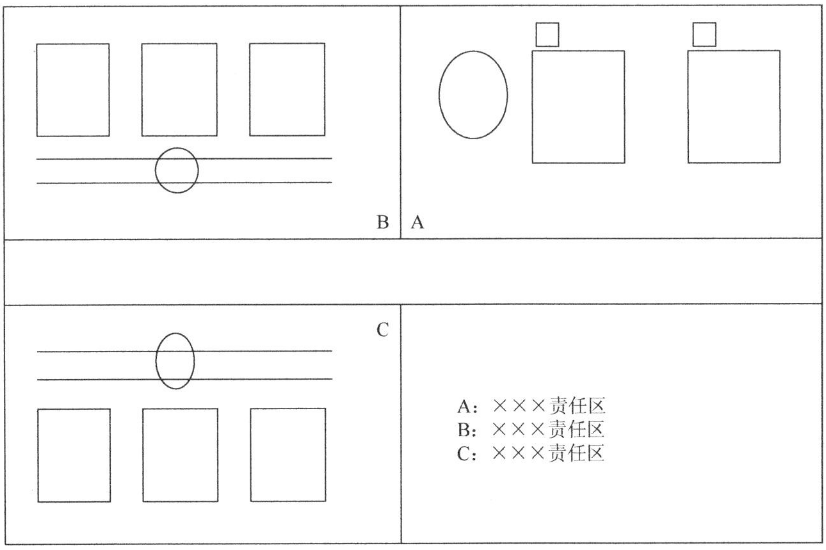

图 8-6　交叉杆设备能源管理责任

（1）保证安全生产，佩戴好劳动保护用品及安全防护用品。

（2）严格执行工艺文件，保证产品质量。

（3）认真做好自检、互检工作并做好相关记录。

（4）现场管理实行专人专责定制管理，谁出了问题谁负责。

（5）工作中不得擅自离开自己的工作岗位。

（6）日常工作中规范行为：不乱扔垃圾、不随地吐痰、不流动吸烟、不流动吃带皮食物。

（7）能源管理专人专责，机器设备在长时间不使用的情况下要关闭。

（8）班组内部互相帮助和监督，及时纠正工作中和行为上的缺点和错误，发现了问题及时制止并加以解决。

（9）现场环境要随时保持，发现了哪里有问题要及时清理。

复习思考题

1. 什么是现场管理？应怎样理解这一概念？
2. 现场管理的特点是什么？应该遵循什么原则？
3. 现场管理的目的和任务是什么？
4. 什么是5S管理？
5. 5S管理应该怎样实施？实施中的原则是什么？
6. 5S管理的作用有哪些？
7. 定置管理的运作中应该注意哪些？
8. 定置管理的作用与原则是什么？
9. 班组管理有哪些主要方面？在管理中应该注意哪些原则？
10. 班组管理的基本方法有哪些？
11. 班组长在班组中起的作用有哪些？

参 考 文 献

陈国栋. 1998. 现代铁路劳动定额. 北京：中国铁道出版社
范中志. 2005. 工业工程基础. 广州：华南理工大学出版社
郭伏，李森. 2003. 作业测定技术应用中的问题研究. 工业工程，6（3）：57-60
何杏清，安鸿章. 1991. 劳动定额学. 北京：中国劳动出版社
胡宗武. 2007. 工业工程——原理、方法与应用. 2 版. 上海：上海交通大学出版社
黄元元. 2004. 5S 现场管理. 企业改革与管理，（1）：52-53
蒋韵坚. 2000. 浅谈 5S 管理在企业管理中的作用. 教育仪器设备，（3）：31-33
蒋祖华. 2005. 工业工程典型案例分析. 北京：清华大学出版社
李京文，等. 1998. 中国生产率分析前沿. 北京：社会科学文献出版社
刘宏平. 2000. 工厂定置管理的现状及发展. 管理与技术，（1）：48-52
齐二石. 2007. 现代工业工程与管理. 天津：天津大学出版社
苏伟伦. 2002. 百分百现场管理. 北京：经济日报出版社
汪应洛. 1996. 工业工程. 北京：机械工业出版社
汪应洛. 1999. 工业工程手册. 沈阳：东北大学出版社
王东华，高天一. 2007. 工业工程. 北京：北方交通大学出版社
王玉荣. 2002. 流程管理. 北京：机械工业出版社
吴士权. 2004. 5S 管理及持续改进事项. 质量春秋，（2）：38-41
徐学军. 2000. 现代工业工程. 广州：华南理工大学出版社
易树平，郭伏. 2006. 基础工业工程. 北京：机械工业出版社
张井泉. 1996. 工业工程. 北京：机械工业出版社
张黎阳. 1997. 模特排时法平整轴承装配线. 轴承，11：27-33
Davenport T H. 1993. Process Innovation-Reengineering Work Through Information Technology. Boston：Harvard Business School Press
Hammer M. 1990. Reengineering work：don't automate，obliterate. Harvard Business Review，68（4）：104-112
Johansson H J，McHugh P，Pendlebury A J，et al. 1993. Business Process Reengineering. New York：Wiley Press
Kaplan R B，Murdock L. 1991. Core process redesign. The Mckinsey Quarterly，（2）：27-43
Miers D. 2004. The split personality of BPM. Business Process Trends，2（2）：1-22
Scherr A L. 1993. A new approach to business process. IBM Systems Journal，32（1）：80-98